고린도전서를 중심으로

바울이 원했던 교회

| 양종래 지음 |

쿰란출판사

# 머리말

    지금의 한국교회는 '위기'로 인식될 만큼 어려움에 직면해 있다. 교인의 숫자가 줄어들고 교회에 대한 사회의 시선이 곱지 않기 때문이다. 하지만 교인의 숫자가 줄어드는 것은 그렇게 우려할 만한 것이 아니다. 그것은 단지 한국교회에 낀 숫자의 거품이 빠지면서 교회가 정화될 수 있다고 믿기 때문이다.

    정작 우려해야 할 것은 교회의 정체성 상실이다. 이 지상에 많은 교회들이 '교회가 무엇이며(본질) 무엇을 해야 하는가(사명)'라고 하는 교회의 정체성이 분명하게 수립되어 있지 않다. 교회의 정체성이 유실되었거나 혼미하다는 것은 각 교회의 홈페이지를 방문하여 그 교회들이 표방하고 있는 교회의 사명선언이나 표어나 목표 등을 살펴보면 각 지역교회들의 사역이 교회 고유의 본질과 사명에 의해 주도되는 것이 아니라는 점을 쉽게 간파할 수 있을 것이다.

교회는 복음 전파의 과정에서 다양한 문화와 세계관, 각양의 현실적 요구와 맞닥뜨리면서 변화를 요구 받게 되는데 교회의 정체성이 분명하지 않으면 이런 변화의 요구 앞에서 교회의 순수성이 탈색되고 세속화의 길을 걷게 된다. 필자는 오늘날 한국교회가 겪고 있는 위기는 교회가 교회의 본질과 그것을 구현하는 사명을 제대로 인지하고 역사적 현실 상황에서 이것들을 구현해 내지 못하는 정체성 상실에서 기인한다고 본다. 따라서, 필자는 이 저서를 통하여 교회의 정체성 - 교회가 무엇이며 무엇을 해야 하는지 그 본질과 사명을 규명하고자 하였다.

우선, 고린도전서에 드러난 고린도교회 문제를 한국교회 문제에 투영시키고, 문제투성이었던 고린도 교회의 문제에 대한 바울의 권면 속에 내재되어 있는 교회의 정체성을 논의하였다. 특별히 이것을 교회의 토대와 교회를 표현하기 위하여 사용된 용어, 교회의 행동 원칙들로부터 규명하였는데, 우선 삼위 하나님을 기반으로 하는 그리스도의 복음과 하나님의 언약, 성령의 사역과 사도들의 전통을 교회의 토대로 보았다. 이런 토대 위에 세워진 교회는 다양한 용어로 불려졌는데, 이 용어들 속에서 교회가 무엇인지를 추적하였다.

교회의 정체성이란 단지 교회가 무엇인가 하는 본질적 문제에 국한되는 것이 아니라 교회가 무엇을 행하고 있는가 하는 그 사명 혹은 사역에 달려 있기도 하다. 따라서, 교회가 '복음을 공유한 무리'라고 볼 때 이 무리들은 필연적으로 그 '행동 원칙'들이 존재하게 된다. 이런 행동 원칙은 교회가 무엇인가 하는 정체성이 교회가 무엇을 할 것인가 하는 사명으로 확대되는 연결고리이자 교회가 교회 되게 하는 정체성의 한 측면이다.

교회의 사명은 교회의 본질과 행동 원칙에 근거하고 그것을 구현하는 것이어야 하는데 교회의 토대에 근거하여 복음을 건네줌, 세례와 성찬을 통한 연합과 교제, 하나님의 통치를 이루는 순종, 성령의 도구, 모범이 되어야 할 사명이 있으며, 교회의 행동 원칙에 근거하여 예수님의 길로 걸어가는 삶을 살아야 할 사명과 몸된 교회를 세워야 할 사명, 하나님의 영광을 위하여 살며 사도적 전통을 지켜야 할 뿐 아니라 섬김으로서 예배, 사랑의 이중 계명을 지켜야 할 사명 등이 있다. 본서에서는 이런 교회의 사명에 대하여 고린도전서를 기초로 하여 자세히 설명하였다.

나의 나 된 것은 하나님의 은혜이다.

본서가 출판되기까지 여러모로 인도해 주신 여러분께 감사를 드린다. 광야에서 자라난 아카시아 나무처럼 어느 곳에도 사용하기에 부족했던 나를 주님께서 돌보시고 인도하사 미약하나마 주의 사역에 쓰임 받게 하시고, '예수의 제자'라는 자기 정체성을 찾게 하신 하나님께 감사를 드린다. 또 지금의 나를 있게 해주신 백석학원 설립자 장종현 박사님의 보살핌을 결코 잊을 수 없다. 목회 현장에서 '이 땅에서 교회가 무엇인가, 또 무엇을 해야 하는가'를 고민할 때 귀한 가르침으로 길을 찾도록 멘토해 주신 황진기 교수님과 김세윤 교수님께도 감사를 드린다. 또, 본서를 출판해 주신 쿰란출판사 대표 이형규 장로님과 세밀하게 교정해 주신 편집부 직원 여러분께도 감사를 드린다.

2014년 8월 1일
백석대학교 연구실에서 양종래

| 목 차 |

머리말 _ 2

제1장 서론
제1절 왜 교회론인가? _ 12

제2절 바울 교회론의 출발점 _ 17

제2장 고린도 교회와 교회론 이슈들
제1절 교회론의 보물 창고 _ 24

제2절 바울의 초기 사역과 교회의 설립 _ 26

    1. 바울의 회심 _ 26

    2. 바울의 전도 여행과 교회의 설립 _ 30

    3. 바울 시대 고린도의 종교, 사회, 문화적 상황 _ 36

    4. 고린도 교회의 설립과 바울의 사역 _ 46

    5. 고린도 교회에서의 바울의 가르침 _ 54

        1) 바울이 고린도에서 가르친 것들 _ 54

        2) 복음 전승: 기독론이자 구원론인 십자가의 복음 _ 56

        3) 교회에 대한 가르침 _ 58

제3절 고린도 교회의 문제와 바울의 교회론적 대응 _ 60

    1. 문제의 원인과 그 해법 _ 60

        1) 교회 문제의 원인 _ 63

        2) 문제들에 대한 바울의 해법 _ 64

2. 구체적인 문제와 교회론적 해법 _ 66

　　　　1) 교회의 분열 _ 66

　　　　2) 부적절한 생활 _ 77

　　　　3) 왜곡된 삶의 스타일 _ 81

　　　　4) 신앙생활의 무질서 _ 85

　제4절 고린도 교회와 한국 교회 _ 96

　　1. 반기독교적 저항에 직면한 한국 교회 _ 96

　　2. 제기된 한국 교회 문제들 _ 97

　　3. 미주 지역 한인 교회들 _ 102

　　4. 문제들에 대한 분석 _ 107

제3장 고린도전서에 나타난 교회의 정체성

　제1절 교회의 토대에서 발견되는 정체성 _ 121

　　1. 교회의 토대: 예수 그리스도의 십자가와 부활의 복음 _ 122

　　　1) 복음과 교회 _ 122

　　　2) 바른 복음 _ 123

　　　　(1) 복음의 바른 전달 형식과 경로 _ 124

　　　　(2) 성경과 하나님의 계시 _ 127

　　　　(3) 복음과 교회의 정체성 _ 133

　　2. 교회의 토대: 하나님의 새 언약 _ 137

　　3. 교회의 토대: 성령님의 사역 _ 140

　　　1) 교회와 관련된 성령 인식의 유대교적 배경 _ 140

　　　2) 성령님이 교회를 창조하시는 방법 _ 145

　　　3) 성령님이 교회에 존재하시는 방식 _ 146

4) 성령님이 교회를 위해 하시는 일 _ 150

　　4. 교회의 토대: 사도적 전통 _ 157

제2절 교회를 지칭하는 용어에 나타난 교회의 정체성 _ 163

　　1. 하나님의 교회 _ 164

　　2. 성도로 부름 받은 자들 _ 174

　　　1) 부름 받은 거룩한 무리(성도) _ 174

　　　2) 하나님의 백성 _ 176

　　　3) 예수의 이름을 부르는 자들 _ 180

　　　4) 그리스도의 몸 _ 181

　　　　(1) 몸 개념의 이해 _ 181

　　　　(2) 그리스도의 몸인 교회 _ 183

　　　　(3) 몸과 지체들 _ 190

　　　5) 성령님의 (성)전 _ 194

　　　　(1) 성전 개념의 발전 _ 194

　　　　(2) 성전의 재건 _ 195

　　　　 (3) 종말 성전의 기대 _ 196

　　　　(4) '성령의 전'으로서 교회 _ 198

　　　6) 하나님의 권속 _ 201

　　　7) 집에 있는 교회 _ 202

　　　　(1) 집에서 모인 교회 _ 202

　　　　(2) 집에 있는 교회와 로마의 Familia _ 207

　　　8) 기타 _ 213

　　　　(1) 무교병 _ 213

　　　　(2) 하나님의 경작지 _ 214

　　　　9) 요약 _ 215

　　제3절 교회의 행동 원칙에서 드러나는 정체성 _ 217

　　　　1. 예수 안에 있는 길(τὰς ὁδούς τὰς ἐν Χριστῷ) _ 218

　　　　2. 하나님의 교회를 세우기 _ 223

　　　　　　1) 그리스도의 몸 세우기 _ 225

　　　　　　2) 교회의 치리를 통한 솎아내기 _ 235

　　　　3. 사도적 전통과 계명 따르기 _ 237

　　　　4. 하나님의 영광을 위하여 _ 240

제4장 고린도전서를 통해 본 교회의 사명 _

　　제1절 교회의 토대에 근거한 교회의 사명 _ 245

　　　　1. 복음을 건네줌(전도) _ 245

　　　　　　1) 설득이 아닌 선포 _ 245

　　　　　　2) 새 생명 창조의 동역자 _ 246

　　　　　　3) 희생을 통한 '건네줌' _ 247

　　　　2. 성례를 통한 연합과 교제를 이루어야 할 사명 _ 248

　　　　　　1) 성례의 구속사적 토대 _ 248

　　　　　　2) 세례 _ 249

　　　　　　3) 성만찬 _ 255

　　　　　　4) 성례를 통한 연합과 교제 _ 258

　　　　　　5) 새 언약 _ 264

　　　　　　6) 성례전의 오용 _ 265

　　　　3. 순종을 통해 하나님의 통치를 이루어야 할 사명 _ 268

　　　　4. 성령님의 도구가 되어야 할 사명 _ 271

1) 거룩을 위한 사명 _ 272

   2) 은사와 직임으로 사역해야 하는 사명 _ 288

  5. 모범(τύπος)이 되어야 할 사명 _ 301

제2절 교회 행동 원칙에 기초한 교회의 사명 _ 306

  1. '예수 안에서의 삶의 길'로 살아가야 할 사명 _ 306

  2. '하나님의 교회를 세우는 행동 원칙'으로 살아야 할 사명 _ 309

  3. 사도적 전통을 지켜야 할 교회의 사명 _ 311

  4. 하나님을 영화롭게 하는 행동 원칙을 지키는 사명 _ 314

  5. 사랑의 이중 계명을 지키는 사명 _ 318

제5장 요약과 결론

  제1절 요약 _ 322

  제2절 결론: 현대 교회에의 적용 _ 330

참고 문헌 _ 333

미주 _ 349

제1장

서론

제1절
왜 교회론인가?

　필자가 오랫동안 목회를 하며, 또 학생들을 가르치면서 매우 안타깝게 여기는 것 중에 하나는 그리스도인들이 교회가 무엇인지를 잘 모른다는 것이다. 오랫동안 교회를 다녔음에도 불구하고 교회 조직이나 그 조직을 움직여 가는 규정을 잘 모르는 것은 물론이고, 예배와 봉사에 매우 헌신적으로 참여하면서도 정작 알아야 할 교회의 정체성 – 교회가 무엇이며(본질), 무엇을 해야 하는가(사명) – 에 대한 분명한 이해가 부족하다고 느낄 때가 많았다.

　사실, 교회의 정체성에 대한 이해 부족은 비단 성도들뿐 아니라 신학 교육을 받은 목회자들에게서 보여지기도 한다. 이것은 새로운 교회가 개척되고 설립되는 과정을 보면 쉽게 드러난다. A목사의 경우를 보자. 그는 1990년대 초에 교회를 개척하여 10여 년 만에 1천여 명이 모이는 대형 교회로 성장시켰다. 그런데 자신이 개척한 교회를 사임하고 근처에 있는 메가급 교회의 청빙을 받아 사역하는 교회를 옮기게 되었다. A목사가 옮겨 간 그 메가급 교회는 몇 년 사이에 배가의 성장을 이루게 되었다. 그러던 중에 당회원들과의 고질적인 불화로 인하여 수년 동안 소송에 휘말리게 되었는데, 패색이 짙어지자 마침내 그 교회를 나와 근처에 새로운 교회를 개척하였다. 그가 교회를 뛰쳐나오자 시무하던 교회 교인의 2/3 정도 되는 수천 명의 교인이 그를 따라 교회 설립 대열에 합류하였다.

　이 교회 설립 과정 속에 드러나는 사실은 무엇인가? 새로운 교회가 설립되는 과정에서 인기 목회자와 그의 영향력만 눈에 띌 뿐, 교회의 본질에 대한 이해가 보이지 않는다는 것이다. 그리고 이런 일은 소수의 특정 목회자와 그 교회만의 문제가 아니라는 것은 누구나 인지하고 있을 것이다.

　한 교인이 교회를 옮겨 특정 교회에 출석하게 되는 것은 위에서 언급한 인기 목회자의 영향뿐 아니라, 교회에서 운영하는 목회 프로그램도 상당한 작용을 한다. 예를 들면, '제자 훈련과 같은 소그룹 프로그램'이나 '뜨레스디아스'(Tres Dias)나 '가정 교회'나 '총동원 전도주일'과 같은 프로그램들이다. '뜨레스디아스' 프로그램의 경우 이것을 도입하고 있는 교회들에게서 상당한 교회 성장이 목격되고 있다.

　G교회의 경우 1986년부터 이 프로그램을 시작하여 2002년까지 1만여 명이 이 프로그램에 참가하였다는 공식적인 데이터를 내놓고 있다. 더 나아가 유럽, 러시아와 중앙아시아, 한국, 일본, 중국, 칠레, 아르헨티나까지 이 프로그램을 확산시키고 있다. 그런데 이 교회와 관계를 맺거나 부교역자로 사역했던 목회자들이 그 교회의 지원을 받아 교회들을 개척했다. 그중 하나가 L교회이다. L교회는 창립 초기부터 '뜨레스디아스'를 시작하여 2009년 3월까지 34기, 서울에서 30기까지 진행되었고, 러시아까지 확장하고 있다. 이 프로그램을 운용한 결과 L교회도 교회 출석 성도의 숫자가 크게 증가하였다. 그런데 이 L교회에서 또다시 E교회를 개척하였다. E교회는 L교회 창립 멤버인 C목사가 1999년에 30여 명을 데리고 나와 첫 예배를 드렸다. 그런데 이

교회 역시 창립 1년 후인 2000년에 유사한 프로그램을 시작하였고, 이후 괄목할 만한 출석 성도의 성장을 이루게 되었다.

그렇다면 이들 교회들은 왜 새로운 교회를 개척하게 되었을까? 이들 교회들이 개척한 교회의 설립 이유를 들여다보면 교회의 본질을 구현하고 사명을 수행해야 한다는 것과는 상당히 거리가 있다.

각 지역 교회들은 저마다 '교회의 비전'이나 '교회의 사명 선언' 혹은 '교회의 표어'들을 가지고 있다. 이것들은 그 교회들이 무엇을 지향하고 있고, 교회를 통해 무엇을 하고자 하는지, 왜 그것을 하고자 하는지를 알 수 있는 것들이다.

E교회의 경우를 보자. 그들이 교회를 새롭게 설립한 목적은 '교권적이고 경직된 교회가 아닌' '예수 그리스도를 사랑하는 형제들의 모임'으로, '뜨거운 가슴으로 서로를 섬기며 권면하고 세워 주는 사랑이 넘치는 신앙 공동체가 되기를 소원하고 기도'하는 것으로 적시되어 있다. L교회의 경우 '예수의 제자 되어 서로 사랑하며, 세계를 가슴에 품고 선교하는 것'을 사명 선언으로, G교회는 '교제, 평신도 사역, 유기체적 교회, 말씀대로 사는 교회'를 사명 선언으로 하고 '주님의 지상 명령을 수행하는 교회'를 비전으로 삼고 있다. 그러나 그 교회의 주보에 명시된 표어는 '행복한 교회, 상급 받게 하는 교회, 세계 선교를 마무리짓는 교회' 혹은 '주님의 지상 명령을 수행하는 교회' 등이다.

이런 사명 선언, 표어, 비전들이 일정 부분 교회가 감당해야 할 사역의 일단을 보여주는 것은 사실이지만, 그렇다고 해서 이것이 지역교회를 반드시 설립해야 할 이유가 되거나 혹은 교회의 본질적인 모습이나 교회가 절대적으로 감당해야 할 사명을 관통했다고 보기는 어렵다. 이 사역들은 굳이 교회가 아닌 선교 단체들이나 예수 그리스도를 믿는 다른 조직들이 얼마든지 감당할 수 있는 일들이고, 그런 사역들을 교회 표어나 비전, 사명 선언으로 삼는 것은 결국 '교회가 무엇이며, 무엇을 해야 하는지에 대한 이해 부족에서 온 것'이라고 의심하게 한다. 교회를 설립하면서도 교회가 무엇을 해야 하는지, 그 사명에 대한 '교회의 정체성'이 잘 드러나지 않았다는 말이다.

이것은 위에서 예로 든 몇몇 교회의 문제만은 아니다. 각 교회들의 홈페이지를 통해 지역 교회의 설립 목적과 그 사역을 살펴보면, 상당수의 교회들에게서 '교회의 정체성'이 제대로 나타나지 않거나 구현되고 있지 않음을 보게 된다. 또, '교회의 고유한 본질과 그것을 수행하는 사명'이 상호 연계되어 있지도 않다. 교회의 본질이 교회의 설립과 교회가 해야 할 일을 주도하는 것이 아니라, 지역 교회의 성장을 목적으로 하거나 현실과 적당히 타협한 교회의 사명이 교회의 본질과 겉돌면서 교회의 정체성을 탈색시키고 있다. 이것은 사실상 '교회의 세속화'이다.

교회는 복음을 전파하는 과정에서 다양한 타 문화들과 이방 종교의 진리 체계들, 세속적인 철학과 세계관, 그리고 각양의 현실적 요구와 맞닥뜨리면서 변화를 요구받게 된다. 이런 변화의 요구들은 교회의 순수성을 탈색시킬 수 있는 커다란 위협이 된다. 따라서 이런 위협 앞에서 각 지역 교회가 교회의 정체성을 분명히 하지 않으면, 다시 말해서 교회의 본질과 그것을 구현할 사명을 제대로 인지하고 역사적 현실 상황에서 그것을 구현해 내지 않으면 예수님이 꿈꾸셨고 세우고자 하셨던 '그 교회'를 세울 수 없고, '그 교회'의 순수한 모습도 지켜

낼 수 없다. 더 나아가, 예수님의 교회를 통한 '하나님 나라', 곧 하나님 통치도 멀어질 수밖에 없다.

하지만 만약 각 지역 교회가 혹은 성도 한 사람 한 사람이 '교회가 무엇이며, 무엇을 해야 하는가?'라고 하는 '교회의 정체성'을 분명히 알고 자신의 현실 속에서 잘 구현해 낸다면 교회는 세상의 다양한 공격으로부터, 또 세속화의 위험으로부터 자신을 지키고 예수님의 교회로서 본래적 모습, 천국 열쇠를 쥐고 있으며 음부의 권세를 이기는(마 16:16-18) 그런 교회가 될 것이다.

그렇다면 교회의 정체성(church-identity), 그 본질과 사명은 무엇인가? 이 책은 이 질문에 대한 답이다. 예수님 교회의 정체성에 대한 책이다.

각 개인들이나 조직은 '자기 정체성'(self-identity)이 요구된다. 이는 나와의 관계에서(주체적), 그리고 타인과의 관계에서(객체적) 자기 자신이 지니는 고유성을 자각하여 타인과 구별된 존재로 자기 자신을 파악하는 것이다. 그래서 자신만의 일관되고 통합된 의식과 행동을 견지하는 것이다. 만약 한 개인에게 자아 정체성이 형성되면 자신을 타인과 구별된 존재로 파악할 뿐 아니라 동시에 자신이 속한 가정, 사회, 국가라는 집단의 한 구성원으로서 자기 자신을 인식하는 것(소속)이며, 또한 그 소속 집단에서의 사회적, 도덕적 책임과 역할을 수용하여 자신의 존재 가치와 의미를 발견하는 것이다. 이런 자아 정체성이 유실되었거나 혼미하여 아직 제대로 형성되지 않으면 존재의 이유와 가치가 사라질 뿐 아니라 자신이 무엇을 해야 하는지, 왜 그것을 해야 하는지도 불분명하게 된다.

이것은 교회도 마찬가지이다. 기독교에서 교회는 '한 유기체(몸)'이다. 따라서 교회 역시 세상과의 관계에서 혹은 다른 여타 세상 조직과의 관계에서 분명한 '교회 정체성'이 수립되고 자각되어야 한다. 이 정체성이 유실되거나 혼미하다는 것은 교회가 무엇이며, 무엇을 해야 하는지 그 본질과 역할, 사명이 불분명하다는 것이며, 그렇게 되면 그 존재이유와 가치가 희미하게 된다.

그러므로 이 책에서는 '교회 정체성', 곧 교회가 무엇이며, 무엇을 해야 하는지 – 교회만이 가지는 고유성이 무엇이며, 어떻게 타 집단과 구별되는지, 그리고 어떤 사명과 역할을 가지는지를 규명할 것이다. 그래서 이 세상에서 교회가 존재해야 하는 그 존재 가치와 의미를 발견하도록 할 것이다. 또한, 교회의 정체성을 규명함에 있어 '조직 신학적 접근'이 아니라 고린도전서에 나타난 '바울 사도가 원했던 교회'의 모습을 통하여 성경 신학적인 방법으로 접근하고자 한다.

제2절
바울 교회론의 출발점

'교회가 무엇이며, 무엇을 해야 하는가?'라고 하는 교회의 정체성에 답하기 위하여 고린도전서에 드러난 고린도 교회를 관찰해 보아야 한다. 그것은 고린도 교회가 교회의 본질을 제대로 보여주는 이상적인 교회가 아니라 오히려 많은 문제를 가지고 있었던 교회였기 때문이다. 즉, 고린도전서에는 고린도 교회에서 발생했던 다양한 문제들을 바로잡기 위한 바울 사도의 목양적 답변들과 권면들이 많이 나타난다. 이런 바울 사도의 답변과 권면들은 그가 원했던 교회의 모습-참된 예수님의 교회가 무엇이며, 그 교회는 무엇을 해야 하는가-에 대한 바울 사도의 교회론으로부터 왔다는 것은 당연한 추론이다. 따라서, 고린도전서는 바울이 원했던 교회, 곧 바울의 초기 교회론에 대한 보물 창고라고 할 수 있다.

사도 바울은 유대교에 열심을 가지고 있었다. 그래서 시리아 다마스커스(다메섹)에 있는 그리스도인들을 체포하기 위하여 예루살렘에서 그곳을 향하여 가는 길에서(흔히 다메섹 도상이라고 표현한다) 예수 그리스도를 만나 예수 그리스도의 종이 되었다. 그리고 시리아 안디옥에서 사역을 하던 바나바의 안내를 받아 예루살렘에 있는 교회와 사도들과 교제를 하게 되었다. 그 후, 시리아 안디옥에 있던 교회에 파송을 받아 바나바와 함께 소아시아 지방을 돌며 복음을 전파하면서 교회를 세웠는데, 이를 통해 이방인 선교의 교두보를 확보하게 되었다. 두 번째 전도 여행을 통하여 헬라의 여러 지방에 교회들을 세웠는데, 바울은 자기 자신이 예루살렘에 있던 사도들과는 달리 '이방인의 사도'로 세워졌다고 생각했다. 그리스도로부터 이방인 선교를 위하여 부름 받아 세워지고 파송되었다는 분명한 사명을 자각하였던 것이다 (참고, 갈 2:8-9).

하지만 이방인 교회의 설립과 성장의 과정에서 각 지역 교회들은 정도의 차이는 있었지만 다양한 여러 가지 문제에 봉착하게 되었다.

초기 지역 교회들이 직면하였던 문제들은 그들의 손으로 해결할 수 있는 것들이 많지 않았다. 왜냐하면 세상 속에 세워지고 존재한 '교회'라는 공동체는 팔레스타인의 히브리적 토양에서 시작되었을 뿐 아니라 복음에 기초하여 새롭게 시작된 공동체였기 때문이다. 이방인들은 예수 그리스도의 복음을 믿어 교회에 출석하고는 있었지만 실제로 교회가 무엇인지, 또 그리스도인으로서 무엇을 해야 하는지에 대해서는 제대로 알지 못했을 것이며, 또한 하나의 공동체 조직으로서 교회를 운영해 가는 규정이나 제도 역시 완전하게 형성되어 있지 않았다는 말이다. 사실상 예수 그리스도의 사역에서도 '교회를 세우실 것'(마 16:16-18)이 예고되기는 했지만 실제로 교회가 무엇이며, 무엇을 해야 하는지에 대한 그 정체에 대해서는 공개적으로나 구체적으로 알려지지 않았다. 단지, 이것은 사도들의 교회에 대한 가르침으로부터 추론해 낼 수밖에 없다.

고린도 교회의 경우를 보자. 우상에게 제물로 바쳐진 후에 시장에 나온 고기를 먹어야 할 것인가, 아니면 먹으면 안 되는 것인가? 교회 내에 음행이 발생했을 때는 어떻게 처리해야 하는가? 교인들끼리 상호 분쟁이 생겼을 때는 어떻게 해결해야 하는가? 이를 세상 법정으로 가져가야 하는가? 헬라 교인들이 팔레스타인 지역에 뿌리를 둔 가르침을 받아들였을 때 과연 팔레스타인 지역의 문화까지 수용해야 하는가? 고린도 교회는 이런 다양한 문제에 직면하였지만 그들 스스로 해결할 수 있는 능력이 없었다. 그것은 '교회가 무엇이며, 무엇을 해야 하는지' 명백하게 알고 있지 못했기 때문이다.

예루살렘에 교회가 세워진 후 베드로와 요한이 사마리아, 더 나아가 최초의 이방인 교회 곧 '고넬료의 집에 세워진 교회'(행 8-12장)에서 '성령님의 강림하심'과 더불어 교회의 설립을 인도하였고, 심지어는 안디옥에 있는 교회를 방문한 것(참고, 갈 2:11-14)을 미루어 볼 때 이 역시 '성령님의 강림하심'이 '교회의 설립'과 관련되었을 것으로 추측할 수 있다.

바울 사도 역시 소아시아 지방, 지금의 터키 지역이나 그리스 지역(마케도니아, 아가야 지방)에 세워진 지역 교회들에서 발생한 문제들을 해결하거나 그 교회들이 더욱 견고히 설 수 있도록 직접 방문하여 가르치기도 하고, 때로는 서신을 보내어 이들 교회를 권면하기도 하였으며, 또 예루살렘 교회를 방문하여 사도들과 사도 회의의 지도를 받기도 하였다. 이런 사도들의 활동을 미루어 볼 때 사도들은 교회가 어떻게 설립되며, 그 교회가 무엇이며, 무엇을 해야 하는지를 분명히 자각하고 있었음을 알게 된다. 따라서 각 지역 교회의 문제를 해결하기 위한 바울의 교훈과 권면을 추적하면 바울이 마음속에 생각하고 원했던 교회, 곧 '교회가 무엇이며, 무엇을 해야 하는가'에 대한 교회의 이상적이고 원형적 모습에 접근할 수 있게 될 것이다.

또 한 가지, 고린도 교회가 바울의 초기 교회론을 설명할 수 있는 좋은 대상이 되는 것은 데살로니가전서가 이 고린도 교회에서 쓰여졌기 때문이다. 데살로니가전서는 저술 연대가 여전히 논란이 되고 있는 갈라디아서를 제외하면, 신약성경 중에서 가장 이른 49년 후반에서 52년 상반기 사이, 고린도 교회를 개척하던 때에 쓰여졌다. 따라서 데살로니가서는 바울이 고린도 교회에서 가르쳤거나 가르치게 된 내용들이고, 또한 고린도전서에서 바울 사도가 교인들에게 교회에 대하여 상기시키거나 보다 자세하게 제시하고 있는 교회에 대한 가르침의 배경이 되었을 것이다.

따라서 이 책에서는 데살로니가전서의 도움을 받아 고린도전서에 나타난 교회 설립 초기의 바울 교회론을 교회의 본질과 사명의 관점에서 규명하여 초기 교회에서 형성되었던 '교회의 정체성'을 설명할 것이다. 초대 예루살렘 교회가 이방 세계를 향하여 복음을 전파할 때, 갓 세워지기 시작한 교회들에게 보낸 바울의 서신 속에 배어 있는 초기 교회론들은 '교회 본질의 원형'이 많이 반영되어 있는 것이라고 할 수 있다. 그리고 이것은 바울이 진정으로 원했던 교회의 모습들이었을 것이다.

아무쪼록 이런 관점에서 지역 교회들의 성도들과 목회자들이 이 책을 통하여 '교회의 정체성으로서 그 본질과 사명'을 제대로 알고, 이를 통하여 교회가 직면한 다양한 도전들 속에서도 예수님께서 이 땅에 세우고자 하셨던 예수님 교회의 순수성 - 그 본질적 모습들 - 을 회복하고, 교회를 통하여 삼위 하나님께서 이루고자 하셨던 뜻들이 이 땅 위에서 이루어지기를 소원한다.

제2장

고린도 교회와 교회론 이슈들

제1절
교회론의 보물 창고

고린도전서는 초기 기독교 공동체인 교회를 사도 바울이 어떻게 이해하고 가르쳤는지를 가장 잘 보여준다. 로마서에서 바울은 16장의 '문안인사'를 제외하고는 '교회'라는 단어를 사용하지 않는다. 수신자를 언급하는 1장 7절도 다른 서신과 달리 '로마에 있는 모든 성도에게'라는 표현을 사용하고 '교회'라는 단어를 언급하지 않는다.

이와 달리, 고린도전서에는 '교회'라는 단어가 매우 현저하게 사용된다(약 24회). 이는 고린도전서에서 바울 사도의 가장 큰 관심이 '교회'였음을 보여준다. 고든 피(Gordon Fee)는 고린도전서의 "가장 큰 신학적 기여는 교회 본질에 대한 바울의 이해"라고 하면서, "어떤 바울의 편지들에서보다 여기에 교회에 대한 많은 가르침이 있다"고 하였다.[1] 그리고 제임스 던(James Dunn)도 고린도전서에서 "1세기 중반 지중해 도시에서 교회가 무슨 의미인지를 보기 시작한다"[2]고 하였다.

사실 고린도전서에서 바울은 교회론을 조직 신학적으로, 교과서와 같은 방식으로 제시하지 않는다. 비단 교회론뿐 아니라 어떤 주제에 대해서도 자신의 생각을 조직적으로 서술하지 않는다.[3] 단지 그는 고린도 지방의 교회가 가지고 있었던 많은 문제들 곧 데살로니가에 있었던 교회의 모습처럼 긍정적이거나 건강하지 않고 많은 문제들로 인하여 시달리고 있었는데, 그런 문제들에 대한 그의 의견을 서술한다.

고린도 교인들은 '유아들'(고전 3:1)이라고 표현될 만큼 영적으로 미숙한 교회였다. 바울은 이런 신앙적으로 어린아이들이었던 고린도 교인들이 직면한 다양한 문제를 해결하기 위하여 고린도전서를 써보냈는데 여기에서 그의 교회에 대한 많은 생각을 엿보게 되고, 이 점이 오히려 바울의 교회론을 잘 설명해 줄 수 있는 부분이다.

한스 콘첼만(Hans Conzelmann)은 고린도전서에서는 바울의 "신학이 교회의 존재를 설명하는 것으로 해석되었다"면서, 바울이 "특정한 상황의 이해 속에서 교회와 개인을 집중적으로 조명"한다고 하였다.[4] 이는 고린도 교회가 직면한 상황 속에서 바울의 교회에 대한 신학, 곧 '교회가 무엇이며, 무엇을 어떻게 해야 하는가'라는 바울의 교회론이 드러난다는 말에 다름 아니다.

더 나아가, 사도 바울은 고린도전서를 고린도에 있는 지역 교회에 써보내기는 했지만 이 편지가 고린도 지역의 성도뿐 아니라 '각처에서 예수 그리스도의 이름을 부르는 사람들'에게도 읽혀지기를 기대하였다(고전 1:2). 이것은 고린도 교회의 문제가 그 교회를 넘어서 다른 지역 교회에도 적용될 수 있는 교훈이 됨을 보여준다.

만약 이 고린도전서에 나타난 바들이 고린도뿐 아니라 다른 지역 교회에도 적용될 수 있다면 이것은 오늘날 교회가 직면한 다양한 문제들에도 적용할 수 있다는 가능성을 보게 된다. 뿐만 아니라 고린도 교회의 문제들은 오늘날 서구 교회나 한국 교회가 직면한 문제들과 상당히 닮아 있다. 따라서 고린도전서를 통하여 규명된 바울의 교회론은 오늘의 교회가 직면한 교회 문제 해결을 위한 좋은 지침서가 될 수 있을 것이다.

제2절
바울의 초기 사역과 교회의 설립

1. 바울의 회심

　예수 그리스도의 지상 사역이 승천과 함께 마무리된 후에 제자들은 예수님께서 보내주시리라고 약속하셨던 보혜사 성령님의 강림으로 임마누엘(하나님께서 함께하심)을 체험하게 되었다. 이것은 세상 끝날까지 함께하시겠다고 약속하셨던 예수님 말씀의 성취이기도 했다. 이 성령 하나님의 임재와 함께하심으로 사도들을 중심으로 하여 예루살렘에 있던 예수님의 제자들은 예수 그리스도의 복음을 담대하게 선포하기 시작하였다. 그리고 예수 그리스도를 믿는 사람들의 숫자는 급격히 늘어나고 복음은 점차 유대 지역과 사마리아 지역으로 확장되어 가더니, 급기야 고넬료의 가정이 예수 그리스도를 믿고 성령님의 임재하심을 체험함으로써 이방인에게까지 미치게 되었다.
　그러나 유대교의 방해와 저항도 만만치 않았다. 스데반의 순교를 기점으로 하여 예수 그리스도를 믿는 사람들에 대한 유대교의 탄압이 더욱 강력해져서 결국 예루살렘 교회는 처처로 흩어지게 되었다.
　그리스도인들에 대한 박해에 일조했던 사람이 바울이라 불리던 사울이었다. 바울이라는 이름이 애초부터 가지고 있던 로마식 이름인지 나중에 그가 회심하여 갖게 된 이름인지는 분명치 않다. 그는 지금은 터키 지역인 길리기아 지방의 대학 교육 도시, 다소 출신의 디아스포라 유대인으로서 로마 시민권자였다(행 22:25, 28). 그런데 그의 부모는 매우 경건한 유대인들이었던 것 같다. 그를 어려서부터 예루살렘으로 유학을 보내 힐렐의 손자 가말리엘의 문하에서 율법을 공부하게 하였다. 이로 인해 그는 예루살렘에 거주하였으며, 그리스도의 사건 이후에 그리스도교가 급격히 확장될 때 유대 바리새파 지도자 중 한 사람으로 활동하였다.

그는 '유대교에 열심 있는 자'였다(갈 1:13; 행 22:3). 이런 열심은 아마 '비느하스의 열심'과 같은 성격의 표현으로서, 유대교적 정체성이 확고하여 유대교에 헌신된 사람이었다는 뜻이다. 그는 그리스도인들을 핍박하는 데 앞장섰을 뿐 아니라(갈 1:22-23; 행 9:21, 22:4, 26:10-12) 대제사장으로부터 그리스도인들에 대한 체포 영장을 발부받아 다마스커스(다메섹)까지 갔다(행 9:1-2, 22:5, 26:12).

그러나 바울은 그리스도 예수를 위하여 선택된 사람이었다(행 26:16-18). 그가 그리스도인들을 체포하기 위하여 시리아의 다마스커스로 향하여 가던 길에서 예수 그리스도를 만난 것이다. 바울의 회심 사건은 이랬다(행 9, 22, 26장; 갈 1장). 다마스커스에 가까이 이른 정오쯤에 홀연히 하늘로부터 빛이 비추어 그를 둘러쌌고, 이 환한 빛으로 인해 땅에 엎드러졌던 바울은 "사울아, 사울아, 네가 어찌하여 나를 박해하느냐?" 하시는 음성을 듣게 되었다. 그때 그는 "주여! 누구십니까?" 하고 물었다. 그는 "나는 네가 박해하는 예수다"라는 답변을 들었고, 이 예수님과의 만남으로 후에 사울의 삶은 변했다.

그는 3일 동안 아무것도 보지 못하고 먹지 못하였다. 앞을 보지 못하게 된 그는 그의 일행들에게 이끌려 다마스커스로 들어가서 유다라는 사람의 집에 머물렀다. 그때 '아나니아'라는 제자가 그를 찾아와 그에게 안수하면서 이렇게 말하는 것이 아닌가! "형제 사울아! 주 곧 네가 오는 길에서 나타나셨던 예수께서 나를 보내어 너로 다시 보게 하시고 성령으로 충만하게 하신다." 뿐만 아니라 그의 안수를 받고 사울은 눈에서 비늘 같은 것이 벗겨져 다시 보게 되었을 뿐 아니라 성령님의 임재와 충만함을 받게 되었다.

이렇게 회심을 한 사울은 세례를 받고 음식을 다시 먹게 되었으며, 제자들과 며칠을 함께 있으면서 즉시로 회당에 나가 '예수는 그리스도'라고 증언하며 복음을 전하게 되었다. 하지만 사울의 회심과 예수 그리스도에 대한 그의 증거와 선포를 보면서 유대인들은 무척 당황하여 그를 죽이기로 공모하였고, 이 사실이 그리스도인들에게 알려지면서 제자들은 사울을 성벽을 통해 도주시켰다.

또한 이런 일련의 사실을 알게 된 바나바는 사울을 예루살렘에 있는 사도들에게 소개하였다. 그래서 사울은 사도들과 교제하면서 그리스도의 제자로 인정받게 되었고, 예수 그리스도의 이름을 전파하며(행 9:26-27) 헬라파 유대인들에게 복음을 변호하였다. 이런 사울의 활동은 예루살렘 유대인들의 주목을 받게 되어 또다시 살해 위협을 당하게 되었다. 이에 그는 제자들의 도움으로 예루살렘을 떠나서 가이사랴를 거쳐 아라비아, 다메섹, 다소 등에 체류하면서 그곳에서 복음을 전하였다(참조, 갈 1:21-24).

그런데 바울이 다소에 머무르고 있을 때 바나바가 다시 그를 찾아왔다. 그때 바나바는 시리아에 있는 안디옥에서 사역을 하고 있었다.

안디옥 교회는 사역자 바나바의 선한 성품과 성령님의 충만한 역사로 말미암아 큰 무리의 숫자가 주께로 돌아오게 되었고, 이로 말미암아 사역자의 손길이 절실히 요청되던 상황이었다(행 11:24). 이에 바나바는 다소에 머무르고 있던 사울을 떠올리고 그를 안디옥으로 데려와 1년 동안 함께하면서 형제들을 가르쳤고, 이로 인하여 안디옥 교회는 더욱더 큰 성장을 이루게 되었다.

이때 처처에 큰 흉년이 들었다. 예루살렘 교회도 예외는 아니어서 큰 고통을 당하고 있었다. 이에 안디옥에 있던 형제들(안디옥 교회 교인들)은 예루살렘 교회의 형제들을 위하여 구제 헌금을 하였고, 바나바와 사울이 이 구제 헌금을 가지고 예루살렘 교회를 다시 방문하게 되었다. 예루살렘에는 마리아라는 바나바의 누이동생이 살고 있었는데, 그녀는 매우 부유한 사람이었을 뿐 아니라 신실한 예수 그리스도의 제자였다.

예수님이 십자가에서 고난을 당하신 후에 예수를 따랐던 사람들에 대한 큰 핍박이 예견되는 상황에서도, 제자들을 위하여 자신의 집을 기도처(예배처)로 내놓을 만큼 믿음의 사람이요 용기 있는 사람이기도 하였다. 그 누이동생에게는 '마가 요한'이라는 젊은 아들이 있었다. 그는 예수님이 십자가에 못 박히시던 날 밤에 너무 황망한 나머지 홑이불을 뒤집어 쓰고 도망쳤던, 아직은 젊기만 한 청년이었다. 바나바와 사울은 예루살렘에 구제 헌금을 전달하고 이 '마가 요한'을 데리고 안디옥으로 돌아오게 되었다.

2. 바울의 전도 여행과 교회의 설립

시리아 안디옥에 위치해 있던 교회에는 바나바와 사울 외에도 다른 선지자들과 교사들이 있었다. 시므온, 루기오, 마나엔과 같은 이들이었는데, 이들은 신실하게 주님을 섬기는 사람들이었다(행 13:1). 그들이 함께 금식을 할 때 그들은 성령 하나님의 음성을 듣게 되었다. "내가 불러 시키는 일을 위하여 바나바와 사울을 따로 세우라." 이 성령 하나님의 음성을 들은 그들은 다시금 금식하면서 기도하고 바나바와 사울을 다른 이방인 지역의 선교를 위해 안수하여 세웠고, 그들을 파송하게 되었다.

이에 사울이었던 바울과 바나바는 마가 요한을 데리고 소아시아 지방(터키의 중·남부 지역)을 중심으로 하는 전도 여행을 시작하였다. '바울의 1차 전도 여행'이었다. 그들은 시리아 안디옥을 떠나 배를 타고 지중해에 위치한 키프로스(구브로) 섬을 거쳐서 밤빌리아 지방의 버가에 이르렀다. 이때 문제가 발생했다. 마가 요한이 선교 사역의 어려움을 이겨내지 못하고 전도 팀을 이탈하여 그의 어머니 집이 있는 예루살렘으로 돌아가고 말았던 것이다.

그럼에도 불구하고 전도 여행은 계속되었다. 비시디아 지방의 안디옥과 루가오니아(Lycaonia) 지방의 이고니온, 루스드라, 더베까지 갔다. 그들이 가는 곳에는 복음이 선포되었고, 그로 인하여 믿는 자들이 생겨났다. 이는 곧 지역 교회가 이방인 지역에 생겨났다는 의미이기도 하다. 이렇게 복음을 전하면서 더베에 이르렀는데, 그곳에서 발길을 돌려 그들이 전도했던 지역을 되짚어 오면서 교인들을 굳건히

하고, 밤빌리아 버가를 거쳐 앗달리아에서 배를 타고 출발지였던 시리아 안디옥으로 돌아왔다. 이것이 소위 바울의 1차 전도 여행이었다.

안디옥 교회에 이방인 제자들이 늘어나면서 대두된 문제가 '이방인 신자들의 할례 문제'였다. 바울과 바나바가 소위 1차 전도 여행을 마치고 시리아 안디옥에 돌아가 휴식을 취하고 있을 무렵, 유대 지역에서 내려온 사람들이 이방인 신자들도 모세의 율법에 따라 할례를 받아야 구원을 받는다고 주장한 것이다(행 15:1-2). 유대주의자들이었다. 이 유대주의자들의 주장에서 주목해야 할 점은 할례를 구원 문제와 결합시켰다는 것이다.

할례를 구원 문제와 연결시킨 것은 유대인들에게는 구원이 '유대인 정체성'과 관련되어 있음을 보여준다. 할례는 '유대인의 표식'으로 유대인 정체성의 상징이다. 유대인은 할례를 받고 율법을 지키며 예루살렘 성전에서 참배해야 하고, 이런 사람들이 참 유대인으로서 하나님의 백성이요, 이 하나님의 백성만이 구원을 받는 것이기 때문에 유대인 정체성이 구원과 연결되는 것은 매우 자연스러운 귀결이었다. 할례와 율법, 예루살렘 성전 참배가 유대인 정체성을 연결고리로 하여 구원과 연결된 것이다.

하지만 이런 점은 이방인들이 유대교로 개종하는 일에 많은 걸림돌이 되었다. 특별히 할례 문제에 걸려 유대교로 개종하지 않고 '하나님을 경외하는 사람들'(행 13:16)로 남아 있는 경우가 많았다. 바울 사도가 갈라디아서나 로마서에서 '율법(의 일)을 행함으로 구원을 얻는다'(롬 2:14)고 표현한 것은 바로 이 점을 지적한 것이다.

안디옥 교인들은 이방인 신자들에 대한 할례 요구의 문제를 교회 내에서 자체적으로 해결할 만한 '교회적 권위'를 가지지 못하였기 때문에 예루살렘에 있는 교회에 문의하기로 결정하였다. 이것은 오늘날 지역 교회의 문제를 상회 기관인 노회나 총회에 의뢰하는 것과 마찬가지일 것이다. 안디옥 교회는 바울과 바나바, 교인 몇 명을 대표단으로 하여 예루살렘에 파송하였다. 이에 예루살렘에 있던 교회의 권위자들, 곧 사도들과 장로들은 이 문제를 공회의에 부쳐 토의한 결과 이방인 신자들에게는 할례를 요구하지 않기로 결정하였다. 단지, 우상 제물과 피와 목매어 죽인 것과 음행은 지속적으로 금지하였다.

이는 예루살렘의 권위자들이 할례보다는 1, 2계명을 지키는 것과 잔혹하고 비윤리적인 행위 등을 금지하는 것을 더 중요하게 여겼다는 것이다. 이것은 유대인의 정체성과 구원이 무관함을 확증하는 것이다. 교회의 권위자들은 그들의 결정을 이방인 교회에 확실히 보여주기 위하여 예루살렘 교회의 유다와 실라를 바울과 바나바와 함께 대표로 파송하여 이런 회의 결과를 이방인 신자들에게 알리게 하였다(행 15:27-29).

이렇게 이방인 선교에 걸림돌이 되었던 큰 문제 하나가 해결되자 바울은 바나바와 함께 2차 전도 여행을 계획하였다. 그들이 복음을 전한 소아시아 지방의 각 성에 다시 가서 이미 세워진 교회와 교인들의 형편을 살펴보고자 한 것이다. 바나바도 여기에 찬성하고 전도 지역을 이탈한 전력이 있는 조카 마가 요한에게 다시 한 번 기회를 주어 선교팀에 합류시키기를 원하였다.

하지만 바울은 여기에 동의하지 않았다. 그는 마가 요한을 용납할 수가 없었다. 어쩌면 매사 엄격한 바울과 위로자 바나바는 그들의 스타일 차이 때문에 함께 사역하기 어려운 사람들이었는지도 모른다. 마가 요한을 놓고 벌어진 의견 차이로 인해 바울과 바나바는 심하게 다투고 결국 서로 갈라지게 되었다. 바나바가 바울에게 했던 일들이 무엇이었는가? 바나바는 바울이 회심한 지 얼마 되지 않았을 때 예루살렘에 있는 사도들에게 그를 보증하여 소개하기도 했던 사람이었다. 또 나중에 자신이 안디옥 교회로 파송되자 바울의 고향이었던 다소까지 와서 그를 권유하여 안디옥에서 함께 사역하게 했던 사람이었다. 그럼에도 두 사람은 서로를 용납하는 일에 실패하고 서로 다투고 갈라서게 되었다.

이것은 오늘날 교회의 갈등과 분열의 모습과도 많이 닮아 있다. 비록 동일한 비전과 목표를 가졌다 하더라도 방법의 문제 때문에 다투는 것이다. 결국, 바나바는 마가와 함께 바닷길을 택하여 배를 타고 키프로스(구브로)로 떠나고, 바울은 실라 곧 예루살렘 교회에서 대표로 피송했던 유다와 실라 중에 실라를 택하여 육지 길을 이용하여 시리아와 길리기아 지방을 거쳐서 1차 전도 여행의 최종 기착지였던 루가오니아 지방의 더베를 거쳐 루스드라에 이르게 되었다.

바울은 루스드라에서 '믿음의 아들'이 되는 디모데를 만났다. 디모데는 루스드라와 이고니온에 있는 '형제들'(그리스도인)에게 칭찬받는 사람이었다. 바울에게도 디모데의 장점들이 보였던 것 같다. 그래서 바울은 디모데를 그의 선교 팀에 합류시키고 비시디아 지방의 안디옥에 이르렀다. 이곳은 시리아 지방의 안디옥과는 다른 곳으로, 바울이 1차 전도 여행 시 방문했던 지역이다. 이곳에서 바울은 1차 전도 여행 시 가지 않았던 생소한 지역으로 발길을 돌리고자 하였다. 아마도 밤빌리아 지방의 버가나 앗달리아 지역에서는 키프로스를 거쳐 선교 여행을 하고 있는 바나바 일행이 활동하고 있을 수 있다고 생각했을 것이다. 그래서 그는 더욱 북쪽으로 눈을 돌려 지금 터키 지역, '소아시아 지방'에서 복음을 전하고자 하였다.

하지만 이상하게도 성령 하나님께서 그것을 금하시고 길을 열지 않으셨다. 그래서 아시아 지방보다 동북쪽에 위치해 있는 갈라디아 지방과 브루기아 지방의 여러 도시를 다니면서 복음을 전하였다. 이 즈음에 의사였던 '누가'가 바울의 선교 팀에 합류했을 것이다. 그것은 사도행전 16장 이후의 기록들에는 기록자가 포함된 '우리'라는 주어가 사용되기 때문이다. 브루기아 지방을 떠나 바울의 선교 팀은 무시아 지방에 다다랐다. 바울은 이곳에서 다시 북동쪽으로 올라가 비두니아 지방에서 복음을 전할 예정이었다.

하지만, 비두니아 지방으로 가려는 계획은 성령님께서 허락하지 않으셨다. 그래서 그들은 무시아로부터 서쪽 해안에 위치해 있던 트로이(드로아)로 내려가 체류하게 되었는데, 그 밤에 바울은 환상을 보게 된다. 마케도니아 사람 하나가 서서 요청하기를 "마케도니아로 건너와서 우리를 도우라"고 한 것이다. 이 환상은 인류 역사상 가장 위대한 사건 중에 한 사건을 이끌었다.

이 환상을 본 바울은 그의 전도 팀과 그가 본 바들을 함께 나누면서 하나님이 마케도니아 사람들에게 복음을 전하라 하시는 것이라고 해석한 것이다. 그래서 바울과 그의 선교 팀은 지금의 터키, 트로이(드로아)에서 배를 타고 5일 정도 에게 해(Aegean Sea)를 항해하여 사모드라게 섬을 거쳐 지금 그리스(마케도니아)의 카발라(Kavala, 네압볼리) 항구에 도착하였다. 복음이 유럽 땅으로 확장되어 간 것이다.

역사적인 혹은 역사를 바꾸어 놓는 사건은 거창한 경우도 있지만 이렇게 평범한 사람들의 평범하기 그지없는 작은 발걸음일 경우가 있다. 바울의 선교 여정이 그랬다. 성령님께서 인도하심을 따라 복음을 가지고 유럽에 도착한 것은 아무도 주목하지 않았던 평범하기 그지없는 발걸음이었다. 하지만 아무도 주목하지 않았던 이 일은 나중에 유럽과 세계의 역사를 바꾸어 놓은 위대한 사건이 된다. 위대한 일들은 하루아침에 일어난 것이 아니다. 바울의 비전 배후에는 이방인 선교를 시작한 예수 그리스도와 그 가르침을 이어받은 베드로를 비롯한 12사도들, 박해 속에서 각처로 흩어졌던 예루살렘 교회와 그 성도들, 그리고 바울과 바나바의 선교를 후원했던 시리아 안디옥의 교인들로 이어지는 '받음과 건네줌'이라는 복음 전도의 전통이 있었기 때문에 가능했다.

지금의 그리스, 카발라 항에 도착한 바울 일행은 모든 길을 로마로 통하게 하기 위하여 뚫어 놓은 '이그나티아 도로'(Via Egnatia)를 따라 산을 넘어 빌립보 지역으로 들어가 마케도니아 지역 선교를 시작하였다. 그리고 데살로니가, 베뢰아를 거쳐 아테네에 이르렀다. 바울은 대도시 아테네의 아레오바고 광장에서 그의 모든 지식을 동원하여 복음을 선포했다.

아테네 사람들의 종교심을 웅변해 주는 '알지 못하는 신'을 '예수 그리스도의 죽음과 부활'에 유비시킨 멋진 설교를 통해 복음을 전했다. 하지만 그의 전도는 아테네 사람들의 마음을 움직이지 못했고 별다른 반응을 이끌어 내지 못했다. 예수를 믿기로 작정한 사람은 미미한 숫자에 불과했다. 이렇게 아테네에서 별다른 성과를 얻지 못한 바울은 그곳을 떠나 고린도로 향하였다.

아테네로부터 펠로폰네소스 반도를 향하여 나 있는 길을 따라 고린도로 내려오는 바울의 발걸음은 매우 무거웠다. 그는 두렵고 떨리는 마음에 사로잡혀 있었다(고전 2:3). 아테네에서의 적은 성과가 부담이 되었겠지만 고린도라는 도시가 주는 느낌은 그를 더욱 위축되게 만들었을 것이다. 왜냐하면 고린도는 매우 세속적이고 향락적이며 우상 숭배로 소문난 아가야 지방의 대표적인 도시였다. 이 때문에 그처럼 담대했던 바울도 두렵고 심히 떨면서 고린도에 입성하였다.

3. 바울 시대 고린도의 종교, 사회, 문화적 상황

그가 도착한 '고린도'는 지중해 연안-북쪽으로 그리스의 본토와 남쪽으로 펠로폰네소스 반도를 나누는-마치 모래 시계의 홀쭉한 중앙과 같은 위치로 위와 아래를 연결하는 루트를 장악한 지협이다. 이곳에서 펠로폰네소스 반도 동쪽으로 12킬로미터 정도를 가면 겐그레아(Cenchraea)의 사로닉(Saronic) 항구-후에 이곳에 살고 있던 뵈뵈 집사가 복음을 받아들였다-가 소아시아 지방 에베소 쪽을 향하여 있었고, 2.7킬로미터 정도 북쪽으로 가면 레케움(Lechaeum)이라는 항구가 로마 쪽을 향하여 있었다.

고린도는 이렇듯 소아시아와 유럽의 관문이었다. 동쪽의 에게 해(Aegean Sea)와 서쪽의 이오니아 해(Ionian Sea)를 이어주는 고린도 운하가 뚫리기 전부터 사람들은 배를 타고 먼 길을 돌아가기보다는 이 최단의 지름길인 육로를 통해 화물을 운반하여 그들의 항해를 단축시키기도 하였다.

헬라 도시인 고린도는 그 역사가 B.C. 4천 년 가까이에 이른다. 하지만 B.C. 146년, 로마의 집정관 루키우스 뭄미우스(L. Mummius)에 의해 파괴되어 버리고 말았다.[5] 그 당시 로마는 정복한 도시들의 보물을 약탈하여 로마로 돌아가면서 그 도시들을 완전히 폐허로 만드는 관습이 있었다.[6] 고린도도 마찬가지였다. 키케로(Cicero)에 따르면 파괴된 헬라 고린도에 남은 것은 벽들뿐이었다고 한다.[7] 그 후 102년 동안이나 고린도는 이런 폐허 상태로 남아 있다가 B.C. 44년 3월 율리우스 카이사르(Julius Caesar)의 명령에 따라 재건되어[8] 도시의 이름도 '고린도, 율리우스의 찬양'(Corinth the praise of Julius)이라 지었고[9] 아가야 지방의 수도가 되었다.[10]

로마에 의해서 재건된 고린도는 더 이상 헬라 도시가 아니었다. 오히려 이탈리아 남부에 있는 폼페이 같은 로마 도시였다. 따라서 인접한 여타 아가야 도시들과는 언어나 문화가 달랐다.[11] 고린도에서는 라틴어와 헬라어가 혼용되었는데, 아마도 라틴어가 더욱 지배적으로 사용되었던 것 같다. 고린도전서에 등장하는 아굴라(Acquila), 브리스길라(Priscilla), 그리스보(Crispus), 루기오(Lucius), 가이오(Gaius), 더디오(Tertius), 에라스도(Erastus), 구아도(Quartus), 브드나도(Fortunatus), 아가이고(Achaicus) 등은 모두 라틴 이름이다.

또 하드리아누스 황제(B.C. 117-38)가 통치하던 시대 이전의 고린도 지역의 비문들을 보면 104개 중에 101개가 라틴어로 되어 있고, 3개만이 헬라어였다.[12] 이것을 보면, 식민 통치 초기에 고린도에서는 라틴어가 공용어로 사용되었고[13] 헬라어는 주로 무역과 상업에 사용되었음을 알 수 있다. 그런데 인구가 팽창하면서 헬라어 사용이 점차 늘어나고, 이에 비례하여 비문들에도 헬라어가 점점 많아져서[14] 언제부터인지는 확실치 않지만 174년 이전에 헬라어가 공용어로 사용되고 있었다.[15]

로마의 도시로 재건된 고린도는 한편에는 헬라 도시가, 다른 한편에는 로마 도시가 각자 구별된 조직과 기질을 가지고 있었다. 고린도의 지방 정부는 로마 공화정의 축소판이었다. 선출직인 4명의 집정관은 은퇴하면 시 협의회의 회원이 되었다. 선임 집정관(Duoviri Iure Dicundo)은 도시의 사법과 행정권을 가지고 있었는데 5년마다 선출되었다. 집정관(Duoviri)들은 2명의 조영관(Aediles)이 보좌했는데, 총 8명의 조영관들은 도시 업무를 관장하여 상업이나 재정과 관련된 소송을 책임지고 있었다.[16]

바울이 도착할 때 고린도는 로마의 도시로 새롭게 건설된 지 100여 년이 지났을 때였다. 그때 고린도는 지정학적 위치 때문에 인구가 8-10만을 헤아리는 상업 중심 도시로[17] 매우 부유하고 풍요로운 대도시였다. 하기야 B.C. 8세기, 호머(Homer) 시대에도 고린도는 그 도시의 이름이 '부유한'이라는 형용사적 의미로 사용될 정도였기에 새로울 것도 없었다. 이곳에서 생산되는 청동 제품들(Corinthian Bronze)은 로마 제국 내에서 가장 질이 좋은 것으로 소문이 났고 세라믹 제품들, 원단, 선박 건조, 건축술 등도 상업 도시로서 고린도의 유명세에 한몫했다.[18]

고린도는 상업, 금융의 주요한 중심지로 계속 팽창하고 있었으며,

그때 도시의 중심가는 구 신전(the archaic temple)의 남쪽이었다.[19] 그곳에는 많은 건축물들이 들어서 있었고, 바울이 고린도를 떠나고 십수년이 흐른 후, 66-67년경에 네로 황제의 명령에 따라 '고린도 운하' 공사가 시작되었다. 이 운하 공사는 68년 네로가 그리스를 떠난 후에도 베스파시아누스에 의해 계속되었다. 이때 약 6천 명의 공사 인부가 고린도에 유입되었는데, 이들 중에 유대인들도 상당수 포함되어 있었다. 그런데 70년 혹은 77년도에 큰 지진이 발생했다. 이로 말미암아 도시의 많은 부분들이 파괴되어 도시의 남쪽에 새로운 구획이 만들어졌고 새로운 식민지가 건설되었다.[20] 새로운 건축물들이 다시 들어섰고 30여 년이 흐른 2세기 초에는 더욱더 많은 빌딩과 기념물들이 세워졌다.[21]

바울 시대 이전, 헬라 도시였던 고린도는 성적인 개방성으로 유명했다. B.C. 5-4세기 아테네의 저술가들은 고린도를 '상업화된 사랑의 상징'(the symbol of commercialized love)으로 묘사하거나, '성적 행위'를 의미할 때 '고린도'라는 단어를 넣어 만든 신조어를 사용하였다. 예를 들면, B.C. 4세기경에 아리스토파네즈(Aristophanes)는 '고린도인들처럼 행동하다'(Korinthiazesthai)라는 동사를 성적인 행위와 관련된 의미의 은어로 사용했다. 그의 단편들에는 '나는 고린도인 행동을 하다'(korinthiazomai)에 대한 두 가지 해설들이 나타난다. 하나의 해설은 '창녀 짓을 하는 것'(hetairein)이요, 다른 하나는 '포주 행위를 하는 것'(mastropeuein)이라 하였다. B.C. 4세기 필레타에루스(Philetaerus)와 폴리오쿠스(Poliochus)에 의해서 쓰여진 〈코린티아스테스〉(Korinthiastes)라는 연극 제목에는 고린도라는 이름이 들어가 있는데, 그 의미는 '창녀'였다. 플라톤도 '고린도 소녀'(korinthia kore)라는 말을 '창녀 행위를 하는 것'으로 사용하였다.[22]

역사가 스트라보(Strabo)에 의해 묘사된 B.C. 146년 이전의 고린도의 모습에 따르면, 아크로고린도(Acrocorinth)에 위치하고 있는 아프로디테(Aphrodite) 신전에는 1천 명의 남녀 신전 노예들(Sacred prostitutes)이 있었다.[23] 이들 신전 노예들은 고린도인들이 신과 연합할 수 있도록 하는 영매들이었다. 고린도인들은 이들 신전 노예들과의 성적인 관계를 통해 신과의 연합을 경험했고, 이것을 '신적 결혼'(sacred marriage)이라고 하였다.[24] 하지만 정작 고린도에 거주하는 주민들은 그 도시가 가지고 있는 여러 가지 부정적인 이미지에도 불구하고 고린도인이란 자부심을 가지고 있었다.

바울 시대에 이 도시에 거주했던 사람들은 대부분 헬라인이었지만 은퇴한 로마 군인들도 상당수 살고 있었다. 율리우스 카이사르가 고린도를 재건할 때 은퇴한 군인들과[25] 말썽쟁이 노예들을 거주시킬 목적이 있었기 때문이었다.[26] 따라서 고린도는 매우 다양한 인종과 종교가 혼재되어 있었고, 이런 다양성은 바울의 복음을 받아들일 수 있는 매우 좋은 토양이기도 했다.

고린도에는 최소한 24개의 각각 다른 신들의 신전이 있었다.[27] 이들 종교는 토종의 것들도 있었지만 헬라나 애굽, 소아시아에서 유입되기도 했는데 아폴로(Apollo), 아테나(Athena), 아프로디테(Aphrodite), 아스클레피오스(Asclepios), 디미테르(Demeter), 코레(Kore), 메데아(Medea), 팔라이몬(Palaimon), 포세이돈(Poseidon), 시지푸스(Sisypus) 등과 같은 헬라 종교, 이시스(Isis)와 사라피스(Sarapis)와 같은 애굽 종교, 여기에 더하여 신비 종교도 있었다.

로마 제국 종교의 신전들은 다른 어떤 신전들보다 높은 곳에 위치해 있어서 포럼 지역의 여러 헬라 신들의 신전들이 내려다보였다. 로마 제국 종교란 로마 황제를 숭배하는 것인데, 이것은 정치적 구조 속에 있는 종교 현상으로 전통적인 신들과 같이 지배자와 피지배자 사이에 힘의 관계를 만들어 내어 사회를 효과적으로 지배하게 하는 힘의 주요 부분이었다.[28]

터키의 소아시아 지역에서 로마 제국 종교는 아우구스투스(Augustus) 황제에 의해 시작되어 4세기 초까지 계속되었다.[29] 죽었거나 살아 있는 황제를 숭배하고 그에게 동물로 희생 제사를 드리는 것은 아가야 지방을 포함한 헬라와 소아시아 지방에 있었던 지배자 숭배의 긴 역사를 이어받는 것이다. 이는 알렉산더 대제에 대한 숭배에서 그 흔적을 찾아볼 수 있는데, 이들 지방에서는 지배자를 숭배하는 것이 신을 섬기는 종교 중 하나로 인식되었다.[30] 따라서 바울의 선교 지역에서 이런 지배자 숭배나 황제 숭배는 전혀 새로울 것이 없었으며, 지중해의 여러 로마 식민지에 널리 퍼져 있었다.[31] 하지만 바울이 선교했던 주요 도시 중에서 다소나 비시디아 안디옥 등에서는 이런 제국 종교의 증거들이 나타나지 않는다.[32]

고린도에는 제국 종교가 매우 현저하게 나타난다. 아폴로 신은 아우구스투스(Augustus)와 연합되어 있기 때문에 아폴로 신전 내에 제국 종교가 위치해 있는 것은 당연한 일이다.[33] 아가야 지방에 널리 퍼져 있던 아폴로 숭배는 고린도에서는 포세이돈, 아프로디테와 아울러 세 번째로 큰 영향을 가진 주요 종교로 신전도 5-6개가 있었고,[34] 이 신전을 재건하는 일은 매우 중요하였다. 왜냐하면 고린도가 로마의 모방 도시였기 때문이다.[35] 아폴로 신전의 원형은 고린도에서 멀리 바라다 보이는 파르나소스(Parnasos) 산 중턱의 델피(Delphi)에 있었다. 이 신전에서 피티아(Pythia)라는 영매가 환각 상태에 빠져 신탁을 했는데,[36] 고린도 교회가 신비적 신앙에 빠져든 것도 헬라와 로마 종교의 신비주의적 영향을 받았기 때문일 것이다.

고린도에서 제국 종교는 매우 두드러졌지만 중심적인 종교는 아니었다.[37] 오히려 헬라 종교의 신들이 그대로 받아들여져 숭배되었다. 아스클레피오스와 살루스는 병든 자를 치유하는 신들로서 그 신전은 아픈 사람들이 올 수 있는 장소였다.[38] 메데아를 숭배한 자취도 찾아볼 수 있는데, 심지어 아이들을 희생제물로 드리기도 하였다.[39] 포세이돈 신전은 고린도로 들어오는 이스트미아(Isthmia)에 위치해 있었고, 2개의 팔라이몬(Palaimon) 신전도 있었다.[40] 특별히 고린도에서 2년마다 개최되는 이스트미안 경기(Isthmian Games)는 바다의 신인 포세이돈과 소년 신인 팔라이몬에게 봉헌되는 것이었다.[41]

이시스(Isis)와 사라피스(Sarapis)와 같은 애굽 종교를 위한 신전도 있었다. 애굽 신들을 위한 장소는 아데나 신당의 밑부분의 안과 주변에 있었고,[42] 그 본 신전은 아고라 남쪽 아크로고린도로 올라가는 길에 위치해 있었다.[43] 또 코레 신당은 애굽 신 신당 위쪽에 있었다.[44] 파우사니아스(Pausanias)의 여행 기록에 따르면 고린도 근처 겐그레아에도 아프로디테, 포세이돈, 아스클레피우스 신전과 함께 2개의 이시스 신전과 두 개의 사라피스 신전이 있었다고 전하면서, 고린도 동전에도 포세이돈 대신 애굽 신 이시스가 새겨진 것들이 있다고 하였다.[45]

그는 안토니누스 피우스(Antoninus Pius) 황제(138-161) 때 고린도 동전 3개를 설명했는데, 2개의 동전에 있는 겐그레아 항구 그림은 반원형으로 2개의 신전이 있고 그 중앙에 커다란 돌고래와 삼지창을 든 포세이돈 동상이 있었다. 그런데 다른 하나의 동전은 앞의 두 동전과 모든 것이 동일했지만 단 하나 왼쪽 신전에 있는 기둥 사이에는 포세이돈 대신에 항해를 돕는 애굽 신인 이시스가 있었다는 것이다. 고린도에 있었던 애굽 신들에 대한 여러 증거들은 비단 동전뿐 아니라 비문이나 사라피스(Sarapis)가 새겨진 램프, 문학 작품 속에서도 발견되는데,[46] 이런 것을 보면 고린도 지역에서 애굽 신들이 꽤 광범위하게 숭배되었음을 알 수 있다.

여기에 더하여 신비 종교도 있었다. 신비 종교의 기원은 선사시대 이전, 농경 제의에서부터 비롯되었을 것인데[47] 토종의 것들도 있었고, 헬라나 애굽, 소아시아에서 유입된 것도 있었다. 이 신비 종교 중에는 디미테르(Demeter)를 숭배하는 엘류시안(Eleusian) 신비 종교, 디오니시안(Dionysian) 신비 종교, 오르페우스(Orpheus) 신비 종교 등이 있었는데, 엘류시안 신비 종교의 경우 아테네와 고린도에서 가까운 엘류시스(Eleusis)에서 시작되었다. 이 신비 종교를 추종하는 사람들은 어떤 신비스러운 비밀들이 옥수수 신인 디미테르의 신적 계시를 통해 보여진다고 믿었으며, 이 비밀 계시는 제의를 통하여 알게 된다고 생각했다.[48]

이들 신비 종교의 제의 행위와 믿음의 비밀들은 종교에 입회하지 않는 자들에게는 공개되지 않았다. 입회 서약에는 그들의 비밀들을 누설하지 않겠다는 서약이 들어 있었다.[49] 신비 종교의 주요 가르침은 입회자의 재탄생과 불멸성인데, 그들의 제의는 세례, 헌신(dedication) 과 거룩한 식사(the sacramental meals)로 구성되었다. 이들에게 있었던 입신적 종교 행위는 제의에 포함되지는 않았지만 신비 종교를 떠받쳐 주는 중요한 요소였다. 입신 상태는 다양한 형태가 있었는데 몸에 상처를 낸다든지, 열광하여 나체로 춤을 춘다든지, 입신 상태의 말을 하는 것 등이다.[50] 이런 열광 상태의 경험은 구속이나 혹은 구원으로 개념화되었다.[51]

디오니수스(Dionysus)는 포도주의 신으로 헬라 만신전의 매우 대중적인 신들 중 하나다. 나중에 나무의 신들로 알려지기도 했는데 소나무가 이 신과 동일시되었다. 델피의 신탁을 보면 고린도인들이 특정한 소나무, 곧 신의 두 형상들로 만들어진 특정한 소나무를 숭배하라는 것도 있다.[52] 이 신비 종교는 통제 불능의 입신 상태(ecstasy)에 빠지고, 날고기를 먹으며, 난교(亂交)에 빠지는 종교 행위를 한 것으로 알려져 있다. 오르페우스(Orpheus) 신비 종교는 그 초기에 헬라 사람들에 의해 영향을 받았는데, 디오니오스 신비 종교의 개정판이라고 할 수 있다.[53]

이런 신비 종교의 제의 형태는 고린도 교인들의 은사 중심의 신앙 행태가 신비적인 요소를 띠고 있는 것과 무관하지 않다. 그런데 놀라운 것은 고린도에 이렇게 다양한 종교들이 혼재하고 있었음에도 불구하고 그리스도인들이 이교도들과 갈등을 빚었다는 증거는 아직 발견되지 않는다.

'고린도'라는 도시의 이름을 알리는 데는 2년마다 열리는 이스트미안 경기(Isthmian games)의 기여도 있었다. 이 경기는 올림픽(Olympic),

피티언(Pthian), 네메안(Nemean)과 함께 4개의 범 헬라 축제(Panhellenic Games) 중 하나로 이스트미아(Isthmia)에 있는 포세이돈 신전에서 약 7마일(1킬로미터) 떨어진 장소에서 열렸다.[54] 이 경기는 바다의 신인 포세이돈에게 봉헌하는 종교적 축제로, 이때는 운동 경기뿐 아니라 많은 문화 행사, 예를 들어 드라마, 시, 음악회 등도 개최되었다. 그래서 이 기간에는 수많은 객지 사람들이 길 옆에 천막을 치고 이 축제에 참가하거나 참관하였다.[55]

만약 바울 사도가 고린도 체류 기간에 이 게임을 접할 수 있었다면 그것은 51년에 개최된 것이었을 것이다.[56] 바울 사도는 로마에서 내려온 브리스길라, 아굴라 부부와 함께 천막 사업을 하였기 때문에(행 18:3) 이 경기가 열릴 당시에 고린도에 있었다면 아마도 그들은 큰 호황을 누렸을 것이다. 하지만 바울은 이 일 자체에 대하여 그렇게 호감을 가지고 있지 않았다. 그는 이 일이 모욕을 당하는 힘든 일이며(고전 4:12), 자기를 낮추는 일(고후 11:7)이라고 하였다.

고린도에는 매우 큰 유대인 공동체가 자리 잡고 있었다. 필로(Philo)에 따르면, 칼리굴라(Caligula) 황제(37-41)가 통치하기 이전부터 고린도뿐 아니라 마케도니아와 소아시아 지역에 유대인들이 살았다고 하는데,[57] 누가가 기록한 사도행전에 따르면 클라우디우스(Claudius) 황제의 칙령에 따라 로마에서 추방된 유대인들이 고린도로 왔다고 기록한다(행 18:2). 이런 로마 유대인의 고린도 이주는 이곳에 이미 형성되어 있던 유대인 공동체 때문이었을 것이다. 67년 이후에 고린도의 유대인 공동체는 더욱 크게 성장했는데, 베스파시아누스(Vespasian) 황제가 고린도 운하 공사에 6천여 명의 유대인 죄수들을 투입하였기 때문이며, 공사가 중지된 후에 그중 대부분은 자유인이 되어 그곳에 정착하여 살았다.[58] 이런 큰 유대 공동체의 존재는 바울의 선교 전략상 매우 매력적인 것이었다.

4. 고린도 교회의 설립과 바울의 사역

50년 상반기(혹은 49년 하반기)에[59] 바울은 아테네를 거쳐 고린도에 도착한다. 아테네로부터 펠로폰네소스 반도를 향하여 나 있는 길을 따라 고린도로 내려오는 바울은 두렵고 떨리는 마음에 사로잡혀 있었다. 하지만 하나님은 이렇게 두렵고 떨리는 심정을 가지고 고린도를 향하여 내려오는 바울을 위해 이미 '돕는 사람들'을 예비하고 계셨다. 로마에서 추방되어 내려온 기독교인 부부 브리스길라와 아굴라가 그곳에 자리를 잡고 살고 있었다. 바울은 낯설고 물 선 이 대도시에서 이들 부부를 만나 그들의 집에 기거할 수 있었고 함께 동역할 수 있었다(행 18:1-18).

더욱더 다행스러운 것은, 이 부부는 사업가로서 그리스도인들이 함께 모일 수 있는 충분한 공간을 가진 집에서 살고 있었으며, 그리스도를 위하여 헌신된 사람들이었다. 후에 이 부부는 에베소에서(고전 16:19), 또 로마에 돌아가서도(롬 16:5) 그들의 집을 교회로 사용했으며 바울을 위해, 이방의 교회를 위하여 목숨까지 내어놓았던 사람들이었다(롬 16:4).

그들은 로마에서 자유 유대인이었다. 그런데 로마에서 일어난 폭동 때문에 클라우디우스 황제가 재위 9년째인 49년에 내린 칙령으로 말미암아 로마에서 추방되어[60] 고린도로 내려와 있었다.[61] 하나님은 그분의 일을 하고자 하는 사람들에게 언제나 돕는 손길을 예비하시며, 그들의 길을 준비하신다. 바울 사도가 고린도에서 이들 부부를 만난 것은 실로 하나님의 예비하심이었다. 이들과 함께 천막을 만드는 일을 하면서 별다른 사회적 저항 없이 복음을 전할 수 있었고, 이곳에서 안정적으로 또 효과적으로 복음을 전할 수 있다는 판단이 서자 마케도니아로 보냈던 디모데와 실라도 불러들였다.

이곳에서 바울이 처음 얻은 신자는 '스데바나'였다(고전 16:15; 행 18:1-4). 그는 아가야 지방으로 내려온 후에 바울이 얻은 첫 신자였는데, 회당 옆에 살았던 디도 유스도(행 18:7)와 회당장 그리스보와 함께 온 집이 세례를 받게 되었다(고전 1:14-16; 행 18:6-8). 그는 고린도 교인들 중에서도 엘리트에 속하는 사람들 중 하나였다. 교인들에게 음식을 제공하고 또 대가족이었던 그의 집을 예배 처소로 제공하는 등 고린도 교회에서 중추적인 역할을 훌륭히 감당하였다. 바울이 고린도를 떠난 후에는 교회에 문제가 발생하자 교회 대표로 스데바나와 그의 집 사람들을 함께 에베소로 보내어 그곳에 체류하고 있던 바울의 자문을 받게 하기도 했다(고전 16:17).

고린도에서 바울의 전도는 매우 성공적이었다. 하지만 교인들의 숫자가 늘어남에 따라 유대인들의 반대도 점점 강해져서 회당에서는 더 이상 복음을 전할 수 없게 되었을 뿐 아니라 회당에서 가졌던 교인들의 모임도 가질 수 없게 되었다. 그래서 모임 장소를 회당 옆에 위치해 있던 디도 유스도의 집으로 옮겼다. 교인들의 모임 장소로 개인의 가정집이 사용되기 시작했으며, 이는 '교회의 초기 형태'였다. 이것은 오늘날과 같은 '가정 교회' 개념이 아니었으며, 현실적인 필요에 의해 자연스럽게 시작된 것이었다.

이런 가운데 회당장으로 있었던 '그리스보'가 복음을 받아들여 결국 회당장의 자리에서 물러나게 되었다. 바울의 고린도 사역이 기록된 사도행전 18장 17절에 따르면 '소스데네라는 회당장도 복음을 받아들였다'는 기록이 나온다. 이 때문에 회당장이었던 소스데네와 그리스보를 동일인으로 보려는 추측이 생겨났다. 이런 추측이 더욱 그럴듯하게 들리는 것은 '그리스보'라는 이름은 '불안정한'이란 뜻을 가지고 있어서 그리스도인의 이름으로는 적합하지 않은 반면, '소스데네'는 '힘이 견고한'이라는 뜻이 있어서 일부에서는 그가 원래 "그리스보라는 이름을 가지고 있었는데 세례를 받으면서 소스데네로 바꾸었을 것"[62]이라고 생각하였다. 그 당시 소스데네라는 헬라어 이름을 가진 사람은 100만 명 중에 단지 69명뿐일 정도로 드문 이름이라는 것이다.[63] 하지만 이름의 뜻도 그러하지만 교회에서의 역할 때문에 이름을 바꾸었으리라는 주장도 있다.[64] 그러나 소스데네는 고린도인이 아닐 가능성이 제기될 뿐 아니라 유대 회당에서 회당장이 꼭 한 사람이어야 한다는 고정된 제도가 있는 것도 아니다. 재정적인 이유로 여러 명의 회당장이 있을 수도 있었다.[65] 그러므로 소스데네나 그리스보는 회당장의 직책을 가진 한 사람이 아니라 각각 다른 사람이었을 것이다.

그리스보는 상당한 부를 가진 사회적 신분이 높은 사람이었을 것이고,[66] 이 때문에 그의 회심은 다른 사람에게 매우 큰 영향을 주었을 것이다. 또 고린도의 초기 교인이었던 가이오(고전 1:14; 롬 16:23)와 스데바나 집 사람들, 곧 스데바나를 비롯하여 브드나도와 아가이고(고전 16:17) 등 집에 소속된 사람들도 복음을 받아들였다. 브드나도와 아가이고는 에베소에 체류하던 바울에게 고린도 교회의 편지를 가지고 스데바나와 함께 바울을 방문했던 사람들이다.

'스데바나 집 사람들'이라고 표현된 이 두 사람이 어떤 사람인가에 대해서는 스데바나의 동료[67]로 보는 사람들도 있고, 또 이 이름들이 라틴 이름이요 '아가이고'는 아가야 지방에 근거를 두는 이름이기 때문에 고린도에 있는 식민 통치자 가족에 속한 사람이라고 보기보다는 그의 후원자이거나 스데바나 집에서 태어난 구성원이라고 생각한다.[68] 하지만 바울의 친척인 누기오(Lucius)도 라틴 이름이며, 이민자들은 흔히 2개의 이름을 가진다(참조, 롬 16:21). 또 로마의 가족 제도 하에서 '가족'(집)이라는 개념은 혈통에 의한 개념을 넘어 사업상의 개념도 가지고 있다. 그래서 한 사람의 패트론(patron; 본주 혹은 가장)과 관계를 맺고 있는 많은 클라이언트들(clients)도 모두 가족에 포함되어 한가족으로 불렀다. 이런 가족 개념의 모습들은 영화 〈대부〉(God Father)를 보면 시칠리 이민자들이 '대부'를 중심으로 한가족으로 묶이며 서로를 '가족'(family)이라 인식하는 것에서 찾아볼 수 있다. 이런 의미에서 보면 브드나도와 아가이고가 스데바나의 집 사람이라는 표현은 설사 그들이 사업 파트너라 하여도 가능한 표현이다.

가이오는 바울과 고린도 교회를 여러모로 돌보았던 사람이었다. 그는 사도행전 20장 4절에 등장하는 더베 사람 가이오와는 다른 사람이다.[69] 어떤 사람들은 디도 유스도와 가이오를 동일인으로 추정하기도 하고,[70] 심지어는 스데바나까지도 동일인으로 보려는 사람들도 있다.[71] 하지만 이것은 그리스보와 소스데네의 경우처럼 동일인으로 연결시켜야 할 증거가 발견되지 않는다. 가이오나 디도 유스도는 그리스보와 소스데네의 경우와 달리 완전히 로마 이름이다.

이 외에도 고린도 교인들 중에는 바울이 로마에 쓴 편지 마지막 장, 인사말에 언급된 사람들이 있다. 바울의 친척인 누기오, 야손, 소시바더 등이다(롬 16:21). 누기오는 오리겐이나 다른 몇몇 위경들, 그리고 몇몇 학자들(Schuze, Ramsay 등)에 의해서 누가복음과 사도행전을 기록한 누가와 동일 인물로 생각되었다.[72] 누기오라는 이름이 누가의 축약형이라는 것이다.[73] 하지만 누가는 이방인이고, 누기오는 바울의 친척으로 유대인이다. 누기오가 언급된 로마서 16장 21절을 보면 '나의 동역자'와 '나의 친척들'이 동격(apposition)으로 사용되었는데,[74] 이 용례에 따르면 누기오를 비롯하여 소시바더와 야손도 바울의 친척으로 이해될 수 있다. 특별히 소시바더는 소바더(Sopater)라고 불리기도 하는데, 사도행전에서 그 아버지의 이름이 언급된 유일한 경우로 '그의 아버지의 구원자'라는 뜻 때문에 그는 그의 아버지를 전도했을 것이라 추정되기도 한다.[75]

또, 바울 대신에 로마서를 대필했던 더디오(Tertius, 롬 16:22), 고린도 시의 재무관 에라스도, 그리고 구아도(롬 16:23) 등도 고린도에서 전도된 사람들이었다. 특별히 바울 사도가 로마 교인들에게 문안하는 인물로 가이오와 에라스도, 형제 구아도를 언급하는데, 이들 중에 더디오가 끼여 있는 것을 볼 때 그 역시 상류층 인물이었을 것이라고 추측하게 한다.

에라스도(Erastus)는 고린도의 재무관일 가능성이 크다. 1세기 중엽의 한 비문에 의하면, 고린도의 극장 동쪽 지역과 시장을 잇는 도로를 고린도 석회암(Acro Corinthian limestone)으로 포장한 사람이 조영관 에라스도(aediles Erastus)라고 언급된다. 그 비문의 내용은 '조영관직에 돌아온 에라스도가 자신의 비용으로 도로를 포장하다'([ ] Erastus pro aedilit[at]e s(ua) p(ecunia) stravit)라고 적혀 있다.[76] 이 이름을 바울이 로마서 16장 23절에서 언급했는데, 이 서신에 등장하는 에라스도는 조영관보다는 낮은 직급인 재무관(Oikonomos)이다. 그럼 왜 직급이 다른 두 사람을 동일인으로 보는 것일까? 그것은 비문의 시기가 비슷할 뿐 아니라 에라스도라는 이름이 에베소와는 달리 고린도에서는 매우 드문 이름이기 때문이다.[77] 그러므로 그는 개종한 다음에 더욱 승진했을 수 있으며, 바울 사도는 이 사람을 천막 사업에 대한 '세금' 혹은 '렌트비'를 시 정부에 납부할 때 만났을 가능성이 크다. 아마도 그때 바울은 이 사람을 전도했을 것이다.

이렇게 언급된 명단들과 그들의 배우자를 비롯한 가족들, 또 그 집안의 노예들을 포함한다면 바울이 고린도에서 사역할 때 고린도 교회는 40-50명 이상의 인원이 기독교 공동체를 형성했을 것이다. 또 고린도 인근 겐그레아와 아가야 지방 여러 곳에도 교인들이 계속 증가하였다.

교회 구성원들의 계층은 매우 다양하였다. 고린도전서 1장 26-28절에 나타난 지혜 있는 자(교육받은 사람), 힘 있는 자(영향력 있는 사람), 또 귀족 출신 등은 사회적 신분이 높은 지배층의 소수로서 영향력 있고 부유했던 인물들이다. 그들 중에는 그리스보, 유스도, 스데바나, 에라스도, 뵈뵈, 글로에, 가이우스 등이 있었다. 상업 도시였던 고린도에서 돈이 많다는 것은 사회적 신분에 매우 중요한 역할을 했다. 교회 내에서도 소수의 부유한 사람들은 자신들의 집을 교회로 제공하고, 교회의 재정적 후원자가 되었다.

하지만 1-2명의 정부 관료를 포함하여 소수의 '부유한 이들'(고전 1:26-28)을 제외하면 고린도 교인 대다수는 그들과 대조되는 '아무것도 아닌 사회 신분'이었다. 그들은 가난한 사람들이고(고전 1:28, 11:22) 노예들도 포함되어 있었다(고전 7:21-23). 이런 가난한 계층들은 개별적으로 이름이 언급되지 않고 특정 그룹이 표시되는데 '작은 농장 가족들, 노동자들, 기술자들, 일용 노동자들, 상인들, 작은 상점 소유자들'이었다.[78] 고린도 교인들의 구성이 이렇게 다양한 것은 우연이라기보다는 로마의 가족 제도에 그 원인이 있었을 것이다.[79] 로마의 가족 제도는 혈통을 넘어서 패트론(patron)과 클라이언트들(clients)의 공동체였기 때문에, 한 가족의 머리인 패트론(본주로서 가장)이 개종하게 되면 가족(family) 모두가 함께 교인이 되었을 것이다.

고린도 교인의 인종 분포를 보면 대부분은 이방인이었지만 상당수의 유대인들도 포함되어 있었다. 회당장이었던 그리스보의 회심은 상당수 유대인들이 기독교로 개종할 수 있었던 가능성을 보여준다. 또 바울 사도가 계속해서 할례와 모세 율법 그리고 구약을 인용하는 것을 보면 고린도 교회 내의 유대인 회중의 존재를 짐작하게 한다(참조, 고전 1:22-24, 7:18, 9:8-10, 20-22, 10:1-13, 14:34; 고후 3:14, 6:2, 9:9, 10:17 등).

이런 다양한 교인 구성원 속에서 바울의 위치는 부유한 지배층이나 아무것도 아닌 다수의 사람들 모두에 속하였다(빌 4:12). 바울이 천막을 만드는 사람이며 천막을 치는 사람의 용어를 사용하는 점을 보면 하층 신분에 속할 수도 있고,[80] 반면에 로마 시민권자로서 복음을 가르치고 전하는 전도자라는 점에서 보면 그 사회의 지도층에 속할 수도 있는 신분이었다. 또한, 바울이 가지고 있었던 인종적인 양면성도 있었다. 그는 유대인이었지만 길리기아 다소 출신의 로마 시민권을 가진 '디아스포라 유대인'이었다는 점은 이방 세계를 이해하는 데 많은 도움이 되었을 것이다.

바로 이런 신분상의 양면성, 여러 사람에게 여러 모양이 된 것은 복음을 믿는 더 많은 사람들을 얻고자 함이었다고 진술한다(고전 9:19-23). 하지만 이런 바울의 신분 상태는 다양한 신분에 쉽게 접근해서 복음을 더욱 효과적으로 전할 수 있는 긍정적 측면만 있는 것이 아니라 회중 구성원의 다양성 — 사회적, 경제적 신분 상태나 인종의 다양함 — 이 교회의 통일성을 저해하는 요소로 작용하여 교인들이 쉽게 분열될 수 있는 부정적 측면도 있었다. 실제로 고린도 교회에서 성만찬으로 인한 분열은 바로 이런 다양성이 부정적으로 작용한 실례(example)이다.

고린도 교회는 바울이 선교를 시작한 이래 매우 빠르게 성장했다. 교인들의 숫자가 소수였을 때는 디도 유스도의 집에서 모이다가 점점 그 숫자가 늘어나면서 좀 더 넓은 가이오의 집에서 모였을 것이다. 하지만 교회가 더욱 부흥되면서 그들이 한 가정에서 효과적으로 모이기가 매우 힘들었기 때문에 보다 작은 사이즈인 '집에 모이는 교회들'(가정 교회)로 계속 분립되었고, '온(전체) 교회'는 가끔씩 가이오의 집에서 모였다(롬 16:23).

5. 고린도 교회에서의 바울의 가르침

고린도는 헬라 세계 곳곳에 복음을 전파하려는 바울에게 전략적 거점이 될 수 있는 좋은 조건들을 갖추고 있었다. 따라서 바울은 이곳에서 18개월 정도 체류하면서 복음을 전하여 많은 사람들을 그리스도께 인도하였고, 고린도 교회는 다른 지역에 비해 매우 빠른 속도로 성장하였다. 그렇다면 이때 바울은 고린도 교인들에게 무엇을 전하고 가르쳤을까?

1) 바울이 고린도에서 가르친 것들

바울이 고린도에서 전한 것들과 가르친 것들을 추론하기 위한 단서가 되는 것은 '내가 전한 것'(파레도카, παρέδωκα)과 '알지 못하느냐?'(욱 오이다테 호티, οὐκ οἴδατε ὅτι)라는 표현이다. '내가 전한 것'이란 표현은 고린도전서 11장 2, 23절과 15장 3절에 각각 나타나는데 11장 2, 23절은 '그가 전한 전승들'이며, 15장 3절은 '바울이 전한 복음'이다. 바울이 전하여 준 전승은 '복음의 전승'과 '성례의 전승' 그리고 관습 등이 있다. 바울이 전한 복음의 전승은 15장 3-12절에 나타난 바 대로 '예수 그리스도의 십자가 죽음과 부활 그리고 나타나심'이라는 복음이다. 성례전과 관련해서 바울 사도는 그리스보, 가이오, 스데바나의 집 사람들에게 세례(고전 1:14-16)를 주었고, 또한 성찬(고전 11:23)을 전해 주었다.

'알지 못하느냐?'라는 표현은 고린도전서에서 총 열 번 나온다(고전

3:16, 5:6, 6:2, 3, 9, 15, 16, 19, 9:13, 24). 이것은 고린도 교회 성도들이 알고 있는 바를 바울이 인지한 보편 지식이다. 이렇게 바울과 고린도 교인들이 함께 공유하고 있는 지식은 바울이 고린도에서 그곳 교인들에게 가르쳤던 '자명한 믿음'이거나, 아니면 모든 사람이 다 알고 있는 일반적이고 보편적인 지식일 수도 있다.

우선, 고린도인들이 알고 있었던 지식 중에 바울의 가르침으로부터 와서 바울과 그 지식을 공유한 것이 분명한 것들은 바울만이 가진 신학적 고유성을 보여주는 다음과 같은 것들이다.

① 교회가 하나님의 성전이며,

② 하나님의 성령님이 그들 가운데 거한다는 사실(고전 3:16, 6:19),

③ 유월절 무교병에 대한 해석과 이것을 교회에 대한 지식으로 확장시키는 것(고전 5:6),

④ 성도가 세상과 천사를 심판하며(고전 6:2-3),

⑤ 불의한 자는 하나님 나라를 상속받지 못하고(고전 6:9),

⑥ 하나님 나라와 그 나라를 상속받는 의는 '예수 그리스도의 이름과 하나님의 성령님으로 씻음을 받고, 거룩하여 주심을 받고, 의롭게 하여 주심을 받은' 사람에게 주어지는 것(고전 6:11),

⑦ 성도의 '몸이 그리스도의 지체'이며 따라서 '창녀와 합하는 사람은 그와 한몸이 된다'(고전 6:15)는 것 등이다.

반면에, 일반적이고 보편적인 지식으로 보여지는 것은 다음과 같은 것이다.

① 성전에서 일하는 사람은 성전에서 나는 것을 먹고, 제단을 맡아 보는 사람은 제단 제물을 나누어 가진다(고전 9:13).

② 경기장에서 달음질하는 사람들이 모두가 달리지만, 상을 받는 사람은 하나뿐이라는 것(고전 9:24) 등이다.

2) 복음 전승: 기독론이자 구원론인 십자가의 복음

바울이 고린도에 체류하면서 그가 떠나온 데살로니가 교회에 첫 번째 편지를 써 보냈다(살전 1:7-8, 3:1; 비교, 행 17:14-15, 18:5). 그러므로 데살로니가전서에 나타난 바울의 가르침들은 그가 고린도에서도 가르쳤던 것들이라고 추론하는 것은 지극히 당연한 일일 것이다.

우선, 바울은 하나님께서 자신을 '복음을 전하라고 보내셨다'고 선언하여 '복음의 전파자'로서 자리매김하면서, 동시에 그가 전한 복음은 하나님의 말씀이고(살전 2:13), 하나님의 복음이며(살전 2:2, 8-9; 고후 11:7), 주의 말씀으로(살전 1:8) 그리스도의 복음(살전 3:2; 고전 9:12; 고후 2:12, 4:4, 9:13, 10:14)이라고 하였다. 이는 바울이 전파한 예수 그리스도의 복음의 권위가 '하나님께 있음'과 '하나님의 계시'임을 선포한 것이다.

이런 바울의 복음은 기독론이자 구원론이었다. 바울에게 '예수는 주시고, 그리스도시며, 하나님의 아들이었고(살전 1:10), 또한 구원자'였다. 고린도전서 15장 3-5절에 나타난 복음 전승은 '그리스도의 십자가 죽음과 부활'로 요약된다. 이는 구원이 예수 그리스도의 죽음으로 인해 얻어지는 것을 가르친 것이며(고전 1:17, 23-24, 2:2) 부활로 성취됨을 보여준다(고전 15:12, 20; 살전 4:14).

이렇게 그리스도께서 죽음과 부활을 통해 성취하신 구원은 믿음을 가지고(살후 1:4, 10) 주님께 영광을 돌리는 성도들(살전 2:12; 살후 1:10, 12, 2:14)에게만 주어진다. 성도들이 가지는 믿음은 의로운 심판의 증거로(살후 1:4), 믿음을 가진 사람들이 하나님 나라에 합당한 사람이 되는 것이다(살후 1:5). 하나님은 자신이 부르신 자들, 곧 복음을 믿는 자들을 당신의 나라와 영광에 이르게 하시며(살전 2:12) 안식하게 하신다(살후 1:7).

하지만 죄를 짓는 자들 곧 하나님의 일을 방해하는 자들(살전 2:16), 주 예수의 복음에 순종하지 않고 하나님을 알지도 못하는 자들(살후 1:8), 구원하여 줄 진리의 사랑을 받아들이지 않는 자들(살후 2:10)은 그들 자신의 죄의 분량을 채우는 것이며 하나님의 진노가 그들에게 임하게 되는데(살전 2:16), 그들은 심판을 받고(살후 1:8, 2:12) 영원한 멸망의 형벌을 받는다(살후 1:9, 2:10). 이런 자들은 불의한 자들로 하나님 나라를 상속받지 못한다(고전 6:9).

바울의 구원론은 기독론, 곧 그리스도와 연결되어 있으면서 또한 종말론과 결합되어 있다. 믿는 자의 구원은 하나님 나라를 통한 구원인데, 부활하신 하나님의 아들 예수는 장차 닥쳐올 진노에서 성도들을 건져 주시며, 하늘로부터 내려오실 것인데(고전 1:7-8; 살전 1:10), 이때는 주의 호령 소리, 천사장의 소리, 나팔 소리와 함께 내려오시고(고전 15:52; 살전 4:16), 이때 죽은 사람은 썩지 않을 몸으로 살아나고(고전 5:29, 52-54; 살전 4:14, 16), 살아 있는 사람은 구름 속으로 이끌려 올라가 공중에서 재림하시는 주님을 영접할 것이며(살전 4:17), 세상과 천사를 심판할 것이다(고전 6:2-3).

하지만 하나님께서 믿는 자들을 마지막 날에 구원하신다고 하더라도 이 구원은 전적으로 하나님의 은혜임을 가르친다. 구원받는 자는 '예수 그리스도의 이름과 하나님의 성령님으로 씻음을 받고, 거룩하여 주심을 받고, 의롭게 하여 주심을 받는 것'(고전 1:30, 6:11; 살전 4:7)이기에 이는 율법의 행위가 아닌 하나님의 은혜이고(고전 1:27-29) 하나님의 능력이다(고전 1:18).

따라서 구원의 근거가 구원받는 자에게 있지 않고 구원하시는 하나님께 있다. 하나님은 선택하신 사람들을 부르셔서(고전 1:9, 24; 살전 1:4, 2:12, 4:7, 5:24; 살후 2:14) 복음의 말씀을 믿게 하시며(살후 2:13; 고전 1:24; 참조, 살후 3:2), 믿는 그 사람을 구원하신다(고전 1:21; 살전 1:8; 살후 1:4-5, 2:13; 참조, 살후 3:2). 이 역시 하나님의 은혜이다.

3) 교회에 대한 가르침

바울이 고린도에 체류하고 있을 때 고린도 교인들에게 교회 – '하나님의 새 언약 백성을 구성하는 종말의 공동체로서 교회' – 를 핵심적으로 가르쳤을 것이다. 그것은 그리스도인들의 모임이 회당을 벗어나 전혀 새로운 장소에서 새로운 조직으로 시작되었기 때문이다. 이렇게 이방의 세계에서 교회가 새롭게 개척되고 성장해 가는 과정에서 다양한 문제가 발생한 것은 어쩌면 당연한 일이었을 것이다. 이 때문에 교회론은 바울의 핵심적인 관심사 중 하나였다.

바울 사도가 가지고 있었던 교회 개념의 기본적인 생각은 50년에 쓴 데살로니가전서에서 찾아볼 수 있는데, 바울 사도가 교회라고 불렀던 그리스도인들의 모임은 '복음을 함께 공유함으로 형성된 무리'였다. '성령님 안에서 기쁨으로 복음(예수 그리스도 자신 혹은 그의 사건)을 마음으로 받은 사람들'이 그 복음으로 말미암아 복음을 전해 준 무리들과 동일한 '복음의 공유자'(고전 9:23)가 되는 것이다.

이 '복음의 공유자'라는 의미는 단순하게 보거나 무심코 흘려보내서는 안 된다. 복음을 예수 그리스도로 본다면 복음의 참여자 혹은 공유자는 그의 몸의 한 부분이 되는 것을 의미한다. 이 복음이 그리스도의 사건을 의미한다면 예수의 죽음과 부활이 가져온 복음, 곧 구원의 참여자를 의미하고, 더 나아가서는 그의 죽음과 부활에 연합하여 동참하는 의미를 가진다. 이것은 복음의 지식을 공유한다는 의미를 넘어서 '복음의 공유자' 혹은 '복음의 참여자', 곧 그리스도의 십자가와 부활을 체휼하는 자들이며, 이런 복음의 공유자들이 함께 모인 무리를 교회라고 가르쳤다.

바울의 복음은 또한 '한 분 그리스도와 그 사건'을 가리키기 때문에, 복음을 공유하고 그 복음에 참여하여 한 덩어리가 된 교회는 '그리스도의 몸'이고, 이를 구성하는 성도 각 개인이 그리스도의 지체라고 가르쳤고, 이 몸과 지체의 결합-그리스도와 성도의 결합(혹은 연합)-을 가르쳤는데(고전 6:15), 이 결합을 상징화한 성례(세례와 성찬)를 전했다(고전 11:23; 참조, 고전 11:2, 1:14-16).

더 나아가, '알지 못하느냐?'라는 형식구에 드러난 것처럼 복음을 공유하고 복음에 참여한 성도가 '하나님의 성전이며 하나님의 성령님이 그들 가운데 계신다'(고전 3:16, 6:19)는 점도 가르쳤다.

이것들을 정리하면, 고린도 교회에서 바울이 가르친 교회론은 다음과 같다.

① 교회는 복음을 함께 공유하고 복음에 참여함으로 형성된 무리이며,

② 교회는 '그리스도의 몸'이며, 이 교회를 구성하는 성도 각 개인은 몸의 지체 됨,

③ 교회는 몸과 지체, 지체와 지체의 결합이며,

④ 이 결합을 상징화한 그림언어로서의 성례,

⑤ 복음을 소유한 성도가 하나님의 성전 됨,

⑥ 하나님의 성전 된 교회 가운데 성령님이 내주하심 등이다.

제3절
고린도 교회의 문제와 바울의 교회론적 대응

1. 문제의 원인과 그 해법

바울이 고린도에서의 사역을 마무리하고 고린도를 떠난 것은 51년 하반기에서 52년 상반기 사이였을 것이다.[81] 바울이 18개월간의 고린도 체류를 정리하고 소아시아 에베소로 건너간 것은 고린도에서 점증하는 유대인들의 반감과 박해 때문이었다. 새로운 총독으로 갈리오가 부임하자 유대인들은 현지 상황을 제대로 파악할 시간을 갖지 못했던 신임 총독에게 바울을 법정 고소하였다. 신임 총독은 종교 문제에 대

하여 중립적 태도를 고수하면서 불간여 원칙을 천명하였는데, 심지어는 유대인들이 법정 앞에서 회당장 소스데네에게 폭력을 행사하는 것조차 묵인하였다(행 18:12-17).

이런 총독의 태도는 사회적 다수이자 힘을 가지고 있었던 유대인들에게는 절대적으로 유리한 것이었다. 이들이 소수의 그리스도인들에게 폭력을 행사한다고 하여도 사회적 이슈가 되지 않는다면 묵인하거나 방임할 것이 분명하였다. 이렇게 고린도의 정치, 사회적 상황이 변화되자 바울 사도는 고린도에서 더 이상 체류하기가 어렵다고 판단하고, 겐그레아에 가서 머리를 깎고(행 18:18) 고린도를 떠나 시리아를 거쳐 에베소로 갔다.

세월은 무척 빠르게 지나 바울이 고린도 교회를 떠난 지 1년 가까운 시간이 흐른 52년(혹은 53년) 여름,[82] 그가 에베소에서 머무르며 사역을 하고 있을 때 고린도 교회를 떠나온 제자 아볼로를 만나게 되었다. 아볼로는 에베소에 있다가 고린도로 건너가서 사역을 하였는데 그가 다시 에베소로 돌아온 것이다. 바울은 그를 통해 고린도 교회의 어려운 상황을 듣게 되었다(행 18:24-27, 19:1).

이에 바울 사도는 고린도전서를 쓰기 전, 보다 앞선 시기에 한 통의 편지를 보내게 되었다.[83] 이 편지에는 교회 안에 있는 부도덕한 자들과 악한 자들, 우상 숭배자들과 어울리지 말라는 경고가 포함되어 있었다.[84] 사람들은 이것을 '이전 편지'라고 부른다. 고린도전서 이전에 보낸 편지라는 의미이다.

이렇게 '이전 편지'를 보내고 난 후에 글로에라는 성도의 집 사람들이 사업차 고린도에 가게 되었는데, 그곳에서의 일정을 마치고 돌아와 고린도 교회의 소식을 전해 주었다. 그들이 가져온 소식은 고린도 교회 내에 분열이 생겼다는(고전 1:11) 가슴 아픈 것이었다. 그리고 이어서 교회의 문제를 자문 받기 위해 고린도 교회에서 보낸 대표단의 방문을 받게 되었다. 고린도 교회 대표들은 바울 사도가 잘 알고 있었던 스데바나와 스데바나의 집 사람들(브드나도와 아가이고)이었다(고전 16:17).

그들은 고린도 교회가 직면한 '여섯 가지 문제들에 관하여'[85] 바울의 자문을 구하는 편지를 가지고 고린도 교회의 창립자인 바울을 만나기 위하여 에베소까지 먼 길을 왔다(고전 7:1, 16:17). '페리 데'(περὶ δὲ), 곧 '~에 관하여'라는 말로 시작되는 여섯 가지 문제(고전 7:1, 25, 8:1, 14:1, 16:1, 16:12)에 대한 고린도 교회의 질문의 주제들은 다음과 같다.

① 남자가 여자를 가까이하는 문제
② 처녀 독신자에 대한 것
③ 우상에게 바친 제물을 먹는 문제
④ 은사의 실행
⑤ 구제 헌금
⑥ 아볼로를 고린도에 파송해 달라는 요청 등

바울 사도는 고린도 교회에서 질문했던 사항들과 그가 글로에 집 사람들 편으로, 또 아볼로에게 듣고 사전에 인지했던 고린도 교회의 문제점들에 대한 그의 권면을 적어 보냈다. 이것이 고린도전서였다. 아마도 이 편지(고린도전서)는 고린도 교인들의 서신을 들고 온 스데바나 집 사람들 편에 보내기에는 시간적인 여유가 없었을 것이고,[86]

따라서 후에 바울 사도가 고린도 교회 문제를 수습하기 위하여 파송했던 디모데 편으로 보냈을 것이다(고전 4:17, 16:10).

바울을 대신하여 긴급히 고린도에 파송된 디모데는 54년(혹은 55년) 봄에[87] 고린도 교회로 건너갔다. 하지만 디모데는 그곳에서 교회의 문제들을 효과적으로 처리하지 못했던 것 같다. 왜냐하면 그 후에 바울의 쓰라린 방문이 이어지고 눈물의 편지를 고린도 교회에 써 보냈기 때문이다(고후 10-13장).

그렇다면 이렇게 쉽게 풀리지 않았던 고린도 교회의 문제들 — 고린도전서에 언급된 다양한 문제들 — 은 무엇인가? 또 그 문제들의 원인에 대한 바울의 진단은 무엇인가? 그리고 교회가 직면한 문제들에 대하여 바울 사도가 제시한 해법은 무엇인가?

1) 교회 문제의 원인

고린도 교회의 여러 문제들의 원인에 대한 바울의 진단은 한마디로 '유아들'(고전 3:1, 네피오이스 νηπίοις)이라는 표현에 드러나 있는 신앙상의 '미숙함'이었다. 고린도 교인들의 '미숙함'이 교회 내에 많은 문제들을 만들어 냈다고 본 것이다. 사실, 그들이 바울에게 질문했던 심각한 교회 문제들은 바울이 고린도 교회에서 가르치고 전해 주었던 여러 전승들, 복음 그리고 교회에 대한 가르침에 대하여 좀 더 깊은 이해를 가지고 있었더라면 그들 스스로 충분히 처리하거나 해결할 수 있는 문제이거나, 아니면 아예 일어나지 않을 문제들이었다. 하지만 그들이 가진 신앙상의 미숙함은 많은 교회 문제의 원인으로 작용하게 되었다.

  사실 '유아적 미숙함'은 비단 신앙적인 문제뿐 아니라 사람이 살아가는 제반 문제들의 가장 일반적인 문제의 한 축이라고 할 수 있다. 한국 교회가 직면한 여러 가지 문제들로 인한 심각한 위기현상의 원인도 사실상 '유아들'처럼 어리고 미숙한 신앙이라고 할 수 있다. 교회가 무엇인지, 교회가 무엇을 해야 하는지를 제대로 알지 못하거나, 또 설혹 알고 있다고 하여도 아는 바를 실행하는 힘이 약하기 때문에 한국 교회 내에 다양한 문제들이 발생하고, 이런 제반 문제를 제대로 처리하지 못하고 갈등하고 분열하고 교회 외부로부터 손가락질을 받는 것이다.

2) 문제들에 대한 바울의 해법

  그러므로 고린도 교회가 직면한 문제들과 위기에 대처하고 이를 치유하거나 해결하기 위하여 바울이 제시하는 해결책은 고린도서 전체의 내용을 아우르는 주제 문장(Thesis Statement)[88]인 1장 10절의 말씀으로 "모두가 같은 말을 하고 너희 가운데 분쟁이 없이 같은 마음과 같은 뜻으로 온전히 합하라"이다. '온전히 합하다'(카타르티조, καταρτίζω)라는 단어가 전달하는 의미는 '연결된 각 부분 부분들이 잘 맞추어져 최상의 상태를 유지하여 잘 기능하는 것'이다.[89]

  따라서 교회가 온전히 합해진다는 것은 바울이 전한 복음(고전 1:23)에 의해 만들어진 교회 공동체가 잘 맞추어져서 최상의 상태를 유지하는 것으로, 각 지체인 개별 성도가 복음(그리스도와 그리스도의 사건)에다 그들의 '말과 생각과 행동을 온전히 일치시키는 것'(고전 1:10)이며 그 일치함 속에서 기능하는 것을 의미한다.

이렇게 개별 성도들이 복음에 철저히 일치시키게 되면 '그리스도의 몸'과 성령님이 거하시는 '하나님의 성전'이 되는데 이런 일치, 곧 복음에 합하여지는 것은 '그 아들 우리 주 예수 그리스도와 교제'(고전 1:9)를 통해 이루어지는 것이었다. 이 '그리스도와의 교제'(코이노니아, κοινωνία)는 매우 신중하고 깊이 있게 이해되어야 한다. 이 단어는 신약성경에서 여덟 번 사용되었는데, 사도행전에서 한 번 사용한 것을 제외하면 바울과 요한이 주로 사용한 단어이다. 바울에게 이 단어는 아주 특별한 의미가 있다. 이는 '친교'나 '참여'의 의미가 있기는 하지만 그것보다는 '전체를 구성하는 한 부분이 되는 것'의 의미로 믿는 자들이 '부활하신 주와 영적 교제를 통해 그분의 몸의 한 부분이 되는 것'이며 '그 부분으로 기능하는 것'이다.

그러므로 '모든 고린도 교인들이 복음, 곧 그리스도의 몸인 교회의 한 부분 부분이 되어(교제) 몸과 지체, 지체와 지체 상호 간에 온전히 결합하여 최상의 상태로 기능하라는 것'이 고린도전서를 통해 바울 사도가 말하고자 하는 핵심 주제이다. 동시에 이것은 고린도전서에 나타난 바울 교회론의 핵심이자 고린도 교회에서 발생하고 있는 모든 문제에 대한 해결책이기도 하다. 바울이 제시한 교회 문제의 모든 해법은 이렇듯 그의 교회론에 입각한 것이다.

2. 구체적인 문제와 교회론적 해법

1) 교회의 분열

고린도전서에서 우선적으로 언급된 문제는 교회의 분열(혹은 파당)이었다. 이 분열은 다양한 원인에서 야기되었는데 세례, 복음과 관련된 제자도, 성찬에서 불거진 계층 간의 갈등, 교회의 급속한 성장 그리고 교인 상호간의 물질 거래 등이다.

• 제자도로 인한 분열 – 세례

제자도로 인한 분열은 우선 세례와 연결되어 나타난다(고전 1:10-17, 11:17-22). 고린도 교인들은 그들에게 복음을 전해 주고 세례를 주었던 사람들을 선생으로 추종하면서 자신들을 바울이나 아볼로, 혹은 게바(베드로)나 그리스도에게 속한 사람으로 일치시키고 그들의 제자가 되었다는 충성심을 표현하였다. 이런 이면적 갈등은 그들의 선생으로 여기고 있는 이들로부터 영향을 받은 삶의 방식, 또 이들의 제자라는 세상적인 자랑, 무엇보다 바울에 대한 부정적 판단에서 비롯되었다.[90] 바울 사도는 여기서 '나는 ~에게 소유된(속한) 사람이다'[91]라는 표현을 사용함으로써 그들이 세례를 통해 그리스도와 연합한 것이 아니라 세례를 베푼 사람들과 연합되려고 한다는 점을 지적하고 있다.

고린도 교인들에게 세례를 매개로 하여 세례를 베푼 사람과 세례를 받은 사람 사이에 특별한 결합이 생겨났는데, 이는 헬라 세계에서의 학생과 선생 관계의 결합[92]과 같은 것으로 이로 인해 파당이 만들어져 갈등의 원인이 된 것이다.[93] 세례를 준 사람과의 이런 결합은 교회 창설자이자 사역자였던 바울로부터의 분리를 의미하며, 이는 바울이 전한 복음과의 분리로 확대될 수도 있었다. 이런 반바울적 분리는 세례를 준 사람(선생)의 가르침을 따라가며 거기서 오는 삶의 방식에 대한 지지, 그들이 배운 지혜에 대한 세상적인 자랑 그리고 바울에 대한 판단(정죄)에서 비롯되었다.[94]

고린도 교인들 중에는 자신의 세례가 베드로와 연결되었다고 자랑하는 사람들도 있었다. 이것은 매우 생소하게 느껴지는데, 고린도 교회와 베드로는 전혀 무관한 것처럼 보이기 때문이다. 하지만 고린도 교회에서의 '베드로파'의 존재는 베드로의 영향력이 매우 크게 확장되어 있음을 보여주는 좋은 증거이다. 누가의 기록에 따르면 베드로의 영향력은 '교회의 설립'과 '설립된 교회를 인치는 성령님의 강림'과 깊이 연관된 것으로 나타나는데(행 1-12장), 이런 영향력은 시리아 안디옥 교회도 마찬가지였다.[95] 교회 설립과 관련된 베드로나 요한이 이런 권위를 감안할 때 사도행전 19장에서 에베소 성도들에게 "너희가 믿을 때에 성령을 받았느냐?"(행 19:2)는 바울의 질문과 함께 바울의 기도로 인한 성령님의 강림, 또 바울의 복음 전파와 함께 일어나는 능력에 대한 기술(행 19:6, 11-19) 등은 베드로를 연상시킨다. 이런 점들에 유의하면 고린도 교회 역시 교회의 설립과 관련하여 베드로의 영향권 속에 있었을 가능성이 높으며, 이는 바울의 사역에 매우 어려운 문제로 작용했을 수 있다(고전 1:12, 3:22, cf. 15:3).

이런 제자도로 인한 교회 분열에 대하여 바울이 주는 답변은 "그리스도께서 어찌 나뉘었느냐?"(고전 1:13a), 세례를 베푼 사람이 "너희를 위하여 십자가에 못 박혔느냐?"(고전 1:13b), 세례를 베푼 사람의 이름으로 "세례를 받았느냐?"(고전 1:13c)라는 질문을 통해 나타난다. 바울은 교회와 그리스도를 동일하게 보면서 그리스도께서 (너희를 위해) 십자가에 못 박히심을 상기시킨다. 그래서 교회(너희)가 '복음 – 십자가에 못 박힌 그리스도 – 으로 인하여 형성'되었고, '예수 그리스도의 이름으로 세례를 받았다'는 것을 강조하여 고린도 교인들이 예수님과 연합했고 그분의 소유가 되었음을 가르칠 뿐 아니라 그들이 그 사실을 인정하고 예수님의 주 되심과 그분의 보호에 복종하며 충성하여야 함을 제시한 것이다.[96]

- **제자도로 인한 분열 – 복음 전파와 가르침**

제자도로 인한 분열은 비단 세례 문제에 국한된 것이 아니라 '복음의 전함과 가르침'에서도 나타났다. 고린도 교인들에게 있었던 시기와 분쟁(고전 3:3)은 '복음을 전한 바울과 복음을 자라도록 가르친 아볼로'(고전 3:1-6)에게 속한 성도들 사이에도 존재했다. 바울파와 아볼로파로 나뉘어 교회 설립자였던 바울과 갈등한 것이다. 물론 이런 갈등은 표면화되어 다툼으로 번지지는 않았지만 교회 전체에 누룩처럼 퍼져 있는 일종의 분위기였다.[97]

이런 갈등은 자신들을 아볼로에 속한 사람들로 자리매김한 일부 고린도 성도들이 성경 교사로서 바울 사도의 자질을 비하하고, 반면에 설교가 매우 능하여 사람들을 사로잡은 아볼로를 그들의 목회자로 원한 것이다(참조. 고후 10:10, 11:6; 행 18:26-28).

이런 현상들은 비단 고린도 교회에서만 발생한 것이 아니라 현대 교회에서도 발생하고 있다. 성도들은 설교자가 전파하는 설교에 '감동하는 것'을 '은혜를 받았다'는 말로 표현한다. 그렇게 감동을 받은 설교들은 때로 지식적인 것보다는 '감성에 호소한 설교'가 대부분이다. 유머와 예화 등 실생활과 연결된 세밀한 설교에 대체로 성도들은 반응하고, 또 현실의 어려움들을 타개할 수 있도록 희망과 용기를 주거나 격려와 위로를 주는 설교들을 좋아한다.

이것은 모두 '청중 중심'의 설교이다. 바울이 고린도 교인들에게 전한 설교는 청중 중심이 아니라 예수 그리스도의 '십자가의 도'였고, 듣는 청중들에게 '십자가를 요구'하는 것이었다. 이것은 실로 듣는 사람들에게 환영받지 못한 메시지였다(고전 1:17-18). 바로 이 때문에 고린도 교인들은 수사학에 뛰어난 아볼로와 그의 메시지를 원한 것이다.

복음을 전하고 가르치는 것과 관련된 교회 갈등의 해결책으로 바울이 제시한 것은 복음을 전하고 가르치는 것이 사람이 하는 일이 아니라는 점이다. 이것이 사람의 능력처럼 보이지만 결국 '자라도록 하시는 분은 하나님'이시라는 자세이다(고전 3:6-8). 이것은 바울이 이미 아테네에서 경험한 바였다. 아무리 멋진 설교를 하여도, 또 듣는 이들이 마음에 감동하여 눈물을 흘린다고 하여도 감동받은 그들이 유아적 신앙에서 성장하여 자기를 포기하고 그리스도의 십자가를 지지 않는다면 이것은 소용없는 일이다. 또 메시지를 듣고 십자가를 지는 것이 궁극적으로는 자신의 축복―사업이 잘되고, 자손이 번성하여 이 땅에서 풍성히 누리고 또 천국에도 가는 것―을 목표로 한다면 이 역시 여전히 유아적 신앙에 머무르고 있는 것이다.

그러므로 복음 전파자들과 설교자들(교사들)이 전하고 가르쳐서 닦아 놓아야 하는 것은 복음 전파자와 교사를 위한 집, 혹은 설교자가 담임하고 있는 지역 교회의 성장을 위한 것이 아니라 '예수 그리스도'라는 터이며, 그 터 위에 세워진 것은 '하나님의 집'이며, 이것이 교회 공동체임을 명백히 한다.

이것은 교회의 지평이 그리스도이기 때문에 고린도 교인들이 예수 그리스도께 충성심을 보여야 할 것이지 그 터를 닦은 전도자(혹은 설교자나 목회자) 바울과 아볼로가 아니며, 따라서 바울이나 아볼로의 복음 전파와 가르침의 능력을 보고 그들에게 충성하여 서로 갈등하고 분쟁하는 것은 이미 교회의 참된 모습을 상실한 것임을 보여준다.

이런 제자도와 관련하여 지역 교회가 갈등하고 분열하는 모습은 한국 교회에서 낯선 풍경이 아니다. 너무나도 많은 교인들이 그리스도가 아닌 설교자를 따라가 그들에게 충성하고 있으며, 그것을 그리스도를 향한 충성이라고 속고 있고, 속이고 있다. 교회를 온전케 하고 복음을 확장시키려는 목적으로 교회를 분립시키는 경우는 드물다. 대형 교회들이 복음을 효과적으로 전파하고 그리스도의 양 무리들을 좀 더 세밀히 목양하기 위해 분립하는 경우는 지극히 드물고, 내가 선호하거나 좋아하는 목회자를 좇아 갈등하다가 분열하여 찢어지는 경우가 대부분이다. 내 마음을 흡족하게 하고 감동시키지 못한 설교에 대하여 '은혜를 받지 못한다'는 말로 비하시키고 나를 감동시키는 설교자를 따라간다. 이것은 고린도 교회가 직면했던 문제의 재현이다.

바울의 생각은 고린도 교인들이 '교회는 그리스도이며, 그리스도의 지평 위에 세워진 하나님의 집'이라는 교회관에 철저히 학습되어 신앙생활을 해나간다면 제자도와 관련된 시기와 분쟁은 일어날 수 없는 문제라는 것이다.

- **'주의 만찬'으로 인한 계층 간의 갈등**

'주의 만찬'으로 인한 고린도 교회의 갈등은 교회 내에 존재한 다양한 신분과 계층, 곧 주인과 종, 부자와 가난한 사람들이 서로 섞이지 못한 것에서 비롯된 것이다. 또한 식탁의 교제로서 성만찬은 우상 숭배와 음행이라는 주제와 연결되어 있기도 하다(고전 10:1-11, 14-21).

주의 만찬으로 인해 발생된 교회 문제의 전말은 이러하다. 그들은 매 주일 시행되었던 주의 만찬을 위하여 성도들마다 먹을 것들을 준비하여 교회에 왔다. 이런 먹을 거리들은 그들의 신분이나 가계 형편에 따라 많은 차이가 있었다. 부자들은 충분한 먹을 거리를 준비할 수 있었지만, 가난한 사람들은 그럴 형편이 되지 못하였다. 사정이 이렇다 보니 부유한 계층들은 그들이 가져온 먹을 것들을 미리 구별해 두었다가 그것들을 먼저 가져다가 그들끼리 먹고 취했다(고전 11:21). 하지만 가난한 교인들은 부자 교인들이 먹고 취하는 와중에서 자기들이 가져온 변변치 못한 것들을 먹었으며 여전히 고픈 배를 움켜잡아야 했다(고전 11:21).

자기의 집에서 자기의 것을 먹을 때는 서로 비교되지 않기 때문에 상관이 없었다. 하지만 같은 장소에서 서로 차이가 나는 식탁을 대한다면 문제는 달라진다. 서로 비교하게 되고 자신들의 처지에 대한 다양한 생각들이 교차하게 된다. 따라서 교회 내에서 신분과 계층 간에 위화감이 발생한 것은 지극히 당연한 일이었다(고전 11:22).

교회 성장 이론을 출발시켰던 맥가브란(D. A. McGavran)은 그가 인도

선교사로 사역했던 경험을 기초로 하여 《교회 성장 이해》(*Understanding Church Growth*)라는 저술을 출간하였다. 이 책에서 그는 교회 성장 이유를 규명하려고 하였는데, 이 작업을 통하여 그는 교회를 성장시킬 수 있는 원리들을 제시하였다. 이 원리 중의 하나가 '동질 집단 원리'(Homogeneous Unit Principle)이다. '동질 집단 원리'는 랄프 윈터 박사의 '족속 개념'에 대한 새로운 이해로부터 출발하여 족속을 '각 사람', '공중 혹은 대중' 그리고 '동질의 무리' 등 세 가지로 분류하는데,[98] 결국 족속은 동질 집단을 의미한다고 해도 무방하다.

'모든 나라는 다양한 민족으로 이루어져 있으며 그들은 모자이크와 같이 사회를 구성하고 있는 집단'이라는 개념으로 발전시켰다.[99] 그는 사회를 구성하고 있는 모자이크의 일부분 같은 '동질 단위'는 "모든 구성원들이 공통으로 어떤 특성을 지니고 있는 사회의 한 구분"[100]인데, 이 단위는 인종적인 것을 넘어서 교육적, 문화적, 경제적 집단으로 확장된다.[101] 그래서 교회를 찾아오는 비기독교인은 자신들과 '동질의 무리' 곧 동일한 '족속'과 쉽게 연합하기 때문에 그런 원리들을 잘 활용하는 교회가 성장한다는 것이다.

빌 하이벨스가 윌로우크릭 교회에서 시작했던 '구도자 예배'는 철저하게 이런 '동질 집단 원리'에 입각한 것이다. 그는 복음 전파자(설교자)와 세속적 남녀, 곧 비기독교인이 '일체감'(integrity)을 가져야 한다고 말한다.[102] 이런 '일체감'은 비기독교인들이 복음 전파자를 자기들과 동질의 사람으로 여기게 해야 한다는 말에 다름 아니다. 어쩌면 바울이 행했던 종이 되고, 유대인같이 되고, 율법 아래 있는 자처럼 되며, 약한 자가 된 것(고전 9:19-23) 역시 이런 동질 집단이나 족속 운동 원리의 증거로 사용될 수 있을 것이다.

하지만 복음 전파자가 자신이 전한 복음에 철저히 무장되어 있지 않고, 그리스도와 한 몸으로 온전하게 결합되어 있지 않으면 이 교회 성장 원리가 교회의 출석 숫자를 늘리게 할 수 있을지 몰라도 교회를 세속화시킬 가능성이 매우 높다. 즉, 비기독교인을 동질 집단으로 여기게 하려면 교회가 비기독교인의 옷을 입어야 하는데, 그 과정에서 비기독교인을 복음화시키는 것이 아니라 교회가 세속화될 수 있는 가능성이 충분하다.

또 한 가지, 이렇게 하여 비기독교인들을 교회 내로 끌어들이는 데 성공하였다고 하더라도, 그들이 느끼고 있는 '기독교인과의 동질의 족속 연대감'이 이방인 문화와 가치에 기초하고 있기 때문에 그들이 복음으로 변화되지 않으면 오히려 교회가 모자이크화되어 분열된다는 것이다. 교회 성장이 동질 집단과 관련하여 이런 부정적인 모습으로 나타나기 시작한 것이 '고린도 교회의 성만찬'이었다. '부한 자'들과 '가난한 자', '자유자'와 '매인 자', 혹은 '상전(patron)과 아랫사람(client)'이 복음으로 온전히 합하여지지 않고 '모자이크 상태'로 남아 있었던 것이다.

이 문제에 대한 바울의 가르침은 이런 것이다. 각 개인이 음식물을 제공하였다 하더라도 일단 그것들이 '주의 만찬'이 되면 그 음식물은 그들의 소유가 아니라 '그리스도의 몸과 피'라는 점을 강조한다. '주의 만찬을 먹고 마시는 것'은 '그리스도의 몸과 피를 먹고 마시는 그림언어'(고전 11:23-24) — 물론 그림언어 이상의 의미를 가지고 있기는 하지만 — 로서 이를 통하여 '그리스도의 몸'에 참예하여 '한 몸'이 되는 것이며, 그리스도를 기념하고(고전 11:25), 하나님과 끊임없이 새 언약을 세우며(고전 11:25), 인간의 죄를 대속하시기 위하여 '그리스도께서 십자가에 죽으심'을 예수님이 오실 때까지 전하는 것(고전 11:26), 곧 복음 전파의 수단이었다.

따라서, 성찬으로 인한 신분과 계층 간의 갈등은 교인들이 올바른 교회론으로 무장되어 있다면 결코 일어날 수 없는, 혹은 일어나서도 안 되는 문제였다. '교회는 그리스도의 한 몸'이며, '주의 만찬을 통해 각 개별 성도들이 이 그리스도의 몸에 참예하고 또한 그리스도의 죽음과 부활을 기억하고 기념하는 것'을 안다면 다른 지체를 자신의 몸이라 진심으로 여길 것이며, 그들을 배려할 것이다. 그리고 동질의 사람들끼리 모여 먹고 마시고 취하는 일은 결단코 일어날 수 없는 일이다.

- **교회의 부흥으로 인한 분립**

교회의 부흥도 교회의 연대감과 일체감을 좀먹는 한 원인이었다. 교회가 최소 40-50여 명으로 부흥되자 한 집에서 이 모든 인원을 수용하기 어려웠다. 따라서 자연스럽게 여러 가정에서 각각 흩어져서 예배를 드리게 되었다. 이렇게 각 가정으로 흩어진 교회 단위는 하나의 공동체로서 교회의 단합을 저해하는 한 요인이 되었다. 모이는 장소가 서로 다른 성도와의 결합이 같은 장소에서 함께 모이는 성도에 비해 소원해지고 느슨해지는 것은 지극히 자연스러운 일일 것이다.

이런 문제를 해소하기 위하여 고린도 지역의 '집에 있는 교회들'이 가끔씩 한곳에 모여 예배를 드리기도 했는데(참조, 고전 14:23; 롬 16:23), 이런 노력은 고린도 지역 교회에 소속된 성도들에게 - 비록 조금씩 느슨해지기는 했지만-모두가 '한 교회'라는 공동체 의식이 있었기 때문으로 보인다.

　하지만 현대의 '각 지역 교회'는 다른 지역 교회와 출석 교인의 숫자를 늘리는 일로 서로 경쟁하는 사이가 되어 버렸다. 각 지역 교회의 전도는 이미 '복음'을 전하기보다는 복음을 수단으로 하여 자기 교회를 선전하는 일이 되어 버렸다. 교회의 주보를 나누어 주고, 담임목사의 설교를 들을 수 있는 설교 테이프나 CD를 나누어 주는 것은 우리 교회 목사 설교가 당신의 마음을 감동시킬 수 있기 때문에 우리 교회에 나와 달라는 것이 아닐까?

　결국 현대의 각 지역 교회는 '그리스도의 한 몸'으로서의 '일체감'과 '연대감'이 사라져 버리고, 개별 지역 교회 단위로 쪼개져 버린 지 오래이다. 더 나아가 수천 명 혹은 수만 명이 모이는 각 지역 교회에 출석하는 성도 상호 간에 '그리스도의 한 몸'으로서의 일체감을 기대한다는 것은 무리이다. 개교회화되는 현대 교회, 그리고 목회 전략상 지역 교회를 브랜드화시켜 자기 교회 로고를 만들고, 자기 교회 노래를 만드는 현대 교회가 얼마나 복음에서 멀어져 있는지를 확실하게 보여 준다.

　그러므로 교회의 부흥으로 인하여 모임 장소가 달라질 수밖에 없었던 고린도 교회가 하나의 공동체로서의 의식이 느슨해지는 것의 해법은 결국 교회론적인 것이다. '모두가 같은 말을 하고……같은 마음과 생각으로 합하라', 곧 '교회의 토대인 복음'으로 철저히 무장된 '한 덩어리'가 되어야 한다는 것이다. 목회자의 설교와 이 복음을 동일하게 여기는 생각부터 버려야 한다.

그래서 비록 각각 다른 모임 장소인 다른 가정에서 모이는 무리라 할지라도, 다른 지역 교회에서 모이는 타 교회 교인들까지도 그 모든 무리는 다 그리스도의 몸인 하나의 공동체라는 강한 의식을 가져야 한다. 이것은 각 지역 교회를 '하나의 조직, 혹은 하나의 기구' 안으로 연합시키려는 에큐메니칼적 의미가 아니다. 인간이 시도하는 그런 종류의 연합은 실패할 수밖에 없는 치명적인 한계, 인간의 죄악성과 불완전성을 가지고 있기 때문이다.

- **세상 법정의 송사**

이 외에도 고린도 교회를 분열시킨 문제 중의 하나는 교인 간의 소송이다. 고린도 교회 내에는 다른 교인을 속여서 물질을 가로챈 사람들이 있었고(고전 6:8), 이 문제가 교회 내에서 원만히 해결되지 못하고 세상 법정으로 비화되어(고전 6:1-7) 교회가 분열되고(고전 6:6), 또한 이 소문이 세상에 퍼져서 이교도들로부터 교회가 멸시를 당하게 된 사건이다(고전 6:4).

바울 사도는 교회 내에서 발생한 사건을 자체적으로 해결하지 못하고 세상 법정으로 끌고 나가는 것에 대하여 매우 부정적인 입장을 밝히고 있다(고전 6:1-7). 그것은 '성도가 세상과 천사를 심판'(고전 6:2-3)해야 한다는 자긍심 때문이요, 그럼에도 불구하고 이와는 반대로 '거룩하여진 성도'가(고전 6:11) 오히려 '바깥 사람들'(고전 6:4), 곧 불신자(고전 6:6)에 의해 판단 받는 것에 대한 거부감 때문이다. 이런 거부감은 '교회가 그리스도의 통치에 참여자로서 세상을 심판한다'는 정체성에서 기인하는 것이다.

교회의 일을 세상 법정으로 끌고 가는 것은 굳이 말할 필요도 없이 현대 교회에서 공공연한 일이 되어 버렸다. 바울 사도가 성도 간의 문제를 세상 법정으로 가져가는 송사에 대하여 반대하는 것은 전적으로 교회의 존엄과 명예를 지키려는 교회론적 발로이다. 교회는 한 가족이요 형제이기 때문에 집안 문제는 집안의 가장이 해결하는 것이 당연한 것이다.[103]

2) 부적절한 생활

• 음행

고린도 교회에 나타난 문제 중에는 교인들이 그리스도인으로서는 부적절한 생활 방식(고전 5-11장, 14-15장)에 빠져든 것들이 있었다. 그 중에서 으뜸되는 것이 '음행'이었다(고전 5:1, 6:12-20, 10:8). 물론 고린도 교인들은 이 문제에 대해 공개적으로 바울의 권면을 구하지 않았다. 하지만 바울 사도는 이미 여러 경로를 통해서 교회 내에 발생한 이 문제를 알고 있었다(고전 1:11, 5:1, 참조 7:1). 이것은 고린도 지역의 성적 개방성이 교회 안으로 침투해 들어온, 세속화의 좋은 예이다.

음행은 누룩과 같아서 누룩을 넣지 않는 반죽으로서 교회(고전 5:8)를 악의와 악독으로 부풀리게 하여 유월절 어린양의 희생을 헛되게 하는 것이다(참조, 고전 5:7). 음행은 우상 숭배이며, 복음을 믿음으로 세례를 받아 형성된 하나님의 백성인 '교회'를 파괴하는 범죄로 작용하였다(고전 10:1-5; 참조, 고전 10:6-10).

구약 이스라엘을 죽음으로 몰고 간 원인으로 바울은 우상 숭배, 간음, 시험 그리고 불평을 언급하고 있는데, 이것은 신약의 교회에도 마찬가지로 작용할 것이 분명하였다. 그러므로 바울은 성적 범죄를 제거하여 누룩이 없는 '신실과 진리의 무교병'(고전 5:8)이 되어야 한다고 권면하는데, 여기서 무교병은 교회를 지칭하는 것으로 교회 내의 성적 범죄를 제거하는 것이 교회를 세워 가는 일임을 보여준다.

바울 사도는 이런 음행을 방지하기 위하여 결혼 제도를 언급한다(고전 7:1-2, 5, 9). 결혼은 배우자가 서로 간의 결합을 통하여 서로를 성적으로 깨끗하게 하는 '성도의 거룩'이라는 개념과 연결되어 있다. 곧 믿지 않는 배우자가 믿는 상대 배우자에 의해 거룩하게 되고 그 자녀도 깨끗해진다는 것이다(고전 7:14). 바로 이 때문에 바울 사도는 고린도전서 7장 17절에서 '부르신 그대로 살아가십시오. 이것이 모든 교회에서 명하는 나의 지시'라고 하였다. 여기서 '부르신 그대로'란 고린도전서 7장 1-16절에 거론된 불신자와의 혼인 관계에 있는 성도 개인의 처지를 일컫는 말이다.

그렇다면 어떻게 한 배우자로 인하여 상대 배우자가 거룩하게 된다는 이런 논리가 가능한가? 바울 사도에게 있어서 믿는 남편 혹은 아내는 단순히 한 개인이 아니라 교회에 속한(혹은 교회의 일원) 개인이었다(고전 7:17). 그런데 '그리스도의 몸' 된 교회는 '그리스도와의 연합'을 통해서 '그리스도의 피'로 씻음을 받아 거룩하여지기 때문에 (sanctification by association) 이 몸에 연합된 지체된 성도 각 개인 또한 거룩한 것이다.

바로 이런 원리에 따라 그리스도의 몸 된 지체와 결합하여 혼인 관계에 들어가고, 그로 인해 한 몸이 된 배우자도 거룩하게 된다. 바울 사도는 이런 원리에 따라 그리스도의 몸인 교회에 연합되어 거룩하여진 성도(배우자)가 불신 배우자와 더욱 견고히 연합하여 상대방이 음행에 빠지는 것을 방지하고 거룩을 유지할 수 있도록 해야 한다고 가르친다.

• **식탁의 교제**

이런 음행의 문제는 결혼 관계를 넘어서 이방 신전에서 이방 신과 교제하는 식탁의 문제로 확대된다. 이방 종교의 제의에 초청을 받아 가는 것은 우상 숭배나 음식을 먹는 문제를 넘어 신전 창녀들(sacred prostitutes)과 관계를 맺는 것으로 확대되었다. 고린도의 수호신은 '아프로디테'인데, 이 사랑의 여신에게 제사를 드리는 자들은 우상 신전에서 봉사하는 창녀들과 신적 결혼(sacred marriage)을 통해 이방 신과 연합하였다.[104]

따라서 우상 신전에서 그들의 제의에 참여하는 것은 우상에게 제사를 드리고, 우상에게 드려졌던 음식을 먹는 차원을 넘어서 음행에까지 이를 수 있는 문제였다. 그런데 여기서 짚고 넘어가야 할 것은, 고린도에 살았던 이교도들이 기독교인들에 대한 적개심을 가지거나 갈등을 일으킨 증거가 없다는 사실이다. 아마도 이것은 기독교인들도 이런 이교 행사에 거부감 없이 참여했기 때문이라고 풀이될 수 있다.[105] 기독교 교인들도 이방 제사에 참여하여 아무런 죄의식 없이 '신적 결혼'을 통해 음행을 저질렀을 가능성이 있는 것이다.

이런 식탁 교제에서의 음행은 비단 우상 신전에서만 발생하는 것이 아니라 일반 생활에서도 저질러졌다. 사회 지도층들은 개인적인 만찬을 베풀어 먹고 마신 후에 성적으로 부도덕한 일들을 행했다. 일례로 '이스트미언 경기'(Isthmian Games)를 주관하는 대회장(Chairman)은 거대한 연회를 베풀고 초청 손님들에게 창녀들을 제공할 정도였다.[106] 따라서 고린도전서 6장 12-20절에서 먹고 마시는 것이 음행에 대한 주제와 섞여 있고, 또 우상 숭배와 음행이 연결되어 있는 것은 바로 이런 고린도의 사회적 분위기 때문이다.

바울 사도는 음행을 우상 숭배와 연결시키면서(고전 10:7-8) 이방 신전에서의 식탁의 교제(고전10:18-20)와 성만찬(고전 10:16, 21)을 대비시키고 다시 이것을 출애굽 사건에 연결시킨다. 바울은 출애굽한 후에 이스라엘이 홍해라는 바다를 통과하고 구름기둥의 인도함을 받았던 것을 '세례'로 해석하고(고전 10:1-2) 또, 광야에서 먹었던 만나를 신령한 음식으로, 반석을 쳐서 마셨던 물을 신령한 물(고전 10:3-4)로 해석하면서 이것을 다수의 우상 숭배자들이 먹고 마시며 멸망한 것과 대비시킨다(고전 10:7-11).

그리고 이것을 성만찬의 모형(본보기)으로 제시한다(고전 10:6). 광야에서 신령한 물을 내었던 반석을 그리스도라 하여 성만찬(고전 10:16, 21)과 연결시키면서 이 그리스도와 '성만찬이라는 식탁 교제를 통해 결합된 성도'가 세상에 나가서는 '이방 신전의 식탁 교제를 통해 이방 신과 결합할 수 없다'고 하였다.

이처럼, 고린도 교인들이 직면한 우상 제물과 음행, 우상 신전에서의 식탁 교제에 대한 바울의 해법은 역시 교회론적이다. 현대 사회의 성적인 타락, 성적인 가치관의 변화에 대해서는 굳이 언급할 필요가 없을 만큼 심각하고 깊어서 사회를 병들게 하고 있다. 이제는 동성애에 대한 부정적 언급이 불법이 되고, 손가락질을 받는 시대가 되었을 뿐 아니라 이혼과 재혼은 이미 사회의 주도적 사회 현상으로 자리를 잡았다. 또한 이러한 성 관련 문제들은 교회도 예외가 아니어서 교회의 순결에 심각한 타격을 입히고, 과연 치유가 가능한 것인가를 고민하기에 이르렀다. 결국 그리스도인들이 예수 그리스도와 얼마나 견고하게 연합하느냐 하는 것이 관건이다.

3) 왜곡된 삶의 스타일

고린도 교회 내에는 다양한 신앙 색깔과 삶의 스타일이 섞여 있었다. 우선, 금욕 생활자들(고전7:1-16, 25-28)로서 어떤 사람들은 금욕주의적인 삶의 스타일을 선호하는 사람들이 있었다. 부부 사이에 맺어지는 합당한 성관계라고 할지라도 거룩한 생활을 위하여 금욕적인 삶을 살거나(고전 7:3), 또는 믿지 않는 배우자와 이혼을 하려고 하거나(7:12-13), 결혼을 죄라고 여겨 독신 생활을 옳다 여기는 사람들이었다(7:28).

이와 반대로 자유분방한 삶의 스타일도 있었다. '모든 것이 가하다'(10:23)는 바울의 말은 자유주의적인 삶의 스타일을 살았던 사람들에 대한 언급이다. 고린도 교인들 중에는 우상에 대한 지식이 있는 체하여(8:1-2) '우상은 아무것도 아니며 하나님은 한 분밖에 없다'(8:4)고 주장하였다. 그리고 이런 그들의 생각에 기초하여 우상 제물을 자유롭게 먹어도 된다고 허용하였다. 하지만 문제는 이런 우상에 대한 자유스러운 생각과 지식들은 '우상 숭배와 그 제의에 대한 습관'을 가지고 있는 사람들의 양심을 악하고 더러워지게 하는 것이었다(8:7). 그들은 아무런 양심의 가책이 없이 우상 신전에서 벌어지는 식탁 교제와 음행에 가담할 뿐 아니라 동시에 그리스도의 성만찬에 참예한 것이다.

자유분방한 우상 지식에 근거한 자유주의자들과는 달리 허무주의적인 생각을 기반으로 하는 염세적 자유주의자들도 있었다. 그들의 주장은 '내일이면 죽을 터이니 오늘은 먹고 마시자'(15:32)는 것이다. 이런 삶의 스타일은 그의 동료들의 선한 습관을 타락시키고 그들을 방황하게 하였다(15:33). 자유주의적 삶의 스타일들 – 그것이 자신의 양심에 근거한 것이든 허무주의에 근거한 것이든 간에 – 은 모두 '삶의 경계'를 무너뜨리고 무질서한 삶의 태도를 초래하였다.

기독교로 개종한 교인들도 우상 제물을 아무런 죄책감 없이 자유롭게 먹었을 뿐 아니라, 우상 제의에 초대를 받아 우상 신전의 종교 축제에 참여하고, 거기서 음행에 빠지는 것은 그렇게 이상스런 일이 아닐 뿐더러 양심의 가책을 받지 않았다(6:12-20, 8:1-13, 10:18-22).

우상 신전에서 베풀어지는 축제에 초청을 받은 그리스도인들이 그곳에 가서 함께 식사를 하며 교제를 하는 것은 피하기 어려운 일이었다. 왜냐하면 고린도에 있었던 종교 제의에서 빼놓을 수 없는 것이 '식사'였기 때문이다. 희생 제사를 바친 사람과 그의 동료들은 희생 제물을 먹음으로 그 신과 함께하며 관계를 맺었다.[107] 따라서 우상 신전에는 식사를 위한 방이 제공되었다. 예를 들면, 고린도에 있었던 아스클레피우스 신전은 북쪽 벽 안쪽에 위치해 있었는데, 이 신전은 여름철에 휴식과 운동, 명상을 위한 공간과 만찬을 할 수 있는 레나

(Lerna), 목욕탕과 샘이 있는 집 그리고 신전 등으로 구성되어 있었다.[108]

신전 옆의 부속 건물에는 11명이 들어갈 수 있는 3개의 만찬장이 있었다. 이 만찬장들은 신전 시설이기는 했지만 때로는 생일이나 결혼식 축하행사와 같은 개인적인 파티를 열 수도 있었다.[109] 그런데 주의해야 할 것은 비록 사적인 행사라고 해도 이것은 신전 시설에서 열리는 종교적 성격의 파티였기 때문에[110] 종교적인 형식으로 진행되었고, 물론 그곳에서 먹는 음식들도 우상 제물이었다.

이런 사회 분위기 때문에 기독교인이 된 사람들도 이런 만찬에 초청을 받아 식사를 함께 해야 하는 기회가 많이 있었다. 물론 어떤 사람들은 이런 만찬을 매우 꺼려 했지만, 다수의 교인들은 이런 종교적 만찬에 아무런 거부감 없이 참여하였다. 고린도전서 8장에 보면 우상 제물을 먹는 것에 대하여 아무런 문제를 느끼지 못했는데,[111] 이것은 고린도 시민의 정체성과 종교적 정체성이 구별되지 않았기 때문이다.

그런데 우상 신전의 만찬에 참석해서 식탁의 교제를 해야 하는가 하는 문제보다 훨씬 결정하기 힘든 것이 시장에서 팔리는 우상 제물을 먹을 수 있는가 하는 것이었다. 우상 신전에 바쳐진 제물들의 일부는 고린도의 고기 시장인 마셀룸(Macellum)에서 매우 싼 가격에 팔렸다. 일부 고린도 교인들은 고기 시장에 나온 우상 제물을 사다 먹는 것에 부정적이었다. 하지만 다른 교인들은 이방 신전의 교제에 참여하는 것은 꺼리지만 이방 신전에서 제물로 드려진 고기를 시장에서 자유롭게 사다 먹는 것은 긍정적이었다.

그러면 그리스도인들은 우상 제물을 먹는 문제에 대하여 또 다양한 삶의 스타일에서 파생된 문제들에 대하여 어떤 태도를 취해야 하는가? 우선 바울 사도는 그리스도인들이 우상 신전에서 베풀어지는 이런 만찬의 자리에 참여하는 일에 대하여 '믿음이 약한 자들을 배려하는 차원에서 양심의 자유에 따라 행동할 것'을 기준으로 제시하였지만(참조, 8:1-13) 이는 허용의 의미이기보다는 기본적으로는 참석하지 말아야 한다는 것을 기본으로 하는 금지의 성격이 강하다.

이것은 우상 제물을 먹는 문제도 마찬가지이다. 기본적으로는 '먹지 말라'는 것이다. '금지'를 전제로 하면서 다양한 상황에서 오는 문제들을 풀어가는 바울 사도의 해법은 교회론적이다.

금욕주의적 생각을 가진 이에게는 '하나님께 받은 자기의 은사'(7:7)를 분명하게 자각하고 행동할 것과 결혼을 통한 상대 배우자의 거룩과 구원이라는 관점에서(7:14, 16) 그 해법을 제시한다. 이런 해법은 결혼이 한 몸으로 결합하는 것과 교인이 그리스도의 몸과 결합하는 것을 전제로 한 것이다. 따라서 이것은 지극히 교회론적 해법이다.

또한 자유적인 생각을 가진 이에게는 '모든 것이 가하나 모든 것이 유익한 것은 아니요, 모든 것이 가하나 모든 것이 집(교회)을 세우는 것이 아니라'(10:23)는 점을 강조하였다. 특별히, 시장에서 팔리는 우상의 제물들은 양심의 자유 원칙에 따라 먹을 것인지 말 것인지를 결정하라고 권면한다(8:4-6, 10:25). 하지만 우상 신전의 파티에 참석하여 먹는 일은 금하였다(참조, 8:4, 10). 이방 신전의 식탁 교제는 이방 신과의 결합이며 신전 창녀들과의 육체적 결합이고, 따라서 이는 '성찬'으로 표현되는 '그리스도와의 결합', 곧 '그리스도와의 교제함'(10:16-18)과 양립할 수 없다(10:21)는 것이다.

오늘날 포스트모던 사회는 기존의 질서와 전통, 원칙 등이 무너져 버렸다. 절대적 원칙들은 사라지고 모든 것이 개인에 기초하여 상대주의화하고 있다. 기존의 가치와 질서, 세계관의 절대적이고 공통적 경계가 유실되어 가고 있다. 아름다움에 대한 개념이 변화하고 윤리의 개념이 바뀌어 개인의 생각과 가치가 우선하고, 그것을 각자 존중하는 사회로 바뀌어 가고 있다. 이는 마치 '각각 자기의 눈에 좋을 대로 행하였다'는 사사기 시대의 정신, 곧 절대적 가치나 세계관이 사라져 버린 무경계적, 무질서적 모습들이다(삿 17:6, 21:25). 바울 사도가 말하는 양심의 자유는 이런 포스트모던적 상대주의가 아니라 분명한 원칙을 전제로 하는 것이었다.

4) 신앙생활의 무질서

고린도 교회 내에서 일어났던 신앙 행위의 무질서들은 많은 경우 교회 내의 신앙생활과 관련되어 있는데, 우선 '신비적 신앙생활에 대한 찬사'였다. 고린도 교인들은 예루살렘과 사마리아, 시리아 안디옥에 있었던 교회들처럼 성령님을 받았고 또한 성령님의 선물들(혹은 은사들)을 받았다(고전 12-14장). 하지만 이 성령님의 은사 체험들이 고린도 교회에서는 헬라적 이원론이나 열광적인 신비적 신앙 행태들과 혼합되었을 뿐 아니라 잘못된 종말론과 결합되어 교회 내에 많은 문제들을 야기하였다.

예를 들면, 부적절한 생활(고전 5-11장, 14-15장), 잘못된 은사론과 그 실행(고전 11:2-22, 14-15장), 그리고 헬라 지혜를 따라가는 이성주의적 신앙자들(고전 1:18-31, 3:18-21; 행 18:24-28)과 금욕적인 생활자들 간의 갈등 등이다.

고린도 교인들의 무질서한 신앙생활이 신비주의적인 부적절한 생활로 나타난 것은 앞서 '왜곡된 삶의 스타일'에서 언급한 바와 같이 금욕주의와 자유주의라는 두 극단의 생활 방식이다. 금욕주의는 육은 중요하지 않고 영혼만이 중요한데, 영혼을 구원하기 위해서는 철저히 육신에 얽매이는 것을 피해야 한다는 것이다. 그래서 결혼을 삼가거나(7장), 시장의 고기를 우상 제물이라고 하여 피하였다(8-10장). 반대로, 어떤 이들은 영혼이 이미 구원을 얻었기 때문에 그들의 몸은 무슨일을 해도 상관 없다는 자유주의적 방종으로 나타났다. 그래서 문란한 성생활(5:1-11, 6:12), 우상 제사에 참석하는 것(8, 10-11장)을 거리낌 없이 행하였다.

특별히 잘못된 은사론에 기인된 신앙생활은 고린도 교회에서 행하여진 두드러진 문제 중에 하나였다. 고린도 교인들은 성령의 은사들, 특별히 방언과 같이 현저히 나타나는 은사들에 대하여 관심을 집중시키고, 자신들이 받은 은사들을 서로 자랑하며 교만하고 이런 은사를 받지 못한 이들을 멸시하는 등 상호 간에 시기와 분쟁의 분위기를 만들어 냈다. 특별히 예배 때에 방언과 예언을 경쟁적으로 하는 신비적이고 열광주의적 태도로 많은 혼란을 가져왔다.

고린도 교인들은 그리스도인이 되고 난 후에도 과거 이교 신앙에 이끌려서 그들의 성령님 체험과 은사 체험들이 예배 중에 조절할 수 없는 영적 열광주의(spiritual ecstasy) – 일종의 영적으로 감동된 행동이나 말들로 표시되는 열정주의의 동의어[112] – 현상으로 나타난 것이다.

이는 명백히 이교 신앙의 일부분이 기독교 예배로 유입된 것이다.[113] 이런 영성은 개인주의적이고 자기중심적인 형태를 추구해서 참된 영적 은사를 부정하는 위험에 빠졌다.[114]

바울 사도가 여성들을 향하여 '교회에서 잠잠하라'고 강력히 경고한 것은 여성들에 대한 가부장적 발로이기보다는 이런 영적 무질서를 초래하는 여성도들에 대한 권징의 성격을 가지고 있다. 이런 것들은 모두가 헬라 종교와의 혼합주의적 현상이었다. 이런 그들의 은사 지향적이고 신비주의적인 신앙 행태는 예루살렘 교회는 물론이고 데살로니가, 빌립보, 에베소 교회에서 볼 수 없었던 독특한 신앙 행태요 교회 문화였다.

이런 신앙 행태는 한국 교회에서도 매우 부정적인 모습으로 나타났다. 한국 교회를 엄청난 속도로 성장시킨 '성령 운동'은 '은사 운동'과 동일어로 사용되어도 무방할 만큼 '열광주의적 은사 운동'이었다. 그리고 이런 은사 운동은 이교적 신앙과 혼합되지 않은, 순수하게 성경적인 것이었다고 말할 자신이 없다. 1907년부터 시작된 한국 교회의 대부흥 운동의 중심에는 '길선주 목사님'이 있다. 길선주 목사님의 새벽 기도 운동은 과연 그분이 회심 이전에 심취했던 '신선도'나 '도교'로부터 자유로울 수 있을까? 마찬가지로 열광주의적 은사 운동이 과연 성경적으로 실행되었다고 말할 수 있을까?

고린도 교인들은 '성령님의 은사'를 지나치게 강조하여 교회의 예배에서 영적 열광주의에 빠져들 뿐 계속되는 죄와 갈등의 실체에 대하여 깨어 있는 일이나 영적 훈련과 질서를 지키는 일은 등한시했다는 점이다. 일상생활에서는 여전히 변화되거나 성화된 모습을 보이지 못하면서 교회 내에서만 열광주의에 빠져든 것이다.

바울 사도가 고린도전서 12장 1절에서 '신령한 것에 관하여 너희가 모르기를 원치 않는다'고 한 것은 이런 영적 은사에 대하여 반대하거나 무시하는 것이 아니다. 단지 고린도 교인들이 '영적인 것'(성령론)에 대하여 오해하는 것들이 있음을 지적하고, '신령한 것'에 대한 바른 지식을 촉구하는 것이다.

그래서 고린도전서 12-14장에서 바울 사도는 성령님과 그 다양한 은사들, 예를 들면 방언이나 예언, 방언의 통역, 기적과 능력 행함(고전 12-14장), 환상, 계시, 입신(고후 12:1-2) 등과 같은 것들은 성도 개개인이 각자의 직분에 따라 받는 것들인데, 이것들은 고린도 교인들의 종말론 이해를 입증해 주는 도구가 아니라 교회를 세우기 위한 것, 곧 은사와 직분 그리고 그에 따른 사역을 감당케 하기 위한 것이라고 설명한다.

또한 성령님의 은사는 성도들이 각각 자신의 직분에 따라 개인적이고 특별한 은사뿐 아니라 모든 성도가 보편적으로 받아야 할, 성도라면 누구나에게 성령님께서 부어 주시는 공동의 은사, 곧 믿음과 소망과 사랑과 같은 은사를 받아야 할 것을 가르친다. 이 믿음, 소망, 사랑이라는 은사들 역시도 교회를 세울 뿐 아니라 영원히 있어야 할 성령님의 선물(은사)이라는 것이다.

모든 성도들에게 주시는 공동의 은사들은 예를 들면, '예수는 주시다'라는 믿음의 고백(고전 12:3)이나, 이리저리 우상에게 끌려가 '예수는 저주를 받아라'라고 말하지 않게 한다. 이런 믿음의 고백은 성령님과 그 은사와 관련이 있다(고전 12:3). '예수는 주시다' 혹은 '예수는 저주 받았다'라는 말과 관련하여 다양한 해석이 제기되는데, 오스카 쿨만(Oscar Cullmann)은 '예수는 주시다'라는 표현이 '예수는 저주 받았다'는 부정적인 고백과 반대되는 '고대의 정형화된 고백'으로, 방언과 관련된 것이 아니라 황제 예배와 박해를 받은 것과 관련되어 있다고 한다.[115] 하지만 고린도전서에서 교회가 황제 숭배와 관련되어 박해 받은 근거를 찾기 어렵기 때문에[116] '예수는 주시다'라는 긍정적 고백이나 '예수는 저주를 받아라'라는 부정적 고백에 대한 바울의 논점은(고전 12:1-3) 그런 고백 자체보다는 이것이 '성령님과 그 영적 선물'과 관련이 있다는 것이고, 이것을 은사론의 서론으로 활용한다.

곧, 이런 고백들을 할 수 있는 믿음은 성령님의 은사라는 것이 바울의 논지이다. 더 나아가 믿음, 소망, 사랑이라는 보편적이고 공동적인 은사-지극히 평범해 보이는 은사-가 방언이나 예언 등과 같은 개별적이고 특별해 보이는 은사보다 훨씬 더 중요하다는 것을 말하는 것이다.

성령의 은사에 대한 고린도 교인들의 잘못된 생각들이 헬라적 이원론과 잘못된 종말론 등과 결합하여 부적절한 생활로 나타나기도 하였다. 고린도의 많은 회심자들 중에는 그들이 하나님의 새로운 생명의 계획 속에 있고 이 때문에 그들은 무엇이나 할 수 있다고 느꼈다. 그들은 성령님 안에 있고 육에 대해서는 죽었기 때문에 그들 주변의 회심치 않은 사람들보다 우월하다고 생각했다.

이런 신앙관은 고린도인들의 세계관, 곧 헬라적 이원론에 기인한 것이다. 그들이 영적이라고 했을 때 육체를 포함한 물질세계의 지속적 존재를 의심하였고, 육체를 가지고 있으면서도 천사와 동등한 영적 존재들로 생각했다. 이것은 영지주의적 육체에 대한 이해와 같다.

이런 헬라적 이원론은 잘못된 종말론적 신앙과 결합되었는데, 이와 관련된 바울의 증거가 고린도전서 4장 8절에 '왕처럼 다스린다'는 표현으로 이는 고린도 교인들에게서 발견되는 '실현된 종말론적 자세'이다. 그들은 그리스도의 구원을 통해 자신들의 영혼이 육신을 벗어나 하늘의 축복된 삶을 현재 완전히 획득하여 현재의 삶 속에서 왕 같은 삶을 누릴 수 있다고 믿었다. 곧 왕국이 이미 도래했다는 것이다. 하지만 이것은 바울 사도가 고린도전서 15장 25절에서 가르치고 있는 종말론의 말씀, 곧 "하나님께서 모든 원수를 그리스도의 발아래에 두실 때까지, 그리스도께서 다스리셔야 합니다"(새번역)라는 말씀과 어긋난다.

그리스도에게 속한 자들의 영생은 그리스도가 재림하실 때이며(고전 15:23), 이때 그리스도께서 나라를 하나님께 바치는 것이고(고전 15:24), 이 종말의 때까지 이 세상은 여전히 '그리스도의 발아래에 들어와야 할 원수들'이 존재하는(고전 15:25), 이미(already)와 아직(yet)의 종말론적 긴장' 속에 있다.

고린도 교회 내의 신앙생활의 무질서는 바울이 전해 준 사도적인 전통과 로마의 관례(혹은 관행, 규례)의 충돌로도 나타났다(고전 11:2-16). 복음이 사도적 전통에 따라 이방 세계에 전파될 때 이교 세계의 문화, 곧 복식의 관습이나 관례(혹은 관행, 규례)와 충돌할 수 있는 소지는 얼마든지 존재한다.

예를 들면, 빌립보에서 전도할 때 그들이 바울 사도를 고소한 것은 '바울 사도가 로마 사람들인 자신들이 받지도 못하고 행하지도 못할 관례(에테, ἔθη, 관행, 규례, 전통)를 전한다는 것'(행 16:21)이었다. 이런 문화적 충돌이 고린도 교회에서는 '베일'과 관련되어 나타났다. 공중에서 혹은 종교 의식에서 '남자가 머리에 쓰는 것', '여자가 머리에 쓰지 않는 것'은 로마적인 관례(혹은 관행, 규례)로 이것은 바울이 전한 관례(혹은 관행, 규례)에 위배되었다. 바울이 전한 관례는 남성들은 예배 시 머리에 쓰지 않는 것이며, 결혼한 여성들은 공중에서 기도하거나 예언을 할 때 베일로 그들의 머리를 가리는 것이었다.

또, 사도들이 전해 준 성만찬도 그 의미를 제대로 살리지 못하고 일종의 공동체 식사로 전락해 버렸다. 이 때문에 부자들은 먼저 자기들의 것을 먹고 취했고, 나중에 먹는 자들은 배가 고팠고, 이로 인해 계층 간 위화감이 조성되었다(고전 11:17-22).

이렇게 고린도 교회에서 바울이 전한 전통이 이교의 문화와 만나 신앙생활의 무질서를 만들어 낼 때 바울 사도가 제시하는 해법은 그들에게 전하여 준 대로 '그 전통을 지키는 것'(고전 11:2)이다. 이런 전통은 '사도들의 복음의 전통'뿐 아니라 '모든 일'(11:2), 특별히 '남자의 머리는 그리스도요 여자의 머리는 남자'(11:3), 또 '기도나 예언을 할 때 남자가 머리에 쓰지 않고, 여자가 머리에 쓰는 것'(11:4-5), 특별히 '남자가 하나님의 형상과 영광이며, 여자는 남자의 영광'(11:7)이라는 바울의 생각들, 이것은 고린도전서 11장 8-12절에 근거해 볼 때 '남녀의 차별'과는 무관한, 사회적 합의와 관련된 문화적 전통임을 유의해야 한다.

이 제도적인 문화적 전통을 지키라는 바울의 권면은 문화적 우월성을 가지고 유대주의적 전통을 이방인들에게 강요하려는 의도가 아니라 혼합주의적인 신앙 행태에서 교회의 무질서를 해소하고, 교회의 정체성을 지키려는 교회론적 해법이다.

신앙생활의 무질서라는 측면은 사도적 전통 위에 서 있던 바울을 무시하고, 그의 사도권(권위)을 인정하지 않은 데서도 드러난다. 에베소에 있던 바울이 고린도 교회 문제를 해결하고자 디모데를 파송했는데, 그는 고린도 교회의 문제를 적절하게 해결하고 대처하지 못하였다. 이것은 권위의 문제였다. 그들은 바울을 향해서 '직접 대할 때는 약하고 말주변도 변변치 못하다'(고후 10:10)고 말하면서 바울 사도의 성경 교사로서의 자질을 비하했다(참조, 고후 10:10, 11:6).

여기서 '말 주변'이란 '말의 지혜', 곧 동 시대 헬라 철학자들의 수사학적 '말의 아름다움'에 상응하는 말이다. 고린도 교인들은 바울의 겉모습만 보았고(고후 10:7), 지식 여부를 가지고 사람을 판단하고 멸시했다(고후 11:6). 그래서 말주변이 부족하다 여긴 바울의 권면들은 잘 따르지 않고(고전 4:18) 그들이 좋아하는 아볼로를 그들에게 파송해 줄 것을 요청했다. 이에 바울은 아볼로를 파송하려고 애썼지만 아볼로 자신이 가기를 꺼려 했다(참조, 고전 16:12, 1:12, 3:4-6; 행 18:24-28).

고린도 교인들이 아볼로를 원했던 이유는 바울의 경우 말이 어눌하고 그 설교 주제가 매우 단순한, 예를 들면, '십자가에 달린 예수와 그 부활의 복음'(고전 1:17-2:5, 15:3-11)만을 전했기 때문이다. 그들은 바울의 이런 단순한 복음 설교보다는 훌륭한 연설을 할 수 있는, 다양한 복음 전도자들의 감동적인 말에 더욱 귀를 기울였다.

고린도전서 1장 12절에는 고린도에서 복음을 전한 다양한 복음 전도자들이 나오는데, 바울과 아볼로는 물론이고 '게바'의 이름도 등장한다. 아볼로는 설교를 잘하는 사람이었는데(참조, 행 18:26-28) '바울은 심고, 아볼로가 물을 주었다'(고전 3:6)는 표현에서 그가 고린도에서 가지고 있었던 위치를 짐작할 수 있다. 베드로의 회중을 사로잡는 설교 능력은 사도행전 2-4장에서 이미 언급되었다.

고린도 교인들이 말주변이 좋고 수사학적으로 뛰어나 설득력 있는 설교자들에게 호감을 가지는 것은 헬라(세상) 지혜에 대한 희구와 존경(참조, 고전 1:17-2:1, 2-16, 3:18-21, 4:3, 17-20, 16:10; 행 18:24-28; 고후 2:13)을 보내는 그들의 이성주의적 신앙에 그 원인이 있다. 사실 복음의 전파는, 예수님의 경우에서도 보여지듯이, 설득이 아니라 선포의 성격이 강한 것이다(참조, 마 4:23-9:38). 하지만 고린도 교인들은 선포보다는 설득적인 설교를 좋아했다. 그런 설교자들은 '총명한 수사학적 강연'(고전 1:18)으로 사람들을 사로잡고 설득하는 '지혜자'들이었다.

리트핀(Litfin)은 고린도전서 1장 17절에 나타나는 로고스(λόγος)라는 말에 숨은 1세기의 '수사학적 전통'은 천년의 헬라 문화사 중 절반 이상의 시간 동안 그 핵심에 자리 잡고 있었으며, 이 문화적 전통은 로고스(이성주의적 학문)와 소피아(σοφία; 철학적 지혜)에 깊은 강조점을 두면서 헬라 사회에 풍부하게 흘러 들어갔고, 이는 바울 시대 고린도에서도 마찬가지였다고 하였다.[117] 따라서, 이런 헬라 전통의 영향을 벗어 버리지 못한 사람들은 고린도 교회 내에서 한 분파를 이루어 바울에게 비판적이었고 늘 불평을 일삼으면서, 심지어는 '죽은 사람들의 부활은 없다'고 말하기까지 하였다(고전 15:12). 이렇게 고린도 교회 내에서는 헬라 지혜를 따라가는 이성주의적 신앙자들과 금욕적인 생활자들이 만들어 낸 무질서한 신앙생활로 서로 갈등하였다.

이런 고린도 일부 고린도 교인들을 향하여 바울 사도가 제시하는 해법도 교회론적이다. 바울 사도의 사도권, 그 권위는 그가 복음으로 고린도 교인을 낳게 했는데(고전 4:16) 바울에게 있어서 복음을 믿게 하는 것은 헬라적 지혜로 설득시키는 것이 아니라 선포를 통한 성령님의 능력으로 가능한 것이었다(고전 1:17-24). 또한 바울이 가진 선포의 권위는 그가 사도들이 전한 복음의 전통 위에 서 있었기 때문이다(고전 15:3). 이 전통은 문화적 전통을 포함한다(고전 11:1-2). 이런 '전통 위에 서는 것'에 대한 강조는 문화적 우월성 때문이 아니라 혼합주의에 대한 강력한 대처였다.

바울의 권위는 '나를 본받으라'는 권면(고전 11:2; 참조, 고전 4:16)으로 더욱 강조되는데, 이는 '사도적 권위와 사역'을 강화시키는 매우 중요한 방법이요 장치이다.[118] 예를 들어, 고린도전서 1장 18절-4장 5절은 바울 자신이 고린도 교인들이 따라야 할 모범으로 그 자신을 설명하는데, 이것은 설교자로서 그의 방법(modus operandi)을 방어하고 그의 사도적 권위를 재설립하려는 장치이다.[119] 고린도전서 4장 15절에서는 그의 사도적 권위가 '고린도 교인들을 그리스도 안에서 낳았기 때문'이라고 하였는데, 고린도전서 4장 14-21절에 나타난 아버지의 이미지는(물론 암시된 이미지가 고린도전서 많은 부분에서 나타난다고 하였다)[120] 일반적으로 그의 사도적 사역을 묘사하기 위해 사용된 용어와 연결되어 있어서 권위를 가지면서도 자녀를 사랑하는 이미지이며,[121] 자기 변호적 용도로 사용하였다.[122]

바울은 고린도 교인들을 낳은 아버지의 이미지와 유사하게 자신을 나무를 심는 자(고전 3:6), 건축자(고전 3:10)와 같은 비유로도 묘사한다. 이것들 역시 고린도 교회의 창립자로서 그의 사도적 사역과 권위를 설명한 것이다. 그가 고린도 교회를 낳은 아버지요 창립자이기 때문에 고린도 교인들은 당연히 그를 닮아야 하고, 사도적 전통 위에 서 있기 때문에 그를 본받아야 하며(고전 11:1-2), 이것은 사도로서 바울의 권위에 대한 정당성을 강화시켜 주는 것이다.

이상에서 살펴본 바에 따르면, 고린도 교회가 직면한 주요한 문제들 중 다수─음행, 왜곡된 삶의 스타일, 신앙생활의 무질서 등─와 관련된 바울 사도의 권면들과 그 해법은 '그의 교회론'과 긴밀하게 연결되어 있다. 곧 고린도 교회를 바울이 가르친 교회의 모습으로 회복시키려 한 것이다. 고린도 교회의 문제에 대하여 "모두가 같은 말을 하고……같은 마음과 같은 뜻으로 온전히 합하라"(고전 1:10)는 바울의 권면은 고린도 교회가 '교회의 토대인 복음'으로 철저히 무장한 '한 덩어리'가 되어야 한다는 것으로, 이는 '바른 교회의 토대 위에 서는 것'임을 보여준다.

바울의 사도로서 권위가 당연히 받아들여지고 그의 가르침이 수용되어야 하는 것은 그가 교회를 낳은 아버지요 창립자이기 때문인데, 이것 역시 교회론적 해법이다. 그는 고린도 교회를 그가 가르친 교회의 모습으로 회복시키려 하는 것이다.

제4절
고린도 교회와 한국 교회

1. 반기독교적 저항에 직면한 한국 교회

2000년대로 접어든 한국 교회(개신교)는 지금 대내외적으로 엄청난 저항에 부딪혀 있다. 이런 저항이 얼마나 거센지는 길거리나 방문 전도를 나가 보면 피부로 느낄 수 있어서 설명할 필요조차 없을 정도이다. 또한 온라인상에서 활발하게 활동하는 반기독교 홈페이지나 카페가 40여 개에 달하는데,[123] '반기독교'라는 명분 하나만으로 지극히 비상식적인 그들의 언사와 활동들이 용납되는 것이 현실이다.

여기에 날개를 달아 주는 것이 '언론'이다. 기자들을 포함한 언론 종사자들 중에는 반기독교적 성향의 시각을 가지고 있는 논조들이 대부분을 차지하고 있다. 불교도 유교도 모두 외래의 것임에도 불구하고 그런 종교들은 한국적인 것으로 받아들일 뿐 아니라 더욱이 무속적인 것을 한국적인 것으로 여기는 문화적 무지를 드러낸다. 하지만 유독 기독교에 대한 태도만은 비상식적인 사고와 논조들을 상식처럼 여기는 것이 현실이다. 물론 건강한 정통 교회와 이단성이 강한 교회와의 구별도 관심 있게 하지 않는다. 그래서 이단성과 사이비성이 강한 집단이나 신앙인들까지도 '교회' 혹은 '성도'로 동일하게 표기하여 반기독교적 정서를 조장하고 있다.

이것은 보수적 매체거나 진보적 매체, 혹은 활자 매체거나 방송 매체거나 구분이 없다. 또 기독교인들이 보고 듣기에는 매우 거북스러운 선정적인 내용들이 전파를 타고 있다. 예를 들어, 2007년 김용옥의 EBS 강좌나 SBS의 "신의 길, 인간의 길"이라는 특집 기획, 또 기독교와 관련된 MBC의 "PD 수첩" 등은 반기독교 혹은 유사 기독교적 정서에 깊은 영향을 준 프로그램들이다.[124]

그렇다면 한국 교회가 직면한 이런 반기독교적 정서와 사회적 저항은 어디에서 기인한 것일까? 그리고 이러한 저항은 합리적이며 합당한 것일까?

2. 제기된 한국 교회 문제들

한국 교회의 위기론이 대두하면서 여러 개인들과 다양한 단체들이 한국 교회의 문제들을 분석하려고 시도했다. 그리고 한국 교회가 지면한 다양한 문제들을 제기하였다. 한국 교회 문제에 대해 접근할 때 깨어 있어야 할 것은 균형 감각이다. 제기된 문제들에 대하여 집중할 경우 자칫 지나치게 비관적으로 혹은 부정적 측면에서 한국 교회를 바라볼 위험이 있다. 분명한 것은, 한국 교회에는 문제가 있기는 하지만 여전히 대다수의 교회들은 건강하게 자신에게 맡겨진 사역들을 충실히 수행하고 있다는 점이다. 언급되지 아니한 한국 교회의 긍정적인 면들을 염두에 두면서 다양하게 제기되고 있는 한국 교회 문제에 대해 살펴보자.

2004년 10월 2일에 KBS 1TV에서는 "선교 120주년, 한국 교회는 위기인가?"라는 주제의 프로그램을 방영하였다. 제작진들은 이 프로그램을 기획하게 된 동기에 대해서 한국 교회가 위기라는 인식에 기인한다고 밝히고 있다. 한국 교회 교인 숫자와 헌금 액수가 급속도로 감소하고 있기 때문에 한국 교회가 위기라는 것이다(교인 숫자와 헌금 액수의 감소 때문에 한국 교회를 위기라고 진단하는 것은 타당한가에 대해서는 논의되어야 할 측면이 있다).

그래서 그 위기의 원인을 진단해 보려고 이 프로그램의 취재진들은 전국 20세 이상 성인 남녀 1,200여 명을 대상으로 '한국 교회에 관한 여론 조사'를 실시하였다. 그 결과 한국 교회가 바람직한 방향으로 가지 못하고 있다고 응답한 사람이 59.3%였다. 이는 성인 남녀 3명 중 2명은 한국 교회의 모습이 바람직하지 못하다고 생각하는 것이다. 한국 교회가 바람직한 방향으로 가지 못하다고 생각하는 근저에 자리 잡고 있는 한국 교회의 문제점은 자기 교파와 자기 교회 중심(40.3%), 교회의 대형화와 성장 제일주의(23.9%), 자격이 부족한 목회자(12.6%), 교회의 비민주적 의사 결정과 불투명한 재정 운영(9.5%), 그리고 담임 목사직 세습(5.8%) 순이었다.[125] 결국 한국 교회 내에 내재된 문제들이 위기의 원인이라고 본 것이다.

이만식은 바른 신학과 균형 목회를 위하여 '한국 기독교 문제에 관한 실태 조사'를 실시하였다. 2007년 7월에 252명의 목회자를 대상으로 실시한 우편 설문 조사를 통해 한국 기독교가 가지고 있는 문제들을 제시하였다. 이 조사 통계의 신뢰성 오차가 매우 커 보인다. 하지만 설문 조사에서 제기된 문제 항목들은 수긍할 만한 것들인데, 목회자들이 제기한 교회 내 문제들을 정리하면, 교인들이 삶의 변화가 없이 은혜만 추구하고, 믿음과 실천이 불균형을 이루고 있다는 답변이 22.6%였다.

목회 윤리의 부재와 개교회주의가 문제라고 지적한 목회자가 약 20.8%에 이르렀는데, 이것은 한국 교회의 정치가 실종되어 있음을 보여주는 것이다. 즉, 노회나 총회가 제 역할을 하지 못하기 때문에 목회자 상호 간의 윤리가 제대로 서지 않고, 목회자들은 노회에 소속되어 있으면서도 노회의 치리를 제대로 받지 않고 마치 독립 교회처럼 행동하는 것이다. 목회자의 자질 부족(9.4%), 성도들의 물질 만능주의(기복 신앙, 8.9%), 전도 열심의 둔화(7.4%), 교회 성장 제일주의(6.7%), 바른 신학보다는 열광적 번영 신학이 지배(5.2%), 성장과 축복을 동일시하는 일(4.2%) 등도 문제로 제기되었다.[126]

목회자들이 제기한 교회 외적인 문제들은 목회자들이 싸잡아 매도당하는 사회 분위기(13.2%), 수평 이동을 통한 교인 쟁탈전(12.1%), 신학대학의 난립과 교역자 과잉(9.7%), 개신교회가 분열된 모습을 보이는 것(9.6%), 교회의 양극화 현상(7.9%), 지역 사회와 동떨어진 화려한 외관의 교회(6.0%), 아래가 아닌 위로만 향하려는 교회(5.4%), 21세기에 알맞은 모토가 없음, 곧 교회가 사회적 비전을 제시하지 못하는 것(5.3%), 일방적인 전도와 선교(5.1%), 지역 사회와 동떨어진 프로그램(4.9%), 사회 봉사보다는 교회 봉사를 우선하는 것(4.4%), 교회의 정치적 보수화(3.8%), 교회의 대(對) 사회 홍보 부족(3.7%), 젊은 층에게 교회는 극복되어야 할 근대 유물로 보이는 것(3.4%), 목회자 세습(2.7%) 등도 문제 항목으로 제시되었다.[127]

목회자들과 달리 평신도를 포함한 일반인들은 한국 교회의 문제로 세속화와 물질화에 의한 기복 신앙과 물신 숭배, 교리적 독선과 배타성, 세상을 개혁하는 변혁의 주체로서의 역사성 결여, 이웃 문제에 대한 무관심과 사랑의 실천에 인색함, 가부장적 권위주의, 교회 행정과 재정의 불투명성, 비인가 신학대학, 불법 기도원, 위험 지역 선교활동 등 국법 준수를 무시한다는 점, 자기 성찰의 부족 등을 들었다.[128]

김명용은 예장통합 참회 기도회(2007년 11월 26일)에서 한국 교회 문제에 대하여 '수준이 낮음'이라고 지적하였는데, 근본주의 신학의 폐해, 샤머니즘과 영합한 교회 성장, 반지성주의, 심각한 개교회주의와 교파 이기주의, 시끄럽고 수준 낮은 교회, 복음을 잘 모르는 교회, 말만 하고 듣지 않는 교회의 오만, 성장 지상주의, 하나님 나라 건설에 대한 무지와 평신도들의 책임 결여, 세상을 섬기지 않고 지배하려는 교회 등을 개혁해야 할 대상으로 꼽았다.[129]

강영안 외 20여 명의 필자들의 글을 편집하여 출간한 《한국 교회, 개혁의 길을 묻다》라는 책에서는 새로운 한국 교회를 위한 20가지의 핵심 과제를 제기하였다. 여기서 각 필자들이 제기한 한국 교회 문제들은 다음과 같다.

우선, 김세윤은 한국 교회 문제의 근본적인 원인이 '신학적 빈곤'에 있다고 진단하였다. 이런 신학적 빈곤의 으뜸을 구원론에 대한 무지를 들고 있는데 '이신칭의', 믿음으로 말미암아 의롭게 된다는 종교개혁자들의 선언을 잘못 이해하고 있다는 것이다. 즉 '구원을 얻는 믿음'을 회심 때의 신앙 고백으로만 이해할 뿐 매일의 일상생활에서 하나님의 통치를 받고 그리스도의 주권에 순종하는 삶의 모든 것들과 연결시키지 않는다는 것이다.[130] 그래서 믿음이 성화로부터 구별되어 포

괄적인 믿음 생활을 등한시하고, 바리새인들과 같이 소극적인 경건주의에 빠져 있다는 것이다.[131]

이런 신학적 빈곤에는 문자주의, 율법주의적 사고도 포함되는데, 한국 교회는 개인이나 교회 생활에서의 경건, 예를 들면 주일 성수, 헌금, 전도, 술과 담배 안 하는 것, 제사 때나 혹은 불상, 장승에 절하지 않는 것 등은 강조하면서도 사회의 자유와 정의, 화평, 건강 등과 같은 하나님 나라 구원의 현재적 실재화는 일어나지 않으며, 착한 일을 행하는 것이 성화라고 생각하여 이런 삶을 사는 사람을 하늘나라의 상급과 땅의 상급인 물질적 성공을 받는다는 식으로 연결시킨다고 하였다.[132]

김세윤은 한국 교회의 신학적 빈곤은 또한 상급(reward) 신학, 목사직을 제사장직과 연계시키는 것, 편협한 선교 이해와 성령을 미신적으로 이해하는 영성, 치유와 일반 은총에 대한 몰이해, 성경에 대한 근본주의적 이해로 말미암아 이단 사설에 쉽게 휩쓸리는 현상 등에서도 보여진다고 하였다.[133]

다른 저자들이 제기한 한국 교회 문제들은 신앙과 삶의 불일치, 교회 세습과 같은 상식을 벗어난 사고와 행동, 무조건적인 믿음과 절대 순종을 강조하는 반지성주의,[134] 목사들의 빈곤한 설교, 곧 그리스도에 대한 초점을 상실한 인간 중심적인 목적, 곧 현세적 축복이나 질병과 고통의 해결, 세상적인 평안과 번영을 위해 봉사하는 메시지 전파, 인간의 종교적 소원과 야망을 성취하는 도구로 사용되는 무속적이며 상업적인 성령 운동,[135] 십일조, 주일 성수, 절기, 헌금 생활에서 구약적 개념들이 힘을 얻는 것,[136] 맘몬 숭배와 탐욕의 복음, 곧 믿는 자를 엄청난 부자로 만들어 준다고 선전하는 변질된 복음,[137] 교회의 세습 문제, 목사들의 권력 전횡이나 정치적 우편향, 과도한 부의 축재와 사치, 성폭력, 세속적 야망과 성공주의라는 신드롬을 만들어 내는 메가처치(교인수 2,000명이 넘는 대형 교회) 현상[138] 등이다.

3. 미주 지역 한인 교회들

2000년 인구 조사에 따르면 미 전체 한인 인구는 122만 8,427명이었고,[139] 2005년도 한인 이민자는 126만 1,226명이며, 다문화 가정을 포함하면 137만 4,879명이다.[140] 재외동포재단에서는 2008년 7월에 USC아태리더십센터에 의뢰하여 미국 거주 15세 이상 한인 3,898명을 대상으로 '재미 한인 전국 실태 조사'를 실시하였다. 이 조사 대상자 중 59.7%는 한국계 미국인이라는 정체성을, 61.4%가 집에서 주로 한국어를 사용하며, 74.4%가 한인 교회에 다닌다고 답했는데, 미주 한인들은 문화적 응집력이 강하고 한국적 정체성보다는 종교적 정체성을 우선하는 성향을 가졌다.

허원무와 김광정은 70%의 한인이 교회에 출석하며 그중 다수는 매주일 예배에 참석한다고 한다.[141] 한인들의 교회 출석률은 조금씩 줄어들고 있다. 그럼에도 불구하고 U.C. Riverside의 장태한과 CSU-San Bernadino 김정희의 공동 조사에 따르면 2006년도 남가주 5개 카운티 거주 한인 중 65%가 개신교인으로 조사되었다.[142]

이렇게 상당수의 한인들이 개신교회를 다니고 있는 현실에서 미국

내 한인 교회는 여러 가지 긍정적인 역할에도 불구하고 교회 내적인 갈등과 분열로 인하여 어려움을 겪고 있다. 그런데 이런 교회의 문제들이 밖으로 노출되어 사회적인 신뢰에 상처를 받고 있는데, 이것은 미국에 있는 타 인종 교회도 마찬가지다. 1998년도 National Congregations Study(NCS)는 미 전국 1,236개 교회 샘플을 대상으로 조사를 한 적이 있다. 각 교회마다 한 명의 핵심 답변자를 약 1시간 정도 인터뷰해서 조사를 했는데, 그중 80%의 교회가 응답을 했다. 그 질문은 '지난 2년 동안 갈등 때문에 교회를 떠난 사람들이 있는가?' 하는 질문이었고, 약 28%의 회중 답변자가 그렇다고 대답하였다.[143]

미국 내에 있는 675개의 한인 교회를 조사 분석한 김광정과 김신에 따르면, 한인 회중들은 크게 4가지 두드러진 특성을 가지고 있는데, 교인 이동이 잦고, 예배 참석과 헌금은 많이 하지만 교회 활동에는 참여하지 않으며, 나이 든 사람이 교회의 리더십을 가지고 있고, 자신들이 생각하는 것 이상으로 보수적 신학 성향을 가지고 있다고 한다.

김기철은 이런 특징의 이유를 다음과 같이 분석했다. 한국인들은 공동체를 통해 자신의 정체성을 유지하는데, 미국에서는 이것이 불가능하기 때문에 가족이나 믿음의 공동체에 투자하고, 또 이런 공동체를 끊임없이 찾으며, 그룹 내 헌신과 그룹 밖의 헌신이 다른 것은 주류 사회와 다른 인종 그룹과 거리감을 느끼기 때문이라 하였다. 따라서 그들은 자연히 그들의 신앙공동체에 더 헌신하면서 소속감을 고양하고, 그 공동체에 더 많은 기대를 걸게 된다. 또 나이 먹은 남성의 장로직 독점은 동료 평신도와 혹은 사역자들과 갈등하는 요인이 되고, 개인 간의 갈등이 쉽게 그룹 간의 갈등으로 확대된다는 것이다.[144]

이런 한인 교회는 대체로 보수적 성향을 띠고 있다. 이것은 한인 교인들의 동성애 반대 비율 92%, 양성애 반대 비율 82%라는 점에서 잘 드러난다.[145] 보수적이란 자신의 신앙 색깔을 지키려는 태도로, 이는 신학이나 신앙 차이를 용납하지 않는 것이며, 따라서 보수적 신앙일수록 갈등을 빚을 소지가 많다는 것을 뜻한다. 이런 보수성은 가정생활에서도 뚜렷히 나타나는데, 강병문의 조사에 따르면 미국에 있는 한인 사회는 근대, 현대, 포스트 모던의 세계관을 동시에 경험하고 있다면서, 한인 사회가 경험하고 있는 근대 세계관은 한국 유교, 곧 가부장적 가족 제도를 강조하는 한국 유교에 기초를 두고 있는 세계관이라고 하였다.[146]

따라서 이런 세계관의 차이와 함께 1세대와 2세대 간의 문화적 차이도 교회 내의 갈등을 야기하는데, 이 세대 간에 존재하는 문화의 차이는 나이 든 사람에 대한 태도, 세계관, 수치 문화, 가부장적이고 형식적인 문화, 영성의 차이 등으로,[147] 특별히 1세대 한인과 2세대 한인 사이에 갈등을 유발하는 차이는 리더십 스타일, 의사 결정 그리고 힘의 구조 등을 들었다. 리더십 스타일에서 오는 갈등은 1세대 교회가 모든 결정을 하고 2세대 교회를 조정하려고 한다든지,[148] 1세대 교회의 권위주의적 리더십 스타일이 2세대 교회의 관계 지향적인 리더십 스타일과 부딪친다고 하였다.[149]

의사 결정 과정에서도 대화의 부족, 교인들의 필요를 알지 못하는 당회 주도적 의사 결정, 세대 간 문화적 교감이 배제된 의사 결정에서 오는 갈등,[150] 1세대나 2세대 공히 당회에 교회의 힘이 집중된 수직적인 힘의 구조와 1세대 교회가 부모로서 2세대 교회를 조정하려는 관

계에서 갈등이 온다고 하였다.[151]

이 외에도, 장재웅은 교회 내 갈등의 요인으로 1, 2세대 간의 문화 차이, 이민생활의 압력, 신학의 대립 등을,[152] 최창욱은 교회 질서와 믿음에 대한 이해 부족, 신학적인 견해에 있어서 보수-진보, 신비적-세상적, 은사적-비은사적, 성령님의 불-물, 순수한 복음-잘못된 복음이라는 양 극단 등을 꼽았다.[153]

또 송홍용은 한인 교회 분쟁을 조정한 자신의 경험을 바탕으로 교회 갈등과 분쟁 원인을 9가지 사례로 정리했는데, 그것을 대별해 보면 ① 각 개인이 갖고 있는 교회의 가치(values)와 신앙 내용(beliefs)의 불일치, ② 행정력의 부실, ③ 목회 지도력의 미흡 등으로 특별히 목회 지도력이 부족한 경우 갈등이 발생했을 때의 위기 관리가 미숙하거나 불만을 가진 사람들과 화해와 대화 방법이 부족하며, 교회 전통을 개혁할 때 적절치 못한 태도 등으로 나타난다.[154]

이런 그의 분석 중에 목회 지도력은 다양한 이유로 인하여 훼손되는데, 한국의 유교 문화의 영향은 목회자 권위를 갉아먹는 가장 큰 장애물이다.[155] 교회를 설립하여 성장시키고 은퇴한 목사와 새로 부임한 2대 목사 사이에 갈등은 대체로 '권위'에 관한 문제들이다. 은퇴 후에도 교회 설립 목사가 권한을 행사하려고 할 때 문제가 발생하고, 이것이 당회원인 장로들에게로 확대되어 걷잡을 수 없는 분쟁으로 치닫는 경우가 대부분이다.

2002년 5월 미주 〈한국일보〉에서는 "한인 교회 이대로 좋은가"라는 제목으로 교인들이 지적한 교회 문제를 6가지로 진단했다. '교회 헌금의 사용', '교회 후계자 선정', '교회 난립', '목회자 자질', '교회 제직과 교인의 자질 문제' 등을 꼽았다.[156] 이런 모든 교회 문제들이 만물상처럼 드러나 있는 것이 로스앤젤레스 지역의 대표적인 교회 중 하나인 O교회의 내분이다.

　L설립 목사의 은퇴 후에 이 교회는 새로운 담임목사가 올 때마다 분쟁을 겪었고, 그런 분쟁들을 제대로 처리하지 못하고 교회가 분열되었다. 2대 Y목사, 3대 P목사, 4대 K목사 등은 모두 갈등 끝에 교회를 사임했으며, 그들 또한 모두 인근에 새 교회를 개척했고, 개척할 때마다 많은 수의 교인들이 개척에 동참하였다. 2대 목사의 경우 분쟁의 표면적인 이유는 신학과 신앙 노선의 차이였다. 오순절 계통의 성령님 사역에 치중한다는 것을 이유로 일부 당회원들이 담임목사가 영적으로 교만하다고 공격하여 결국은 교회를 사임했고, 3대 목사는 지도력이 없고 거짓말을 하며 교회 재정을 임의로 사용한다는 비판은 잘 견뎌냈으나 그 후 지속되는 반격에 자진 사퇴했고, 4대 목사는 주차장을 매입하려고 계약서에 서명한 일이 빌미가 되어 논란에 휩싸였다가 교회 사임이라는 벼랑 끝 전술을 통해 교인들의 지지를 얻어 당회를 해산하고 교회를 운영위원회 체제로 끌고 갔지만, 원로목사가 이단 문제를 걸어 담임목사의 사퇴를 종용하고, 법정 싸움을 통해 해임된 당회원이 복직됨으로써 결국 그도 교회를 사임하고 새 교회를 개척하였다. 5대 목사로 청빙된 P목사도 예외는 아니어서 또다시 해임 결의된 상태이다.[157] 이 O교회의 끊임없는 내분의 시작은 장로와 담임목사의 힘겨루기가 그 발단이며, 반대파 장로가 신학이나 신앙 문제 혹은 목회자의 비윤리성을 무기로 확산시키고, 원로목사가 담임목사의 사퇴를 종용함으로써 마무리되는 양상으로 전개되어 왔다.

4. 문제들에 대한 분석

바울이 떠난 지 불과 2-3년 사이에 발생한 고린도 교회의 문제들은 오늘날 현대 교회가 직면한 여러 가지 문제 — 한국이나 미주 지역의 한인 교회 내에서 발생하는 여러 갈등들과 문제 — 들을 종합하고 정리해 볼 때 서로 크게 다르지 않음을 알 수 있다.

교회 내에 존재하는 사역자와 교회 리더 사이의 분열, 감동적인 설교나 특별한 영적 은사를 가진 '스타(star) 목사'를 좇아가는 잘못된 제자도, 빈부, 신분, 학연, 지연 등 동질 집단으로 나뉘는 분파주의, 은사 중심적인 열정주의와 혼합주의 신앙, 잘못된 신학과 사변적 신학을 따르는 지성주의의 폐해와 이단 시비, 세상 지혜와 권력이 목적이 되고 신앙이 그것들을 성취하기 위한 수단이 되는 우상 숭배적 신앙, 복음을 마음에 받았으면서도 여전히 세상적인 삶의 방식으로 살아가는 모습, 교회 내에서의 신앙생활과 교회 밖의 삶이 다른 데서 오는 모순과 괴리 등등, 이 모든 것들이 고린도 교회의 모습과 너무나 흡사하다. 여전히 현대 교회는 신앙적으로 미성숙한 '유아들'의 모습에서 벗어나지 못하고 있다.

한국의 개신교는 독노회를 창설한 이후 성장을 거듭하였지만 동시에 다양한 문제들로 인하여 분열을 거듭해 왔다. 그 대표적인 사건들 중에 우선 꼽을 수 있는 것이 신사 참배로 인한 분열이었다. 신사 참배를 했느냐 하지 않았느냐 하는 문제로 분열을 시작한 후 성경 해석과 관련하여 보수주의와 자유주의로 갈리더니, 이후 WCC 가입 문제로 촉발된 교회 정치적 갈등과 분열, 학연과 지연에 따른 문제들로 엄청난 핵분열을 거듭하였다.

　이런 분열은 개별 지역 교회들도 마찬가지였다. 교인들은 교회 내의 다양한 문제로 야기된 갈등을 견디지 못하고 자신이 출석하던 지역 교회를 떠나기로 결심하는데, 가장 우선적인 교회 선택 기준은 자기가 섬기고 봉사할 수 있는 곳이 아니라 자신을 감동시키는 설교가 있는 교회로 이 유무에 따라 출석 교회를 바꾸는 것이 대부분이었다. 사실상 이런 이합집산의 수평 이동으로 인하여 출석 교인 2천 명 이상의 대형 교회(megachurch)들이 생겨났고, 또 교인 숫자가 수천 명을 넘어섬으로 유명해진 교회 목사들이 생겨났다.

　대형 교회(megachurch) 현상, 곧 출석 교인 2천 명 이상의 대형 교회를 추구하고 이를 유지하거나 이것보다 더 많은 성도가 모이는 것을 즐거워하는 것은 전도의 열정에서 비롯되었다기보다는 교회 성장 제일주의 혹은 성장 우선주의에 기인하며, 이는 물량주의 혹은 물질주의, 세속주의의 또 다른 모습이다. 왜냐하면 교회의 성장이 전도에 의하여 교회로 인도된 '회심자'로 인한 것이 아니라 이웃 교회의 성도가 출석 교회를 바꾼 것에서 기인하기 때문이다.

　이런 '대형 교회 현상'은 교회의 본질에 대한 기초적인 이해를 외면한 교회관에서 비롯되어[158] 한국 교회 세속화에 일조하였고, 또한 많은 문제들을 양산하고 있다. 교회를 조금이라도 아는 사람이라면 200명, 더 많이 양보해서 500명 이상 모이는 교회에서 정상적인 목회 활동은 사실상 불가능하다는 것에 동의할 것이다. 목회자들 사이에는 80:20, 곧 20%의 사람들이 교회 일의 80%를 감당한다는 말이 돌고 있다.

　이런 말에서도 보면 교회에 출석하는 대부분의 평신도들은 제자도의 삶을 회피하고 단지 예수님을 믿고 교회에 출석하는 신앙생활에 안주한다. 또한 교회적으로는 노회나 총회의 치리 밖에 있는 특권적 지위를 향유하거나, 아니면 노회와 총회의 치리가 쉽지 않은 '독립 교회'의 모습을 가지게 된다.

대형 교회를 담임하는 목사는 '목회의 성공이라는 딱지'와 '세상적 명예', '엄청난 부와 힘의 소유'라는 특권을 향유할 수 있기 때문에 대형 교회 담임목사직을 자신의 아들에게 승계해 주는 목사직 세습, 또 대형 교회를 일구어 보려는 목회자들의 성장 지향주의를 야기하였다.

교회를 성장시키기 위하여 혹은 성장의 결과로 발생하는 각종 문제들, 예를 들면, 수백억을 쏟아붓는 과도한 교회 건축과 재정 낭비,[159] 전도를 명목으로 하는 총동원주일, 구역이나 혹은 제자 훈련을 포함한 각종 소그룹 프로그램, 뜨레스띠아스와 같은 영성 프로그램 등이 교회를 성장시키기 위한 방편으로 오용되거나 남용되고 있다. 교인들의 수평 이동으로 인한 성장은 징계를 받은 교인이 아무런 제재나 권징 없이 이웃 교회로 이동하여 신앙생활을 이어갈 수 있는 현실을 만들어 낼 뿐 아니라 작은 교회에서 갈등을 빚은 교인들을 블랙홀처럼 빨아들여 성장이 정체된 작은 교회 목사들의 박탈감과 탈진[160] - 경제적 빈곤과 박탈감, 불안한 신분과 열악한 재정 상태로 신음하는 작은 교회 목사들의 고통과 열등감에서 오는 - 과 같은 다양한 부작용을 낳고 있다.

일례로, 한 교회는 개척 후 10여 년 동안 18명의 성도가 출석하는 작은 교회였다. 다행히도 축사를 개조한 허름한 건물을 가지고 있던 그 교회는 교회가 위치해 있던 곳에 대단위 아파트 단지가 들어서면서 10억여 원의 보상과 종교 부지 분양권을 받았다. 보상받은 돈으로 그 종교 부지에 교회를 건축했는데, 10여 년 동안 출석 성도가 18명에 불과하던 그 교회는 입당 예배를 드린 첫 주에 70여 명이, 그다음 주에 50여 명이 교회를 출석하기 시작하여 10여 년간 약 4천여 명의 성도가 출석하게 되었고, 그 과정에서 수차례의 교회 건축을 해야 했다. 그 교회를 개척하여 담임하고 있는 목사는 여러 교회에 초청되어 설교하면서 이렇게 고백한다. 본인은 인격도 갖추어지지 못했고, 설교도 하지 못하며 보잘것없는 목회자이지만 하나님이 끝까지 기도하는 그를 불쌍히 여겨 교회를 성장시켜 주셨다는 것이다.

이런 고백은 목사의 본심과는 달리 한국 교회가 직면한 다양한 현실과 자화상을 반영한다. 곧, 교회 성장이 목회자의 인격 부족도, 훈련 부족도, 설교에 대한 부족도 다 보상해 주는 방어 기제로 오해받기 쉽다는 것이다. 아무리 부족해도 교회만 성장하면 그것이 하나님의 축복이며, 모든 면에서 부족한 목회자라도 교회가 성장하면 훌륭한 목회자로 탈바꿈되는 것이다. 즉 교회 성장이 '최고선'이 된 것이다. 부흥이 안 되던 교회도 교회 건축만 완성하면 대부분 급격한 성장을 경험하게 된다.

그러나 조금만 바꾸어 생각해 보자.

교회 성장 제일주의의 관점에서 보면 예수 그리스도의 사역과 십자가의 죽음은 실패한 사역이다. 모든 목회자와 목회자 후보생들이 이런 교회 성장 제일주의에 젖어 있다면 어떤 목회자도 빛이 나지 않는 곳에서 이름도 없이 희생과 십자가를 져야 하는 사역에 헌신하지 않을 것이다. 고통스러운 선교지나 농촌 교회는 아예 가려고 하지 않을 것이며, 설혹 가서도 늘 도시 교회로 옮겨 가려고 시도할 것이다. 또한 어렵게 교회를 개척했지만 쉽게 성장하지 않은 채 고통받는 개척 목회는 실패로 여길 것이다.

반면에, 목사가 권력과 명예, 부를 향유할 수 있는 대형 교회를 목회하게 되었을 때 성경 말씀에 따라 살고, 자기 자신을 하나님의 말씀 안에서 지켜내는 것이 얼마나 힘겨운 싸움인가! 이 점에 대하여 예수님께서도 분명하게 부자가 천국에 가는 일이란 낙타가 바늘 귀로 들어가는 것보다 더 어려운 일(마 19:24; 막 10:25)이라고 하셨다. 대형 교회와 그 교회의 담임목사들에게 세상의 이목이 집중되어 자칫 그 교회들과 그 목회자들의 건강치 못한 모습들이 한국 교회 전체에 대한 거부감으로 연결될 수 있다.

한국 사람들의 경우 '일반화 경향'이 매우 강하기 때문에 한 사람의 목사가 문제를 일으키면 그 사람 개인의 문제가 아니라 교회 전체의 문제로 치부된다. '목사기 왜 그래?' '교회가 왜 그래?'라고 하면서 목사 전체와 한국 교회 전체가 매도당하고, 이런 일반화 경향이 결국 한국 내 반기독교적 사회 정서를 이끌어 간다고도 할 수 있다. 교회가 크면 책임도 커지는 것이 현실이다.

대형 교회 목사들의 비윤리적 행위, 목사직 세습과 같은 비상식적인 처신, 대형 교회들 안에서 표출되는 갈등이 세상에 알려지면 예수 그리스도의 몸인 한국 교회 전체가 깊은 상처를 입게 된다. 왜냐하면 대형 교회의 사회적 영향력 때문에 그 일거수일투족이 뉴스가 되기 때문이다. 또한 작은 교회들은 그런 문제를 일으키는 대형 교회들보다 훨씬 심각한 타격을 입는다.

무엇보다도 현대 교회는 바울 사도가 그토록 경계하던 '다른 복음', 변질된 복음의 먹구름이 뒤덮고 있다. 교회 내의 갈등을 극복하지 못하고 교회를 이동하는 신자들이 넘치고 있다. 소위 '철새'로 비유되는 '교회를 옮기는 교인들'이 정착할 교회를 선택할 때 가장 먼저 고려하는 것이 '목사의 설교'이다. 문제는 목사의 설교를 판단하는 잣대가 무엇이냐는 것이다.

성경적 설교론에 대한 고민이 없는 교인들은 '설교의 진정성 곧 얼마나 본문에 충실하며 그 본문을 제대로 해석했는가' 그리고 그 해석이 현대인들에게 올바르게 또 적절하게 적용되었는가 하는 것보다는 소위 '은혜 받았다'로 표현되는 '마음의 감동, 얼마나 자신의 귀와 마음에 합했으며 즐겁게 했는가'에 기준을 둔다. 또 유명 목사가 담임하는 유명 교회에 출석하는 것을 자랑스러워하고 자부심을 갖는 교인들의 모습들도 보인다. 이것은 잘못된 제자도로 인해 분열된 고린도 교회의 모습과 다르지 않다.

이런 현실 때문에 목사의 '소비자 중심 설교'는 청중들을 선동, 감동시켜서 자기 교회의 좌석에 붙잡아 둘 수 있는 변질된 복음을 전파하기 쉽다. 성경 말씀을 돈이나 지위, 성공과 같은 세상적 가치를 추구하고 실현하는 수단으로 왜곡하거나, 도를 넘는 유머로 귀를 즐겁게 하고, '십자가의 복음'을 전하는 것이 아니라 '세상적 가치를 중심에 두는 축복의 복음, 물질만능의 번영 신학, 기복 신앙'을 전파하는 것이다. 또 신앙생활의 목표를 세속적 관점에서의 성공으로 탈바꿈시켜서 부의 축적이나 신분의 상승을 위해 '그리스도'가 아닌 지역 교회에 헌신해야 할 것을 강조한다. 이런 것들은 모두가 결과적으로 맘몬 신(돈의

신)을 목적으로 하는 우상 숭배의 신앙이다. 그래서 목사들의 설교가 성도들을 변화시키고 치유시키는 능력을 상실하게 되는 것이다.

현대 교회 내에 존재하는 다양한 프로그램들은 교회 성장 도구로 오용되고 있다. 예를 들면, 제자 훈련 등과 같은 소그룹 훈련 프로그램, 뜨레스띠아스와 같은 영성 훈련 프로그램, 총동원 전도주일과 같은 전도 프로그램 그리고 기도 훈련과 같은 신비주의적 은사 운동들의 오용과 남용이 이 범주에 속해 있다. 이런 교회 프로그램들이 교회의 정체성, 곧 교회가 무엇이며(본질), 무엇을 해야 하는가(사명)에 정확하고 견고하게 기초하지 않으면 교회의 성장에 기여할 수 있을지는 모르지만 성도들의 전인적 성장을 방해하고 잘못된 신앙관과 교회관을 가지게 할 수 있다.

잘못된 귀신론이 건강한 귀신론을 해치고, 잘못된 성령 운동이 건강한 성령 운동을 방해하며, 잘못된 소그룹 운동이 건강한 교회 형성을 막는다. 한국에서 신비주의적 은사 운동을 촉진하는 많은 기도회의 경우 '잘못된 성령론'에 근거한 것을 쉽게 찾아볼 수 있다. 이것 역시도 고린도 교회에 나타났던 현상으로 건강한 교회의 모습이 아니며, 이런 신비주의적 은사 운동은 삼위일체 하나님 – 인격이신 성령님 – 을 이해하는 데 많은 걸림돌이 되고 있다.

대부분의 교인들은 성령님을 방언과 같은 은사 – 신비적 능력을 부여하는 에너지 – 로 성령님을 오해하거나, 이런 일을 하시는 성령님에 매료될 뿐 '나와 함께하시는 인격이신 하나님', '나의 구원을 위해 일하시는 하나님'으로 인식하는 데에는 실패하고 있다. 또 다른 극단에 서 있는 사람들은 성령의 선물(은사) 자체를 부정하며 거절하는데, 특별히 방언의 은사와 같은 것은 없다고 단언하기도 한다.

제자 훈련 등과 같은 소그룹 프로그램은 많은 목회자나 교인들이 매우 성경적으로 인식하고 있는 교회 프로그램으로 정착되어 있다. 문제는 한 교인의 성장이 12주 혹은 1년이라는 기간 내에 달성되는 것이 아니라는 사실이다. 물론 제자 훈련을 운영하는 이들 중에는 이런 문제를 깊이 자각하고 있기는 하지만 정작 이 훈련을 수료한 교인들은 제자 훈련을 한 번 이수하고 난 후에는 '제자가 된 자격을 취득한 것'처럼 신앙생활을 한다는 사실이다. 한번 훈련에 참석한 교인은 이후에 다른 훈련에 잘 참석하지 않는다. 이는 교회 프로그램으로서 제자 훈련이 오히려 '평생에 걸쳐 성숙을 이루어 가는 제자도'를 방해하는 것이다.

'복음의 받음과 건네줌'이라는 초기 교회의 전도와 오늘날 한국 교회의 전도가 얼마나 큰 간격이 있는가! 교회는 복음을 받은 한 사람이 이 복음을 다른 사람에게 건네주고, 그 복음을 건네 받은 사람이 복음을 함께 공유한 무리들 속에 들어가 연합함으로 형성되는 그리스도의 한 몸으로서의 공동체(a corporate body)였다. 그러나 오늘날 지역 교회에서 시행되는 전도와 전도 프로그램을 살펴보자. 복음을 건네주기보다는 '지역 교회를 전파'하고 있지는 않은가! 지역 교회 목사의 설교 테이프를 돌리고 교회의 주보를 나누어 주는 일들은 모두 복음을 전파한다기보다는 지역 교회를 선전하는 것인데 이것을 전도라 여기고 있다.

총동원전도주일로 이름 붙여진 전도 활동은 마치 자신의 교회를 마케팅하는 '방문 선전'으로, 또 전도 성과를 보상하고 방문자에게 추첨을 통해 경품을 나누어 주는 행위들은 세일즈맨의 영업 실적을 보상하는 것으로 착각하게 한다. 이렇게 세상적 방법을 동원함에도 불구하고 '교회 전파'가 힘들다 보니 교인들의 전도 열심도 작아지고, 전도를 위한 예산도 미미한 수준에 머무르게 되었다.

목회자가 자격이 부족하다는 것은 정규적인 신학 교육을 받지 못해서 학위가 없는 목회자라는 것과 구별되어야 한다. 자격이나 자질이 부족한 목회자라는 것은 정규 학위 과정을 공부하지 못한 목회자가 아니라 '복음을 제대로 관통하지 못한 목회자'이다. 아무리 신학 교육을 많이 받고 박사 학위를 가졌다고 하더라도 '복음'에 대하여 무지하거나 정통 교회의 해석적 관점에서 벗어난 '다른 복음'을 전파한다면 그는 자격이 없는 목회자이다.

예수 그리스도의 사도들이 사도 된 것은 그들이 정규 신학 교육을 많이 받고 박사 학위를 받은 랍비였기 때문에 자격을 얻은 것이 아니다. 그들이 '바른 복음', 예수 그리스도의 십자가의 복음을 제대로 알았기 때문에 사도의 자격이 주어진 것이다. 자격이 부족한 목회자, 자질이 부족한 목회자가 생겨나는 것은 바른 해석적 전통에서 벗어난 '복음에 대한 무지'나 '복음의 실천적 부재' 때문이다.

복음이 왜곡되고 복음에 따라 살지 못하는 현상은 '이신칭의', 믿음으로 말미암아 의롭다고 칭함을 받고 이 믿음으로 구원을 얻는다는 법정적인 생각도 한몫을 하고 있다. 이런 '법정적 칭의론'—실제로는 의롭지 못하지만 복음을 믿는 사람을 법적으로 의롭다고 칭해주고 그래서 은혜로 구원을 받는다는 이론—은 성도들의 '통전적 제자도'를 방해할 뿐 아니라 성도들의 비윤리성, 비도덕성에 대한 방어 기제로 작용하고 있다.

　세례와 성찬의 중요성도 심히 훼손되고 왜곡된 현실도 있다. 예배에서의 예전이 파괴되고 복음만 믿으면 되며, 감동(은혜)만 받으면 된다는 식의 태도는 한국 교회의 교회적 외형을 심각히 파괴시키고 있다. 이 역시 '예수 그리스도의 복음'에 대한 무지에서 비롯된 것이다. 복음을 믿는 것은 예수 그리스도의 몸에 연합하는 것이며 이런 연합이 교회이며, 이런 연합의 복음을 계속해서 확인시키는 것이 '세례와 성찬'이며, 예배를 통해 이것이 거듭거듭 확인되어야 한다는 사실이 간과되고 있는 것이다.

　'유기체로서의 교회'라는 개념이 '예배 처소로서의 지역 교회'라는 개념에 묻히다 보니 지역 교회 건물에 모일 때만 교회일 뿐, 흩어지면 더 이상 교회라고 생각하지 않고 교회의 모습도 드러내지 않는다. 바로 이런 생각과 모습들은 일상 생활의 영성을 파괴하고 있다. 믿음이 생활화되지 못하고, 일상 생활에서의 변화가 나타나지 않으며, 그리스도의 제자로서 성숙된 모습들과 성령님의 열매가 삶에서 나타나지 않는다 하더라도 지역 교회에 주일마다 출석하여 봉사하는 교회 생활을 잘하면 경건한 그리스도인으로 간주되는 것이 현실이다. 이 때문에 교회가 세상으로부터 도덕성이 결여된 비윤리적 집단으로 매도당하기 쉽다.

　이웃을 사랑하는 것이 하나님을 사랑하는 것이라는 생각이 부재하기도 하다. 하나님을 사랑하는 것은 지역 교회를 사랑하고 종교적 행위들을 잘하는 일이라고 받아들여질 뿐 이웃 사랑이나 하나님을 사랑하는 일, 하나님의 뜻을 하늘에서뿐 아니라 또 지역 교회 내에서뿐 아니라 땅의 삶에서 이루어 내는 일, 이를 통해 하나님의 통치가 이 땅에 이루어지도록 하는 '하나님 나라, 하나님의 백성'이라는 개념에도 소홀하다.

일각에서는 하나님의 나라 실현을 '사회 복음'으로 변질시키거나, 교회를 대 사회를 위한 책임을 가지는 봉사 기관으로 보려 한다. 이런 시각도 교회론에 대한 무지에서 온 것은 마찬가지이다. 교회는 우리가 살아가는 사회를 개선시키거나 책임지기 위해 존재하는 것이 아니라 이 땅에 하나님의 통치를 실현하기 위하여 하나님의 뜻에 철저히 순종하는 성도들의 모임일 뿐이다.

단지 굳이 사회에 봉사하는 일의 명분을 찾는다면 이웃에 대한 사랑과 이웃에 대하여 하나님의 뜻이 이루어지도록 순종하는 것이 하나님을 사랑하는 일이기 때문이다. 나의 이웃들이 하나님의 통치에 순종하도록 돕는 것이 교회가 이웃에 대하여 할 수 있는 최선의 봉사이다.

지금까지 다양하게 제기한 한국 교회의 문제는 지역 교회에서 두루 나타나는 현상일 것이다. 물론, 정도의 차이는 있을 것이다. 어떤 교회를 출석하든지 자신이 출석하는 교회는 약간의 문제가 있기는 하지만, 문제 없는 교회가 어디에 있는가 자위하면서 이 정도의 문제는 문제도 아니며 그래도 내가 출석하는 교회는 건강하다고 생각할 수 있고, 이런 생각을 하는 이들은 필자가 제기한 한국 교회 문제들이 지나치게 부정적이라고 생각할 것이다. 맞는 말일 수도 있고 또 한국 교회 내에 건강한 교회가 많은 것도 사실이다.

하지만 위에서 제기된 모든 한국 교회 문제들을 다 접어두고 솔직하게 나 자신에게 질문해 보자. '나는 교회가 무엇인지 알고 있는가?'

곧 교회의 정체성 – 교회가 무엇이며(본질), 무엇을 해야 하는가(사명) – 즉 '교회에 대한 분명한 이미지'(self-image)와 긍정적인 평가적 태도(self-esteem)를 가지고 있는가? 예수 그리스도가 그토록 꿈꾸셨던 교회가 어떤 모습인지 우리는 알고 있는가? 3년이면 서당에 있는 개가 풍월을 읊는다는 말이 있다. 내가 수년 동안 교회를 다녔음에도 불구하고 여전히 복음이 무엇인지, 교회가 무엇인지에 대하여 제대로 관통하고 있지 못하다면 어쩌면 이것이 가장 큰 한국 교회의 문제요, 한국 교회의 현실을 제대로 보여준다고 할 것이다.

제3장

고린도전서에 나타난 교회의 정체성

오늘날 이 땅 위에 많은 교회들이 존재하지만 어떤 교회도 완전한 교회는 없다. 교회가 죄의 속성을 가진 인간의 모임이기 때문에 문제 없는 교회가 없고, 갈등 없는 교회도 없다. 많은 사람들이 요즈음 한국 교회가 헌금이 줄고 숫자적으로 감소하고 있는 것을 놓고 한국 교회가 위기라고 인식하고 있다. 하지만 이런 생각들은 잘못된 것이라고 감히 말할 수 있다.

기독교의 선교 초기에 일어났던 예루살렘 교회의 박해나 로마 제국 시대에 일어났던 박해는 많은 기독교인들이 교회로부터 이탈하게 하였다. 하지만 교회는 지속적으로 성장하였다. 오늘날 한국 사회에서 기독교에 대한 시각이 싸늘해지고, 교회를 이탈하는 사람들이 늘어나고 있지만, 이것은 교회의 위기가 아니라 한국 교회에 낀 숫자적 거품이 빠지는 긍정적인 현상이며, 오히려 교회가 정화되어 가는 과정으로 보아야 한다.

관건은 반성이다. 교인 숫자나 헌금의 감소를 위기로 인식하는 이런 현상은 역설적으로 교회 성장 제일주의에서 온 것일 수도 있다. 오히려 이런 기회를 통해서 '교회가 순수해지고, 또 교회의 정체성이 확고하게 훈련'될 때 한국 교회의 미래는 달라질 것이다. 이것은 지역 교회도 마찬가지이다. 바울이 보낸 대부분의 서신들이 지역 교회에서 발생한 여러 가지 문제 상황에 대한 대처와 관련이 있다. 이것은 어느 지역 교회에나 해결해야 할 문제들이 발생한다는 점을 시사한다. 이런 문제들에 대한 바울의 권면은 결국 '교회가 무엇이며, 무엇을 해야 하는가'라고 하는, 그의 마음속에 자리 잡고 있는 교회의 정체성, 곧 교회의 모습(self-image)에서 나오는 것이다.

그러면 바울 사도의 마음속에 보이지 않게, 그렇지만 확고하게 자리 잡은 교회의 정체성은 무엇인가? 교회의 정체성은 교회가 무엇인가 하는 본질과 교회가 무엇을 해야 하는가 하는 사명으로 구성되는데, 고린도전서에서 드러나는 교회의 본질은 교회의 토대와 교회를 나타내는 용어, 그리고 교회가 '성도들의 모임'으로서 가지는 행동의 원칙들에서 쉽게 발견할 수 있다.

제1절
교회의 토대에서 발견되는 정체성

교회의 토대란 교회가 세워지는 기초 혹은 기반으로서, 삼위 하나님 곧 성부, 성자, 성령 하나님과 그분의 일꾼들인 사도들이다. 성자이신 예수 그리스도는 복음으로, 하나님은 종말의 백성들과의 새 언약을 통해서, 그리고 성령님께서는 다양한 역할을 통해서 교회를 세우시는 토대가 되며, 사도들은 하나님의 종들로서 예수님이 꿈꾸시고 세우고자 하셨던 '원형의 교회'를 가시화시켜 이 땅 위에 세우고 존재하게 했던 일꾼들이다.

교회는 이 토대들 – 예수 그리스도와 그 복음, 하나님과 그 언약, 성령님과 그 사역, 사도들과 그 전통 – 위에 세워졌으며, 이 토대는 세상의 다른 조직과 교회를 분명하게 구별시키는 교회의 본질이다. 만약 교회가 이 토대들 중에 어느 것 하나라도 부족하거나 다른 토대를 취한다면 그 교회는 참 하나님의 교회가 아니다.

1. 교회의 토대: 예수 그리스도의 십자가와 부활의 복음

1) 복음과 교회

바울이 고린도에서 사역할 당시에 데살로니가 교회에 써 보낸 서신에 나타난 '교회'는 '복음을 함께 공유함으로 형성되는 무리'였다. 데살로니가에 있었던 사람들은 복음의 전파자들이 전해 준 말씀을 들을 때 사람의 말로 받지 않고 하나님의 말씀으로 받았는데(살전 2:13), 이 복음의 말씀은 하나님으로부터 위탁되었고(살전 2:4), 따라서 이 말씀은 '하나님의 복음'(살전 2:2, 9)이며, '주의 말씀'(살전 1:8, 4:15)이자 하나님의 말씀(살전 2:13)이었다.

데살로니가에서 복음이 전파될 때 그 복음을 받은 자들은 '예수께서 죽으셨다 다시 살아나셨다'는 것을 '믿었고'(살전 4:14), 따라서 복음을 전파한 무리들과 이 복음을 함께 공유하여 복음에 참여하는 사람들이 되었다.[161] 그리고 이런 '복음의 공유자'(9:23)는 예수의 몸의 일부분이요, 구원의 참여자가 되었음을 의미하였다.

복음의 공유자가 된다는 것은 복음을 믿음으로 받았을 때 복음의 수납자들이 복음을 전파한 사람들과 '같은 종류의 사람'(모범-모방자)이 된다는 것을 의미하는 것이기도 한다(살전 1:5-9). 데살로니가에 있었던 복음의 공유자들(교회)은 예수 그리스도와 복음 전파자들을 '본받는 사람이 되었고'(미메타이 헤몬, μιμηταί ἡμῶν), 따라서 일단 복음을 받아들이게 되면 그들은 그 복음을 전파하는 사람이 되어 전파한 복음을 수납할 '모든 믿는 자의 본(투폰, τύπον)이 되는 교회'(살전 1:6-7)가 되었다.

이런 연결고리에 따라 마케도니아 지역에 있었던 데살로니가 교회는 유대 지방에 있는 '하나님의 교회의 모방자'인데, 특별히 예수 그리스도 안에서 유대 지방의 교회를 모방한 교회였다(살전 2:14). 이는 비단 데살로니가 교회뿐 아니라 이 지상에 있는 모든 교회로 확장된다.

따라서, 바울이 고린도와 데살로니가 성도들에게 가르친 교회란 '성령님 안에서 기쁨으로 복음(예수 그리스도 자신 혹은 그의 사건)을 마음으로 받은 사람들이 그 복음으로 말미암아 복음을 전해 준 무리들을 모방하고 또 그들의 전하여 준 복음을 가진 무리들의 모범(본)이 됨으로써 같은 모습으로 형성된 동질의 무리', 복음이라는 DNA를 공유하고, 그 복음에 참여하는 무리였다. 그러므로 복음은 교회의 가장 기본적인 토대이자 정체성의 중심이다.

2) 바른 복음

교회를 형성시키는 토대가 복음이지만, 그 복음은 바른 복음이어야 한다. 그러면 전하고 전달받는 복음이 바르다는 것은 어떻게 확증할 수 있는가? 고린도전서에서 바른 복음은 두 가지 전제를 가진다. 첫째는 이 복음이 누구에 의해서 전달되었는지, 또 어떤 방법으로 전달되었는지, 전달자, 전달 형식, 전달 경로에 의해서, 둘째로 이렇게 전달된 복음이 '성경대로' 전파되어 성경 전체의 메시지와 부합하는지 그 여부에 의해 확증된다.

바른 복음은 교회가 그 본질적 정체성에 일치하는 교회가 되기 위한 필수 요소로서, 인정되지 아니한 경로나 성경대로 전파되지 않는 복음은 다른 복음이고(갈 1:6-9), 이것은 바른 복음을 변질시켜 교회를 혼란에 빠뜨린다. 이 다른 복음을 가진 이들은 저주 받은 집단이며 '삼위 하나님의 교회가 아니라 다른 교회'이다.

(1) 복음의 바른 전달 형식과 경로

바울 사도는 교회를 형성하는 복음이 바른 전승과 전달의 고리를 가져야 한다고 가르친다. 복음은 '받음(파레라본, παρέλαβον)과 건네줌(파레도카, παρέδωκα)의 전달 형식'을 가지며, '모범과 모방자의 관계'를 가진다. 우선, 파레도카와 파레라본은 '전승의 전달을 위한 정형어'로 헬라 학파뿐 아니라 유대 학파에서도, 또 랍비 문학이나 초대 기독교 문학(예, 유 1:3; 눅 1:2; 행 16:4; 디다케 4:13)에서도 나타난다.[162] '받음과 건네줌의 전달 형식'에 따라 복음의 이야기와 메시지(고전 15:1-8), 예수 전승(고전 11:23-25) 등이 '선포적 요약' 형태로 전해지고 전달 받았다. 이렇게 복음을 '전하고 받는' 전승 고리는 전승의 신앙적 수납과 수락을 의미하는 것이었다.[163]

교회의 토대가 되는 '선포적 요약 형태'의 복음 전승은 고린도전서 15장 1-8절에 나타난다. 특별히 15장 3a절에 '내가 너희에게 처음 건네 준 것은 내가 또한 받았던 것인데, 곧'이라는 표현 속에 '건네줌과 받음의 전달 형식'이 나타나 있다. 이 표현은 또한 그가 전하는 복음의 신실성과 권위가 '그 자신'에게 있지 않고 사도들에게 있다는 것을 보여준다. 사도들은 '예수님이 세우고자 하셨던 교회'의 토대 중 하나인 복음의 바른 전달을 위해 하나님이 선택하신 사람들이었다(고전 1:17, 15:1; 참조, 롬 1:1).

이런 '받음과 건네줌의 전달 형식'은 또한 성만찬 서술에서도 나온다. 고린도전서 11장 23절에 '왜냐하면 내가 주로부터 받은 것인데, 또한 너희에게 준 것이니, 곧'이라고 하여 '동일한 받음과 건네줌의 형식'이 사용되고, 바울이 전한 전승의 내용은 '곧~'이라고 해석되는 '호티(ὅτι) 절' 이하에 나타난다.

그런데 '받음과 건네줌의 전달 형식'을 거슬러 올라가면 사도들이 전해 준 이 복음 전승은 '주(Lord)로부터 받은 것'이다. 곧 그의 전승이 '예수 그리스도의 계시를 통해서 온 것'이라는 말이다. 이것을 F.F. 브루스(F. F. Bruce)는 '그리스도의 전승'이라고 부른다.[164] 이 '그리스도의 전승'은 믿음의 고백 형태로 표현된 메시지의 선포적 요약으로, 이런 형식은 성만찬 전승과 아울러 이미 언급했던 고린도전서 15장 3절 이하에 나타난 그리스도의 죽음과 부활에 대한 메시지, 그리스도의 다양한 행위들과 말씀들 그리고 그리스도인들을 위한 윤리적이거나 절차상의 규율 등에도 사용되었다.

바울 사도는 자신이 전하는 복음 전승이나 성만찬 전승이 사도들에게 건네받은 것일 뿐 아니라 또한 '주께 받은 것'이라 하여 '그리스도를 통하여 왔다'고 주장한다. 이것은 바울 사도 역시 12사도들처럼 하나님 계시의 직접적인 수납자라는 것을 보여준다. 바울 사도는 갈라디아서 1장 11-12절에서 '전파된 복음'이 '그리스도의 계시를 통하여' 온 것이라고 말한다. 이 '그리스도의 계시'는 그를 '지명하여 부르신 분'(갈 1:15)이 '그의 아들을 내 속에 계시하신 것'(갈 1:16)으로, '혈육이나 사도들로부터 온 것이 아니며', 이것은 '하나님 앞에서 거짓이 아니다'(갈 1:20)라고 강조한다.

그러면 바울은 어떻게 그리스도 전승의 직접적인 수납자가 되었을까? 이것은 그의 다메섹 체험(갈 1:13-17)에서 온 것이다. 여기에 언급된 바울의 다메섹 체험은 사도행전 9장 1-22절에 자세히 언급되어 있는데, 당시 사울이었던 바울이 예루살렘의 대제사장에게서 체포 영장을 발부받아 다메섹에 있는 여러 회당에서 활동하던 그리스도인들을 체포하기 위하여 가던 길에서 예수 그리스도를 만난 사건이다.

이 다메섹 체험은 그가 이방인의 사도로서 부르심을 받은 계시로 하나님의 집을 세우는 임무가 위탁되었으며,[165] 이러한 '하나님의 강권에 의하여 숙명적으로(ἀνάγκη) 복음을 전해야 하는 직분을 맡았다'.[166] 동시에 '예수가 하나님의 형상이신, 성육신하신 하나님이심을 계시로 받은 것'으로, 이것은 사도 전승에 대한 하나님의 확증이며 직접 계시였다.[167] 던(J. D. G. Dunn)은 "바울이 가지고 있는 기독교에 대한 모든 이해와 실행은 다메섹에서의 종교적 체험에서 직접적으로 발생"했으며,[168] 그의 신학은 "다메섹 체험을 중심으로 건축된 회심의 신학"[169]이라고 하였다.

한 가지 분명하고도 중요한 것은 바울이 설혹 하나님으로부터 직접 계시를 받았다 할지라도 이것은 어디까지나 12사도의 계시와 일치

할 때 비로소 승인되는 것이다. 한 사도가 전한 복음이 다른 11사도가 전한 복음과 통일성을 보이지 않는다면 그 사도가 전한 복음은 다른 복음일 수밖에 없다. 따라서, 바울의 직접 계시도 12사도의 계시와 통일성을 가질 때 비로소 그 신실성과 권위 그리고 정통성을 인정받게 된다.

요약하자면, 교회의 토대로서 복음은 '받음과 건네줌의 전달 형식' 속에 있으며, 또한 이것은 바른 전달 경로, 곧 그리스도께 직접 건네받은 사도들과 그 사도들로부터 복음을 전달받은 제자들로부터 끊김이 없이 전승된 것이어야 하며, 그 경로에서 벗어나거나 그 전달 형식에서 벗어난 것들은 모두 '다른 복음'으로, 이런 다른 복음을 받은 이들은 저주 받을 자들이다.

교회는 그리스도께 직접 계시를 받은 사도들이 전해 준 복음의 토대 위에 서 있고, 또한 그 복음이 '사도들의 전승'이라는 바른 전달 경로를 가질 때 진정한 교회라 할 수 있다. 이 '사도 전승'과 통일성을 가질 때 비로소 그 복음의 신실성과 권위, 정통성을 인정받게 되는 것이다.

(2) 성경과 하나님의 계시

이렇게 전승된 복음은 또한 '성경대로'(카타 타스 그라파스, κατὰ τὰς γραφάς)라고 하여 구약 계시에 의해 확증된 것이어야 한다. 바울 사도는 고린도전서 15장 3-5절에서 '그리스도의 전승'으로서 복음이 '성경대로' 일어난 사건이라는 점을 강조하는데, '예수는 성경대로 우리 죄를 위하여 죽으셨고' '예수는 성경대로 사흘 만에 다시 살아나셨다'

는 것이다. 여기서 '성경대로'라는 표현은 매우 신중하게 사용되는 일반적인 구문으로, 이 표현은 로마서나 갈라디아서에서도 진술된다(롬 1:2, 3:21, 15:4; 갈 3:8, 22).

이 '성경대로'라는 바울의 진술은 매우 중요하고도 필수적인 것이었으며 의도적으로 선택된 표현이다. 그는 바울 서신에서 구약성경을 인용한 예가 약 100회 정도 나오는데 그중 90%는 그의 신학을 논증하는 로마서, 고린도서, 갈라디아서에 집중되어 있다.[170] 또한 그가 성경을 인용할 때는 조금은 자유로운 신학 해석에 근거하고 있기는 하지만 그러나 성경 본문의 고유한 의미를 변경시키는 일은 없다. 이것은 그가 전하는 복음이나 그 복음을 논증하는 신학이 성경의 토대 위에 세워져야 한다는 그의 확고한 태도와 말씀에 대한 성실성을 보여주는 것이다.

그러면 '복음'의 기반이 되는 '성경대로'는 무엇을 의미하며, 어떤 성경 본문인가? 바울이 언급한 '성경대로'는 이사야 53장[171]과 출애굽의 기록 그리고 호세아 본문이다. 초대 교회는 그들의 교회를 광야 공동체를 실현한 메시아의 공동체로, 새 이스라엘이며 유월절 공동체라는 사실을 강조했다. 바울은 고린도전서에서 출애굽 전승을 자주 인용하여 이 점을 설명해 주고 있다. 이것은 멜기세덱의 반차를 따르는 그리스도의 대제사장직에 대한 성경 해석을 기억나게 한다.

예를 들어, 고린도전서 10장에서 설명된 성만찬이나 5장에서의 음행과 같은 옛 행실의 누룩은 모두 출애굽 전승을 사용한다. 음행이란 고린도 교인들에게서 발견되는 가장 심각한 '죄'로, 이 죄와 '우리의 죄를 위하여 죽으신 그리스도'를 고린도전서 5장 7절에서 자연스럽게 연결시키는데, 곧 '그리스도, 우리의 유월절 양이 도살되었다'라고 선언한다. 바울은 여기서 자신이 흔하게 사용하는 표현법이 아님에도 불구하고 병렬법(apposition)의 두 단어, '유월절 양'과 '그리스도'를 문장의 맨 앞과 가장 뒤에 배치하였다.

이 문장에서 주어인 '그리스도'를 가장 뒤에 배치하는 것은 매우 생소한 것이다. 유대주의에서 '그리스도'(메시아)가 주어로 사용될 때는 언제나 문장의 앞에 위치시키는 것이 자연스러운 일이다. 그런데 바울은 문장 앞에 내세워야 할 주어인 그리스도 대신 어린 양을 앞세우고, 강조되어야 할 '그리스도'는 문장 뒤에 배치시키고 있다.

이 특이한 주어 배치는 바울이 분명한 어떤 의도, 곧 '유월절 어린 양'을 극단적으로 강조하기 위함이다. 이것은 그리스도의 죽음이 '도살당한 유월절 양'의 죽음이라는 것을 강력하게 보여주기 위함이다. 도살된 유월절의 양으로 말미암아 애굽의 노예로 있던 이스라엘이 하나님의 은혜로 말미암아 죽음의 심판에서 자유로워졌을 뿐 아니라, 그 땅의 권세인 애굽의 속박에서부터 자유롭게 되었다.

따라서, 예수께서 '성경대로' 우리의 죄를 위해 죽으셨다는 것은 '그리스도이신 예수께서 그 유월절의 양이 되어 그 피로 죽음의 심판을 넘어가도록 하기 위한 대속적 죽음'임을 보여준다. 여기서 성경대로는 출애굽 전승에 기초한다는 점을 증명하고 있다.

또한 바울의 '성경대로'는 호세아의 본문에 근거한다. 바울 사도는 고린도전서 15장 55-56절에서 '죄'를 70인역(LXX)의 호세아 13장 14b절을 인용하여 '죽음의 독침'이라고 비유하는데, 호세아의 70인역 본문은 '죽음아, 너의 형벌(디케, δίκη)이 어디에 있느냐? 하데스(지옥)

야, 너의 [관통하여] 쏘는 것이 어디에 있느냐?'이다. 우선, 바울은 15장 54절에서 이사야 25장 8절을 인용하면서 '죽음에 대한 승리'를 언급한 후에 15장 55절에서 '죽음아, 너의 승리(니코스, νῖκος)가 어디에 있느냐? 죽음아, 너의 쏘는 것(켄트론, κέντρον)이 어디에 있느냐?'로 서술한다.

호세아의 70인역에서는 '죽음'과 '하데스'를 병렬시키고 '형벌'과 '쏘는 것'을 대비시키면서 '죽음의 패배'를 선언하는데, 고린도전서 본문에서 바울은 이 호세아를 인용할 때 아주 의도된 언어유희를 사용한다. 70인역의 '디케'(δίκη, 형벌)라는 죽음의 개념을 헬라의 신적 개념인 '니케'(νίκη, νῖκος), 정복과 승리의 여신을 연상시키는 단어로 바꾼 것이다. 그리고 이것을 다시 '쏘는 것'과 대비시켜 호세아서의 죽음의 형벌을 연상하게 한다.

이런 언어유희를 통해 바울이 의도했던 바는 예수 그리스도의 죽음이 '헬라의 신' 곧 신적 존재의 쏘는 것에 의한 죽음이었으며, '신적 존재의 독침을 맞은 사망'이었는데 이것은 어디까지나 호세아에서 언급된 바 '성경대로' 죽으신 사건이지만 이것은 죽음에 대한 승리의 사건이라는 것이다. 동시에, 그리스도의 죽음이 겉으로 보기에 헬라의 신적 존재의 공격에 의한 사망 사건이나 실제로는 호세아 성경에 언급한 바와 같이 '첫 사람 아담을 죽게 한 사탄(신적 존재)의 권세'에 의한 죽음이요, 이 죽음은 '유월절 어린양'의 죽음과 같이 심판을 면하게 하기 위해 흘리시는 구속의 피라는 것이다.

이런 해석 논리에 따라 바울은 이런 죽음의 공격이 실패로 끝나고 오히려 '죽음이 패배했음'을 고린도전서 15장 56절에서 결론적으로 밝힌다. 이 죽음이 쏘는 것은 유월절의 어린양이신 예수 그리스도가 아니라 오히려 '죄와 죄의 권능인 율법'이라고 해석한 것이다. 바울의 시각에서 예수님의 죽음은 죄를 속하기 위한 대속 사건이며, 신적 존재인 사탄과의 싸움을 승리로 이끌기 위한 희생적 죽음이다. 따라서 이 유월절 어린양의 죽음은 대속적인 희생 제사로서 이 죽음에서의 승리(부활)를 통하여 오히려 인간을 죽게 한 죄(혹은 '헬라의 신적 존재'를 포함한 사탄의 무리)와 그 죄의 권능인 율법을 죽게 한 것이다(고전 15:55-56).

바울 사도는 죽음을 이긴 '그리스도의 부활'도 '성경대로' 일어난 사건이라고 설명한다. '묻히셨다가 성경대로 사흘 만에 살아나셨다'는 것과 '게바에게 나타나시고 다음에 12제자에게 나타나셨다'는 표현 속에 나타난 '성경대로'는 부활이 성경의 성취로서 '사탄(죄)의 권세'를 이기는 부활이며, 온 인류를 대속하여 사탄의 권세로부터 해방시키고, 자유를 주는 승리의 부활이라는 점에서 보여진다.

바울은 고린도전서 15장에서 부활 논증을 시작하면서 '아담'은 죄를 시작한 사람으로, 둘째 아담이신 예수 그리스도는 부활로 인하여 그 모든 죄에서 승리하시는 분으로 언급하는데, 그 결론은 호세아서를 인용하였다. 따라서 여기 본문에서 성경대로 부활하신 그리스도는 호세아서를 따라 죄와 그 권능인 율법에서 승리하신 분이시다.

그러면 왜 호세아인가? 고린도 교회의 주요한 죄들은 '음행'과 '우상 숭배' 그리고 '결혼의 문제' 등이었다. 이것들은 호세아의 주요 주제이다. 따라서, 바울은 고린도 교회의 상황이 호세아의 그것과 매우 닮아 있기 때문에 호세아의 예언, 곧 죄로 인하여 사망의 쏘는 것 가운데 있으나 의인들은 하나님으로부터 열매를 맺을 것이라는 예언을 고린도 교회에 적용시켜 하나님으로부터 나오는 열매 중 그 첫 열매를 '예수 그리스도의 부활'이라고 해석한 것이다(고전 15:23; 참조, 렘 2:3).

예수님의 죽음이 유월절의 어린 양과 연결되어 있다면 이 유월절 어린 양은 '첫 열매'와 일정한 연관을 가지고 있다(고전 15:20-23). '첫 열매'는 초실절에 하나님께 드려지는 것으로, 이는 유월절 만찬 후 첫 안식일에 드려지기 때문인데,[172] 어린양의 죽음 후 부활을 '열매'와 연결시킬 수 있는 대목이다.

하지만 바울의 '성경대로'가 호세아서를 가리키고 있다면 생명으로서의 열매 역시 호세아서에서 왔을 것이다. 호세아 9장 16절에 열매는 하나님과의 결혼 언약을 깬 에브라임의 음행으로 인한 불임과 관련되었다. 그들은 음행으로 인하여 '열매를 맺지 못하며', 또 '설혹 그들이 잉태를 하더라도 태의 아이를 죽일 것이다'. 다시 번역하면, '내가 그의 태 속에 있는 욕망의 열매(the object of desire)를 죽이리라'는 말로 표현된다.

이 형벌로서 '불임 구절'은 호세아가 그의 예언의 결론에서 다시 말하고 있는데, 14장 8절에서 하나님으로부터 나오는 열매와 연결시킨다. 곧 이스라엘 백성들 중에 우상에서부터 떠나 언약 관계 속에 있는 의인들(호 14:9)은 '하나님으로부터 열매를 맺을 것'(LXX-'나로부터 너희 열매가 나온다')이라고 한다. 그러므로 호세아 본문에 있는 이 열매는 생명이다. '불임'이라는 죽음의 심판(형벌) 속에 계시된 '생명'이며, 죽은 열매와 산 열매로 서로 대조되어 있는 '생명'이다.

호세아서의 생명의 열매는 부활과 밀접한 연결을 가진다. 호세아 6장 1-7절에 '살리라'고 표현된 생명은 '의인', '언약 관계' 그리고 '제사'와 연결되어 있는데, 그 핵심 구절은 6장 2절로서 '야훼께서 이틀 후에 우리를 살리시며, 제삼일에 우리를 일으키시리니 우리가 그 앞에서 살리라'는 말씀이다. 이것은 정확히 예수 그리스도의 부활과 일치된다. 이 그리스도의 부활은 죽음의 권세인 신적 존재에 대한 승리이다. 따라서 바울이 성경대로 죽으시고 부활하셨다는 것은 죽음의 열매와 생명의 열매를 대조시키는 호세아서의 예언대로 일어난 사건이다.

바울 사도는 고린도전서 15장 27절에서 시편 8편 6절에 근거하여 '하나님께서 모든 것을 그의 발아래에 굴복시키셨다'고 하였다. 이것은 이 승리가 15장 45절에 '마지막 아담'으로서 그를 믿는 모든 사람에게 영원한 '생명을 주시는 영', 곧 신적 존재의 부활을 의미하는 것임을 보여준다. 그리고 15장 54절에서는 이사야 25장 8절을 인용하여 '죽음을 삼키고 승리를 얻었다'고 진술한다. 그러므로 '성경대로' 일어난 '예수님의 죽으심과 부활'은 '죽음을 패배시킨 생명의 승리 사건'이다.

이렇듯 바울에게 '성경대로' 성취된 복음은 임의적으로 발생한 것이 아니라 구약 계시에 의해 예언되고 성취되어 확증된 것이다.

(3) 복음과 교회의 정체성

복음은 하나님의 백성이며 참 이스라엘인 교회를 형성하여 교회의 정체성을 결정하며, 더 나아가 세상과의 경계를 구분해 준다. 이것은 율법의 정한 바에 따라 하나님의 백성이 된 '인종(종족)'으로서 옛 이스라엘'과 대비되는 '새 이스라엘 종족'을 정하여 형성해 주는 요인이다.

바울 사도가 교회를 세웠던 지역에 살았던 디아스포라 유대인들에게 하나님의 백성으로서 '유대인 정체성'은 그 그룹에 따라 매우 다양하게 나타나서 한마디로 정의 내리기 어렵다. '유대인이 누구이며, 무엇을 해야 하느냐' 하는 정체성은 유대적 전통을 따르는 보수적 유대인과 헬라적 가치관을 따라 혼합주의 색채를 띤 헬라적 유대인, 이 둘 사이에 위치해 있었다.[173] 그만큼 유대인 정체성의 스펙트럼은 넓어서 단 하나의 관점으로 설명될 수 있는 것이 아니다. 신학에 따라서, 또 신학의 실천 면에서, 신학도 보수적이냐 자유적이냐에 따라서, 또 사는 장소와 스타일에 따라서 달라질 수도 있었던 것이 유대인 정체성이다.

예를 들어, 어떤 유대인들은 헬라 세계의 보편적인 인간 가치관을 더욱 귀하게 여기고 율법을 '도덕적 체계'로 설명하려는 '유대인 정체성'을 가지고 있었는데, 이런 경우에는 의로운 이방인을 의롭지 못한 유대인보다 더 바람직하게 보기도 했다.[174] 반면에, 유대적 전통을 신봉하는 팔레스타인 유대인들이 가지는 자신들의 정체성은 '헬라적 유대주의 종교 안에 있는 요인들'이 더욱 현저한 유대인 정체성과 매우 다르게 나타난다.

팔레스타인 유대인들의 정체성은 종교적 율법이나 율법주의라고 부를 수 있는 것들에 대해 전혀 관심이 없고, 단지 인종적인 자부심을 기반으로 하여 '유대적 전통'을 따르는 종족 개념의 유대인 정체성으로 나타난다.[175] 약간 다르기는 하지만 던(Dunn)이 언급한 마카비 2서에 등장하는 민족 종교인 유대교의 정체성도 이런 종류라 할 수 있

다.[176]

유대인의 정체성이 이렇듯 다양하게 나타나지만 옛 이스라엘, 하나님의 백성으로서 유대인 정체성의 공통적 요소는 사도행전 15장 5절에 언급된 것처럼 '할례와 모세의 율법을 지키는 것'이다. 이런 유대인 정체성은 로마서 2장 28절의 표면적 유대인이라 언급된 것으로, 비록 구약성경에서 이스라엘이 하나님의 은혜로 구원을 받지만 그 하나님의 은혜를 입는 자는 '모든 열방'이 아니라 '표면적 유대인'들이요, 이 표면적 유대인의 표는 '할례와 모세의 율법을 지키는 자'이다. 따라서 실천적으로 율법이 정한 구원은 '하나님의 은혜'이기는 하지만 그 은혜는 어디까지나 '유대인 정체성을 가진 표면적 유대인들'에게 국한된 것이다.

이런 관점에서 유대인들과 하나님의 관계가 율법을 통한 언약적 관계라 할지라도 그 은혜의 관계에 들어갈 수 있는 자들은 유대인 정체성을 가진 표면적 유대인들이었고, 이들의 표식은 할례와 모세의 율법을 지키는 것이다. 바로 이런 점 때문에 바울은 유대인들을 향하여 '율법의 행위로 구원을 얻는다고 생각하는 사람들'이라 하여 비판한다. 하나님께서 유대인이나 이방인들에게 주신 구원은 모두 하나님의 은혜에 기인한다.

하지만 바울이 만난 유대인들은 이런 은혜로 인한 구원에 들어가는 것은 '유대 민족', 곧 표면적 유대인뿐이라고 생각하고 이방인들에게 유대인의 민족적 정체성을 요구하였다. 그들이 요구한 율법 행위는 '할례와 율법 준수 그리고 성전 제사'가 가장 대표적인 것이다. 이 문제 때문에 정작 유대교에 입교하지 못한 '경건한 이방인들'이 많았다. 그리고 이 할례와 율법 준수의 요구는 초기 기독교회 내에서도 존재하였는데 곧 '유대주의자'(Judaizer)라고 불렸던 이들이다. 바울은 그리스도인들에 대한 이들의 '율법 행위 요구'와 끊임없이 씨름했다.

바울은 유대인의 민족적 정체성을 새롭게 제시한다. 그것은 '메시아 중심적 혹은 기독론 중심적 율법 해석 원리'[177]를 따르면서 제시된 정체성이다. 그는 고린도전서 10장 1-4절에서 유대인들이 출애굽을 하여 새로운 민족으로 형성된 것은 홍해 바다를 통과한 것인데, 이것을 세례로 보았다. 또한 바위를 쳐서 신령한 물을 먹은 자들이 새로운 민족이 되었다. 바울은 물을 낸 그 바위를 그리스도라고 해석하였다. 그리스도를 먹고 마시는 것이다.

그러므로 하나님의 구원의 백성으로서 '종말의 새 백성의 정체성'은 그리스도에 의해 세례를 받고, 그리스도가 주는 신령한 물을 마시는 자들이지, 할례를 받고 율법을 준수하여 '유대인이 됨으로써 하나님의 백성'이 되는 것이 아니었다.

이런 바울의 원리에서 보면 '하나님의 종말의 새 백성'이라는 정체성은 복음, 곧 그리스도의 죽음과 부활의 사건을 통하여 형성된 것이며, 이 복음에 의해 형성된 것이 '종말의 새 백성으로서 교회'이다. 복음은 하나님의 새 백성, 새 이스라엘인 교회를 세우는 토대이며, 그 정체성을 결정하는 경계이며, 이런 '하나님의 새 백성의 정체성' 역시 어디까지나 구약성경적 토대를 가지는 것이며 유대 민족적 정체성을 대체하는 것이었다.

2. 교회의 토대: 하나님의 새 언약

교회의 정체성을 규정하는 본질적 요소로서 교회의 두 번째 토대는 '하나님의 새 언약'이다. 바울에게 있어서 교회는 구약의 이스라엘이 그랬던 것처럼 철저하게 하나님의 언약이라는 토대 위에 기초해 있다. 바울 사도가 교회를 지칭할 때 다양한 다른 칭호들을 사용하였는데, 그중에 '예수 그리스도 안에서 거룩하여진, 성도(거룩한 자)로 부름 받은 하나님의 교회'(고전 1:2)라는 표현이 있다. 하나님의 부르심은 하나님의 선택에 기인하고(고전 1:28), 이것은 이스라엘을 하나님의 백성으로 부르셨던 하나님의 부르심과 시내 산 율법의 언약을 통해 거룩한 하나님의 백성으로 세우신 사건과 연결되어 있다.

하나님은 구약의 이스라엘을 애굽으로부터 구별시켜 선택하여 부르셨고, 시내 산에서 율법을 수여하시고 언약을 맺으심으로 자신의 백성으로 세우셨다(출 19:4-6; 참조, 레 11:44-45, 19:2, 20:7-8, 26, 21:8 등). 이것은 유대 민족의 율법적인 행위 때문이 아니라 순전히 하나님의 은혜였다. 하지만 옛 이스라엘은 이런 하나님의 은혜를 저버리고 할례와 율법의 준수를 통해 혈통적이고 민족적인 유대인, 곧 표면적 유대인이 될 때 그 하나님의 은혜를 수납할 수 있는 것으로 보았다. 그래서 '유대주의자'(Judaizer)라고 불리는 이들은 개종한 그리스도인에게 계속해서 '할례와 율법 준수'를 강요하였다.

종말 시대에 '하나님의 새 백성'은 이런 왜곡된 유대적 정체성을 버리고 하나님의 은혜 혹은 하나님의 은혜의 정신으로 다시 돌아가는 것이었다. 종말의 새 백성인 하나님의 교회는 하나님께서 은혜로 선택하여 부르시고 거룩하게 구별하여 세우신 무리로서 '성도'로 부르시며, 복음(그리스도)을 통하여 하나님의 종말의 새 백성(성도)이 되었다. 이것은 순전히 하나님의 언약에 기초한 것이다. 이런 교회의 개념, 곧 선택과 부르심, 무리로서의 회중이라는 개념들은 고린도 사역 중에 기록된 데살로니가전서에 나타나는 초기의 교회 개념이다.[178]

바울은 하나님께서 종말의 새 백성인 교회와 맺으신 이 언약이 그리스도를 통하여 맺어진 것이라고 설명한다. 구약 이스라엘은 구름과 바닷속에서 세례를 받았고(고전 10:2), 또한 그들은 신령한 음식과 바위이신 그리스도로부터 신령한 물을 먹었다(고전 10:4). 그리고 나서 시내 산에서 율법의 언약을 통해 하나님의 백성이요, 거룩한 무리가 된 것이다. 이것은 '구약의 이스라엘 백성도 율법 이전에 예수 그리스도를 통하여 그분과의 교제를 지속함으로 언약의 백성이 된 것'을 의미한다.

하지만 그리스도가 내신 신령한 음료와 신령한 음식을 먹고 마셨음에도 불구하고 구약 백성들은 우상 숭배, 곧 우상 제물을 먹고 마시고, 춤추고, 성적 관계를 맺었다(고전 10:7-8). 이것은 구약 이스라엘의 언약 파기를 의미한다. 따라서, 하나님께서는 그들을 심판하셨고, 이것을 바울 사도는 '우리를 위한 본보기' (고전 10:6, 11)로 제시하는 것이다.

이런 구약 이스라엘의 언약 파기는 '새 언약'의 근거가 된다. 하나님은 새 언약을 통하여 교회를 선택하여 부르시고 거룩한 무리요, 새 백성으로 세우신다. 교회와 세운 새 언약의 보증물은 '그리스도 예수께서 십자가에서 흘리신 피'이다. 예수 그리스도의 희생의 피로 세운 새 언약(고전 11:25)은 이스라엘이 맺은 옛 언약, 곧 동물의 피로 세운 것(출 24:8)과 근본적으로 다르다. 새 언약은 동물의 피가 아니라 '메시아의 피'를 보증으로 하여 세운 것이며, 이는 '허물의 용서와 함께 죄를 기억하지 않으시는 언약'이며, 이 새 언약의 근거는 모세가 율법을 수여받은 시내 산 사건 이전의 사건과 연결되어 있다. 따라서 새 언약은 구언약(시내 산 언약)을 대체하는 언약이다.

이처럼 교회는 '선택하여 부르신, 구별되어 거룩한 모든 무리'이며, 그리스도의 피로 맺은 새 언약을 통하여 '하나님의, 종말의 새 백성'이 되었다. 이스라엘과 맺으신 옛 언약과 대비되는 하나님의 새 언약은 '예수 그리스도의 피'가 핵심인 '예수 그리스도의 죽음과 부활', 곧 복음과 연결되어 있으며, '종말 시대에 하나님의 새 백성의 정체성'을 규정하는 한 요소로 교회의 토대가 된다. 옛 이스라엘 백성이 하나님이 주신 은혜의 언약ㅡ율법을 매개로 하여 맺은 그 은혜의 언약ㅡ을 '할례와 율법 준수'를 통해 표면적 유대인이 되는 것(유대 백성의 정체성)에 의해서만 맺어지는 언약 관계로 변질시켰다면, 예수 그리스도의 피를 통해 하나님과의 새 언약 관계를 맺은 종말의 새 백성, 곧 교회는 언제까지나 '예수 그리스도의 피를 보증으로 하여 하나님이 세우신 은혜의 새 언약을 기념하고 기억하면서 하나님의 은혜 가운데 살아감으로 이 새 언약을 유지'한다.

그러므로 종말시대에 하나님의 새 백성이 되는 것은 오직 '하나님의 은혜'인 '그리스도'가 주는 세례와 그리스도가 주시는 신령한 양식(성만찬)을 먹고 마시는 자들이며, 이 은혜(복음, 곧 예수 그리스도의 죽음과 부활)를 기념하고 기억하고 전하는 자들이다. 따라서 이 '하나님이 세우신 은혜의 언약'은 교회의 정체성의 중요한 한 토대이다.

3. 교회의 토대: 성령님의 사역

바울에게 교회는 사람이 만든 것이 아니라 성령님의 피조물이다. 유대주의자들의 실패는 성령님과 성령님이 수반하는 모든 것들을 인식하는 데 실패한 것이다.[179] 교회는 성령님과 그 사역에 의하여 세워졌으며, 따라서 이 성령을 인식하지 못하거나 성령님의 사역의 열매를 체험하지 못한다면 그것은 진정한 의미에서 교회가 아니다. 성령님의 사역에 의해서 교회는 세워졌기 때문에 성령님과 그 사역은 교회의 중요한 토대이며, 따라서 성령님에 대한 바른 수납과 인식은 필수적인 것이다.

1) 교회와 관련된 성령 인식의 유대교적 배경

고린도전서에 서술되고 묘사되는 '성령님'은 유대교적 배경을 갖는다. 그럼에도 불구하고 유대교가 성령님과 성령님의 사역에 대하여 무지한 것은 결국 그들의 신학과 신앙이 '성경대로' 근거하지 않았음을 보여준다. 이 성령님은 '하나님의 영'으로 나타나며, 사도행전이나 로마서와는 달리 고린도전서에서는 '그리스도의 영'이란 표현은 사용하지 않는다. 단지 고린도전서 2장 16절에서 '그리스도의 마음'이라는 표현은 사용되었다.

유대교에서는 '하나님의 임재', '성령님', '성전', '이스라엘의 회복'

이라는 주제들은 매우 밀접하게 연결되어 있다. 구약에서 '하나님의 임재를 가장 탁월하게 체험할 수 있는 것은 '성막과 성전 안'이었다.[180] 따라서 이스라엘의 지도자들과 백성들은 하나님의 임재의 장소인 회막에서 하나님을 만났으며, 그 만남을 통해 하나님의 뜻을 전달 받았다.[181]

하나님 임재의 절정은 구름과 회막 위에 '강림하신 하나님의 영광'(카베드, כבד)이다(참고, 출 16:10; 민 14:10). 이 하나님의 영광, 곧 임재에 따른 빛과 하나님의 임재(쉐키나, שכינה)는 동의어였으며, 이는 헬라 교회에서도 동일시되었다.[182] '쉐키나'는 이스라엘이 출애굽하여 광야의 길을 걸을 때 구름기둥과 불기둥으로 나타나 그의 백성과 함께하셨던 '하나님의 임재와 거주하심'이며, 모세의 성막이 완성되었을 때 이 성막에도 일어났다. 후에, 솔로몬 성전이 완성되었을 때 제단의 불이 강림함으로 여호와의 영광이 그 전에 가득 찼는데(대하 7:1-2), 이것 역시 하나님의 쉐키나였다. 선지자들은 성전에 가득 찬 하나님의 임재로서 영광을(사 6:1; 겔 43:1-5, 44:1-5) 보았다.

그런데 이 하나님의 임재는 이스라엘에서 떠나갈 수도 있었다(참조, 삼상 4:21-22, 이가봇, אי־כבוד). '이가봇', 곧 하나님의 영광이 떠나는 것은 이스라엘의 멸망과 파괴를 통해 찾아왔다. 이스라엘이 블레셋에 의하여 패배하고 하나님의 법궤마저 빼앗겼으며, 엘리의 두 아들 홉니와 비느하스도 전쟁터에서 죽었다. 이 소식을 전해 들은 엘리 제사장이 죽었을 때 비느하스의 아내가 아들을 낳고 그 이름을 '이가봇'이라고 지었다(삼상 4:1-22). 하나님의 영광의 임재가 이스라엘을 떠났다고 생각한 것이다.

에스겔 선지자의 경우에는 바벨론의 마지막 침입 바로 전에 환상을 보았는데, 하나님의 임재의 충만인 '하나님의 영광'이 지성소의 속죄소로부터 위로 들려져 성전을 떠나 예루살렘으로부터 멀어지는 것을 보았다(겔 8-11장, 특별히 10:1-22; 참조, 겔 1:1-3:27). 하지만 여기서 중요한 것은, '하나님의 심판으로서 예루살렘의 파괴'를 통해 분명해진 것은 눈에 보이는 건물로서 성전이 파괴되었다고 해서 하나님의 임재의 자리로서 '하나님의 성전'이 사라지는 것은 아니라는 사실이다. 예루살렘 성전을 파괴하고 그 백성을 흩으신 하나님은 '내가 그들이 가는 곳에서 그들에게 잠시(혹은 작은) 성소가 될 것이다'(겔 11:16)라고 하셨기 때문이다.

에스겔은 포로로 잡혀간 후 바벨론의 그발 강가에서 환상 중에 그 하나님의 형상을 보았다고 기술한다(겔 10:22). 이것은 하나님의 임재로서의 형상과 영광이 '보좌와 바퀴 환상'(멜까바, מֶרְכָּבָה) 그리고 '그룹들'을 통해 예루살렘으로부터 바벨론으로 이동하신 것을 보여주며, 하나님의 임재가 더 이상 '예루살렘 성전'에 머무르지 않고 이동하는 백성과 함께하심을 보여준다. 이는 하나님 자신이 그 백성 가운데 임재하여 성전이 되신 것이다. 이는 보이는 성전이 보이지 않는 성전으로, 또 하나님 임재의 주된 자리가 성전에서 그 백성들 가운데로 변화된 것을 보여준다. 또 한 가지, 그렇게 이스라엘에서 열방으로 흩어진 백성들이 모든 우상 숭배에서 떠나면 하나님께서는 '새 영을 주신다'(겔 11:19)고 약속하신다. 곧 하나님의 임재가 '새 영의 임재'로 나타나는 것이다.

랍비 문헌에서 쉐키나(하나님 임재) 전승은 무수히 반복되고 확장되면서 대체로 다음과 같이 정리된다: 성전이 파괴되고 백성들은 바벨론 포로로 끌려갔는데 쉐키나(여성 명사)도 포로로 끌려간 이들과 함께하기 위하여 그녀의 집(성전)을 떠났다. 그리고 그 거룩한 분, 복된 분이 그의 백성을 기억할 것이고, 이스라엘의 공동체를 기억하실 것이고, 처음 포로에서 돌아오는 날 그녀의 집을 향해 들어갈 때 거룩한 성전은 다시 재건축될 것이다.[183]

이런 랍비 전승은 성전에 임하시는 하나님의 쉐키나가 어떻게 그의 회중에 임하시는 쉐키나로 변경되었는지를 보여주며, 하나님의 성전이 보이지 않는 회중을 의미하게 된 것은 바로 이런 쉐키나 전승에 기반을 두었을 것이다.

이렇듯 하나님의 임재로 말미암은, 혹은 새 영의 임재로 말미암은 종말 백성(회중)의 성전 됨은 '종말의 기대'와 매우 깊은 관계가 있다. 신구약 중간기의 기록에는 종말의 시대가 도래하면 새 성전이 창조될 것이라는 기대가 나타나 있는데(겔 37:26이하, 40:1이하; 학개 2:9; 에녹 1서 90:28-29, 91:31; 유딧 1:17, 19) 쿰란 문서와 그 공동체는 그들의 공동체를 눈에 보이지 않는 종말의 성전과 동일시하였다.[184] 바울 역시 예루살렘 성전에 하나님의 쉐키나는 더 이상 머무르지 않는다는 마음을 가지고 있었다.[185]

하나님의 임재로서 성령님의 강림은 쉐키나 전승의 맥락에 서 있다. 하나님의 임재로서의 영광은 '하나님의 임재로서 그리스도'를 의미하는 '하나님의 형상'과 동의어이다. 출애굽 기사에 나타난 하나님의 임재는 이사야 63장 9-14절에서 구체적으로 '주의 성령님'과 동일시되었으며, 이것은 바울에게서도 마찬가지이다. "에베소서 4장 30절에 이사야 63장 10절의 언어가 반영된 것"은[186] 바로 이 점을 확증해 주는 것이다. 그러므로 바울에게 있어서 성령님이 교회와 각 개인 성도에게 임재하시는 것은 하나님의 임재였으며, 이런 임재를 통해 교회가 '하나님의 성전'이 되는 것이다.

초대 교회의 설립은 이런 종말의 기대와 쉐키나 전승과 관련되어 있으며, 이것은 성령님의 강림으로 성취된다(행 2, 8, 10, 13장 등). 하나님의 임재이신 성령님은 하나님이 부어 주시며(살전 5:19; 고전 2:12, 6:19), 한 사람을 불러 복음을 마음에 받아들여 믿게 하고, 예수를 주라 부르게 하시며(고전 12:3; 살전 1:6), 복음 전파자의 무리에 들어가 교회를 형성케 하는 일을 하신다(살전 1:5-7). 따라서 복음을 받아들인 사람들은 한 성령님으로 세례를 받아 종말 시대에 하나님의 새 백성으로서 (그리스도의) 한 몸이 되며 유대인, 헬라인, 노예, 자유자 모두가 한 성령님의 잔을 마심으로(고전 12:13) 그리스도의 몸인 한 교회가 된다.

교회를 탄생시킨 성령님은 또한 그리스도의 몸 된 교회와 그리스도인 각 개인 안에서 계속해서 임재하시고 거주하신다. 바울 사도는 '너희 몸이 성령님이 거하시는 성전'(고전 3:16-17, 6:19, 12:13; 참고, 엡 2:21-22)이라고 하였다. 이는 성령님이 하나님의 백성인 교회 안에 임재하시고, 계시하시는 하나님, 임마누엘(그 백성과 함께하시다) 하나님의 완벽한 성취임을 보여주며, 하나님 자신이 교회의 성전이 되실 뿐 아니라 교회가 하나님이 임재하시는 종말의 성전 됨을 보여준다.

이처럼 성령님께서 창조하시는 종말의 새 백성으로서 교회와 성전의 회복은 쉐키나 전승과 예루살렘 성전의 파괴와 이가봇, 그리고 하나님의 백성 가운데 강림하시는 '하나님의 임재로서 성전과 하나님의 형상', '이스라엘의 회복 사상' 등과 연결되어 있다.

2) 성령님이 교회를 창조하시는 방법

그러면, 성령님은 어떤 방법으로 교회를 설립하고 유지하며, 임재하시는 것일까?

고린도전서에서 성령님은 하나님의 영으로(2:12; 참조, 행 2:17-18; 롬 8:9) 하나님의 임재인데, 복음을 듣고 마음에 믿음으로 받아들여 예수와 결합하는 사람은 모두 한 영이라고 하며(고전 6:17), 복음을 받아들이는 그리스도인의 믿음 또한 성령의 작용이다(고전 12:3; 참조, 고후 1:22, 5:5; 갈 3:2; 엡 1:13; 롬 5:5, 8:15). 예수를 그리스도로 믿는 자들은 한 성령님 안에서 세례를 받아 인종과 신분에 상관없이 그리스도와의 영적 결합을 하며, 이런 결합을 통해 그분의 몸이 되고, 종말 시대에 하나님의 새 백성이 되며, 이렇게 한 몸이 된 그들 모두는 한 성령님을 마신다(마음에 받아들인다)(고전 12:13). 바로 이 때문에 그리스도와 한 몸이 되어 성령님을 마시는 이들은 성령이 거하시는 성전인 것이다(고전 6:19; 참조, 요 2:19-21).

바울이 비인격적 존재처럼 보이는 교회를 몸이라는 인격적 존재로 표현할 수 있는 것은 '인격이신 성령님'의 임재, 곧 성령을 마심으로 한 몸이 되고 성령이 거하시는 한 성전으로서 교회가 되었기 때문이다. 하지만 성령님께서 어떤 방법으로 독립된 개체(지체)들로서 성도들을 그리스도의 몸과 연결시키시며 한 몸이 되게 하시는가 하는 것은 고린도전서에서 분명하게 설명되지 않는다. 단지, 복음을 받아들인 자들은 복음을 받아들인 다른 사람들의 회중 속에 들어가 그들과 한 덩어리(몸)로 결합하고, 이것이 궁극적으로는 예수 그리스도와 결합되어 인격적인 그리스도의 몸이 되는데, 이것은 순전히 성령님의 사역이라는 것이며 '하나님께 속한 일'이라고 묘사된다.[187]

이렇듯 그리스도의 몸으로서 교회-종말시대 하나님의 새 백성-위에 강림하시는 성령님의 임재와 거주는 그리스도의 영광으로 성전에 계신 하나님의 임재(쉐키나)이다.[188] 성령님께서 각 개인에게 임재하여 복음을 믿게 하고, 그들이 상호 결합하여 그리스도의 한 몸이 되게 하여 인격적 공동체로서 교회를 이루게 하신다. 따라서 이 교회는 성령님이 거주하시는 '성령님의 전' 혹은 하나님의 성전이며(고전 6:19), 또한 교회는 그 가운데 임재하여 거주하신 성령님을 통하여 하나의 건물로 통합되며, 또한 거룩하게 된다.

3) 성령님이 교회에 존재하시는 방식

성령님은 이 세계에서 내재적이거나 초월적인 방식으로 존재하신다. 바울 사도에게는 초월적이고 내재적인 성령님의 나타나심과 존재하심은 '성령님 안에 거하는 교회(혹은 성도, 무리)'와 '교회(성도 혹은 무리) 안에 거하시는 성령님'으로 표현된다. 이것은 예수님께서 그 제자들을 향하여 말씀하신 것처럼 '너희가 내 안에, 내가 너희 안에 거하는'(참조, 요 15:4-5) 존재 방식과 동일하다.

성령님이 복음에 대한 믿음을 가진 한 성도 개인의 내면에 머무르시는 것은 고린도전서 3장 1절, 6장 17절, 12장 3절, 15장 45절에 분명하게 언급되는데, 특별히 15장 45절에 성령님을 마음에 받아 살아 있는 영이 된 것에서 성령님이 그 안에 내주하심을 분명히 보여준다. 이런 성령님의 존재 방식은 '내재적'(immanent or indwelling)이다.

내재해 계신 성령님은 그가 내재하여 계시는 개인에게 믿음을 갖게 하신다(고전 12:3; 살전 1:5-7). 내재적으로 존재하시는 성령님이 가장 잘 표현되는 개념이 '성령님의 전'이다. 성령님께서는 그리스도의 몸으로서 교회 내에 머무르시며 일하신다. 성도 안에 내주한 성령님으로 말미암아 성도는 육의 사람이지만 신령한 사람이 된다(고전 15:46).

하지만 때로 '하나님께서 성령님을 성도들에게 부어 주신다'는 표현이 사용된다(고전 2:12, 6:19; 살전 5:19). 이 표현은 외부에 초월해 계시는 성령님께서 성도들에게 임재하시며 그 내면으로 들어오시는 분이시라는 것을 부여준다. 또한 믿는 자들은 그들 외부에서 그들에게로 이동하여 오는 존재로 성령님을 맞아들이는데(고전 6:19, 12:13), 던(Dunn)은 이런 성령님의 강림을 성령님의 주심과 받음(giving and receiving the Spirit)이라고 표현한다.[189] 이런 성령님의 존재 방식은 '초월적'(transcendent)이다.

'성령님 안에서'(ἐν πνεύματι, 엔 프뉴마티)라는 바울의 표현은 모든 성도들 밖에서 아우르며 감싸시는 초월적 성령님을 경험하는 것이다. 여기서 전치사 '엔'(ἐν)은 '장소적'이지만 때로 수단과 도구적 용법으로도 쓰인다. 그래서 '성령님 안에서'라는 의미이기보다는 '성령님에 의해서'라는 의미가 더 어울리는 용례들도 많다. 예를 들면, 고린도전서

12장 3절에는 '성령님 안에서 말하기'보다는 '하나님의 성령님에 의해서 말하는 것'이다. 이렇듯 성령님께서 수단이시고 도구이실 때도 초월적 성령님의 사역이 드러난다.

 이전에는 초월적인 방식으로 존재하시는 성령님과 내재적인 방법으로 존재하시는 성령님의 구분을 명확히 하지 않았고, 이 때문에 성령님에 대한 많은 혼란과 혼동을 일으켜 왔다. 또 이러한 구분을 이신론이라 하여 배척하기도 한다. 던(Dunn)은 가톨릭의 경우에는 성령님의 역사가 교회론과 성례전적 신비주의로, 오순절 계통은 성령님의 역사가 지나치게 은사론에 흐르고, 개신교회의 경우는 성령님의 역사가 지나치게 믿음에 의한 칭의론에 치우치게 되었다고 하였다.[190]

 이렇게 성령님에 대한 생각이 다르고, 다른 관점을 만들어 내는 것은 성령님이 존재하시는 방식에 대한 시각의 차이에서 비롯된 것이다. 내재적 방식으로 존재하며 사역하시는 성령님을 바라보느냐, 아니면 초월적 방식으로 존재하시며 사역하시는 성령님을 바라보느냐 하는 관점의 차이에 따라 성령님에 대한 이해도 달라진다. 내재적 성령님이나 초월적 성령님은 그 임재와 존재의 방식 그리고 역사하시고 일하시는 방식의 차이가 있기 때문에 성령님을 인식하는 차이를 낳게 된 것이다.

 성령님의 존재 방식에 대한 구별은 결코 이신론적 이해가 아니다. 이것은 성령님에 대한 삼위일체론적 이해이다. 하나님께서는 초월해 계시는 분이시며, 그분의 초월성은 하나님의 속성 중의 하나이다. 예를 들어, 하나님께서 시내 산으로 모세를 부르시고 그를 만나 언약을 맺으시며 율법을 수여하실 때 하나님은 초월해 계시는 하나님이다.

그런데 여기서 생각해야 할 것은, 이렇게 모세를 만나고 계실 때 하나님은 산 아래서 옷을 깨끗이 빨아 입고 모세를 기다리며 기도하던 이스라엘 백성의 무리와 함께 계시지 않았을까? 시내 산에서 모세를 만나고 계시던 초월적 하나님은 동시에 산 아래서 모세를 기다리던 그의 백성들과도 함께 계셨다. 그 백성과 함께 계시던 하나님께서는 그 무리 중에 내재하신다.

그러므로 초월적 하나님과 내재적 하나님은 분명한 하나님의 존재 방식이다. 한 하나님이 동시적으로 두 장소에 초월적으로 혹은 내재적으로 임재하실 수 있으신 것은 그분의 신적 속성 때문이다. 하나님께서는 보편성과 무한성, 영원성, 그리고 그분의 광대하심은 하나님께서 시간과 공간을 지배하시며 그것을 뛰어넘어 존재하실 수 있는 것이다.

삼위 하나님 중 한 분이신 성령님이 존재 방식과 속성 역시 성부 하나님과 다르지 않다. 성령님의 존재와 임재 방식, 그리고 역사하시고 일하시는 방식이 초월성과 내재성이라는 관점에서 바라볼 때 분명하게 설명된다. 오순절 성령 강림 사건을 바라보는 시각도 또 그 이전에 성령님이 어떻게 존재하셨으며 사역하셨는가에 대한 설명도 분명해진다. 더 나아가, 예루살렘 교회의 성령 강림뿐 아니라 사마리아 교회, 안디옥 교회, 세상 모든 교회에 성령님께서 초월적인 방식으로 반복적으로 강림하시는 것은 아무런 신학적 갈등 없이 설명할 수 있다. 하나님께서 여러 장소에 여러 번 초월적으로 임재하신다고 하셔서 그것이 '이신론적'이거나 '다신론'에 빠지는 것이 아니다.

하나님께서 다른 장소에 있는 모세와 이스라엘 백성에게 동시에 초월적으로 임재하신다고 하여, 또는 초월적으로 임재하신다고 하여 그것을 두 분의 다른 신을 믿는다고 보기 어렵다. 또, 그 초월적이신 성령님께서 모든 성도들의 마음속에 동시적으로 내재하고 계심도 같은 이유에서 설명이 가능하다. 많은 성도들에게 동시적으로 내재하신다고 해서 다신의 하나님이라고 말할 수 없는 것과 같은 이치이다.

4) 성령님이 교회를 위해 하시는 일

그리스도의 한 몸, 곧 교회가 되게 하실 뿐 아니라 그 몸 가운데 거하시는 성령님, 곧 때로는 초월적인 방식으로, 때로는 내재적인 방식으로 각 성도 개인에게, 그리고 그리스도의 한 몸으로서 교회인 모든 성도들에게 임재하셔서 세상 끝 날까지 함께하시며 동류(concurrence)하시는 성령님은 어떤 일을 하시며, 또 성도 개인이나 교회에게 어떤 일을 하게 하시는가?

하나님의 영이신 성령님께서는 하나님의 깊은 것을 통달하시며(고전 2:10) 하나님의 일을 아시기에(고전 2:11), 성령님은 그 아시는 것들을 그리스도의 몸인 성도들에게 나타내시고, 계시하시고, 가르치신다. 무엇보다 삼위 하나님을 계시하시는데, 특별히 예수님을 주라고 계시하시며(고전 12:3), 능력의 하나님을 나타내신다(고전 2:4). 또한 복음인 그리스도와 그리스도의 사건을 나타내 보이시는데(고전 2:10) 복음의 말과 전도함으로 나타내신다(고전 2:4).

더 나아가, 성령님은 성도들로 하여금 하나님과 그분에 관한 지식을 가지게 하시며, 하나님이 은혜 주신 것을 알게 하시고(고전 2:12), 성도를 가르치셔서 영적인 것들의 분별력을 가지게 하시고(고전 2:13), 이 분별력을 통해서 성령님의 일들을 받게 하신다(고전 2:14). 또한, 성령님께서는 성도들이 단지 아는 것에 그치지 않고 이런 지식, 곧 비밀을 말하게 하시며(고전 12:3, 14:2), 해야 할 말을 하게 하신다(고전 12:3).

무엇보다 성령님은 각 성도 안에 내주하여 그들이 '살아 있는 영'이 되게 하신다(고전 15:45). 성도 안에 내주한 성령님으로 말미암아 성도는 육의 사람이지만 신령한 사람이 되게 하신다(고전 15:46). 성령님은 '하나님께서 그리스도 안에서 이루신 구원을 신자가 체험하게 하고, 그 구원의 삶을 살아내는 데 핵심적인 역할을 하신다. 성령님은 하늘에서 나시고 하늘에 속하신 예수 그리스도의 형상을 성도들이 옷 입게 하시며(고전 15:47-49), 그리스도로 옷을 입은 이 형상은 죽음 가운데서도 썩지 아니하며 사망의 쏘는 것을 견뎌내고 부활에 이르게 된다(고전 15:50-58).

이처럼 성도의 개인적 구원이나 개인을 포함한 우주적 종말은 '이미'와 '아직'의 긴장 속에 있으며, 이것을 가능케 하신 것이 성령님이시다.[191] 다시 말하면, 성도들은 이미 구원을 받았으나 아직 완성되지는 않았으며, 개인이 이미 종말에 이르렀으나 아직 이 종말이 완성된 것은 아니라는 것이다.

• 교제와 결합

성령님은 그리스도의 몸 된 성도들 각 지체들이 예수 그리스도와 교제(κοινωνία, 코이노니아)케 하시며, 또한 지체인 성도와 성도가 상호 교제하게 하신다. 이런 교제는 몸이신 그리스도와 지체인 성도가 결합하는 것이며, 예수 그리스도의 몸에 참여하여 한 부분을 구성하는 것(고전 1:9)이다. 엄밀히 이 교제는 지체인 성도들이 상호 간에 직접적으로 결합하는 것이 아니다.

각 개별 지체들은 그리스도의 몸에 직접적으로 연합하고 교제함을 통하여 이루어지는 간접적인 결합이다. 이는 한 집의 식구들이 부모와 직접적인 연관을 통해 형제 상호 간 가족으로 결합하는 것과 유사하다. 그러므로 각 지체 된 성도가 그리스도와 결합함에 있어서 그 중간에 제사장과 같은 어떤 종류의 중보자가 끼여 있다면 그것은 결코 온전한 결합이 될 수 없다. 왜냐하면 성도는 그리스도와의 연합을 통해서 거룩하게 되기 때문이다.

• **성도와 교회의 거룩**

교회는 그들의 윤리적 행위, 곧 선한 행위나 성경 말씀에 순종함으로 거룩해지는 것이 아니며 성화되는 것도 아니다. 교회는 오직 '그리스도와의 연합을 통해서 거룩하게 된다'(sanctification by association with Jesus). 이것은 예수께서 회개를 이룬 죄인들과 '교제함'으로, 또 그들을 '어루만져 주심'(혹은 안수나 발의 씻음을 통한 '접촉'을 통한 연합)으로 그들이 씻김 받고 거룩해지는 것과 같다.[192]

바울은, 복음을 모르던 사람들이 복음을 마음에 받아들여 복음을 전파한 사람들의 무리 속으로 들어가 교회가 되는 사람들 – 비단 고린도 교인들만이 아니라 예수의 이름을 부르는 모든 자들 – 을 '성도'(고전 1:2), 곧 거룩한 무리라고 부른다. 바울에게 거룩이란 개념은 성도 개개인에게 사용된 것이 아니라 세례에 의한 공동체적 상태를 의미한다.[193]

공동체로서의 교회가 종말 시대에 하나님의 새 백성으로서 '거룩한 무리'로 불리는 것은 그리스도 안에서, 성령님 안에서 예수를 주라 시인하여 의롭다 함을 받았고, 예수의 이름을 부르며, 성령님으로 세례를 받아 예수와 결합하여 한 몸이 되었기 때문이다. 바로 이 때문에 지체 된 성도가 그리스도와 결합함에 있어서 중간에 어떤 종류의 중보자-그것이 제사장이건, 성모 마리아이건, 교황이건, 신부이건-그 누구도 끼어들 수 없다. 그런 결합은 온전한 결합이 아니며, 따라서 성도는 온전한 거룩을 이룰 수 없다.

• 성령님의 초월적, 내재적 임재

이렇게 그리스도와 결합을 통해 거룩하게 된 무리 위에 성령님께서 초월적으로 임재하시며, 그들 중에 내재적으로 거하시며, 그들과 함께 살아가신다(고전 3:16, 6:15-19). 교회에 내주하시는 성령님은 성도가 그리스도와의 연합을 통해 획득된 거룩을 유지하면서 온전한 성화(sanctification)를 이루게 하는데(고전 6:11), 이 성화 혹은 거룩하게 되는 과정은 '이미' 얻은 칭의적 거룩에서 출발하여 '아직' 이루지 못한 실제적이고 온전한 거룩에 이르는 것을 의미한다. 성령님께서는 이 성화의 과정을 주도하시면서, 그리스도께 연합하여 교제하는 성도들에게 성령님의 열매와 성령님의 은사가 나타나도록 하신다.

• 성령님의 열매

성령님의 열매로서 은사의 필수적 본질은 신자들 안에서 그리스도의 생명이 재생산되는 것이다.[194] 성령님께서는 지체인 모든 성도들을 그리스도와 신비적으로 결합시켜 예수 그리스도의 부활 생명을 갖게 하신다. 또한, '성령님의 나타나심으로 인해 맺어지는 열매'는 교회의 윤리적 활동(praxis)으로서, 이것은 어떤 인간적 노력의 소산이 아니며 순전히 성령님의 활동이다.[195] 따라서 소위 '그리스도인의 윤리'는 오직 성령의 능력 부음에 의해서만 존재할 수 있고,[196] 이 활동에 의하여 성도들은 '성령님 안에서 행하게(혹은 걷거나 혹은 살아가게)' 된다.[197]

갈라디아서 5장 22-23절에 나타나는 열매들은 완전한 목록이 아니라 대표적인 것들이고, 이 열매는 모든 태도, 덕목, 행위의 모든 방법들을 포함한 광범위한 범위를 다룬다. 하지만 이것은 종교 행위의 규칙들이 아니다. 이 규칙에 의한 그리스도인의 행위를 규정하는 어떤 시도들도 포함하지 않는다. 왜냐하면 참 그리스도인의 윤리는 성령님 안에서 걸어가고 살아가는 생산물이기 때문이다.[198]

그리스도인의 윤리가 그리스도인들의 행위적 규범이 아니라는 말은 성도들이 어떤 규범에 따라 이것을 행하고, 저것을 행하면 안 된다는 식의 규범(혹은 율법)을 순종하려는 의지적인 노력이 아니라, 예수님과의 끊어지지 않는 연합과 교제를 통하여 성령님의 역사에 의해 성령님 안에서 맺혀지는 자연스런 결과물들로서 열매라는 말이다.[199]

이런 측면은 근본적으로 일반적인 '윤리 개념'과 구별된다. 윤리적 덕목들은 그것들을 행하기 위한 인간의 노력을 포함한다. 만약 바울에게 이런 열매들과 은사들이 인간의 노력의 소산이라면 이것은 구약 율법을 지키기 위한 유대인들의 노력과 다를 바 없다. 바울은 윤리적 덕목을 지키려는 노력보다는 세례와 성찬을 통해 드러나는 것과 같이 그리스도와의 교제(연합)를 통해 그리스도와 한 몸 됨에 더 강조점을 둔다.

그러므로 만약 그리스도인의 윤리가 존재한다면 이것은 어떤 윤리적 규범을 순종하거나 성령의 열매를 맺으려고 의지적으로 노력을 하는 것이 아니라, 성령님의 활동으로 예수 그리스도와 견고히 결합하려고 쉬지 않고 교제하는 것이다. 이 모든 활동들은 '그리스도 안에' 견고하게 거하는 것이다. 이것은 오직 '하나님의 은혜'로 살아가는 것이다. 예수 그리스도와 견고히 결합하게 하는 성령님의 사역은 그리스도의 몸과 피를 먹고 마심으로 그분의 은혜를 늘 기억하고 전하는 것이다.

만약 기독교에 윤리가 존재한다면 행위 규범을 준수하며 살아가는 또 다른 바리새인의 모습이 아니라 성령님의 불도장을 받아 그리스도 안에 견고하게 결합하여 '하나님의 은혜'로 살아가는 것이다. 그래서 '성령님의 나타나심'으로써 '성령님의 열매'가 의지와 노력의 소산으로 맺혀지는 것이 아니라 나무이신 그리스도로 말미암아 자연스럽게 맺혀지는 것이다.

• 은사, 직분, 사역

열매로서 성령님의 은사를 설명할 때 바울은 몸과 지체의 비유를 사용한다(고전 12:11-27). 한 몸이 여러 지체들로 구성되어 있는 것처럼, 한 성령님 안에서 인종과 신분에 관계 없이 한 몸이 된 모든 무리들(그리스도인들)을 그 몸의 지체로 보았다. 따라서 이런 지체들은 그 지체가 가지고 있는 역할과 기능이 다른 것처럼 한 성령님이 지체 된 각 성도 개인에게 고유의 역할과 기능을 하도록 그 나타내심이 서로 다르다고 설명한다(고전 12-14장). 이것은 각 성도 개개인에게만 고유하고 독특한 성령님의 나타내심을 보이는 것이다(고전 12:11, 13). 이것을 '은사'라고 하며, 이런 은사를 소유한 지체의 '역할 이름'을 '직분'이라 하고, 또 직분이 가지는 은사에 따라 실제 실행하고 실천하는 것을 '사역'이라고 한다. 성령님께서 이런 은사들을 각 사람에게 나누어 주심으로(고전 12:11) 성령님이 나타나심을 보이시는 것은 각 사람에게 유익을 주시기 위함이다(고전 12:7).

• 공동 은사와 개별 은사

성령님께서는 이런 다양한 은사를 통하여 다양한 사역을 감당하게 하신다. 그리하여 서로의 믿음과 삶을 북돋아 교회 공동체를 세우고(고전 12:14-30, 14:3-4, 12), 세상에서 하나님의 구원의 능력을 나타내게 하신다(고전 14:22-25; 참고, 고전 2:4). 그렇지만 이런 각양의 역할, 직분, 사역을 감당하는 지체들도 모두 한 몸에 결합되어 있기 때문에 모든 지체가 공통적으로 함께 공유하여 공동의 역할, 직분, 사역을 감당하며 통일성을 이루게 하시는 성령님의 나타내심이 있다.

이런 것들은 '공동 은사'(Common Gift)라고 부를 수 있는데 곧 믿음, 소망, 사랑과 같은 것들이다. 만약 이 은사들이 방언처럼 특정 개인에게 독특하게 나타난다면 구원은 바로 그런 믿음의 은사를 받은 특정 개인에게만 유효한 것이며, 믿음이 없는 자들은 구원 역시 없다. 따라서 어떤 이들의 주장처럼 방언이 모든 그리스도인에게 공동적으로 나타나는 은사여야 한다면 방언의 은사가 없는 교인은 구원이 없다는 말과 동일하다. 구원받은 무리로서 교회 공동체의 모든 일원은 그 구원에 필수적으로 필요한 믿음, 소망, 사랑의 은사를 한 사람도 빠짐없이 다 받아야 한다. 따라서 이것들은 '공동 은사'일 수밖에 없다.

구약의 백성, 세속의 폴리스(polis), 혹은 세속의 공동체와 구별되는 교회의 정체성은 이 교회가 성령님의 피조물로서 성령님께서 교회 안에 초월적으로 때로는 내재적으로 거주하시면서 그 교회를 보존하기 위하여 일하시는 데 있고, 또한 그 성령님께서 일하셔서 각양의 은사를 통해 열매 맺게 하심에 있으며, 모든 구성원들은 '공동의 은사'를 받아야 한다.

4. 교회의 토대: 사도적 전통

개신교 전통에서 교회의 정체성과 관련하여 쉽게 간과될 수 있는 것이 '사도적 전통'이다. 여기서 사도적 전통이라 함은 사도들이 복음의 전승 고리로서, 복음의 수납자요 전달자에 그치는 것이 아니라 그들이 바라본 복음의 해석적 관점이며 또한 그들이 '전하여 준 것들'이다. 이 '전통'(τὰς παραδόσεις, 타스 파라도세이스)은 교회의 전문 용어로 사용되고 있었는데,[200] 이는 이것들이 '사도적 권위'로서 교회 내에서 통용되었다는 것을 의미한다. 현대 교회에서 가장 취약한 부분은 아마도 이 '사도적 전통의 중요성'을 간과하는 것이라 할 수 있다.

• '다른 복음'을 구별하는 표준

사도적 전통은 신약 교회를 유대인 회당이나 '다른 복음'을 가진 이단의 '교회'들과 구별시키는 매우 중요한 표준(norm)이다. 엄밀히 예수님의 가르침과 사도적 전통은 불가분리의 관계에 있다. 예수님 자신의 직접적 저술이 부재한 상황에서 '복음'이란 복음서 저자의 시각에서 바라본(해석된) 예수님의 가르침이기 때문에, 설혹 예수님의 가르침을 직접 인용했다고 할지라도 복음서에서 예수님의 가르침을 정제해 내는 일은 살과 피를 분리시키는 일과 같아서 사실상 불가능한 작업이고 불필요한 작업이다.

따라서 복음을 예수님으로부터 직접 듣고 그것을 최초로 또 다른 사람들에게 전해 준 사도적 전통이란 실제로 참 교회와 거짓 교회를 구분하는 잣대이자, 정체성의 근거이다.

• 본질적인 사도적 전통

'사도들이 전하여 준 것'이라는 사도적 전통은 본질적인 것들이 있는가 하면 관례(혹은 관행, 규례)와 같이 문화적인 것들도 있다. 본질적인 전통이란 복음의 전통(고전 15:3-6)과 성례전(고전 11:23-25)인데, 바울 사도가 교회의 전통으로 언급한 두 가지 중요한 성례전의 모범(τύπος, 고전 10:6)은 '세례'와 '성만찬'이다.

이 세례와 성만찬은 '출애굽 전승'에 그 근거를 두고 있는데(고전 10:1-4), 곧 출애굽한 이스라엘 백성들이 모세 안에서 구름과 바다에서 세례를 받았다고 말하고(고전 10:2), 또한 예수 그리스도이신 반석으로부터 신령한 음료를 마셨고 또 신령한 음식을 먹었다고 하였다(고전

10:3-4). 이것은 종말 시대에 복음을 가진 각 개인이 세례를 통하여 그리스도의 몸 된 교회의 일원이 되며, 이로 인해 종말시대의 새로운 언약 백성이 되는 예식일 뿐 아니라, 사도의 기독론적인 해석 전통이 유대(랍비) 전통과 구별되어 '성경대로' 믿는 새 전통임을 보여준다.

특별히 사도들이 전하여 준 '예수 그리스도의 말씀을 보존하고 지키려는 전통'(고전 7:11)도 여기에 포함된다. 바울 사도가 고린도전서 7장 10절에서 "명하는 자는 내가 아니요 주시라"고 말씀하거나, 7장 12절에서 "이는 주의 명령이 아니라"고 언급할 때, 이 대조에는 예수 그리스도의 말씀의 절대적 권위가 나타나며, 또한 그리스도의 명령을 지켜 보존하려는 태도가 드러난다.

그리스도의 말씀을 지키려는 전통은 '하나님의 계명'과 연결된다. 바울은 결혼과 할례에 대한 권면을 '하나님이 부르신 그대로 행하라'(고전 7:17)는 말로 서로 연결시키는데, 이는 '주의 명령'($\pi\alpha\rho\alpha\gamma\gamma\acute{\epsilon}\lambda\lambda\omega$······ὁ κύριος, 7:10)과 '하나님의 계명'($\grave{\epsilon}\nu\tau o\lambda\tilde{\omega}\nu\ \theta\epsilon o\tilde{\upsilon}$, 7:19)이 동일 선상에 있음을 보여준다. 그런데 7장 17절에서 "부르신 그대로 행하라"는 명령을 통하여 바울은 7장 19절에서 할례와 하나님의 계명을 서로 대립시킨다. 할례 역시 하나님의 계명인데(창 17:10-14, 23-27), 이는 옛 이스라엘 백성이 하나님의 백성 된 표지였다. 따라서 바울이 언급한 '하나님의 계명'은 '새로운 피조물'로서 '새 이스라엘'인 교회가 하나님의 백성이 되는 표지인 '그리스도의 계명'(고전 7:10; 참조, 딤전 6:14)이다. 교회는 복음과 사도들의 전통에 따라 하나님의 계명 중에 '지킬 것은 지키며, 폐기할 것은 폐기'한다. 그리고 그 근거는 그리스도의 계명이다. 이 그리스도의 계명을 다른 것에 우선하여 지키고 보존하려는 것이 '사도적 전통'이자 교회의 전통이다.

• 문화적인 사도적 전통

이런 본질적인 전통에 더하여 '교회의 문화'로서 관례(혹은 관행, 규례, 전통), 곧 고린도전서 8장 7절, 11장 16절의 '수네테이안'(συνήθειαν) 혹은 11장 2절의 파라도시스(παράδοσις)가 있다. 교회 문화로서 사도적 전통은 연속성(continuity)와 단절성(discontinuity)을 가진다. 이런 교회 문화의 연속성과 단절성을 결정하는 권위는 '교회의 공회의'(예를 들면, '총회')의 결정에 의거해야 한다.

예를 들면, 고린도 교회는 바울 사도가 전해 준 전통(παράδοσις, 파라도시스)에 확고하게 서 있었다고 묘사되는데(고전 11:2), 그러나 바울이 전한 전통 중에 잘 지켜지지 않는, 혹은 가르쳐지지 않을 수도 있는 교회 내 복식 문제가 있었다(고전 11:3-16). 이는 '예배 중에 남자가 머리에 쓰는 것 또 여성이 머리에 쓰지 않는 것'에서 보여진다. 이것은 바울이 가르친 교회 문화로서 관례(혹은 관행, 규례)와 다른 것인데, 바울이 전한 관례는 '남자는 머리에 쓰지 않는 것이며, 여성은 머리를 가리는 것'이었다.

이런 복식에 대한 관례는 순전히 문화적인 문제로 특정 문화에서만 통용될 수 있는 관례라고 보아야 한다. 이 때문에 이것은 고린도라는 지역 사회 혹은 유대라는 지역 사회에서만 문제가 되어 '교회 내에서' 뿐 아니라 '교회 밖에서'도 그리스도인의 가치를 떨어뜨리는 행위가 될 수 있었다.

• 복식에 관련된 규례

그렇다면 복식과 관련된 이런 바울의 규례는 무엇이 문제였을까?

고대 역사가 D.W. 질(Gill)은 로마의 동상 형태를 연구했는데, 황제들의 동상을 보면 신이나 여신들에게 기도하거나 제물을 드릴 때 그들의 머리를 '토가'(toga)로 가렸다고 하였다. 이것은 황제의 독특한 이미지를 투영시키려는 홍보 수단이었으며, 이것은 제국의 머리로서 종교, 법률 그리고 시정의 역할들과 연계시켰다고 하였다. 그래서 모두가 머리에 무엇을 쓴 것이 아니라 각 지역 이방 제의에서 지도적 역할을 가진 이들이 썼다는 것이다. 고린도에서는 사회적 지식층이 이런 기능을 담당했으며 사회적인 엘리트가 아닌 사람들은 교회에서 기도하지 않았다고 했다.[201]

반면, 윈터(Winter)는 교회에서 예언할 때에 그들의 남자 지도자들만이 머리에 썼다고 제한할 필요는 없으며, 기독교인들이 모여 기도하거나 예언을 할 때 이방 제사장들의 방법에 따라 그들의 머리를 가렸다고 보았다.[202] 고린도에서 발견되는 모든 로마 여성의 동상을 보면 단지 한 경우만 제외하고 모두 머리에 베일을 쓰고 있다는 것이다.[203]

바울 시대에 남성들은 매우 짧은 머리 스타일이었다. 긴 머리는 어떤 종교적인 신성한 이유를 가졌거나 농민들이나 비문명인들의 것이었다. 이와 대조적으로 여성은 그레코로만 관습들과 일치하는 긴 머리를 해야 했다. 이 머리를 길게 늘어뜨리는 경우는 종교적 제의나 결혼식 그리고 슬픔을 표시하는 경우였고, 평상시에는 단정하게 감아올려 머리에 쓴 것처럼 하거나 혹은 실제로 머리에 써야 했다.[204] 아마도 결혼한 여성들은 집 안에서 머리에 무엇인가를 쓰지 않았을 것이다. 그런데 그리스도인들의 집회 장소가 '가정'이다 보니 여자 성도들이 공적 예배의 기도와 예언과 같은 종교적 행사를 할 때 무심코 편한 복장으로 그 당시 여성들의 관례에 어긋나는 태도를 가지고 있었을 것이다(고전 11:5-6).

바로 이 때문에 바울 사도는 11장 17절에서 '내가 명하는 이 일'을 통해 이런 문화적 전통에 어긋나지 않도록 교회에 명령하고 있다. 그러면 바울 사도가 명령하는 문화적 전통은 무엇을 의미하는 것일까? '이것'은 '성찬의 전통'이라고 이해되기도 하고,[205] '복식의 전통'으로 이해되기도 한다.[206] 한 가지 분명한 것은 '이것'이 사도가 명령한 '전통'이라는 것이고, 복식과 성찬이 '사도적 전통'이라는 동일한 주제로서 연결되어 있기 때문에 이것들은 반드시 교회 내에서 지켜져야 한다는 것이다.

• 교회를 세우는 '모임의 유익'

또 한가지, 이런 '사도적 전통'이 명령으로 교회에 주어지는 것은 교회를 세우기 위한 '모임의 유익'이 고려되었다는 점이다. 성찬이라는 본질적인 전통을 지키는 것은 교회가 분쟁이나 갈등에 휩싸이는 것이 아니라 교회를 세우기 위한 '모임의 유익'을 위해 지켜져야 하는데, 마찬가지 이유로 문화적 전통이 지켜져야 하느냐, 혹은 중단되어야 하느냐를 결정하는 것도 '형식적이나 규범적 의미가 아니라' 교회를 세우기 위한 '모임의 유익'(εἰς τὸ κρεῖσσον, 에이스 토 크레이손)이라는 점에 있다. 따라서 바울은 이 '모임의 유익'을 하나님의 집인 교회를 세우기 위한 중요한 행동 원칙(참조, 고전 10:23-24)으로 제시한다.

사도적 권위를 가진 '사도적 전통'은 모든 교회가 공동적이며 보편적으로 가져야 하는 것으로 교회의 중요한 표지(mark)이며, '사도적 전통 위에 세워진 교회'는 다른 이단 교회와 그리스도의 교회를 구분하는 정체성으로서 본질을 구성하는 요소이다. 따라서 교회는 이런 사도적 전통 위에 세워졌기 때문에 이것은 '교회의 토대'이기도 하다.

교회는 삼위 하나님 위에 세워져 있다. 특별히 예수 그리스도의 복음, 하나님의 언약, 성령님의 사역, 그리고 이것들을 목격하고 직접 받아서 건네준 '사도적 전통' 위에 세워져 있다. 이 4가지 토대를 모두 가지지 아니한 조직, 이 중에 어느 한 가지를 변경하거나 빼버렸음에도 불구하고 여전히 교회라는 명칭을 가진 조직은 이미 하나님, 예수님 그리고 성령님의 교회가 아니며, 그리스도 예수께서 세우시겠다고 약속하셨던 '나의 교회'(마 16:16-18)가 아니다.

제2절
교회를 지칭하는 용어에 나타난 교회의 정체성

교회가 무엇이냐를 논의하려면 한 가지의 유일한 표현이나 개념을 통해서 설명하는 것은 불가능하다. 교회는 다양한 각도에서, 교회에 대한 직접적인 가르침뿐 아니라, 교회를 표현하는 용어들과 그림 언어들에 대한 이해들을 통해 조명할 필요가 있다. 왜냐하면 교회는 '교회라는 이름' 아래 모인 무리들을 지칭했던 것이 아니라, 복음을 받아들인 무리를 '교회'라는 명칭으로 표시하였고 더불어 다양한 명칭으로 표시했기 때문이다.

바울 사도는 교회를 지칭할 때 여러 가지 직접적인 칭호를 사용하였다. 예를 들어, 데살로니가전서에서는 복음을 받아들인 사람들을 '형제'(1:4), '하나님의 사랑을 받아 선택된 사람들'(1:4), '복음이 [그 안에]……있게 된 사람들'(1:5), '믿는 자' (1:7), '빛과 낮의 아들들'(5:5)로도 불렀으며 무엇보다 그들을 '교회'(ἐκκλησία, 에클레시아)라고 불렀다.

고린도전서에서는 교회를 '하나님의 교회', '성도로 부름 받은 자들', '예수의 이름을 부르는 자들', '그리스도의 몸', '성령님의 전', '하나님의 집(권속)'으로 불렀다. 또, '무교병'이나 '하나님의 경작지'로도 표현하였는데, 데살로니가의 용어보다 고린도전서에서 사용된 용어가 조금 더 세련된 형태를 보인다. 그러면 이런 교회에 대한 다양한 용어들은 어떤 의미가 있으며, 거기에 숨은 교회의 본질은 무엇인가?

1. 하나님의 교회

바울은 교회를 '에클레시아'(ἐκκλησία)라는 단어로 표현하였다. 고전 헬라어에서 에클레시아라는 단어는 '도시국가 시민들의 집회'를 가리키는 말로 B.C. 5세기의 저술가들인 헤로도투스(Herodutus), 투키디

데스(Thucydides), 크세노폰(Xenophon), 플라톤(Plato), 그리고 에우리피데스(Euripides) 등에서 자주 발견되는 일반적인 용어이다. 물론 이런 도시국가에는 데모스(δῆμος), 술로고스(σύλλογος)와 같은 총회도 있었지만 에클레시아는 그리스 도시국가의 집권자들이 소집한 자유 시민들의 '일반 총회'로 집정관을 선출하고, 행정관의 공식적인 활동들을 승인하거나 부결시키고, 정치적이거나 사법적인 권위들을 행사하는 정치적인 기구였다.[207]

이 일반 총회에 참석할 수 있는 자유 시민은 신분과 계급에 상관없이 전체 주민들로부터 선택된 사람들이었다. 하지만 사회적으로 흠이 있는 사람들 예를 들면, 시민권이 없거나 이방인들, 하층 서민들은 배제되었으며 선택될 수 없었다.[208] 이런 정치적 형태의 에클레시아는 로마에 의해서 마케도니아나 그리스의 도시국가들이 복속된 B.C. 150년 이후에도 1년에 30-40회 정도 소집되었지만, 헬라의 후기 고전 작품과 일상적 용례를 보면 에클레시아라는 단어의 용례는 그 집회 구성원들이 어떻게 모아지고 그들이 무슨 일을 하는가에 관계 없이 그냥 단순한 집회나 혹은 그 집회를 형성한 무리나 회중을 의미하였다.[209]

이 에클레시아라는 단어가 헬라어 성경인 70인역(LXX)에서 '카할'(קהל)의 번역어로 사용되었다. 그러나 '카할'이 '쉰나고게'(συναγωγή)로도 번역되었기 때문에 에클레시아의 어의론적인 배경을 카할이라고 하기 어려운 점이 있다. LXX의 번역자들이 카할을 때로는 '에클레시아'로, 때로는 '쉰나고게'로 각각 번역할 때 어떤 번역 원칙을 적용했는지 식별하기도 불가능할 뿐 아니라[210] 카할의 번역어로서 에클레시아와 쉰나고게는 사실상 상호 교환 가능한 의미를 가진 거의 동의

어이다.²¹¹ 단지, 의미 있는 구별이라고 한다면 히브리 단어의 용례를 놓고 볼 때 대부분의 경우에—물론 예외적인 경우도 있지만—'에다'는 그 의미에 있어서는 단순한 '무리' '회중'(congregation)과 목적이 있는 '집회'(assembly)에 골고루 사용된다.

하지만 '카할'의 경우에는 '목적 있는 집회'에는 드물게 사용되었을 뿐(삿 21:8; 대하 30:23), 대다수의 경우에는 '회중' 혹은 '무리'를 표현하기 위해 사용되었다(삿 21:5; 수 8:35).²¹² 또, 카할은 창세기, 출애굽기, 레위기, 민수기, 그리고 예언서들에서는 '쉬나고게'로 번역했으나, 한 번의 예외를 제외하면 신명기와 사사기에서 또 느헤미야에 이르는 역사서들 그리고 시편(40:10은 예외)에서는 '에클레시아'로 번역하였다.²¹³

반면에 '에다'(עדה)는 '쉬나고게'로만 번역되었다. 이것은 쉬나고게는 다양한 '모임'에 공통적으로 사용하기보다는 '유대인들이라는 한정된 무리의 모임'이면서 동시에 '하나님을 예배하기 위한 목적을 가지고 모이는 집회'를 의미하는 좀 더 좁혀진 모임이라고 풀이할 수 있다.

'쉬나고게'가 가진 이런 좁혀진 모임의 의미 때문에 초대 교회에서 '그리스도인들의 모임'을 지칭할 때 점차 '쉬나고게'를 버리고 '에클레시아'라는 단어를 채용한 것은, LXX의 번역 용례를 따르거나 혹은 언어적이거나 신학적인 전통을 이어받기 위한 의도를 가진 것이라기보다는 현실적인 고려, 곧 유대교의 모임을 지칭하는 '쉬나고게'를 피하고 그 단어와 동일한 의미를 가지면서도 유대인의 회당 모임과 구별할 수 있는 교차 가능한 대용어로서 에클레시아라는 단어를 채용하였을 가능성이 더 크다. 하지만 쉬나고게나 에클레시아가 가지는 신학적인 의미나 전통들은 자연스럽게 그대로 이어졌을 것은 분명한 사실이다.

• '에클레시아'의 사용

사실, 바울의 초기 서신이라고 할 수 있는 데살로니가후서 2장 1절에 '그 앞에 너희의 쉰나고게'(ἡμῶν ἐπι συναγωγῆς ἐπ' αὐτὸν)라는 표현을 사용하였고, 또한 야고보서 2장 2절에도 그리스도인의 모임을 지칭하면서 쉰나고게를 사용했다는 흔적이 나타난다. 이는 초기 기독교인들이 그들의 모임을 나타내기 위하여 별다른 의도나 의미 없이 쉰나고게를 사용했다는 증거이다.[214]

예수의 사역 당시와 교회의 초기 형성기에는 예수를 따르는 자들의 모임을 표시하기 위하여 에클레시아라는 단어가 사용되지 않았다. 복음서의 경우에 에클레시아라는 용어가 그 모임에 사용된 것은 마태복음뿐인데(16:18, 18:17), 여기서의 교회는 현존한 것이 아니라 예수가 세우실 미래적인(οἰκοδομήσω, 오이코도메소) 실체, 곧 복음서 저자의 것이었다.

마가복음서에는 교회라는 단어가 전혀 사용되지 않았으며, 누가복음서에서도 마찬가지이다. 단지 사도행전을 시작하면서 예루살렘 교회에(5:11) 이 단어를 사용하였으며, 사도 요한도 복음서에서는 이 용어를 사용하지 않지만 요한3서와 요한계시록에서 이 용어를 사용한다. 반면에 요한은 유대인의 모임을 '사탄의 회'(τῆς συναγωγῆς τοῦ σατανᾶ)(계 3:9; 참조, 요 8:44)라고 하신 예수님의 말씀을 전한다. 이런 누가와 요한의 태도를 고려한다면, 에클레시아라는 단어의 용례는 예수님의 죽음 이후에 형성된 '예수 제자들의 모임'에 적용하려는 의도가 보인다.

특별히 1세기 예루살렘에는 여러 종파가 존재하고 있었다. 이런 여러 종파의 공동체 중 하나가 바리새파 사람들로서, 이들의 모임은 주전 2세기 '하시딤'[215]으로부터 유래되었는데, 이들은 이미 성전의 파괴 이전부터 존재했던 공동체였다. 또, 사두개파가 있었는데, 이들은 다윗이 임명한 제사장 사독의 후예라고도 하고(삼하 8:17; 왕상 2:35), 의로운 자라고 불리기도 하는 '사디크'(Saddiq)라는 단어에서 유래한 후손이라고 생각하였다.

이 외에도 헤롯 후손 중에 한 사람이 다시 보좌에 오르기를 원하는 정치적 색채가 짙은 헤롯당, 비느하스의 열심을 따라 제사장 나라를 꿈꾸는 열심당, 그리고 그 당시 유대인 사상에 가장 강력한 영향을 준 광야 공동체인 '에세네파' 혹은 쿰란 공동체가 있었다.[216] 이런 유대인들의 종파적 모임에도 쉰나고게가 사용되었는데, 예를 들면, '하시딤'이 언급된 마카비1서 2장 42절에는 '쉰나고게 하시다이온'(συναγωγὴ Ἀσιδαίων)이라고 하여 자신들만의 공동체(havrot)에도 '쉰나고게'라는 단어를 사용한다.[217]

예수와 그 제자들은 그들 스스로도 유대인이었지만 유대인들과 자신들을 분명하게 구분하였다. 요한복음에 사용된 '유대인'이라는 용어는 일반적인 유대 백성의 의미가 아니라 종교 당국자들, 성전을 통솔하던 사두개파 소속의 제사장들이며, 그들의 동포 사이에서도 큰 권력을 행사하며 특히 예수님과 그의 제자들에게 적개심을 품었던 특정 집단을 의미하였다.[218] 이와 대조적으로 바울 사도가 교회와 동의어로 사용하는 '성도들'(구별된 사람들)은 원시 공동체의 구성원들을 의미하며, 이 용어는 다른 공동체의 구성원들과 자신들을 구별했기 때문에 사용된 것이다. 즉 참된 메시아적 공동체, 하나님에 의해서 선택된 남은 자로 자처했는데, 이것은 바리새파 사람들이 자신들을 '구별된(거룩한) 자'라고 했던 것과 같은 맥락에 있는 그 대척점이다.

이런 점에서 보면 초대 교회가 자신들의 모임을 이런 다양한 종파와 구별하기 위하여 쉰나고게라는 단어 대신에 다른 단어를 사용할 필요가 생겼다는 것을 의미한다. 그래서 이런 다른 종파와 구별하기 위하여 예수님이 말씀하신 '교회', 곧 그들의 모임을 에클레시아로 사용하였을 것이고, 이것은 예루살렘의 기독교 공동체의 합의였을 것이며, 이 용례를 '자 교회'(daughter church)로서 지역 교회들이 별다른 생각 없이 따라 사용했을 것이다.

또 한 가지는 바울이 활동하던 시기는 공용어가 라틴어였다. 그렇다면 기독교인들은 로마의 세계에서 그들의 모임을 표기하기 위하여 라틴어를 사용할 수 있었을 것이다. 예를 들면, 에클레시아의 라틴어 번역어인 'contio'나 'comitia'를 사용할 수도 있었을 것이다. 하지만 기독교인들은 라틴어로 번역하여 사용하지 않고 헬라어 '에클레시아'를 그대로 음역하여 사용하였다.[219] 이것은 에클레시아가 보통명사이기보다는 어떤 특별한 모임을 지칭하는 고유명사 격으로 사용되었을 가능성도 있다.

• 바울의 에클레시아

바울은 초대 교회의 용례를 따라 '성령 안에서 복음을 마음으로 받아 복음 전파자들과 한 덩어리가 된 회중'을 에클레시아로 표현하였다. '에클레시아'로 불려진 그리스도인들의 모임은 하나님이 성령 안에서 복음을 통해 구원하기 위하여 지명하여 부른 그분의 백성이며, 따라서 이 교회는 '하나님의 교회'(ἐκκλησία τοῦ θεοῦ)이다. 바울의 '하나님의 교회'는 물론 구약의 '카할 야훼'나 '카할 이스라엘'을 배경으로 했을 것이며, '온 교회'(고전 14:23)도 구약의 이스라엘 온 회중을 염두에 두었을 것이지만[220] 그러나 동일하게 사용되지는 않았다.[221]

유대주의에서 '하나님의 백성'이라고 부를 때 이것은 신학적으로 자신들이 하나님의 선택된 백성이며, 그들이 형성하는 유대인의 나라는 하나님의 이상을 실현하는 것이다.[222] 이런 유대주의적 사고는 바울 교회론의 기초가 되었다.[223] 하지만 '하나님의 교회'라는 바울의 표현은 모세의 율법으로 형성된, 시내 산 광야에 있었던 이스라엘의 회중, 곧 메시아 백성의 모형인 그들과 비교되는 것이었다.[224]

캠벨(Campbell)은 바울이 기독교 전통에서 가지고 있는 한 가지 현저한 이미지는 '새 시대와 새 백성 창조의 새벽을 알렸다는 것'으로 바울은 '그리스도 안에 있는 이방인 정체성의 도입자'[225]라고 하였는데, 곧 바울은 이방인들이 새 종말의 시대에 새 하나님의 백성이라 규정하였고 이를 '하나님의 교회'라는 용어로 표현한 것이다.

'종말시대의 하나님의 새 백성'으로 '하나님의 교회'는 어떻게 형성되었는가? 구약의 이스라엘이 유대인으로 태어났기 때문에 하나님의 백성이 되는 것과는 달리 유월절의 어린양이신 그리스도의 몸과 피를 먹고 마심으로 유지되고 보존되는 백성이었다(고전 5:1-13, 10:1-4). 고린도전서 5장에서 음행과 같은 옛 행실의 누룩은 '유월절 어린양'과 연결된다. 음행이란 고린도 교인들의 가장 심각한 '죄'였는데, 그 죄를 위해 죽으신 그리스도를 5장 7절에서 '그리스도, 우리의 유월절 양이 도살되었으니'라고 표현한다. 바울의 이 표현법은 흔치 않은 용법이다. 즉, 병렬법(apposition)에 사용된 두 단어-유월절 양과 그리스도-를 문장의 가장 앞과 뒤에 배치시키면서 주어를 가장 뒤에 배치하는 특이한 방법을 사용한다. 이는 유대주의에서 '그리스도'(메시아)가 주어로 사용될 때는 고린도전서 15장 3절의 경우처럼 언제나 앞에 위치시키는 용법에 위배된다. 어린양을 앞세우고 그리스도를 가장 뒤에 배치시키는 특이한 배치는 바울에게 분명한 문학적 의도가 있다는 점을 생각해야 한다. 그 의도는 '유월절 어린양'을 극단적으로 강조하는 것이다. 그것은 그리스도의 죽음이 '도살당한 유월절 양'의 죽음이라는 것을 강조하기 위함이다.

또한, 고린도전서 10장 1-6절에서 바울 사도는 '우리 조상들'이라는 표현을 사용함으로써 그리스도 안에 있는 이방인이 '이스라엘의 후손'임을 보여준다. 그리스도 안에 있는 이방인들이 이스라엘의 후손인 수 있는 것은 이스라엘 조상들이 시내 산에 다다르기 전, 곧 율법을 수여받기 이전에 광야에서 마시고 먹었던 신령한 음료와 음식이 그리스도(고전 10장)였기 때문이다.

그러므로 바울이 헬라적 에클레시아와 교회를 구별하기 위하여 사용한 '하나님의 교회'(αἱ ἐκκλησίαι τοῦ θεοῦ)(고전 11:16) 혹은 '하나님 안에 있는 교회'(살전 1:1; 살후 1:1)라는 표현은 시내 산 사건에 의해 형성된 '카할 야훼'와 구별되며, 하나님의 교회가 카할 야훼의 표현을 이어가고 있기는 하지만 그러나 그것은 어디까지나 시내 산, 곧 출애굽기 19장 이후의 언약 백성이 아니라 그 이전에 출애굽에 의해 형성된, 유월절 어린양의 피로 지명하여 부름 받고, 그리스도의 피로 유지 보존되며, 광야에서 신령한 음료와 음식이셨던 그리스도를 먹고 마신 그 이스라엘 조상의 후손으로서 하나님의 종말론적 백성인 '하나님의 교회'이다.

따라서 '하나님의 교회'는 그리스도 예수 안에서 '하나님이 선택하여 부르시고 새 언약을 맺으신 하나님의 새 백성이자 새 이스라엘'이라는 정체성을 가진다. 이것은 '에클레시아'에 나타난 교회의 본질이 하나님이 지명하여 부르신 선택된 '회중'(고전 1:2, 9)일 뿐 아니라 성만찬의 개념 속에 드러난 것처럼 부름 받은 성도는 유월절의 어린양이신 예수 그리스도를 중보자로 하여 그분의 몸과 피를 통해, 특별히 성만찬이라는 가시적인 그림 언어를 통해 새 언약을 맺기 위하여 지명하여 부르신 무리이다.

예수님의 몸과 피(성만찬)를 보증으로 하여 예수님과 새 언약을 맺는 '가시적인 하나님 백성'이 하나님의 교회이다. 보편적이고 우주적인 교회는 이 '가시적 하나님의 백성'을 지평으로 한다. 따라서 가시적 교회를 토대로 하지 않는 불가시적 교회는 교회가 아니다. 불가시적 교회가 가시적 교회의 지평이 되는 것이 아니라, 가시적 교회가 불가시적 교회의 지평이 된다. 이 점에서 '익명의 그리스도인'이나 '무교회주의자들'의 주장, 또 가시적 교회가 존재하지 않는 '온라인 교회'(web-church)는 지지될 수 없다.

바울 사도는 고린도에서 데살로니가전서를 쓰면서 그의 교회론을 발전시켰는데, '하나님의 교회'는 고린도인 개종자들에게 종말에 조직된 공동체로서의 새로운 정체성이었으며, 그리스도께 속하고 그리스도를 통해 하나님께 속하였다는 진정한 정체성(예를 들면, 6:12-20, 8:1-6; 참조, 살전 1:1)[226]을 가진 것으로 인식하였다. 따라서 바울은 '하나님의 교회'를 로마인들의 에클레시아(정치 회중)와 명백히 구분하였다. 바울은 고린도에서 사역을 하면서 데살로니가 성도들에게 편지를 써 보낼 때 이 편지의 수신자를 '아버지이신 하나님과 주이신 예수 그리스도 안에 있는 데살로니가인의 교회'로 지칭하였다(살전 1:1).

이는 바울 사도가 고린도에서 사역할 때 이미 '하나님의 교회'(에클레시아 투 테우)가 하나님께 속한, 하나님께서 소유하신 에클레시아이며, 따라서 '아버지 하나님의 교회 혹은 주이신 예수 그리스도의 교회'는 로마와 로마 사람들의 통치자(하느님 θεὸς 혹은 하느님의 아들 *divi filius*)의 에클레시아나 다른 종교의 회중들과는 분명하게 다른 조직체로 자각하였고, '아버지 하나님의 교회 혹은 주이신 예수 그리스도의 교회'를 '형제인 에클레시아'(살전 5장)로 또한 인식하였다.[227]

이 에클레시아는 '하나님의 아들이신 예수님을 기다리는 사람들'(살전 1:10)로 '하나님이 자신의 왕국으로 부르셨으며'(살전 2:12), '로마 황제의 방문'을 의미하는 '파루시아'와 반대되는 예수 그리스도, 곧 메시아의 파루시아(재림)를 기다리는 사람들이다. 메시아의 파루시아 때는 로마가 주는 '평화와 안전'(pax et securitas)이 공격당하며, 로마의 평화와 안전을 외치던 자들은 그리스도의 파루시아(재림)에 승인되지 못한다(살전 5:3).[228]

이처럼 바울에게 '그리스도 안에 있는 하나님의 교회'는 로마인들의 에클레시아와는 구분되는 '그리스도의 충만함에 연합된 그리스도인'을 의미하며,[229] 하나님의 통치를 받는 정치적인 형태를 띠지만 그러나 세상적인 의미의 정치적 조직이 아니라 우상 숭배로부터 돌이킨 '그리스도의 충만함에 연합된 보이지 않는 형태의 회중 조직'이었다.[230]

2. 성도로 부름 받은 자들

1) 부름 받은 거룩한 무리(성도)

• 부르심과 하나님의 지혜

교회는 하나님의 선택에 따라(고전 1:28) 그분의 부르심(고전 1:26)을 받아 하나님의 지혜요 능력이신, 십자가에 달린 예수 그리스도 안에 있는 자들이다. 따라서 인종적으로 유대인이건, 헬라인이건, 어떤 인종이든지(고전 1:24), 또 지혜나 능력, 지위에 관계없이(고전 1:26), 천한 것(낮은 자들), 멸시 받는 것, 없는 것들(가난한 자들)에 상관없이(고전 1:28), 하나님이 부르신 자들에게 '그리스도는 하나님의 능력이요, 하나님의 지혜'(고전 1:24)이다. 이 하나님의 지혜는 선택된 자를 구원하시는 하나님의 지혜로서 '나무에 달리신 예수 그리스도'(고전 2:2)이며, 선택하여 부르시는 자들에게만 이 지혜를 갖게 하신다.

• 거룩한 무리

교회가 예수 그리스도 안에서 부르심을 받았다는 것은 교회가 '그리스도에 의해서 거룩하고 구속된 무리'로서 하나님의 이 부르심(초대)에 의하여 교회는 실제로 '하나님의 무리'로 '옮겨지고' 그 신분이 '바뀌었다.' 이 하나님의 부르심은 그 자체로 하나님의 은혜로운, 구원하시는 능력의 사건인데, 그리스도에 의해 설립된 새 언약의 공동체로 부르시는 부르심이었다(참조, 롬 10:13).²³¹ 바울은 이렇게 하나님의 부르심으로 형성된 '하나님의 교회'를 '성도'(거룩한 무리)라고 불렀다(고전 1:2).

구약에서 이스라엘은 하나님과의 시내 산 언약을 통해 거룩한 백성으로 구별되어 불러 세우신 하나님의 백성이었다(출 19:6; 레 11:44-45 등). 이 히브리인들 역시 '성도들'이라고 칭해졌는데(민 16:3; 신 33:3; 시 16:3, 34:9, 89:5; 사 4:3 등), 이 '성도들'은 후기 유대교의 묵시적 문헌들에서 메시아 왕국에서 축복을 누리는 선민 이스라엘을 말한다(단 7:18, 21-22, 25, 27, 8:24; 솔로몬 시편 17:1 에녹 1서 51:5, 8, 62:6, 8). 특별히 쿰란 공동체는 자신들을 '그의 성도들'이라고 칭하였다(1QM 6:6, 14:12; 1 QS 8:13, 21).

신약성경에서는 교회의 구성원들을 '성도들'이라고 불렀다. 이 성도라는 개념은 한 개인에게도(혹은 물건에도) 사용되었지만 '교회'와 동의어로도 사용되었다. 바울은 교회를 '거룩한 무리'라고 부름으로써 (고전 1:2) '하나님께서 구별하여 선택하신 새 백성'이라는 구속사적 차원을 신약 교회가 가지고 있음을 보여주는데, 이 개념은 어디까지나 종말적인 의미를 가진다.

이 '거룩한 무리', 특별히 성전에서 행해지는 제사 의식에 참여하는 '거룩한 회중'은 하나님의 영광에 의해 보호되었으며, 그들 스스로는 자신들을 여호와의 참 백성으로 보았다.²³² 이렇듯 하나님의 선택에 의하여 부르심을 받고 성도로, 거룩한 무리(백성)로 종말론적 공동체를 형성하여 하나님의 언약에 신실한 자로 남아 있는 것은 교회의 정

체성 중 하나이다.[233]

- **예수 그리스도 안에 있는 거룩**

교회가 거룩한 무리일 수 있는 것은 어디까지나 '예수 그리스도 안에 있기 때문'이다(고전 1:30). 예수를 통해 맺은 새 언약으로 인하여 하나님의 성령님 안에서 예수 그리스도의 이름으로 의롭다 함을 받았고, 성령님에 의해 예수를 주라 시인했기 때문이며(고전 12:3) 성령님으로 인하여 다시 태어나 한 성령님으로 세례를 받았기 때문이다.

요약하자면, 성도라는 용어 속에 드러난 교회의 정체성은 '하나님께서 선택하여 부르셔서, 성령님으로 인해 예수를 주라 고백하고, 예수의 이름으로 의롭다 함을 받고, 그 이름을 부르며, 성령님으로 세례를 받아 거룩하게 된 하나님의 종말의 새 백성'이다.

2) 하나님의 백성

바울의 초기 서신인 데살로니가전서와 고린도전서 등에서는 '하나님의 백성'으로서 교회의 개념이 구체적으로 제시되지는 않았다. 하지만 교회가 하나님의 백성으로 불리는 것은 신약성경의 일관된 주장이다(예를 들어, 벧전 2:9-10; 고후 6:16; 히 8:10; 계 1:6, 5:10, 21:3 등). 특별히 예수가 다니엘 7장 13, 27절의 '그 사람의 아들 인자'라는 칭호는 교회가 종말의 새 백성임을 결정적으로 보여준다. 그것은 이 백성에게 미래 세상의 통치와 심판권이 주어졌기 때문이다.[234]

또한, '선택되어 부름 받은 성도'라는 표현 속에도 종말의 시대, 하나님의 새 백성, 곧 '거룩한 백성의 종말론적 공동체'라는 개념이 담겨 있다.[235] 특별히 하나님에 의하여 창조되어 하나님의 소유라는 의미의 '하나님의 교회'(ἐκκλησία τοῦ θεοῦ)라는 표현은 구약에서 하나님의 백성을 의미하는 '카할 야훼'(קְהַל יהוה)에 대한 신약적 병행어이고, 에클레시아(ἐκκλησία)가 쉰나고게(συναγωγή)의 대용어라는 점에서도 교회가 하나님의 백성이라는 점이 보여진다.

• 우리의 조상

무엇보다 바울은 고린도 교회와 같이 이방인 교회라 할지라도 이스라엘 백성의 조상들을 그들 믿음의 조상으로 인정하여 '우리 조상'(고전 10:1)이라고 불렀다. 이는 교회가 초기 이스라엘, 곧 애굽을 탈출하여 형성된 '백성'의 '한 후손'임을 암시하는 것이다. 이스라엘의 조상을 이방인 교회와 더불어 '우리 조상'이라고 부른 고린도전서 10장의 본문에서 말하는 바는 **구약** 백성과 신약 백성은 혈통이 아니라 예수 그리스도에 의해 동일한 백성이 되었음을 말하는 것이다.

구약 이스라엘을 하나님의 백성으로 부르셨던 하나님의 부르심과 시내 산에서 율법의 언약을 통해 거룩한 하나님의 백성으로 세우신 사건(출 19:4-6; 참조, 레 11:44-45, 19:2, 20:7-8, 26, 21:8 등)에 대체하는 그리스도와의 새 언약으로 세워진 신약 교회와 시내 산 사건 이전의 출애굽 백성과 연결시켜 '교회가 하나님의 백성'임을 보여준다.

• 그리스도를 통하여

하지만 보다 구체적으로 구약 이스라엘이 이방인 교회의 조상으로서 하나님 백성이 된 것은 신약 교회와 같이 '그리스도를 통하여' 된 것이다(10:1-4). 즉, 구약의 백성들은 구름으로 또 홍해 바다의 물로 세례를 받았으며(10:2), 광야에서 '신령한 음식과 물'(10:3)을 바위(πέτρας, 반석)이신 그리스도로부터 먹고 마심으로 하나님의 백성이 되었으니, 이것은 신약 교회가 그리스도 안에서 형성된 것과 마찬가지이다.

이런 바울의 해석은 '반석에 대한 랍비 전승'에서 쉽게 찾아볼 수 있다. 유대주의에서 반석 전승은 늘 '성전'과 연결되었는데, 예를 들면, 솔로몬 성전을 짓게 된 돌인 샤미르(Shamir) 전승이나,[236] 아담이 금식한 돌 위에 아브라함이 숫양을 드렸고 그 위에 성전이 세워진 설화,[237] 야곱의 돌 베개가 지구 중심에 가라앉은 곳의 반석을 중심으로 세워진 성전[238] 등과 같은 전승을 보면, '반석 위에 세워진 신약 교회'와 결코 무관하지 않는 개념적 연결고리를 가지고 있다. 특별히, 유대 신학에서는 민수기 20장 7-11절과 21장 16절에 근거하여 이스라엘에게 물을 공급하는 바위가 광야 여행 중에 그들과 줄곧 동반했다고 보았다.[239]

그런데 이런 반석(צור or סלע)이나 돌(אבן)이 구약에서는 하나님을 나타내는 명칭(divine epithets)으로 사용되기도 하였다(참고, 창 49:24; 신 32:4, 15, 18, 30, 31; 시 18:3, 32, 46(47), 19:14(15), 28:1, 42:9(10), 62:2(3), 7(8), 78:35, 89:26(27), 92:15(16); 사 44:8; 합 1:12). 그리고 이 '반석' 혹은 '돌'은 '시온'이나 혹은 '거룩한 장소'가 세워지는 토대(기초)였다. 이런 관점에서 볼 때 바울이 구약 이스라엘이 출애굽할 때 동반했던 이 바위(반석)를 그리스도로 해석하여 그리스도에 의해 세례를 받고, 그로부터 먹으며 마신 것(고전 10:1-4)으로 이해한 것은 결코 낯설지 않다.

이 그리스도로 먹고 마신 구약의 이스라엘은 후에 시내 산에서 율법의 언약을 통해 비로소 하나님의 백성이요, 거룩한 무리로 불리게 되었다.

하지만 이 하나님의 백성들(이스라엘)은 그들의 우상 숭배로 인하여 '그리스도를 통한 하나님과의 교제'를 파기했는데 그것은 일종의 간음이었다. 구약 이스라엘이 율법을 받은 후에 또 하나님의 백성이라 칭하여진 이후에 그리스도로부터 먹고 마시지 않고 우상으로 먹고 마신 범죄에 빠진 것이다(고전 10:7-14). 따라서 하나님은 예수 그리스도의 몸과 피를 먹고 마시는 '거룩한 만찬'의 교제를 다시 회복시키시고 이를 통해 신약 교회와 새 언약을 맺고 그들을 하나님의 새 백성으로 일으키신다(고전 10:25 11?). 교회는 그리스도로 먹고 마심으로 교제하는 하나님의 새 백성이다.

• 하나님의 백성과 몸 개념

하나님의 백성 됨이 그리스도를 먹고 마심을 통하여 된 것이기 때문에 그리스도의 몸과 피에 참예하는 하나님의 백성은 '그리스도의 몸 된 교회'라는 개념과 연결된다. 예를 들어, 고린도전서 12장 13절에 '유대 사람이든지, 그리스 사람이든지, 종이든지, 자유자이든지, 모두 한 성령님으로 세례를 받아서 한 몸이 되었다'는 표현은 '그리스도의 몸으로서 하나님 백성이라는 교회의 정체성'이 구약의 백성처럼 '아브라함의 후손'(유대인)이라는 인종적이거나, 혹은 종이나 자유자와 같은 표현에 드러난 바와 같이 사회적 신분에 의해서 결정되는 것이 아니라 그리스도를 먹고 마시는 '성례전(세례와 성만찬)을 통하여 그 몸에 연합'함으로 결정되는 '정치적인 몸'(political body) 혹은 '몸 정치체'(body politic)[240]로서 하나님의 백성이다.

요약하면, '하나님의 백성'이라는 용어에 나타난 교회의 본질은 성령님께서 그리스도를 통하여 거룩한 만찬의 교제를 통해 새 언약을 맺어 세우신 거룩한 무리이며(a holy corporate community), 구속사적 차원에서 볼 때 종말의 새 하나님의 백성으로 '몸 정치체'이다.

3) 예수의 이름을 부르는 자들

각 지역에 있는(ἐν παντὶ τόπῳ, 모든 장소에 있는) 모든 교회들은 동일하게 '주 예수 그리스도의 이름을 부름'(고전 1:2)으로 하나가 된 보편적(우주적) 교회이다. 다시 말해서, 눈에 보이는 특정한 지역 교회이든 아니면 눈에 보이지 않는 우주적(보편적) 교회든지[241] 상관없이(우주적 교회는 각처에서 모이는 지역 교회를 지평으로 하기 때문에) 교회는 '주 예수 그리스도의 이름을 부름'으로써 비로소 교회가 된다. 곧 '주 예수 그리스도의 이름을 부르는 것'은 교회의 중요한 정체성이다.

'주의 이름을 부르는 자'라는 표현은 바울 사도가 그의 서신들에서 단지 다섯 번(고전 1:2; 고후 1:23; 롬 10:12, 13, 14) 사용하였는데, 이는 '주 예수 그리스도의 이름'을 줄여 쓴 형태이다. 고린도전서 1장 2절에서 '하나님의 교회'는 '각처에서 주님의 이름을 부르는 모든 자들'과 함께(혹은 동일하게) 예수의 이름을 부름으로써 '성도라 부르심을 받은 거룩한 무리'가 된 그리스도인이다(참조, 딤후 2:22; 행 9:14, 21).

주의 이름을 부르는 자는 '예수를 주로, 그리스도로 믿고 부르는 자들'(고전 6:11)이다. LXX에서는 '야훼'를 '주'(κύριος)로 번역하기 때문에 이는 '예수가 하나님이시다'라는 표현에 다름 아니며, 또한 예수를 그리스도요 그들의 왕으로(고전 15:24-25) '환호하며 받아들이는' 믿음의 표현이다. 이 믿음은 죄와 죽음으로부터의 승리와 연결되어 있는데(고전 15:12-22), 예수를 주라 믿는 자들이 예수의 이름을 부르는 이유는 주이신 예수께서 '죄를 씻어 거룩하게 하시고, 의롭게 하여 주시기'(고전 6:11) 때문에, 곧 '죄와 죽음'으로부터 부활하여 구원에 이르게 하기 때문이다(참조, 욜 2:32; 행 16:31).

동시에 '주의 이름을 부르는 자들'은 그 자신이 '그 이름으로 표현된 주'께 굴복하고 복종하는 '종'이며, '예배자'이며, 그의 소유로서 '헌신하는 자'임을 그 이름을 부를 때마다 표현하고 천명하는 것이다.

따라서 '주의 이름을 부르는 자'라는 용어 속에 드러나는 교회의 본질은 주의 부르심에 응답하여 각처에서 '예배와 기도' 중에 또한 삶에서 도움이 필요할 때마다 주의 구원과 도우심을 구하고 순종을 서약하는 자들이며, 예수의 이름을 부름으로써 예수를 주로, 메시아로, 왕으로, 통치자로 천명하는 것이며, 그 자신은 종으로 예배자로 또 그의 소유로서 그에게 헌신하는 자로 천명하는 실체이다.

4) 그리스도의 몸

(1) 몸 개념의 이해

바울은 교회가 무엇인가를 설명할 때 이미지와 상징과 은유를 자주 사용하였다. 그중에서 가장 주된 이미지가 '그리스도의 몸으로서 교회'이다. 이는 바울의 매우 독특한 표현으로 '성전으로서의 교회'를 언급하기 전에 암시된 개념이다. 바울은 몸(σῶμα)이라는 단어를 고린도전서에서만 무려 46회 사용하였다. 이것은 다른 바울 서신(45회)에서 사용된 숫자와 거의 같다. 그러므로 '교회의 몸 개념'은 바울이 초기부터 사용한 교회에 대한 그림 언어이다. 하지만 이 그림 언어는 이미지와 상징 이상의 의미를 가지는데,242 성만찬 시행을 위한 그리스도의 명령에 비추어 보면 이는 실제 그리스도의 영적이고 신비적인 몸(mystical body)에 근접한 용어이다.

'지역 교회가 그리스도의 몸이다'라는 바울의 생각은 고린도 지역 교회를 통해 다른 모든 지역에 있는 교회들에게 공통적으로 적용될 수 있는 개념이다. 교회(에클레시아)는 때로 지역 교회를 표현하기도 하지만(고전 1:2) 전체 교회를 표현하기도 하며(고전 10:32, 12:28), 몸이란 표현 역시 때로 지역 교회를 표현하지만 전체 교회를 표현할 수도 있다. 따라서 이 두 용어, 곧 교회와 몸은 정확히 같은 범위를 가지고 있다. 교회가 아닌 지체를 '그리스도의 몸'이라고 부를 수 없듯이, '그리스도의 몸'이 아닌 지체를 교회라 부를 수 없기 때문이다.

이 '그리스도의 몸인 교회'는 교회의 본질, 곧 그 정체성과 사명을 규정해 주는 중요한 개념 중 하나이다. '고린도 성도가 같은 말과 같은 마음, 같은 생각으로 완전하게 합하여져서 그리스도 예수와 교제함'은 교회가 '하나의 유기체인 한 몸'임을 보여주는데(고전 1:10), 바울이 사용한 '몸 이미지'는 교회 자체의 외형적 형태보다는 '내적인 관계와 교제'를 설명하는 것이다.

고린도 교회의 분열(고전 1:10-17, 6:7), 음행(고전 5:1-13), 법정 소송과 불의(고전 6:1-10), 우상 숭배와 제물(고전 8:1-13), 우상 숭배와 성만찬(고전 10:1-33), 교회 생활과 성만찬의 시행(고전 11:1-34), 성령님의 은사(고전 12-14장) 등에 대한 바울의 접근과 권면의 기저에는 '그리스도의 몸으로서의 교회 이해'가 깔려 있다. 바울 사도의 교회 문제에 대한 이해는 모두 '그리스도의 한 몸으로서의 관계와 교제가 깨어지는 것'이었다. 성도 상호 간의 문제를 세상 법정으로 가지고 가는 것이 왜 하나님의 유업(구원)을 받지 못하는 문제인가?(고전 6:9-10) 그것은 교회가 한 몸으로 하나의 상속자(하나님의 자녀)이기 때문에 이 한 몸에서 떨어져 나간 자에게 유업이 없는 것은 지극히 당연한 결과이다.

(2) 그리스도의 몸인 교회

'교회가 예수 그리스도의 한 몸'이라는 개념은 요한을 제외한다면(요 2:21, 6:26, 27, 31-35, 48-55) 바울만의 고유한 표현이다. 요한 사도는 '예수님께서 자기 자신을 종말적 성전이라 하셨다'고 증언한다(요 2:21). 또, 하늘에서 내려온 신령한 음료와 양식임을 밝히셨으며(요 6:26, 27, 31-35, 48-55), 생명의 양식으로서 살을 먹고 피를 마시는 자가 예수 안에 거하고 나도 그 안에 거한다(요 6:56)고 하면서, 이처럼 예수를 먹는 그 사람도 예수로 말미암아 살리라(요 6:57)고 하였다. 요한이 전한 예수의 이런 가르침은 바울의 성만찬 개념과 거의 일치한다.[243]

그렇다면 바울이나 요한의 이 표현은 이 두 사람 중에 한 사람의 고유한 생각이거나 아니면 어디에선가 빌려 왔을 수 있다. 우선, 바울의 몸 개념은 헬라적 사고에서 빌려 왔을 수 있다. 헬라의 사고에는 도시, 국가, 군대, 세계를 '몸'이라고 부르기도 했다. 따라서 이런 헬라적 사고를 몸으로서의 교회에 도입했다는 생각도 가능하다.[244] 하지만 국가를 몸으로 보려는 것은 헬라 사상에 근거한다기보다는 인간의 보편적 사고라고 할 수도 있다. 고대 중국의 노자 사상에서도 발견될 뿐 아니라, 천지인(天地人) 합일이라는 천부경에도 발견되는 개념이기 때문이다.

다른 한편으로, 바울의 몸 개념을 고린도의 테라코타 봉헌(terra-cotta votives)의 전통에서 찾기도 한다. 고린도의 아스클레피우스(Asclepius, 치유의 신)의 신전에다 치유를 원하는 병든 신체의 부위들 곧 머리, 손, 발, 손목, 다리, 가슴 등의 테라코타(terra-cotta)를 바쳤다. 바울이 교회를 예수의 몸으로 비유한 것은 바로 이런 의식에서 확장된 것으로 추측되기도 한다.[245]

물론 그럴듯해 보이기는 하지만 그러나 예수 그리스도의 몸 개념과 고린도의 테라코타 봉헌(terra-cotta votives) 사이에 드러나는 차이가 매우 크다. 고린도의 테라코타(terra-cotta)는 각 지체가 나뉘어 나타날 뿐, 한 몸에 연결된 많은 지체의 개념 자체가 없다. 하지만 교회의 몸 개념은 '각 지체가 그리스도의 한 몸으로 연합된 개념'이 나누어진 지체의 개념보다 우선하며 강력할 뿐 아니라 몸에서 분리된 지체는 이미 지체가 아니며 그래서 주목하지도 않는다.

특별히, 바울의 신학 태도로 볼 때도 그 가능성이 높지 않다. 바울은 그가 히브리인 중의 히브리인이며 바리새파라고 말한다. 바리새파들은 헬라적 혼합주의를 엄격히 배격하는 신학 자세를 가지고 있다. 따라서 그가 바리새파라는 자기 이해를 가지고 있다면 헬라적 사고나 개념을 가지고 그리스도의 몸 된 교회를 해석하려고 하지 않았을 것은 분명하다.

바울의 몸 개념을 '개인이 아닌 그리스도인 공동체'로 보거나, '비유가 아닌 기독론적'으로 보거나, 가부장적·정치적 개념의 배경을 가진 것으로 보거나, 사회 정치적 개념으로 이해할 수 있지만,[246] 그러나 어떤 이해로도 이 개념을 완벽하게 설명할 수 없다. 그것은 바울의 몸 개념이 지극히 독창적이기 때문이다. 이런 독창성이 그의 고유의 것인지 아니면 요한 사도에게서 보여지는 것처럼 예수 그리스도의 가르침에서 비롯된 것인지를 분별하기는 어렵다. 단지, 바울 사도의 몸 개념이 발전하는 과정을 살펴보면, 바울이 에베소에 체류할 때 '몸 교회론'을 체계적으로 발전시켰을 것이다. 그런데 에베소가 사도 요한의 선교 거점임을 고려한다면 바울과 사도 요한 사이에 교회론에 대한 어느 정도의 교류나 교감이 있었을 것이라는 점은 추측할 수 있다.

김세윤은 이 개념이 바울의 고유한 것이라고 본다. 다메섹 도상에서 예수와 교회를 동일시하는 바울의 체험이 '교회가 그리스도의 몸'이라는 바울의 독특한 교회관에 일조했을 것이라고 추측한다. 다메섹에서 바울을 만난 예수님은 그에게 교회를 핍박하는 것이 예수 자신을 핍박하는 것이라고 말씀하셨는데, 이때 바울은 예수와 그의 백성이 일체라는 사실을 깨달았다는 것이다.[247]

김세윤은 이런 바울의 다메섹 체험을 통해 본 예수의 형상을 '캅발라 멜카바'(קבלה מרכבה) 곧 어차 보좌 환상 전승(throne-mysticism)의 관점에서 이해한다. 이 전승은 에스겔의 환상(겔 1:3-28, 10:1-22)에 기초한 것으로 숄렘(Sholem)은 초기 유대 신비주의(Jewish Mysticism)의 중심 교리가 이 '캅발라 멜카바'라고 하였다. 캅발라 멜카바의 본질은 에스겔에 의해 묘사된 '보좌 위에 [앉으신] 분의 현현의 인지',[248] 곧 보좌에 앉아 계신 모습으로 그 백성에게 나타내시는(계시하시는) 하나님을 통하여 그분을 알게 되는 것이다. 숄렘은 유대 신비주의는 '신의 직접 계시를 통한 주관적인 신 경험'인데, '하나님과의 신비적 연합'이 그 체험의 중심에 있으며, 이런 생각은 '탈무드 시대'로부터 조직화되었다는 것이다.[249]

김세윤은 이 전승에 나타난 두 가지 – '몸의 측량'(שׁעור קומה)과 '집단적 개인'(a corporate personality)이라는 개념을 가지고 '그리스도의 몸으로서 교회'라는 바울의 생각이 형성되었다고 보았다. '몸의 측량'이라는 개념은 에스겔 1장 26절에 '사람의 형상의 모습'으로 나타나 보이시는 하나님의 영광스런 몸의 관념이다. 하나님의 지체를 인간 육신의 모양으로 묘사하고 그들을 측량하며 각 지체들을 비밀의 이름으로 불렀는데, 김세윤은 이 점에 주목하였다. 만약 바울이 이 개념을 알고 있었다면 '교회가 그리스도의 몸'이며 '개개인 그리스도인들은 그 몸의 지체'라는 '몸 개념'은 다메섹 이상 중에 본 영광스러운 그리스도의 몸을 '몸의 측량'의 관념에 따라 숙고하여 얻게 된 것이라 하였다.[250]

또한 그는 바울에게서 보여지는 '집단적 한 개인'의 경우, '어차 보좌 환상'(קבלה מרכבה) 전승에 나타나는 집단적 개인의 개념, 곧 다니엘서 7장에 나타나는 천상의 존재인 '케바르 에나쉬'(כבר אנשׁ, 인자 같은 이)에서 온 것으로 보았다. 이 '인자 같은 이'는 한편으로는 대표자로서 한 개인의 의미를 가짐과 동시에 진정한 이스라엘을 상징하는 집단적 의미로 해석되며, 이것은 창세기 28장 12절에 대한 탈굼 역본의 해석과 연결된다고 보았다.

창세기 28장 12절과 관련된 탈굼 역본의 해석은 '야곱과 동행한 천사들이 천상의 동료 천사에게 보좌에 새겨져 있는 것이 야곱의 형상(곧, 인간의 모습)이라고 알려 준다'는 것이다. 이 전승은 에스겔 1장 26절 이하의 발전으로 다니엘 7장 – 제1에녹서 46이하 – 제4에스라서에 나오는 '케바르 에나쉬', 곧 '인자 같은 이'는 모두가 '어차 보좌 환상 전승'의 일부이며 요한복음 1장 51절 – "또 이르시되 진실로 진실로 너희에게 이르노니 하늘이 열리고 하나님의 사자들이 인자 위에 (ἐπὶ τὸν υἱὸν τοῦ ἀνθρώπου) 오르락내리락하는 것을 보리라 하시니라" – 의 배경에 이 전승이 놓여 있다는 것이 옳다면 바울도 이 전승을 알고 있었을 것이라는 것이다.[251]

'교회가 그리스도의 몸이다'라는 표현 – 몸과 지체의 관계, 곧 그리스도와 교회의 관계를 묘사하는 표현 – 이 고린도에서 그가 쓴 초기 서신인 데살로니가전서에서는 나타나지 않는 데 비해 에베소에서 쓴 고린도전서에서는 매우 발전된 형태로 나타난다. 또한, '교회가 그리스도의 몸이다'라는 표현이나 '몸과 머리'의 관계, '성전으로서 몸'이라는 교회 개념은 고린도서보다 늦은 연대에 쓰여진 에베소서(1:22, 4:15, 5:23)나 골로새서(1:18), 로마서(7:4)에서는 훨씬 발전적이고 세련된 형태로 나타난다.

에베소서에서는 고린도서와 다르게 '교회가 그의 몸'(1:23)이라는 직접적 표현이 나타나는데, 이것은 골로새서(1:24)도 마찬가지이다.

에베소서에 나타난 발전된 개념의 교회론을 보면 유대인과 헬라인, 이 둘을 한 몸으로 하나님과 화목하게 하며(2:16), 그리스도 안에서 함께 상속자가 되고(3:6), 몸이 하나이고 성령님도 한 분이며, 부르심의 소망도 하나이고(4:4), 그리스도의 몸을 세움(4:16), 몸이 서로 연결되고 결합되며 몸을 자라게 함(4:16), 그리스도께서 교회의 머리 됨(5:23), 우리는 그 몸의 지체(5:30) 등등 예수의 몸 된 교회 개념이 매우 자세하게 설명된다. 특별히 몸으로서 성전 개념이 더 자세하게 진술된다(2:20-22).

에베소서에서 '예수의 몸이 성전이다'라는 직접적인 개념은 나타나지 않지만 몸과 지체가 서로 연결되고 결합된다는 설명과 연결시키면 결국 같은 결론에 도달할 수 있다. 에베소서의 쌍둥이라고 할 수 있는 골로새서에서는 몸인 교회와 그 머리이신 예수(1:18), 몸 된 교회(1:24), 몸과 머리(2:19), 한 몸으로 부르심(3:15)이라는 표현이 사용된다.

로마서에는 '몸과 머리' 관계로 설명되는 교회 개념은 나타나지 않는다. 로마서에는 교회라는 단어 자체가 잘 사용되지 않는다. 하지만 '몸과 지체의 관계'(롬 12:4-5)로 설명되는 교회 개념과 '성령님의 처음 익은 열매와의 연합'을 통해 부활을 설명하는 것은 고린도전서와 같으나(롬 8:23), 로마서에서는 양자(υἱοθεσίαν, adaption as sons)라는 발전된 개념이 나타난다. '또한 예수의 영이 너희 안에 거하면 그리스도 예수를 죽은 자 가운데서 살리신 이가 너희 안에 거하시는 그의 영으로 너희 죽을 몸을 살리시리라'(롬 8:11)는 표현으로 성도의 부활을 설명한다.

이것은 고린도전서보다 훨씬 더 자세하며 논리적이다. 성도의 부활이란 '예수님의 영을 나누어 가진 몸을 가진 사람들'이라는 것인데, 이는 단순히 성령님이 거하시는 성도가 '하나님의 아들'이라는 의미를 넘어, '한 그리스도의 영'(the Spirit of Christ)을 함께 가진 '집단적인 한 몸'이라는 개념이 보다 구체적이며 논리적으로 진술된 것이다.

고린도전서에서 교회는 어떤 이유로도, 특별히 세례와 같은 제자도로 나뉠 수 없는 '한 몸'이며(1:13, 12:13), 성도의 몸은 그리스도의 지체이다(6:15). 이 지체는 공동체를 형성하는 회원의 개념으로 이해해서는 안 된다. 현대 교회에서 교인들의 '회원 개념'이 발전하고 있지만 엄밀히 이것은 바울이 생각했던 교회의 개념에 위배되는 생각이다. '지체'(limbs)는 몸과 결코 분리될 수 없는 몸 그 자체이기 때문이며,[252] 지체가 아닌 이들은 어떤 경우에도 몸이 될 수 없는 것과 마찬가지로 교회가 될 수도 없다. 만약 지체가 아닌 이들이 몸에 붙어 있다면 그것은 '죽어 있는 살'이며, 유기체의 바른 성장과 건강을 해치는 '묶은 살'이다. 따라서 이는 반드시 분리되어야 할 것이다.

몸과 불가분리의 관계에 있는 지체는 성만찬의 잔을 마심으로 그리스도의 피에 참여하고, 또한 그 떡을 뗌으로써 그리스도의 몸에 참예하며(10:16), 그리스도의 몸으로서 떡이 하나인 것같이 떡을 함께 뗀 많은 성도가 다 한 떡에 참여하기 때문에 한 몸(10:17)인데, 몸의 지체가 많으나 한 몸인 것과 같이 그리스도도 그러하다고 설명한다(12:12, 14, 20, 27).

그런데 지체와 지체가 한 몸이 되는 것은 지체와 지체 간의 직접적인 연합이 아니라 각 지체가 그리스도와의 연합을 통해 이루어지는 간접적인 것이다. 그럼에도 불구하고 지체와 지체는 서로 분리될 수 없는 통일체(the unity)이다. 이 통일체로서 교회가 몸이신 그리스도와 동일시된다.[253] 무수한 지체로서 모든 성도들은 인종이나 신분에 관계없이 유대인, 헬라인, 종, 자유자가 다 한 성령님으로 세례와 성찬을 통해(12:13, 10:17) 그리스도의 한 몸이 되는데, 이런 교회의 몸 개념은 '몸과 지체', '머리와 몸'이라는 개념으로 확장된다. 이런 '머리와 몸의 관계'는 고린도전서에서는 나타나지 않고, 보다 후기 서신인 에베소서와 골로새서에서 비로소 나타난다.

(3) 몸과 지체들

• 비유의 대상과 목적

바울 사도가 '교회는 예수 그리스도의 몸'이라고 이해할 때 이 몸은 개별 성도들이 모여서 이루어진 한 몸이었으며, 개별 성도들은 이 몸의 지체라는 것이다. 이 몸과 지체는 각각의 지체가 서로 독립적으로 몸에 연합되어 있는데, 그러나 한 지체가 다른 지체를 위해 섬기고 봉사함으로(고전 12:14-21) 상호 교제하여 '하나의 통일체'를 이룸으로써 한 몸을 유지한다. 이 한 몸의 통일성과 다양성을 설명하는 것이 '몸과 지체'라는 그림 언어이다.

우선, '각 지체가 한 몸이다'라는 몸의 통일성은 '성령님으로부터 오는 것'(고전 12:13, ἐν ἑνὶ τῶν πνευματι)이다. 성령님에 의해 교회의 각 지체가 동일하게 예수의 생명을 가지고 양육되는 하나의 유기체가 되는 것이다. 또한 '한 몸의 여러 지체'라는 다양성은 성령님의 나타나심(7절)에 의해 성립되는 것이며, 이 성령의 나타나심은 하나님의 은혜에서 오는 것으로(고전 1:4-7) 다양한 은사(4절), 직임(5절), 사역(6절)으로 표현된다.

은사(χάρισμα, 카리스마)는 하나님의 호의를 통해 개인 그리스도인들에게 수여되는 비물질적 종류의 특별한 선물들로, 그런 은사 중에는 특별한 일(임무나 사명)들을 위한 선물들도 있다.[254] 던(J. Dunn)은 은사, 곧 '카리스-마'(χάρισ-μα)라는 단어가 '은혜로 주는 χαρίζεσθαί(카리제스타이)' 행위의 결과를 표시한다고 하였다.[255] 또한 하나님의 은혜로 말미암아 성령님의 나타나심은 은사에 따라 나타나는 각 지체의 직분에도 관계되어 있다.

'디아코니아'(διακονία)는 '섬기는 일'뿐 아니라 그 일을 하게 되는 '선지자' 혹은 '사도'라는 '직분 혹은 직임'(office)을 의미하기도 한다.[256] 그러므로 한 몸의 지체가 가지는 '직분'은 단지 인간들이 필요에 의해 수여하는 것이 아니라, 하나님의 은혜로 성령의 나타나심을 따라 부여받는 것이다.

한 지체가 은사에 따라 직임을 수여받고 그 직임의 일을 하는 것을 '사역'(ἐνέργημα, 엔에르게마)이라고 한다. 이 '사역'은 다른 것에게 영향을 미치는 어떤 행위로서 능력(capability)이나 행위(activity)를 표현한다.[257] 그래서 사역이란 자신의 은사에 따른 직임을 사용하여 다른 사람에게 영향을 미치는 것이다.

이런 은사, 직임(직분), 사역은 어디까지나 각 지체들이 한 몸에 '봉사'하여 상호 교제함으로써 그 몸의 통일성, 곧 '하나의 살아 있는 유기체'를 유지하도록 삼위 하나님으로부터 오는 것이며(고전 12:4-6), 이것은 하나님의 은혜로 주어지는 것이다. 이 은사, 직무, 사역이 어떻게 작용되는지를 보여주는 것이 '몸과 지체'라는 그림 언어이다. 그러므로 '몸과 지체'는 교회가 본질적으로 예수의 생명을 함께 가지는 '하나의 유기체'로 그 생명 활동을 하는 '은사 공동체'임을 보여준다.

• 은사공동체의 은사, 직임, 사역

교회가 공동적으로 혹은 보편적으로 공유하는 특성을 함께 나누어 가지는 것은 모든 성도들이 하나의 그리스도의 몸이라는 단일성에서 비롯된 것이다. 곧, 많은 지역 교회가 존재하지만 그 모든 지역 교회는 예수의 생명을 공유하는 하나의 유기체이다. 바울의 몸 개념의 사용은 철저하게 교회의 통일성 문제이며,[258] '몸과 지체'라는 그림 언어는 이런 교회가 한 몸의 통일성을 유지하면서도 서로 다른 고유한 직임과 은사, 사역을 가지는 다양성을 또한 가지고 있음(참조, 고전 12:14-20)을 보여준다.

은사와 직임, 사역을 구분하기란 쉽지 않다. 이것은 눈과 보는 일을 혼동하는 것과 같고, 눈이 볼 수 있는 능력을 가진 것을 구별하지 않는 것과 같다. 하나님은 지체 중 '눈'이라는 이름과 같은 직분을 주셨고, 직분을 감당하기 위한 기능(혹은 능력)도 아울러 주시는데, 예를 들어, '눈'은 '보는 일'을, 다리는 '걷거나 뛰는 등 이동하는 일'을 할 수 있는 기능을 주시는데, 이것을 은사라고 할 수 있다.[259] 은사는 한 지체의 직분(이름)이 감당해야 할 사역을 수행할 수 있는 기능으로, 이는 성령님의 선물이자 나타나심이다.

이런 기능들은 매우 다양하다. 고린도전서 12~14장에 나타난 은사들은 완전한 목록이 아니라 일부분이며, 이 외에도 집을 세우기 위한 다양한 은사들이 존재한다.[260] 하지만 눈이라는 직분(이름), 보는 능력(은사)이 있다고 하더라도 이것이 '보는 일(사역)'과 동일하지 않다. 사람이 길을 걸어갈 때 눈을 감고 있다면 '보는 일'을 할 수 없다.

마찬가지로, 교회가 그리스도의 한 몸으로 기능하도록 세워지기 위해서는 은사를 따라 직분을 행하는 실제 사역이 있어야 한다. 눈이 볼 수 있는 은사를 가졌고, 보아야 하는 직분과 보는 은사를 가졌다고 하더라도 그것을 사용하지 않는다면, 곧 사역하지 않는다면 소용없는 것들이다. 만약, 눈이 보는 일을 하지 않고 눈을 감아 버리면 볼 수 없게 되고, 따라서 손과 같은 다른 지체가 지팡이를 사용하여 그 사역을 대신할 수밖에 없다.

그러므로 교회가 교회로 세워지기 위해서는 직분과 은사에 따른 사역이 실제로 행해져야 한다. 만약 한 지체가 이 일을 하지 않는다면 재능(은사)이 없는 혹은 직분이 없는 다른 지체가 대신 행할 수 없고, 은사가 없는 다른 지체가 사역할 때는 매우 거칠고 비효율적일 수밖에 없다.

다양한 지체들의 직임, 은사, 사역이 각 지체 상호 간에 긴밀하게 연결되어 교제하고 있음을 고린도전서 12장에서는 교차적으로 설명한다. 다양한 각각의 지체들은 모두 각각의 고유한 기능(은사)을 가지고 있으며(12:4-11), 직임(직분)을 가진 지체는 다 필요한 것이며(12:12-30), 다 귀중한 것이기 때문에 서로 분쟁이 없이 같이 돌아보아야 하고 긴밀히 연결되어(12:27, 28-30) 사역해야 한다(12:4-11). 하지만 이런 고유한 은사만이 있는 것이 아니라, 그 직임을 수행하기 위해 모든 지체는 모두 공동의 은사, 곧 믿음, 소망, 사랑을 가지고 있어야 한다.

5) 성령님의 (성)전

(1) 성전 개념의 발전

이스라엘 백성들에게 성전은 율법과 '거룩한 땅'과 함께 유대주의의 정체성을 지탱해 주는 중요한 한 요소였다. 그렇다면 그리스도인들에게 '성전'은 그들의 정체성과 관련하여 어떤 의미가 있는가?

성전과 성령님의 관계에 대한 이해, 또 하나님의 백성으로서 이스라엘과 성전의 관계는 오랜 역사를 갖는다. 특별히 성전 파괴 이후 성전 회복은 '중앙 집중화'(centralization)라는 유대교의 중요한 사상적 토대의 표출이자, 그들 민족을 '한 백성'으로 묶어 주는 '민족적 이상'(national vision)이었다. 바벨론에 포로로 잡혀갔던 이스라엘은 페르시아의 고레스와 다리오에 의해 예루살렘으로 돌아오게 되었는데, 이 귀환과 회복을 주도한 이들은 세스바살, 스룹바벨, 예수아, 에스라, 느헤미야 등이었다. 이들이 주도한 '이스라엘 회복 운동'의 초점은 '예루살렘과 성전 재건'이었는데, 이렇게 재건된 성전(제2성전)은 그 성전이 파괴될 때까지 이스라엘의 나라와 유대 정체성의 중심이었다.[261]

물론, 상징적인 표현이기는 하지만 하나님은 이 성전에 거하시며 따라서 이는 하나님의 집이었고(사 2:3; 렘 27:21; 겔 10:19; 단 1:2, 5:23; 마 23:21 등) 거룩한 장소였으며, 이 성전 제의를 통하여 유대인들도 거룩하여졌다. 성전은 나라가 멸망하여 가시적 왕이 없었던 이스라엘 백성들에게 그들의 왕이신 하나님과의 유일한 교제의 장소이고, 하나님의 백성인 그들에 대한 하나님의 선택과 언약의 눈에 보이는 상징

이었다. 성전은 왕이 없는 상황에서 일종의 신정 정치 기구이기도 하였다.[262]

(2) 성전의 재건

하지만 성전 회복 운동의 결과로 세워진 제2성전은 여러 오욕의 역사를 거쳐야 했다. 페르시아를 멸망시킨 마케도니아의 알렉산더 대왕이 죽은 후에 팔레스타인의 주인은 시리아 셀류시드 왕조(Seleucids Dynasty)의 안티오쿠스 3세(Aniochus III)였다. 그는 이집트의 프톨레미 왕조(Ptolemaic Dynasty)와 팔레스타인의 지배권을 놓고 전쟁을 벌여 마침내 B.C. 198년에 팔레스타인을 지배하는 데 성공한다. 처음에 팔레스타인들은 셀류시드의 지배를 환영했지만 그들은 점점 헬라 문화를 유대인들에게 강요하게 되었고, 그 절정은 B.C. 167년, 안티오쿠스 4세(Antiochus IV Epiphanes)에 의한 성전 파괴와 모욕 사건이었다. 그는 프톨레미와의 전쟁 길에 예루살렘에 들러 예루살렘 성전에 있는 번제단 위에 제우스 제단을 세우도록 명령하고 돼지의 살코기와 피로 제사를 드리게 했다. 이는 다니엘서 11장 31절에 언급된 '군대는 그의 편에 서서 성소 곧 견고한 곳을 더럽히며 매일 드리는 제사를 폐하며 멸망하게 하는 가증한 것(미운 물건)을 세울 것'이라고 언급된 사건이었다.

이 사건은 맛디아(Mattathias)와 그의 아들들에 의해 주도된 마카비 독립운동(Maccabean Revolt)을 촉발시켰다. 그리고 마침내 B.C. 164년에 예루살렘을 회복한 유다 맛디아는 성전을 대대적으로 청결케 하며 하나님에 대한 제사가 회복되었고, 그들은 8일 동안의 축제를 가졌는데 이것이 '하누카'(Haukkah) 곧 봉헌절의 시작이었다. 이후 지속적인 독립전쟁 끝에 마침내 B.C. 161년에 셀류시드 왕조로부터 자치권을 부여 받은 마카비 왕조(Maccabean Dynasty)가 시작되어 로마에 의해 멸망된 B.C. 63년까지 지속되었다.

(3) 종말 성전의 기대

마카비 독립운동의 결과로 예루살렘과 성전 예배의 회복은 그것을 기념하여 '하누카'라는 절기로 지킬 만큼 이스라엘 백성들에게 환영을 받았지만, 점차 시간이 지나면서 부패한 제사장들과 성전 제도 그리고 정치 권력의 비호를 받은 대제사장직의 임명 등 그 타락상 때문에 이스라엘 백성들에게 외면을 받게 되었다. 그리고 성전 중심의 제사장 정치가 가지고 있었던 부정적인 면들은 점차 이스라엘 백성들에게 '종말에 재건되는 영광스런 성전'이라는 기대를 가지게 하였고, 로마에 의해서 제2성전이 파괴되자 종말 성전의 기대는 더욱더 확대되었다.

하지만 제2성전의 파괴는 유대인 정체성의 심각한 파괴를 의미하기도 하였다. 하나님의 백성으로서 유대인들, 그 유대인들의 땅, 예루살렘 성전, 그 성전에서 드려지는 '여호와 예배(제사)'는 유대인 정체성의 중심에 있었다. 성전은 디아스포라 유대인을 포함한 모든 유대인들의 순례와 축제의 장소였으며, 온 세계에 흩어져 있던 모든 유대인들의 마음의 고향이었다. 그러하기에 예루살렘 성전(제2성전)의 파괴는 유대인들에게 있어서 그 중심의 상실을 의미하였다.

'무엇이 문제인가?' 성전이 파괴된 후에 절망 가운데서 유대 백성들이 생각한 바는 이것이었다. 그리고 예루살렘이 파괴되도록 내버려두신 하나님과 그 하나님의 버리심의 원인은 제사장들의 부패 때문이라고 생각하였는데 희년서, 모세의 언약서, 4QMMT, 다마스커스 문서 등에는 제사장들의 부패한 모습들이 나타난다.

여기에 새로운 기대가 나타나는데 다마스커스 문서의 '새 언약'과 (6:18-19) 사독 계열의 제사장직 승계가 그것이다. 제4에스라와 제2바룩서에는 성전 파괴의 절망 속에서 탄식하며 종말에 재건되는 영광스런 성전을 꿈꾸는데, 이런 기대는 토빗서에도 나타나게 된다.

종말 성전의 재건에 대한 기대는 말라기 선지자에게로 거슬러 올라간다. 제사장들의 더러움과 불경건들로 말미암아 더럽혀진 성전은 종말의 날, 곧 여호와께서 그 성전으로 돌아오시는 날에 청결케 된다는 것이다(말 3:1-5). 이것은 에스겔이 보았던 환상 속에 언급되었던 바 성전이 파괴되면서 성전을 떠나셨던 '하나님의 영광'(혹은 그의 임재, 겔 8-11장)이 제2성전으로 돌아오지 않으셨음을 의미한다.

이런 '종말의 영광스런 성전'은 '천상의 성전'이다. 헤롯 성전이 파괴된 후 기록된 '시빌의 신탁들'은 돌로 세운 성전으로서 집을 가지지 않으며, 손으로 지어지지 않았기 때문에 눈으로 볼 수 없는, 그래서 동물의 피로 더럽혀지는 일도 없을 것임을 선언하면서 천상의 성전을 언급한다(4:25-27). 이것이 쿰란 종파에 이르러 '눈에 보이지 않는 그들의 공동체가 비유적 성전'이라는 형태로 발전된다. 그들의 문서에는 예루살렘에 있는 눈에 보이는 성전이나 동물 제사는 나타나지 않는다. 오히려 그들의 공동체가 비유적 성전이라는 것이다.[263] 그들은 새 시대가 오면 제사장들은 회복된 성전에서 단 한 번 희생 제사를 드린다고 믿었다.[264] 그래서 그들은 천상의 성전과 제의, 그리고 하나님 예배에의 참여에 더욱 관심을 기울였다.

(4) '성령의 전'으로서 교회

'교회가 성령의 전이다'(고전 3:16)라는 개념은 '사람(공동체)이 성전'이라는 개념과 연결되었을 것이다. 예수님의 성전 청결 사건은 부패된 성전(건물)이 하나님에 의해서 파괴되는 것을 비유적으로 보여준다(마 21:12-13; 막 11:15-17; 눅 19:45-6; 요 2:14-17).[265] 종말의 성전은 인간의 손에 의해 예루살렘에 지어지는 성전 – 다시 파괴될 수도 있는 성전 – 이 아니라 '하나님의 영'이 '집단적 개인'(a corporate personality) 위에 임재하심으로 세워지는 '한 인격으로서의 성전'이다.

'교회가 성령님이 거하는 성전'(고전 3:16-17, 6:19-20)이라는 바울의 교회관은 파괴된 성전과 종말 성전의 개념과 연결된 것처럼 보이는데, '교회가 특정한 가시적 건물이 아니라 그리스도인이 어느 곳에 모이든지 함께 모이는 그들 무리 위에 성령님께서 임하시고 거주하실 때 비로소 교회가 된다'[266]는 것이다. 이것은 위에서 설명한 '성전 전승의 흐름'과 연결되어 있다. 그리고 이런 인격으로서 성전은 하나님의 임재와 성령님(고전 3:16), '거룩'(고전 3:17), 그리고 교회의 단일성과 그 소유권(고전 3:23)의 개념과 연결되어 있다.

• 교회의 거룩

성령님의 전으로서 교회는 거룩하다. 그리고 '성령의 전'으로서 이 거룩은 예수 그리스도의 피로 인한 속죄의 씻음을 통해 이루어진 것이다(고전 6:19-20).

성전은 속죄 제사의 장소였고, 단지 피에 의해서만 속죄가 있었다.[267] 따라서 교회가 눈에 보이지 않은 종말 성전이라면 '속죄의 제사가 이루어지는 장소'라는 조건이 만족되어야 한다. 그런데 교회는 '복음' 곧 예수 그리스도의 십자가의 죽음과 부활을 믿고 받아들인 사람들의 덩어리(연합체 혹은 공동체)이며 그들은 모두 예수 그리스도께서 단번에 드리신 희생 제사, 그의 대속의 죽음과 속죄의 피를 믿음으로 죄의 씻음을 받아 형성된 무리이다. 그러므로 교회는 '종말 성전'이 된다.

이 교회는 예수 그리스도께서 단번에(once for all) 드리신 희생 제사로 인하여 거룩하여지며 청결하여지고, 교회의 이 거룩이 지속되는 것은 성전을 청결케 하는 의로운 행위나 반복되는 동물 제사를 통한 '하나님의 은혜'가 아니라, 단번에 모든 시대의 모든 사람들의 모든 죄를 속하신 '예수 그리스도와 연합하여 한 영'이 되는 것, 곧 '성령님의 전'(고전 6:17, 19)으로서 그리스도와 지속적인 교제를 통해 이루어지는 것이다.

이렇게 수립된 교회의 거룩과 순결은 고린도전서에서 '하나님의 성전'인 편지 수신자들의 정체성이다. 교회의 거룩과 순결은 교회의 거룩한 행위나 의로움에 의해 얻어지는 것이 아니라 하나님의 은혜로 주어진 것이다. 따라서 엄밀히 교회가 '하나님의 성전'으로서 '은혜로 주어진 거룩을 지속'하지 않으면 교회가 아니다.

교회가 하나님의 성전으로서 거룩을 지속하기 위해서는 묵은 누룩을 제거하고(고전 5:7), 교회 내에서 악한 자를 추방하며(고전 5:11-13), 믿지 않는 남편과도 결혼 관계를 유지함으로 그들을 거룩하게 해야 하고(고전 7:14), 성찬과 귀신들의 잔을 함께 마시지 않아야 한다(고전 10:21-22). 그리고 이것을 통해 성령이 거하시는 성전(고전 6:16-19)으로서 거룩과 순결을 지속해야 한다.[268] '하나님의 종말 성전인 교회'라는 교회의 정체성은 교회가 성령께서 임재하시고 거주하시는 자리로서, 교회에 거룩과 순결을 요구하는 주제이기도 하다.

• 하나님의 집

성전이 하나님의 임재의 자리요, 거주의 장소이기 때문에 교회 역시 하나님의 집(고전 3:10-15)이라는 개념과 연결될 수 있다. 교회는 한 분 그리스도의 터 위에 세워진 하나의 교회이며, 건축자인 바울이나 아볼로가 아닌 '그리스도의 소유'이다(고전 3:23).

성령의 전으로서 교회는 그리스도의 피로 인한 속죄의 씻음을 통해 거룩하여지고 의롭다 하심을 받아 하나님 나라를 유업으로 받는 그리스도인들의 모임이며 성령이 거주하시는 곳으로, 예수 그리스도의 한 영으로 연합하여 교제하는 예수님의 소유이다.

요약하면, 성령님의 전으로서 교회는 그리스도의 피로 인한 속죄의 씻음을 통해 거룩하여지고 의롭다 하심을 받아 하나님 나라를 유업으로 받는 그리스도인들의 모임이며, 예수 그리스도의 한 영으로 연합하고 교제하여 거룩하게 된, 성령님이 거주하시는 하나님의 집으로 예수님 소유이다.

6) 하나님의 권속

디모데서나 에베소서와 같은 후기 서신들과 달리[269] 바울의 초기 서신에는 가족 혹은 가정으로서 교회라는 직접적인 개념이 구체화되지 않고, 단지 교회가 가족임을 유추할 수 있는 개념들만 사용된다. 하지만 성도를 '형제'로 부르는 호칭은 매우 매우 흔하게 발견되는데(고전 1:10, 26, 2:1, 3:1, 4:6, 5:11, 6:6), 동일한 부모로부터 동일한 피를 나누었거나 아니면 입양에 의해서 한 가족이 된 경우가 아닌데 타인을 가리켜 '형제'라고 부르는 것은 로마식이 아니라 유대식이다.[270] 그러므로 성도를 '형제'라고 부르는 바울의 표현은 교회 내에 있는 성도의 관계를 '혈연적 가족'으로 본 그의 독특한 시각 때문이다.

바울 사도는 고린도전서 4장 15절에서 고린도 성도들을 '복음으로 낳았다'고 하면서 '자녀들'이라고 부르고 자신을 아버지라고 지칭한다(고전 4:14 15). 또 디모데를 '나의 아들'이라고 부른다(고전 4:17). 하지만 이런 아버지와 아들의 관계보다는 '형제'라는 단어가 가장 빈번하게 사용되는데, 이 형제는 '예수 그리스도가 그들을 위해 죽으심으로'(고전 8:11) '한 피로 맺어지고 이루어진 관계'이다.

바울은 자신을 하나님의 집의 비밀(복음)을 맡아 회계를 보는 '일꾼'(οἰκονόμους, 오이코노무스, 청지기)이요, '머슴'(ὑπηρέτας, 휘페레타스)이라고 한다(고전 4:1). 이는 그리스도인 상호 간의 관계를 표현하는 말로, 비록 신분이나 직분이 다를지라도 성도들은 상호 간에 가족이 될 수 있는 가능성을 보여준다. 일꾼이요 머슴이라도 '하나님의 집' 혹은 '그리스도의 집'(고전 3:9, 4:1)에서는 모두 형제가 된다.

그러면 교회는 어떻게 가족이 되며 가족이라고 불릴 수 있는가?

미네아(Minear)는 '한 가족'이 된다는 것은 가족 구성원들이 보편적인 도장(common stamp), 곧 한 사회 전체가 '보편성의 특징'(the impress of common character)을 가지고 있어야 하며, 이것이 있으면 가족이란 용어가 합법적으로 사용될 수 있다고 하였다.[271]

따라서, 가족으로서의 교회는 보편적으로 가져야 할 혹은 보편적으로 새겨져 있는 특성으로서 삼위 하나님, 복음, 새 언약, 사도성과 같이 교회의 정체성을 규정하는 기본적 토대로서 본질적 요소를 함께 가지면서 그리스도의 한 몸으로서 '통일성'과 '거룩성'을 함께 가지는 – 삼위 하나님과 그리스도인 사이에 존재하는 관계에 기초를 둔 [272] – '같은 계열'(corollary)이기 때문에 가능해진다. 이는 교회가 다양한 구성원, 곧 다양한 신분, 다양한 직분이나 은사, 사역을 가졌지만 하나의 연합체(공동체)로서의 가족이 되었음을 의미하며, 그 이상의 혈연 관계로 맺어졌음을 뜻한다.

7) 집에 있는 교회

(1) 집에서 모인 교회

바울 사도가 고린도 교회를 지칭할 때 중요하게 사용하는 표현은 '집에 있는 교회'(ἡ κατ' οἶκόν τινος ἐκκλησία)이다. 이것은 혈연 관계의 어감이 강한 '하나님의 집(권속)'과 다른 개념이다. 고린도전서 16장 19절에 '그 집에 있는 교회'(κατ' οἶκον ...소유격... ἐκκλησίᾳ)라는 형식구는 빌레몬서 2절에서나 골로새서 4장 15절 등에서도 동일하게 사용되었다.

이 표현은 초기 교회들의 회합 장소가 '가정에서 모이는 교회'라는 이미지가 고정되어 있고, 이것은 '교회'와 '교회의 회합 장소'를 동일시하지 않았다는 것을 의미한다. 그리고 교회가 모이는 장소는 교인들의 회합만을 위하여 특별히 지정된 건물이 아니었고 사람들이 기거하는 특정 집에서 '교회'가 모였다는 의미도 된다.

실제로, 콘스탄티누스 대제의 밀라노 칙령 이전에는 교회가 법적으로 자체 건물을 소유할 수 없었기에 외형상 어떤 특정 형태의 건물 양식이나 건축물을 보고 '교회 회합 장소'로 구별하여 인식할 수 없었다.[273] 교회 초기에 모임 장소는 단순히 집뿐 아니라 대학교나 학교의 홀(hall), 창고 등도 사용되었다.[274] 하지만 가정집이 교회로 가장 현저하게 사용되었는데 대부분 집의 만찬 식탁 자리인 트리클리늄(triclinium, dining room)에서 예배를 가졌다. 하지만 숫자가 늘어나면서 많은 도시에 마을 회관(community house)을 만들어 이곳에서 모였다. 기존 건물을 개조하여 그 내부에 예배 드릴 수 있는 홀, 세례조, 자선소 등을 만들었던 것이다.[275]

이런 개조 건물은 '교회 집'(domus ecclesiae, οἶκός ἐκκλησίας, the house of church), 곧 '교회의 집'이라고 불렀는데, 유세비우스(Eusebius)가 가정에서 모인 교회를 지칭할 때 사용했던 용어이다.[276] 로마에서는 이것들을 티툴리(Tituli)라고 불렸다.[277] 231년에 두라(Dura)에 위치했던 이런 개조된 '도무스 에클레시에'(domus ecclesiae)는 매우 중요한 의미를 가지는데, 이 건물은 만찬장이 없고 오직 종교적인 용도(예배 모임)

로만 사용하였다. 그래서 이런 종류의 '교회의 집'은 비로소 개인 재산이 아니라 교회 재산으로 구분되었다.[278]

이런 점에서 A.D. 50년-313년까지 교회당 개념 이전의 교회 건물의 발전은 대체로 3시기로 구분되는데 A.D. 50-150년, 150-250년, 250-313년이다.

50-150년 시기의 교회는 교회 조직이나 교회적인 건물에 관심이 없었고, 어떤 장소건 모일 수 있는 곳에서 만났다. 그때 예배의 핵심은 애찬이었기 때문에 모임 장소가 만찬장이었고, 교인들은 대체로 중·하위층이었기 때문에 집도 전형적인 싼 집이었다.

150-250년 시기에는 기독교가 빠르게 확장하였고, 이때 회중들이 원했던 교회 구조는 두 가지 목적에 사용될 수 있어야 했는데, 영적 필요들과 사회복지(죽은 자들의 장례를 포함한)이다. 약 200년경까지 공동 식사는 가난한 자들에게만 제공되었다. 따라서 교회 건물은 예배를 보는 방, 세례조와 입교식 방이 있었고, 부속된 방들이 딸려서 그곳에서는 교실들과 자선 애찬을 위한 만찬장, 제단의 집기들을 보관하는 성구실, 도서실 등으로 구성되었다. 이 시기의 교회 건물이 도무스 에클레시에(domus ecclesiae)이다.

250-313년의 교회 건물은 바실리카(basilica) 건축물이었다.[279] 콘스탄티누스 대제가 기독교를 공인한 이후에는 법원이나 종교적 제의를 실행하는 용도로 지어진 직사각형 건물의 로만 바실리카(Roman Basilica)를 개조하여 교회로 사용하였는데, 이 건축물들은 본 홀에 들어가기 전에 아트리움(atrium) 혹은 현관(square porch)이 있고, 반대편에는 조개 모양의 반원형 천장(semicircular apse or concha)이 있었으며,

그곳에 높은 제단, 재판장 혹은 집정관 석이 있고, 그 아래 보좌인들이 앉고, 반원형 천장 근처 4각형 부분에 변호인과 의뢰인 자리 그리고 큰 부분에 방청석이 있었다. 그리고 여러 부속실이 딸려 있었다.[280]

콘스탄티누스 대제가 기독교를 공인한 후에 비로소 기독교는 교회의 회합 장소인 '건물'을 지을 수 있는 권리를 가지게 되었는데, 이때에도 예배당의 고유한 양식이 있었던 것이 아니라 로마 바실리카를 개조하여 회의장(assembly hall)은 입교인들의 예배처로, 아트리움(atrium)은 비세례자의 예배처로 사용하였다.[281]

이런 초대 교회 건물의 역사를 보면 오늘날 연구되고 있는 '가정 교회'와는 상당한 거리가 있다. 초기 '집에 있는 교회'는 신학적인 고려 때문이 아니라 정치적·사회적인 이유에서 기인된 것이며, 이때의 가정 교회란 '지역에 있는 교회가 모이는 가정집'이나 혹은 일반 건물일 뿐이다. 처음에는 이것들이 교회의 재산으로 구별되어 있지 않았으며, 교회가 성장해 가면서 점차 교회라고 구별할 수 있는 건축 양식이 없었지만 등록된 소유권을 가질 수 있는 – 오늘날의 개신교 교회의 개척 교회들과 별반 다를 바 없는 – 가정집을 개조한 교회당을 가지고 있었다.

따라서 고린도전서에서 '집에 있는 교회'의 강조점은 '집'이 아니라 '성도들의 모임'인 교회라는 점이다. 가정집에서 교회가 열릴 수 있었고, 학교 건물이나 기타 건물에서 교회가 열릴 수도 있었다. 그러므로 교회는 건물이 아니라 '성도들의 모임'(혹은 거룩한 무리)이며, 이는 교회의 중요한 본질이다. 이것은 오늘날 현대 교회, 특별히 한국 교회에서 지나치게 교회 건축에 모든 힘을 쏟아붓는 현상이 얼마나 교회의 본질과 동떨어져 있는가를 알 수 있다.

'집에 있는 교회'에서 또 한 가지 잊어서는 안 되는 것은 교회가 건물이 아니요 단지 '모이는' 장소라면, 한 개인이 복음을 믿었다 하더라도 다른 성도와 함께 모이지 않으면 엄밀히 교회라고 보기 어렵다는 점이다. 고린도전서 11장 20절에 '한자리에 모여서'(συνέρχομαι, 쉰엘코마이)라는 의미에서도 교회는 한자리에 모이는 것임을 엿볼 수 있다.

한자리에 '함께 모이는 것'은 신학적으로도 매우 중요하다. 고린도전서 11장 17절에서 '함께 모인다'는 말은 '성만찬을 시행하는 기독교인 회중', 곧 교회를 지칭하는 기술적 용어이다.[282] '한자리에 모이는 것'은 성만찬을 통해 끊임없이 그리스도의 몸 됨을 확인할 뿐 아니라 복음을 기억하고 전하는 예식(형식)이기도 하기 때문이다.

한자리에 모이지 않았을 때 '모이지 않는 교회'가 교회일 수 있는 것은 '한자리에 모이는 무리'를 지평으로 한 성도들이 흩어져 나갔을 때이다. 가시적 교회로 함께 모이는 것은 비가시적 교회로서 '흩어져 가는 것'(πορεύομαι, 포류오마이), 곧 선교 사역을 위하여 가는 것을 전제하고 있다. '흩어져 나가는 것'을 의미하는 '포류오마이'라는 단어는 이 장소에서 저 장소로 걸어 다니는 것을 의미하는데, 이는 인자이신 예수 그리스도가 모형이며, 예수의 선교 사역을 표현할 때 이 단어를 사용하였다.[283] 교회는 언제나 거룩한 무리로 함께 모이는 가시적 교회이며, 또한 이 '함께 모이는 교회'를 지평으로 하여 선교를 위해 '흩어져 나가는 교회', 비가시적 교회이다.

(2) 집에 있는 교회와 로마의 Familia

고린도에 있었던 '집에 있는 교회'는 오늘날처럼 조직되고 제도화된 교회라기보다는 로마의 '가정 제도'의 영향 아래 있었을 것이다.

• 로마의 Familia

로마법에 따르면 로마 사회는 실제의 삶에서 '가족'(familia)으로 구성된다. 따라서 모든 로마 사람들은 가정에 소속되며, 이 가정의 가장 기본적인 단위는 혈연 관계이다. 하지만 로마인들에게 가족은 이런 기본 개념으로부터 확장된 가족 개념이 더욱 자연스럽게 받아들여졌다. 일반적으로 3세대가 함께 살았을 뿐 아니라, 결혼한 부부와 함께 한 집에서 사는 노예 집단과 자유 노예의 공동체, 그리고 모든 소유물, 사업과 관련된 사람들까지 '파밀리아'라고 불렀다.[284] 이 대여섯 가족이 한 마을을 형성하고, 또 대여섯 마을이 '도시'(polis)를 형성하였다.[285]

로마의 가정 제도에서 집주인인 가장(head of familia)은 가정에 있는 모든 것들－사람과 재산－의 소유주였고, 그 집에 모이는 사람들, 곧 '그 집의 식구들'과 함께 그 집에 드나드는 '가신들'(clients)의 '본주'(patron, προστάτης 혹은 προστάτις)였다. 로마의 '본주'들은 자기 집의 규모가 정치적인 힘과 관련이 있기 때문에 그의 집을 소속된 많은 '가신들'(clients)을 사업에서나 금전적으로 후원하고, 그들로부터 정치적인 후원을 얻고자 하였다.[286] 따라서 이런 본주-가신들(patron-clients)이라는 제도 내에 있었던 로마의 집은 일종의 정치 형태(politeia)라고

도 할 수 있었다.287

고린도가 헬라 지역에 위치한 로마 도시였다는 점에 감안하면 '집에 있었던 교회들'도 이런 로마의 가정 제도와 본주-가신 제도(patron-clients system)의 영향을 받았다는 점을 간과할 수 없다. 한 가정의 가장 혹은 본주가 교회에 출석하게 되면 자연 그 집의 모든 가솔들이 교회에 출석할 수밖에 없기 때문이다. 하지만 이것은 제한적일 수밖에 없다.

바울 사도는 '집'을 나타내기 위해 '오이코스'(οἶκος) 혹은 '오이키아'(οἰκία)라는 단어를 사용한다. 오이키아(οἰκία)는 복음서와 사도행전에서 주로 사용되었고, 바울은 단 2회(고후 5:1; 딤후 2:20) 사용하였을 뿐이다. 반면, 그가 '집에 있는 교회'를 지칭할 때는 언제나 오이코스(οἶκος)를 사용했다. 이것은 '개인 소유의 집'을 의미할 것이다.

교회가 이런 개인 집에서 모인 것은 의도적인 것이라기보다는 '그리스도인들'이 유대 사회나 로마 사회에서 주류가 아닌 새롭게 시작된 공동체로 유대인의 회당이나 로마 제국 내의 종교 신전들로부터 구별되었기 때문이다. 예루살렘에 있었던 성도들의 경우에 예루살렘 성전의 예배와 개인 성도의 집에서의 모임이 구별되었던 것과 같은 이유였을 것이다(행 2:3, 14, 3:1, 5:42; 고전 1:11, 16, 12:12).

• 집에 있는 교회들

고린도 지역에서 '집에 있는 교회'에서 모임을 가졌던 기록은 사도행전 18장 7-8절에 언급된 '디도 유스도의 집'이었다. 그러나 한 집에서만 모인 것이 아니라 '브리스길라와 아굴라의 집' (고전 16:19), 가이오의 집(롬 16:23)에서도 모였다. 디도 유스도와 가이오를 동일인으로 보는 시각도 있지만 가이오의 집은 바울의 선교 본부라고 말할 수 있으며, 고린도의 '집에 있는 교회들'의 전체 회합 장소로 사용되었을 것으로 추정된다(롬 16:23, 참조, 고전 1:14, 14:23; 행 18:7).

이 외에도 글로에의 집(고전 1:11), 스데바나의 집(고전 16:15)에서도 모였다. 바울은 고린도전서 16장 15절에서 '스데바나의 집'을 언급하면서 '그들이 성도들을 위한 사역에 헌신했다'고 하였다. 이것은 스데바나뿐 아니라 그의 집이 함께 사역에 동참했으며 스데바나가 패트론(patron)의 역할을 했을 것으로 생각된다.[288] 또 고린도 지역에 포함된다고 할 수 있는 겐그레아의 '뵈뵈의 집'(롬 16:1-3)에서도 교회가 모였다. 뵈뵈는 겐그레아에 있는 교회의 여집사로서 로마서 16장 1절에서는 '겐그레아에 있는 교회의 종'(διάκονον τῆς ἐκκλησίας τῆς ἐν Κεγχρεαῖς)이라는 표현이 사용된다.

여기서 '디아코노스'(διάκονος)는 단순히 '종' 혹은 '봉사자' 혹은 '지도자나 설교자'이기보다는 교회의 직분자(집사)일 것이다.[289] 그런데 곧이어 로마서 16장 2절에서 그녀는 바울을 포함한 많은 신자를 보호하거나 후원하는 사람(προστάτις, patroness)으로, 가정 교회가 모였을 때 집사의 직책을 수행했을 뿐 아니라 신자들이 모일 수 있는 장소와 순회 전도자들을 위한 숙식을 제공하였다.

• 집에 있는 교회의 집주인

그러므로 이렇게 자신의 집을 교회를 위하여 제공했던 각 개인들 ― 집주인들 ― 은 그 교회 공동체 내에서 로마의 가정 제도하의 패트론(patron)의 역할과 유사한 역할을 감당했을 것으로 추정된다.²⁹⁰ 필손(Filson)은 가정 교회의 주인들에 대하여 언급할 때 '교육을 받은 사람이 분명하고, 행정 능력을 갖춘 넓은 배경을 가진 사람, 그 지역의 지도자 후보'였을 것이라고 생각하였다.²⁹¹ 돕쉬츠(Ernest von Dobschütz)는 이런 patron, 혹은 patroness들이 지역 교회에서 했던 10가지 행동들에 대하여 ① 시 의회에 가서 진술하기, ② 예배에 필요한 순서를 준비하기, ③ 선창자, ④ 읽기, ⑤ 준비 찬양, ⑥ 이민자나 형제들을 위한 숙박 시설 준비, ⑦ 가난한 자의 후원, ⑧ 보석금 준비, ⑨ 교회의 법적인 대표, ⑩ 종종 교회의 관심사를 위한 여행 등이었으며, 더 나아가 앞으로 지도자로서 해야 할 모든 의무들을 행하는 것이라 하였다.²⁹²

또한, 교회 내에서 이런 집주인들 혹은 후원자들(패트론)과 클라이언트로서의 성도들의 관계는 자유로운 결정으로 맺어지는 관계였다. 출생 때문에 맺어진 것이 아니라 직업 활동을 같이 하거나 아니면 동일 인종이라는 공통점 때문에, 아니면 상거래를 하거나 같은 기술을 공유한 사람들이 얼굴과 얼굴을 자주 대면하면서 상호 끈끈한 관계가 형성되고 자연스럽게 집에 모인 교회의 회원이 되었다.²⁹³

바울이 고린도에 체류했던 시기(49년 후반-51년 초)에는 고린도에 기근이 있었기 때문에 먹을 것이 모자란 때였다. 그러므로 교회의 패트론 혹은 엘리트(elite)로서 집주인의 역할은 고린도서에서 매우 중요한 주제였다(고전 11:21).²⁹⁴ 이 집에 있는 교회들은 사도적 지도자가 없을 때 기독교 지도자를 양성하는 근거지가 된 것이다.

• 집에 있는 교회의 모임

교회가 개인의 집에서 모였다면 최대 50여 명을 넘기가 어려웠을 것이다. 대체로 이 교회의 크기는 15-20여 명을 넘는 일은 드물었을 것이고, 이 가정에 모이는 숫자가 불어나면 그 교회는 근처 다른 집으로 분가되어 모였을 것이다.

하지만 고린도 지역에 있는 '집에 있는 교회들'-여러 개의 개별적인 '집에 있는 교회'들- 이 동시에 모였던 경우도 있었던 것 같다.295 그것은 개별적인 '집에 있는 교회'와 전체가 모이는 '온 교회'가 구별되어 표현되는데(고전 11:18, 20, 33, 34, 14:23), 로마서 16장 23절에 '온 교회 식주인 가이오'라는 언급이나 혹은 고린도전서 14장 23절에 '온 교회가 한자리에 함께 모여'라는 언급이 이를 뒷받침해 준다.

'집에 있는 교회'는 단수이며, 이 교회는 '소그룹', 곧 소수의 사람으로 함께 모였기 때문에 각자 다른 사람과 상호 관계를 맺거나 혹은 그렇게 할 수 있는 규모, 최소한 서로 다른 사람들을 인식할 수 있는 그룹이다.296 반면에, '온 교회'(혹은 모든 교회들)라는 표현은 단순히 '한 집에 있는 모든 식구들로서 교회'라는 의미가 아니라 '여러 집에 있는 교회들 전체가 함께 모이는 모임을 가리키는 것'이 분명하다. 하지만 이런 '집에 있는 교회'들의 전체 회합이 보편 교회(universal church)로서 연합된 지역 교회 혹은 국가적 교회는 아니었다.297 이 전체 회합은 '온 이스라엘'이라는 표현과 마찬가지로 한 지역에 있던 교회들의 전체를 가리키는 것이다.

고린도 교회 내에 작은 그룹으로서 '집에 모이는 교회'가 있었다는 것은 '전체 교회'(고전 14:23; 롬 16:23)라는 표현에서도 찾아볼 수 있다.

'전체 교회'라는 정형구나 '누구의 집에 있는 교회'라는 정형구(롬 16:5; 고전 16:19; 골 4:15; 몬 2)는 보다 큰 공동체 내의 부속 그룹이 있었음을 보여주는 것이다.[298]

고린도 교회의 '전체 교회' 인원은 최대 80여 명으로 추산되기도 한다.[299] 하지만 고린도에 있었던 '집에 있는 교회'의 숫자가 최소 4개 이상인 점을 고려한다면, 80여 명은 최소 숫자일 수 있고, 최대 100명 안팎까지 모였을 수 있다. 따라서 온 교회가 모였던 가이오의 집 크기를 고려할 때 이 많은 인원을 수용하기란 어려웠을 것이다. 따라서 이 전체 교회의 모임은 규칙적으로 모였다기보다는 비정기적으로 모였을 가능성이 있다.

이렇게 온 교회가 함께 모였던 것을 볼 때 고린도 지역에 있는 모든 집에 있는 교회들이 하나의 교회라는 의식이 있었던 것으로 보인다. 그런데 바울 사도가 고린도 교회를 떠난 후에 여러 가지 이유로 인하여 '하나의 교회'라는 의식에 균열이 오기 시작하였다. 그래서 고린도전서를 써 보냈던 바울 사도는 예수 그리스도의 이름으로 강력히 권하는 것은 '한마음, 한뜻'으로 연합하는 것이었다(고전 1:10).

요약하면, '집에 있었던 교회'에서 보여지는 교회의 모습은 건물이 아니라 그곳에 모인 '성도들의 모임'이었으며, 그 집을 제공한 이는 그 교회의 후원자이면서 지도자였던 목양자(혹은 돌보는 자)였고, 그들은 자발적으로 교회를 위하여 헌신하고 영향력을 발휘했으며, 예수님의 양 무리들을(교회) 종처럼 섬기는 일꾼들이자 후원자(패트론)였다.

또한 성도들은 그 지도자를 돕고 지지해야 할 의무가 있었던 돌봄을 받는 자들이었으며, 그렇다고 하더라도 그들의 관계는 로마의 가족 제도에서와 같이 수직적이기보다는 섬김으로 돌보고, 돌봄을 받는 관계였다. 비록 교회가 개인의 '집에 있는 교회'였지만 그러나 고린도 지역 내에 있었던 '전체 교회의 통일성'을 잃지 않았으며, 교회가 부흥함에 따라 '집에 있는 교회'가 그 인원을 수용할 수 없을 때는 새로운 패트론을 찾아 그 집에서 새로운 교회가 모일 수 있도록 하였다.

8) 기타

(1) 무교병

교회에 대하여 사용된 용어들 중에는 고린도전서 5장 7절에 '무교병'으로 묘사되기도 한다. 이 표현은 비유적 표현의 그림 언어인데, 무교병은 누룩을 제거한 '새로운 반죽'(νέον φύραμα)이다. 바울 사도는 누룩을 '악의와 악독'이라고 표현하고 '너희는 무교병이다'라고 말한다. 바울 사도가 고린도 교회를 향하여 '무교병'이라는 표현을 사용할 때는 누룩과 관련이 있다. 이 누룩은 '거짓 복음' 혹은 '다른 복음'을 의미하는 갈라디아서 5장 9절과는 달리 '음행'을 핵심으로 하는 '악의와 악독'(고전 5:8)인데, 이것은 우상 숭배와 연결되어 있었다. 바울 사도는 이 누룩 때문에 '우리의 유월절 양, 그리스도가 희생되었다'고 말한다.

그러므로 교회가 무교병이라는 표현 속에는 교회가 음행으로 인하여 하나님의 구원의 경륜에서 실패한 출애굽 공동체의 모습과 달리 '유월절 어린양이신 예수 그리스도의 희생을 통하여 하나님의 권능으로 이루신 구원에 합당한 삶(성실과 진실)을 계속 재현해야 할 것과 이를 통하여 온 세상을 성화시켜 나가야 할 거룩한 무리'라는 모습을 보여준다. 교회를 무교병으로 비유한 바울이 이 그림 언어를 유월절의 축제로 연결시켰다면, 요한은 예수님 자신이 생명의 떡 그 자체라고 말씀하신 것을 전한다(요 6:35, 48). 이 생명의 떡은 광야의 만나와 연결되어 있으며(요 6:30-31, 49), 이것은 성만찬과 연결되어(요 6:51, 53-58) 있다.

(2) 하나님의 경작지

고린도전서 3장 9절에서 바울이 교회를 '하나님의 경작지'(θεοῦ γεώργιον)라고 묘사한 표현은 신약성경에서 단 한 번 사용하였는데, 이 표현 앞에 있는 '바울 사도 자신이 심었고, 아볼로는 물을 주었으며, 하나님은 자라게 하셨다'(고전 3:6)는 구절과 동일 선상에 있다. 이는 복음의 씨를 뿌리는 일꾼, 그 복음이 자라도록 물을 주는 일꾼이 서로 다르더라도 동일한 '하나의 경작지'를 위해 일하는 일꾼이며, 따라서 일꾼에 따라 경작지가 분열될 수 없음을 가르친 것이다(고전 3:3-4). 따라서 하나님의 경작지라는 이 표현에서 강조되는 표현은 교회는 하나이며 복음의 수납자요, 이 복음을 위한 각각 다른 직분과 사역이 있음을 보여줄 뿐 아니라, 오직 이 교회가 자라고 열매를 맺게 되는 것은 이런 일꾼의 노력 때문이 아니라 이것을 경작하는 하나님 때문이라는 점을 상기시킨다.

9) 요약

고린도전서에서 드러난 교회는 그 토대가 예수 그리스도의 복음과 하나님의 새 언약, 성령님의 사역과 이런 삼위 하나님으로부터 보냄을 받은 사도적 전통이다. 그러므로 참된 교회는 이 토대 위에 서 있어야 한다.

교회는 복음을 믿는 사람들로 형성되며, 이 전하여 준 이 복음을 받아 믿는 사람들이 계속해서 이 교회의 무리 속으로 들어옴으로 확장된다. 교회의 토대가 되는 이 복음은 사도들로부터 받은 바를 다시 전해 주는 것으로, '예수 그리스도의 십자가와 부활의 사건'이다. 이 교회는 철저하게 하나님의 새 언약에 기초해 있으며, 하나님께서 부르신 성도들을 하나님의 교회라고 불렀다.

이런 하나님의 부르심은 하나님의 선택에 기인하며, 이것은 예수 그리스도 안에 있어서 그분과 교제를 통해 이루어진다. 교회의 부르심과 선택은 이스라엘을 율법의 언약을 통해 하나님의 백성으로 세우신 사건과 연결된다. 하지만 바울에 따르면, 이 구약의 언약도 그리스도를 통하여 된 것이며 이것은 성만찬을 통해 맺어지는 새 언약으로 완성된다. 또한, 교회는 사도적 전통 위에 서야 한다. 이런 사도적 전통은 교회의 표지이며 또한 이것으로 복음의 진위를 구별할 수 있고, 따라서 교회는 이 전통의 터 위에 세워졌다.

교회를 지칭하는 다양한 언어들은 이런 토대에 기초해 있는데, 하나님의 새 언약에 기초하여 교회는 하나님의 교회, 성도로 부름 받은 무리, 하나님의 집, 집에 있는 교회라는 용어가, 그리스도의 복음에 기초하여 예수 이름을 부르는 자들, 그리스도의 몸, 무교병이라는 용어가, 성령님의 사역에 의해 성령님의 전, 집에 있는 교회라는 용어가, 사도적 전통이라는 기초 위에 '하나님의 경작지'라는 용어가 사용되었다.

교회가 '하나님의 교회'라고 할 때 교회는 하나님의 새 언약에 의해 '하나님의 지명을 받아 부름 받은 회중'이며, 다른 공동체의 구성원들과 구별된 하나님 안에 있는 하나님의 종말의 새 백성이다. 교회는 또한 성도로 부름 받은 자들인데, 이들은 성례전을 통해 거룩하게 구별된 거룩한 무리(성도)인 하나님의 새 백성이며, 또한 이들은 각처에서 예수의 이름을 부르는 자, 보편적이고 우주적인 하나의 교회이다.

바울이 가장 중요하게 교회를 위해 사용한 그림 언어는 '그리스도의 몸'이다. 이는 교회가 '하나의 유기체'임을 보여주는 것으로, 한 몸인 그리스도는 그 몸의 지체인 많은 성도로 구성되어 있고, 이런 통일체는 세례와 성찬을 통해 그리스도와 연합되며, 이 지체는 몸인 그리스도와 긴밀한 교제를 통해 또한 다른 지체들과 연합된다. 더 나아가, 이 교회는 율법이 아니라 유월절의 피로 씻음을 받았기 때문에 구원에 합당한 삶을 재현하고, 자신을 성화시켜 거룩을 유지하는 무교병인 무리이다.

이 교회는 또한 성령님께서 거주하시는 전으로 예수와 합하여 '한 영'이 된다. 성전과 하나님의 집은 예수 그리스도의 몸을 매개로 상호 동일 개념으로 연결되고, 성령님이 거하심으로 인한 교회의 거룩은 예수 그리스도의 피로 인한 속죄의 씻음을 통해 이루어진 것이다.

교회는 또한 하나님의 집이다. 그리고 이 집의 터는 예수 그리스도시며, 이 터를 닦은 이들은 사도들이다. 하나님의 집은 '가족' 혹은 '가정으로서 교회'라는 개념을 가지고 있다. 또한 교회가 집이라고 했을 때 이는 하나의 조직체로 통일성을 보여준다. 또 교회를 가족이라고 묘사했을 때 이는 집을 구성하는 구성원에 초점이 맞추어진 것이다. 가족은 같은 계열로 그리스도 혹은 하나님과 그리스도인 사이에 존재하는 관계에 기초를 둔다. 다양한 구성원을 가졌지만 상호 관계에 의해서 하나의 연합체가 되었음을 의미한다.

이 교회는 또한 '집에 있는 교회'이다. 이는 교회가 교회의 회합 장소인 특정 건물이 아니라 그 집에 모이는 회중을 의미함을 보여준다. 또한 집에 있는 교회는 교회가 돌보는 목양자로 섬기는 종으로서의 일꾼과 돌봄을 받는 이들로 구성됨을 보여준다. 고린도에는 이렇듯 집에 모이는 교회가 최소 4-5개가 있었을 것이다. 집에 있는 교회는 하나님의 집의 구현으로 교회가 하나의 가정임을 보여준다.

제3절
교회의 행동 원칙에서 드러난 정체성

교회는 그리스도의 몸으로 살아 있는 유기체이다. 이 말은 교회가 멈추어 있는 사물이 아니라 살아 움직이고 활동한다는 것이다. 그러므로 '교회가 무엇이냐?'는 문제는 '교회가 무엇을 행해야 하는가?'를 포함한다. 그리고 '무엇을 해야 하느냐?'는 질문은 늘 '어떻게 행해야 하느냐?'라는 질문을 포함한다. 즉, '교회의 살아 있는 행동'은 언제나 '어떻게'의 문제 – 분명한 표준(norm)으로서의 원칙(principle)을 가지게 되는데, 이 '표준으로서 행동 원칙'은 교회가 무엇인지 그 정체성으로서 본질을 구성하는 요소일 뿐 아니라, 더 나아가 교회가 무엇을 행하여야 하는가 하는 교회 사명의 토대가 된다. 교회의 사명에는 그 사명을 수행하는 원칙의 준수가 포함되는 것이다.

교회는 성경에 구체적으로 언급된 것뿐 아니라 언급되지 아니한 아디아포라(ἀδιάφορα), 곧 모든 사소한 것들도 이 표준으로서의 원칙에 따라 움직이고 행동해야 하며, 특정한 행동을 할 것인지 하지 말아야 할 것인지가 결정된다. 고린도 교회가 그렇게 많은 문제에 시달릴 수밖에 없었던 이유는 초기의 교회였기 때문에 그리스도인의 삶과 교회의 사역 과정에서 발생하는 현안들을 해결할 원칙들 혹은 규정들이 수립되지 않았기 때문이기도 하다. 따라서 고린도 교회에서 발생한 문제들은 바울 사도가 가지고 있었던 '교회에 대한 가르침'과 '교회의 행동 원칙'을 구체화할 수 있는 좋은 계기가 되었으며, 이런 원칙들은 교회가 무엇이냐는 교회 정체성의 한 축이며 동시에 '교회가 무엇을 해야 하는가' 하는 교회 사명의 토대이다.

그렇다면 바울 사도가 고린도 교회에서 발생한 다양한 문제들을 해결하고자 제시한 '표준으로서의 원칙'은 무엇인가?

1. 예수 안에 있는 길(τὰς ὁδούς τὰς ἐν Χριστῷ)

교회가 무엇을 해야 할 때 그 행동의 원칙은 '예수 안에 있는 길(삶의 방법)로 행하는 것'이다. 이것은 교회가 다른 그룹들과 세상과 구별되어 행동하는 그 정체성을 형성하는 본질이다.

바울 사도가 세례 문제와 복음의 가르침으로 야기된 교회 내 분파에 대한 경우를 들어 권면하는 것은 '예수 안에 있는 길'(고전 4:17)이었는데, 바울 사도가 어느 교회에 가든지 가르치고 몸소 실천하여 보여주었던 길이다. 이 길은 '여러분은 나를 본받는 사람이 되십시오'(고전 4:16)라는 언급으로 보아 그가 가르친 도(길)의 내용일 뿐 아니라 '예수 안에서 살아가는 삶의 방법' 혹은 '삶의 지침'이다.

이것은 바울 자신이 말로 가르쳤을 뿐 아니라 몸소 실천하는 보여준(modeling) 삶의 방법인데, 이 길은 고린도전서 3장 3절에 언급된 길, 곧 '사람들과 같은 방법으로 살아가는 것', '시기와 싸움으로 교회의 한 몸 됨을 분열시키는 것'과 대조되는 길이다. 그가 비록 그 길을 그리스도 안에 있는 '나의 길(방법)'(고전 4:17, τὰς ὁδούς μου)이라고 표현했지만 그러나 이 길은 그의 개인적인 '생활 방식'을 가리키는 것이라기보다는 '고린도 교회뿐만 아니라 그가 사역한 모든 교회가 지양해야 할 생활 방식'을 가리킨다.

이 길은 유대인들의 할라킥(halakhic) 전통의 특성이 고려된 삶의 방식이다. 즉, 유대인들에게 할라카(הֲלָכָה)는 문자적으로 '걸어가는 길' 혹은 '살아가는 길(법)'이라는 의미인데, '613개조 미즈보트(תרי״ג מצוות)'에 집대성되었다. 이것은 성경의 율법들과 후기 탈무드, 랍비들의 규범들을 집대성해 놓은 관습과 전통들로서 종교법이나 일반법이 명백히 구분되어 있지 않은 유대인들에게 신앙생활뿐 아니라 일상

생활의 규범이기도 하였다. 그런데 바울에게 '예수 안에 있는 길'은 이런 할라카 전통처럼 '그리스도 안에서(ἐν Χριστῷ) 사는 길 혹은 (방)법'이다.

단지 이런 삶의 길 혹은 삶의 방법이 유대인들의 미즈보트와 다른 점은 '그리스도 안에서'라는 표현에서 드러난다. '그리스도 안에서'라는 표현은 바울의 특징적인 언어라고 할 수 있다.[300] 다른 신약성경에서는 거의 사용되지 않는 이 용어가 바울 서신에서만 81회나 사용되었으며, '주 안에서'라는 표현도 47회나 사용되었기 때문이다. '그리스도 안에서'라는 정형구의 가장 기본적인 개념은 한 사람 혹은 한 신체로서 그리스도의 '지체 개념'을 기반으로 하는 것이다.[301] 이것은 지극히 교회론적 개념이라 할 수 있다. 몸이신 그리스도에 연합된 지체로서 존재하고 기능하는 것은 '그리스도 안에' 있는 것이며, 몸의 지체로서 그 역할과 위치를 담당하며 기능하는 것이다.

이런 기본적 개념을 바탕으로 하여 '그리스도 안에서'라는 정형구를 다양하게 이해할 수 있다. 퍼니쉬(Furnish)는 '그리스도 안에서'는 '그리스도께 속한'이란 의미와 거의 다르지 않으며 이는 하나님을 아는 지식에 포함된다고 하였다.[302] 베커(Beker)는 프리츠 뉴게바우어(Fritz Neugebauer)를 인용하여 '그리스도 안에서'가 '그리스도의 사건에 의해서 결정되고 그 사건에 연합된 존재'라고 특징지었다.[303] 던(Dunn)은 '그리스도 안에서'라는 표현이 '그리스도인의 정체성'이란 관점과 '일상생활'이라는 관점을 보여준다고 하였는데, 우선 객관적으로는 그리스도 안에서 발생한 그리고 행해질 구속 행위와 관련하여 주관적으로는 말 그대로 '주 안에 있는 믿는 자'라는 표현이며, 또한 바울이 그 자신이 목적한 행위나 혹은 그의 독자들에게 특별한 태도나 혹은 행동의 수순을 가지라고 권면할 때 사용된다고 하였다.[304] 시슬턴(Thiselton)은 '그리스도 안에서'라고 하는 것은 '그리스도의 십자가의 기준이자 정체성'이라고 불렀다.[305]

그러면 '그리스도 안에 있는 길' 곧 '그리스도 안에 있는 삶의 방식의 행동 원칙'은 무엇일까? 그리스도 안에서 그 몸의 지체로 사는 것은 '십자가에 못 박힌 예수(cruciformity) 안에'라는 말로 설명할 수 있는데, '십자가에 못 박히는 행동 패턴으로 사는 길'이다. 바울이 복음을 '십자가의 말씀'이라고 한 것에서 나타나듯이, 이는 제자도의 값을 지불하는 것으로 예수와 복음을 위해 십자가를 지는 삶을 포함한다(고전 4:9-13).

'십자가에 못 박힌 그리스도 안에 있는 사람'은 '십자가에 못 박히는 행동 패턴을 보여주는 것'이다. 십자가에 못 박히는 것과 같은 희생과 겸손, 헌신의 삶을 살아가는 것이다. 고먼(Michael J. Gorman)은 'cruciformity', 곧 '십자가에 못 박힌 예수 안에 있는 삶의 행동'을 '믿음, 소망, 사랑, 능력'이라고 규명하였다. 이는 신실한 순종 혹은 십자가에 못 박히는 믿음, 자발적으로 자기를 비우고 자기를 다른 사람을 위해 내어주는 십자가에 못 박히는 사랑, 연약함 속에서도 생명을 주는 고난과 변화시키는 능력, 곧 십자가에 못 박히는 능력이라고 하였다.[306]

주목할 것은 '예수 안에 있는 길', 곧 '십자가에 못 박히는 삶의 행동 패턴'이 교회의 정체성이 되는 것은 이런 행동 원칙이 단순한 희생 그 자체에 있는 것이 아니라 '생명'과 관련이 있기 때문이다. 이 예수 안에 있는 길은 '십자가에 못 박히는 삶의 행동 패턴으로 인한 생명의 길'이다. 예수님께서는 '누구든지 나를 따라오려거든 자기 십자가를 지고 따르라'(마 16:24; 막 8:34; 눅 9:23)고 말씀하신다. 따라서 '예수 안에 있는 길'은 '예수께서 십자가에 못 박히신 삶의 행동 패턴을 따라가는 것'이며, 그로 인하여 '예수 안에 있는 생명을 소유하는 길'이며, 다른 사람들에게 '예수 안에 있는 생명을 보여주는 길'이다.

교회의 토대가 되는 본질이 '복음' 곧 예수 십자가의 죽음과 부활의 생명이라면, 교회가 마땅히 해야 할 일은 '예수 안에 있는 길'을 걸어가는 것이다. 곧 십자가를 지는 삶을 통해서 예수께서 십자가를 통해 이루신 일과 예수께서 보여준 것과 예수께서 약속하신 것을 자신의 삶에서 현실화시키는 것이다. 따라서 '예수 안에 있는 길'은 다른 세상의 모든 조직들로부터 교회를 구별시키는 - 교회가 교회이게 하는 행동 원칙이며, 교회의 본질이자 정체성이다.

만약 교회가 예수 안에 있는 길, 십자가를 지는 삶의 행동 방식을 따르지 않고 설혹 십자가를 지면서 영광을 꿈꾸거나 축복을 꿈꾸거나 보상을 꿈꾼다면 그것은 예수 안에 있는 길을 따라가는 것이 아니다. 예수 안에 있는 길을 따라가는 궁극적 보상은 영원한 '생명'에 있다. 하지만 오늘날 현대 교회에서 얼마나 많은 그리스도인들이 '십자가의 원수'로 살아가는가? '예수 안에 있는 길', 곧 '십자가에 못 박히는 삶의 행동 패턴'으로 살아가기보다는 또 십자가를 지는 삶의 능력을 버리고, 십자가를 세상의 부요와 세상의 지위로 바꾸어 버린 삶을 살고 있다.

심지어 많은 신실한 그리스도인들마저 때때로 고난이 다가오고 믿음의 시련에 부딪힐 때 이렇게 탄식했을 수 있다. "하나님, 왜 저를 버리십니까? 하나님께서는 살아 계십니까? 하나님께서 살아 계신다면 어째서 신앙생활을 잘하는 저에게 이런 시련을 주십니까? 왜 저의 기도를 들어주시지 않습니까? 어째서 악인이 형통하며 의인이 고난을 받는 겁니까? 내가 예수를 믿으면 기도가 응답되고, 내가 원하는 세상의 것들을 내가 가질 수 있어야 되지 않습니까?"

만약 신실한 그리스도인들이 이유 없이, 무죄하게 고난을 받고 있다고 여겨질 때 이런 탄식의 기도를 드린다면 이것은 '예수 안에서 십자가를 지는 삶의 행동 패턴 혹은 십자가를 지는 삶의 방식'을 제대로 이해하지 못했기 때문일 것이다. 신실한 그리스도인들마저 자신들 앞에 '십자가를 지는 삶'이 펼쳐질 때 이를 기뻐하고 이 '십자가 지는 삶'에 내재된 '하나님의 뜻'을 발견하려고 하기보다는 '인간적이고 세상적인 권세를 가진 메시아를 꿈꾸고 기다렸던 유대인들'처럼 '십자가를 지신 그리스도의 삶의 방식'을 손가락질하고 모욕하고 거스르는 것은 아닌지 생각해 볼 일이다.

2. 하나님의 교회를 세우기

교회가 행동할 때나 혹은 사역을 할 때는 언제나 교회를 세우는 일(οἰκοδομέω, 고전 10:23)을 원칙으로 해야 하며, 이것은 세상의 다른 조직과 교회를 구별시킨다.

'교회를 세우는 행동 원칙'은 고린도 교회의 모든 문제를 해결하는 원칙이었다. 음행을 비롯한 심각한 범죄(고전 5:1, 11, 6:9-11)에 대한 처리, 결혼 생활에서 부부의 거룩과 성생활의 조화 문제(고전 7:1-5), 결혼, 이혼, 재혼의 문제(고전 7:8-11, 25-28), 예수를 믿지 아니한 사람과의 결혼 생활(고전 7:12-16), 이전 종교와 인종, 신분에서 파생하는 문제(고전 7:17-24), 또 '하나님의 말씀(복음)'이 정확히 규정하지 않은 사안들(ἀδιάφορα, 아디아포라), 예를 들면, 여자 성도가 예배 처소에서 머리에 베일을 쓰는 문제(고전 11:1-16), 성만찬의 실행과 이때 대두되는 신분의 문제(고전 11:17-34), 교회 내에 존재했던 직분, 은사, 사역에 따른(고전 12장) 실행의 문제(고전 13-14장), 복음과 그 전파에 따른 부분적인 불신(예를 들면, 부활)의 문제(고전 15:12-58), 구제 헌금의 문제(고전 16:1-2) 등, 이 모든 교회 문제들의 해결책으로 제시한 것이 '하나님의 집을 세우기 위하여'라는 행동 원칙이다. 교회는 이 원칙에 따라 행동하고 사역해야 하는 것이었다.

그렇다면 하나님의 교회 혹은 그리스도의 몸 된 교회는 어떻게 세워지는 것일까?

뱅크스(Banks)는 교회의 목적이 그리스도 안으로, 또 하나님이 주신 서로에 대한 사역을 통해 일상생활 안으로 들어온 구성원들이 성장하고 교화하는 것인데(고전 14:12, 19, 26), 이런 성장과 교화는 식사(성만찬)와 성령님을 통하여 서로의 은사들을 공유할 때 그들에게 일어난다고 하였다.[307] 반면에 콘젤만(Conzelmann)은 바울의 '오이코도메오'(οἰκοδομέω, 고전 8:1, 10:23, 14:4 등) — 교회를 세우는 일의 1차적 의미는 교회가 아니라 공동체를 세우는 일이라고 하였다.[308]

지금까지 필자가 논의해 온 바에 따르면, 교회는 교화를 통해 윤리적 공동체로 성장해 가는 것이 아니라는 것은 분명하다. 오히려 교회는 그리스도와 연합하여 형성되는 '새로운 공동체'이며, 이렇듯 새로운 공동체를 세우는 것은 정체성, 곧 그들이 누구이며 무엇을 해야 하는가에 대한 분명한 자각이 있을 때 다른 집단과 구별되는 교회라는 공동체가 세워진다. 그러므로 교회는 가장 먼저 '그리스도의 몸'이라는 분명한 정체성을 자각하고 행동함으로써 온전히 세워지게 된다.

1) 그리스도의 몸 세우기

교회는 '건물'이 아니요 '그리스도의 몸인 성도들의 모임'이다. 그런데 '성도는 하나 된 연합체'(a corporate body)이기 때문에 '그리스도의 몸인 교회를 세운다'는 행동 원칙하에 교회가 움직이는 것은 교회를 분열시키는 모든 종류의 시도로부터 '교회의 하나 됨을 지키고,' 또한 '다른 성도들을 세워주는 것'이다. 어떻게 교회를 분열시키는 다양한 시도로부터 하나의 교회로 세워질 수 있을까? 그것은 성령님의 강력한 나타나심이 아니면 안 된다. 교회가 '한마음과 한뜻으로 연합'(고전 1:10)하여 '한 몸 공동체'로 세워지려면 '성령님의 강력한 나타나심'이 교회에 있어야 하며, 고린도전서에서는 이 점이 거듭 강조된다.

그러면 성령님의 강력한 나타나심에 따라 교회의 지체 된 성도들은 어떻게 다른 성도들을 세워줄 수 있으며, 이것을 통해 교회의 하나 됨을 지킬 수 있을까?

첫째는 '다른 사람의 유익을 위한 행동원칙'(고전 10:24)과 둘째는 '사랑의 이중 계명의 원칙'(고전 10:23, 25)을 지키는 것이다. 다른 사람의 유익을 위하여 행동한다는 것은 먼저 남의 양심을(고전 10:29) 배려해

주는 일이 포함된다. 또, 사랑의 이중 계명 – 곧 하나님을 사랑하고 이웃을 내 몸처럼 사랑하는 행동 원칙 – 에 따라 행하는 것은 이것을 통해 그리스도의 몸이신 교회를 세운다는 궁극적인 목적을 가지며, '사랑 그 자체'가 목표가 되는 것이 아니다. 오늘날 '사랑'이 오용되고 남용되는 것은 '사랑 그 자체'가 목표가 되어 '사랑'을 우상으로 만들고, 오히려 사랑의 목표인 '교회를 세우는 것'이 도외시되기 때문이다.

또 한 가지, 교회의 지체들에게 은사와 직임을 주시고 사역하게 하시는 것도 '교회를 세우기 위함'이다. 따라서 이 '그리스도의 몸을 세우는 원칙'은 교회의 모든 사역 그리고 그 과정에서 발생하는 모든 문제들에 대한 해결책으로 보편적으로 적용된다. 그리고 이 원칙은 '남의 양심을 배려하기 위하여' 사랑의 이중 계명을 지킬 때 빠질 수 있는 이중적 잣대, 곧 헬라인에게는 헬라인처럼 행동하고 유대인에게는 유대인처럼 행동하는 이중적인 모습의 상대주의에서 교회를 지켜 준다. 이런 행동 원칙을 지켜갈 때 교회는 그리스도의 '한 몸 공동체'로 굳건히 세워지는 것이다.

• 다른 사람의 유익을 위하여

'하나님의 교회를 세우기 위하여'라는 행동 원칙은 '남의 양심과 유익을 위하여'라는 하위 개념의 원칙에 의해 실행된다. 이 하위 원칙은 '우상 제물과 관련'하여 적용되는데, 즉 고린도 교인들 중에는 시장에 나와 있는 우상 제물과 관련해서 각각 자신의 신앙과 양심에 의거하여 먹어도 괜찮다는 생각과 먹으면 안 된다는 생각이 서로 충돌하였고(고전 8:1-13), 이런 자신의 입장을 근거로 하여 우상 제물과 성만찬을 동시에 받는 경우도 있었다(고전 10:1-21).

우상 제물과 관련된 가르침은 음행을 행하는 자나 범죄한 자들에 대한 권면과 마찬가지로 원칙적으로 '우상 제물을 먹지 말라'는 것이며, 우상 제단에 참여치 말라는 것이다. 주님께 드리는 잔과 귀신들의 잔을 함께 마실 수 없고, 주님의 식탁에 참여하고 아울러 귀신들의 식탁에 참여할 수 없기 때문이다(고전 10:21-22). 우상 제단에 참여하는 것은 귀신과의 교제를 의미하며 귀신과 연합하는 것이었다(고전 10:20). 바로 이런 점 때문에 고린도 교회 내에는 우상 제물을 먹는 일을 부정적인 시각으로 바라보는 이들이 있었다(고전 10:28). 그들은 우상 제물을 먹으면 그것으로 인하여 자신들이 더러워진다고 생각했다(고전 8:8).

하지만 이런 원칙을 적용할 때 문제가 되었던 것은 우상 제물의 '대중성' 때문이었다. 즉, 시장에 나와 있는 대부분의 고기들이 우상 신전에서 사용했던 것들이었기 때문에, 설혹 신자들이 우상 신전에 참여하지 않았다 하더라도 시장에서 판매되는 우상 제물을 먹을 수 있었다. 그래서 어떤 사람들은 우상 제물들이 이렇듯 시장과 같은 공공 장소에서 판매될 경우에 이것을 구매하여 먹어도 괜찮다는 의견을 가지고 있었다. 이런 자유주의자들의 의견이 근거로 삼는 것은 '하나님의 절대적 주권'이었다. 설혹 우상에게 바쳐진 고기라 하더라도 그 역시 하나님의 것이기 때문에(고전 10:26; 참조, 시 24:1) 또 신은 오직 한 분 하나님밖에 없기 때문에(고전 8:5-6) 우상은 아무것도 아니며 따라서 성도들에게는 모든 것이 허용된다고(고전 10:23)고 하여 문제가 될 것이 없다고 생각한 것이다.

이렇듯 우상 제물과 관련하여 두 개의 행동 원칙이 서로 충돌될 때는 어떻게 해야 하는가? 바울 사도의 권면은 '모든 것이 허용된다고 해도 그것이 다 유익한 것은 아니다'라고 하면서 자기의 유익만을 생각하지 말고 남의 유익이나 남의 양심, 곧 우상의 제물을 먹거나 혹은 먹지 않는 것 때문에 넘어지는 사람의 유익과 그 양심을 생각하라고 말한다(고전 10:24).

남의 양심이나 남의 유익을 고려하여 나의 행동을 결정하라는 이 원칙은 이런 것이다. 어떤 사람들은 설혹 시장에 파는 고기라 하더라도, 그것이 우상 신전에서 제물로 사용되었던 것이라면 그리스도인들은 이 고기를 먹어서는 안 된다는 생각을 가진 사람들이 있었다. 그런데 이런 생각을 가진 사람들이 '모든 고기는 다 하나님의 것이고, 우상들은 아무것도 아니기 때문에 먹어도 상관없다'고 생각하는 사람의 집에 초대를 받아 함께 식탁의 교제를 위하여 방문했을 때는 초청자가 설혹 우상 제물로 사용된 고기를 시장에서 사다가 '그런 고기는 먹어서는 안 된다는 생각을 가진 사람'을 대접한다고 해도 대접받는 자는 대접하는 자의 양심을 생각해서 먹어야 하며(고전 10:27), 만약 그 반대의 경우라면 먹지 말아야 한다는 것이다(고전 10:28).

이때 중요한 것은 누가 누구의 양심에 맞추어야 하는가이다. 그것은 좀 더 믿음이 강하여 '하나님의 집을 세우는 일'에 더 많이 헌신되어 있는 그리스도인이 그렇지 못한 사람의 양심을 고려하여 자신의 행동을 정하여야 한다.

이것은 '상황적 윤리'를 따르는 것이 아니라 '하나님의 교회를 세우기 위함'이라는 보다 상위의 원칙을 따르는 것이다. 바울 사도는 그리스도인들은 하나님의 교회를 세우기 위하여 어떤 (다른) 생각을 가진 사람들이나 어떤 (다른) 인종의 사람들(유대인, 그리스인, 또 하나님의 교회)에게 흠 잡힐 빌미(ἀπρόσκοποι)를 주지 말라(고전 10:32)고 권면한다. 콘젤만(Conzelmann)은 이 권면이 외부인에게나 믿는 자에게 매우 '적절하고 성취 가능한 공동체의 행동 법칙'이라고 말하면서 이것을 자유의 실행이라고 본다.[309]

하지만 주의해야 할 것은, 다른 사람이나 다른 인종에게 흠잡힐 빌미를 주지 않는 것이 교회의 행동 법칙의 궁극적 목적이 아니라 '하나님의 집을 세우기 위하여', 더 상위적으로는 '하나님의 영광을 위하여' 그렇게 하는 것이다. 그리고 이것은 고린도전서 10장 33절에 '그들이 구원을 받게 하려는 것'이라는 표현에 드러나는 것처럼 모든 면에서 다른 사람을 기쁘게 하는 것은 그것을 통해 나 자신의 유익을 구하는 것이 아니라 '그들의 구원'이라는 '그들의 유익을 위해서'이며, 이를 통해 하나님의 교회가 세워진다.

• 사랑의 이중 계명

또 한 가지 교회의 행동을 선택해야 할 때 가져야 할 원칙이 '사랑의 이중 계명'이다. 사랑의 이중 계명이란 십계명을 사랑의 이중 계명으로 요약한 것인데, '첫째는 네 마음을 다하고 목숨을 다하고 뜻을 다하여 주 너의 하나님을 사랑하라. 두 번째는 네 이웃을 네 몸과 같이 사랑하라'는 것이다. 이 사랑의 이중 계명은 신약성경이나(마 22:37-40; 막 12:28-34) 일부 랍비 문학, 예를 들면, 12족장 언약서 중 잇사갈 언약 5장 2절과 다니엘 언약 5장 3절 등에 나타나는데 구약성경에서는 이중 계명으로 함께 나타나지는 않는다.

고린도전서에서 바울 사도가 십계명을 사랑의 이중 계명으로 요약한 전승을 의식했는지는 분명하지 않다. 단지 왈러(Erik Waaler)는 쉐마-특별히 하나님 외에 다른 신들을 가지지 않는 것이 '하나님 사랑'과 연결된-신명기 5장 7절, 6장 4-5절이 '우상 제물을 먹는 일'에 대하여 교훈하는 고린도전서 8장 4, 6절과 직간접적으로 서로 연결되어 있을 가능성에 대하여 다음과 같이 진술하였다.

첫째로, 고린도전서 5-10장에서 신명기와 오경의 언약 언어를 사용했다는 점이다. 둘째로, 음식과 성적(性的)인 문제에 초점을 맞춘 우상 숭배 논쟁에서 소위 '유일신론적 구절'을 사용했다는 점이다. 셋째, 구약과 중간기 유대 문헌에서 반 우상 본문들에 있는 보편적인 주제들의 무대 배경을 포함하고 있는 점이다. 예를 들면, 애굽으로부터의 출애굽(구세주로서 하나님), 질투하시는 하나님, 백성에 대한 하나님의 시험, 하나님을 시험하는 백성, 아버지요 창조주이신 하나님, 반석이신 하나님(고린도전서에서는 예수님), 하나님과 우상들, 우상들을 귀신과 일치시킴, 하나님 한 분, 그룹의 통일체, 외국인과의 결혼(고린도전서에서는 불신자), 성적 부도덕이다. 넷째로, 바울이 성경으로부터 할라카 논증(halachic)을 사용하는데, 유대인들은 보통 쉐마와 유사한 절로 반우상 논쟁을 유지하는데, 바울의 우상 제물 논쟁도 유대인들의 이런 논증을 유지하고 있는 것으로 보이며, 다섯째로 고린도전서 8장 4절과 마가복음 12장 32절 사이에 언어적 병행이나 예수의 시험 이야기와 고린도전서 10장이 신명기로부터 동일한 증거 본문들을 사용함으로 서로 연결되어 있다는 점 등

이다.[310]

위와 같은 이유를 들어 왈러는 바울이 고린도전서 8장 3-4절을 첫 번째 두 계명인 신명기 6장 5절과 연결시켰을 것이고,[311] 또한 고린도전서 13장에서 1-3절은 쉐마 스타일의 사랑이며,[312] 4-7절은 이웃 사랑에 초점을 맞추었을 것[313]이라고 생각하였다.

바울의 사랑의 이중 계명 원칙은 '우상 제물과 관련한 교훈'(고전 8-10장)과 '은사의 활용과 관련한 교훈'(고전 12-14장, 13장)으로부터 추론해 낼 수 있다. 위에서 언급한 바와 같이 하나님을 사랑하는 것은 우상숭배와 그 만찬에 참여하여 교제하는 것과 대조하여 설명하고, 이웃을 사랑하는 것은 교회를 섬기기 위하여 주어지는 은사의 활용과 관련되어 있는데 그 은사의 절정이 사랑(고전 13장)이라고 설명한 것이다.

우선, 우상 제물에 관한 질문과 관련하여(고전 8:1-3), 바울 사도는 '우리 모두가 지식을 가졌다는 것을 압니다'(고전 8:1)라는 말로 시작한다. 이것은 지식과 지혜를 존중하는 고린도인들의 주장(slogan)을 인용한 것이다. 이 때문에 여기서 언급된 지식은 어떤 특정한 지식이라기보다 일반적이고 보편적으로 말해지는 지식이다. 특별히 주어가 '우리'이기 때문에 이 지식은 한 사람의 지식이 아니라 고린도 교회 교인으로서 '우리' 모든 사람이 갖고 있는 지식이다. 만약 이 지식이 특정한 사람들의 특정한 지식이라면 바울 역시 우상 제물에 관하여 자유로운 지식을 가진 사람들 중에 하나일 수밖에 없다.

하지만 고린도전서 8장 8절에 따르면 바울의 우상 제물에 관한 지식은 중립적 입장이다. 음식이 사람을 손해 나게도, 이롭게 하지도 않는다는 것이다.³¹⁴ 따라서 이 '지식'(γνῶσιν)은 '강한 자'들이 가진 특정한 지식이 아니라 모든(πάντες) 고린도인들이 일반적으로 가지고 있는 '우상 제물에 관한 지식'이다. 즉, 우상 제물에 대하여 자유로운 사람들의 지식이기도 하고(8:4-7a), 보수적인 사람들의 지식이기도(8:7b) 하다.

바울은 우상 제물에 관한 지식이 자유롭든지 아니면 보수적이든지 간에 자신이 가진 그 지식을 지나치게 주장하면 사람을 교만하게 하여(ἡ γνῶσις φυσιοῖ, 8:1) 공동체를 파괴하지만 그러나 자기의 지식을 내려놓고 먼저 '그 사람의 생명을 구원하는 일을 생각하는 사랑'은 공동체를 세운다(ἀγάπη οἰκοδομεῖ)는 것이다. 그러므로 이런 관점에서 보면 사랑 역시도 공동체, 곧 교회를 세우기 위한 행동 원칙이다. 나의 지식을 고집함으로써 교회를 분열시키고 파괴하는 것이 아니라, 설혹 내게 나만의 지식과 지혜가 있다고 하여도 남의 유익과 양심을 배려하는 사랑 — 이웃에 대한 사랑, 곧 사랑의 이중 계명 중에 두 번째에 해당되는 사랑 — 으로 자신의 지식과 지혜를 양보하여 교회를 세우는 행동 원칙이다.

고린도전서 8장 3절, "또 누구든지 하나님을 사랑하면 그 사람은 하나님도 알아 주시느니라"라는 말씀 중에서 '하나님을 사랑하는 사람'이라는 표현은 사랑의 이중 계명 중에 첫 번째 계명에 해당한다. 이 구절은 1절과 대조되는데, 1절에 나타난 '사람의 지식'은 지식이 있다고 교만하여 상대방을 무시하는 것이며, 이는 사람을 사랑하지 않는 지식이다. 하지만 3절에 나타난 '하나님에 대한 사랑'은 '하나님의 지식', 하나님께서 가지고 계시는 지식이다. 이 하나님의 지식은 '하나님을 사랑하는 사람을 하나님이 인식'하고 계시는 지식이다. 그러므로 이 '하나님에 대한 사랑'은 구원과 연결되어 있다.

이런 '하나님에 대한 사랑'은 '이웃에 대한 사랑'과 동일하다. 바울에게 '하나님 사랑'은 교회를 세우는 것인데, 이 교회를 세우는 것은 결국 자기의 지식을 내려놓고 이웃을 사랑하는 것이기 때문이다. 하나님을 사랑하는 것은 '먹든지 마시든지 하나님의 영광을 위한 삶'이며, '하나님은 오직 한 분뿐이며 이 세상 어떤 신들도 없다'거나 '우상 제물을 먹는 일은 자기를 더럽히는 일'이라는 교만한 사람의 지식으로 공동체를 파괴하는 것이 아니라, 상대방의 유익과 양심을 배려함으로, 또 자기의 자유와 권리를 포기함으로 교회(공동체)를 세우는 사람이다. 곧 이웃 사랑을 실천함으로 교회를 세우고, 이웃 사랑으로 그리스도의 몸인 교회를 세우는 것이 하나님을 사랑하는 사람이다. 하나님 사랑은 '교회를 세우는 일'을 매개로 한 이웃 사랑이다.

또한, 바울 사도는 '주를 사랑하지 않는 자는 저주를 받으라'(고전 16:22)고 말하지만 '그리스도 예수 안에서 여러분 모두를 사랑합니다 아멘'(고전 16:24)이라고 하여 사랑의 이중 계명을 밀접히 연결시키고 있다.

고린도전서 12-14장의 '은사에 관한 교훈'—각각의 은사를 가지고 직분에 따라 교회를 섬기고 봉사하는 사역을 행할 때—도 마찬가지이다. 이것은 12장 1절에 표시된 대로 '신령한 은사에 관하여'(Περὶ δὲ τῶν πνευματικῶ)라는 항목이다. 바울은 '신령한 은사'에 대하여 설명할 때 "각 사람에게 성령을 나타내심은 유익하게 하려 하심이라"(고전 12:7)라고 하여 '공동의 이익을 위해 성령님을 나타내신다'고 한다. 그러면서 이 '신령한 은사'의 가장 좋은 길, 가장 좋은 은사로 사랑(13장)을 제시하는 것이다.

고린도전서 13장 1-3절에 "내가 사람의 방언과 천사의 말을 할지라도 사랑이 없으면 소리 나는 구리와 울리는 꽹과리가 되고 내가 예언하는 능력이 있어 모든 비밀과 모든 지식을 알고 또 산을 옮길 만한 모든 믿음이 있을지라도 사랑이 없으면 내가 아무것도 아니요 내가 내게 있는 모든 것으로 구제하고 또 내 몸을 불사르게 내줄지라도 사랑이 없으면 내게 아무 유익이 없느니라"고 하였다. 이것은 명백히 '이웃 사랑'이다.

하지만 정작 '하나님의 사랑'은 고린도전서 13장 8, 13절이다. 실패하지 않고 또 썩어지지 않는 '그 사랑'(ἡ ἀγάπη), '영원히 거하는 제일가는 사랑'은 '하나님이 사랑하는 것'뿐이다. 그렇기 때문에 바울은 교회가 은사를 행할 때 "사랑을 추구하며 신령한 것들을 사모하되······"(고전 14:1)라고 말하여 '사랑을 추구하거나'(διώκετε τὴν ἀγάπην) 혹은 '사랑을 달성하기 위해' 은사를 행하라고 요구한다.

이런 '하나님 사랑과 이웃 사랑', 즉 바울 사도가 고린도 교인들에게 주는 이중 사랑의 계명은 '다양한 원인과 이유로 인하여 분열된 교회'의 치유책이었다. 곧 사랑을 통해 한 그리스도의 몸으로서 하나의 교회를 연합시키는 교제를 회복하여 교회를 세우는 것이다. 더 나아가 이 사랑의 이중 계명을 따라 행하는 교회가 참 하나님 자신의 교회로 하나님께 알려지게 된다(고전 8:3). 하나님께서는 이 사랑으로 그 백성을 아시는(인식하시는) 그 지식을 가지시는 것이다. 그러므로 '사랑의 이중 계명'은 교회의 정체성, 곧 교회를 교회이게 하는 본질이다.

2) 교회의 치리를 통한 솎아내기

교회를 교회 되게 하는 행동 원칙 중 하나는 교회가 '그리스도의 교회'가 되는 것을 방해하는 여러 가지 죄악들을 솎아내는 것이다.

음행을 비롯한 심각한 범죄(고전 5:1, 11, 6:9-11)에 대한 처리를 놓고 볼 때, 고린도 교회는 이런 범죄자들을 처리하지 않고 계속 껴안고 있었을 뿐 아니라(고전 5:2), 간혹 성도 상호 간에 발생한 문제들을 세상 법정에서 해결하려고 하였다(고전 6:1-2). 이런 것들은 참된 교회의 모습을 흐리게 하고 교회를 교회 되지 못하게 하는 것이다. 따라서 이런 교회 내의 문제에 대한 바울 사도의 권면들은 '집을 세우는 원칙을 지키라는 것'이었다.

교회 내에서 발생하는 음행의 문제와(5:1) 각종 범죄를 행하는 자들(5:11, 6:9-10)의 처리를 세상 법정에서 해결하려고 하지 말고(6:1-7a) 교회가 지혜로운 자를 통하여(6:5) 심판하여(5:3, 5, 6:2 3) 교회 가운데서 솎아내고(ἀρθῇ ἐκ μέσου ὑμῶν, 5:2) 그들과 연합하지 말아야 한다(5:9). 교회로부터 솎아내는 것은 음행자와 범죄자들과 섞이지 않는 것이며(5:9), 혹은 함께 먹지 않는 것이다(5:11).

누가복음 15장 2절의 경우를 보면 '함께 먹는 것'은 상호 간의 연합을 의미한다. 바로 이것 때문에 예수께서 죄인들과 함께 잡수시는 것은 그들을 환영하여 그들과 한 무리가 되는 것이었다. 곧, 죄인들을 회개케 하여 그들과 함께 식사하며 교제함으로 예수님과 연합시킴으로써 예수님의 거룩으로 거룩하게 하기 위함이었다. 그러므로 교회가 교회 밖의 죄인들과 연합하는 것은 그리스도로 인하여 회개한 그들로

하여금 그리스도의 거룩함으로 거룩하게 하기 위함이다.

그러나 교회의 거룩으로 죄인들을 거룩하게 하지 못하고 오히려 죄인들에 의해 거룩한 교회의 거룩이 훼손되는 현상이 일어나면 어떻게 할 것인가? 예수 그리스도의 거룩하심은 '죄인들과 창녀들, 세리들'과 식탁의 교제를 통해 연합함으로 그들을 거룩하게 하는 힘이 있었다. 그런데 그리스도의 몸 된 교회는 때때로 이런 능력을 상실할 때가 있다. 그래서 오히려 교회가 세속화되어 버리는 것이다. 이럴 때, 곧 교회가 교회 내에 있는 행악자들을 회개시키지 못하고 그들과 동거하는 것은 그들의 누룩으로 인하여 교회의 거룩을 해치고 교회를 무너뜨리게 하는 일이었다. 따라서 교회로부터 행악자들을 솎아내고 분리시켜야 한다.

이렇게 솎아내야 할 이유는 연합을 포기하는 것이 아니다. 그들을 저주하여 교회로부터 완전히 분리시키는 것이 아니다. 그런 교회의 재판(심판) 과정을 통해 그들을 교회로부터 분리시킴으로써 행악자들의 영이 주의 날에 구원을 얻게 하기 위한 것이다(고전 5:5). 곧, 그들의 회개를 이끌어내어 그들이 교회의 순수성으로 되돌아오게 하기 위함이며, 동시에 교회는 죄의 누룩이 없는 순수함과 진리(고전 5:8)를 유지하려는 것이었다.

따라서, 이런 교회의 노력은 결과적으로 교회의 거룩성을 지켜주고 이를 통해 '하나님의 교회를 세우는 것'이었다.

3. 사도적 전통과 계명 따르기

사도적 전통, 곧 사도들의 터 위에 세워지지 않는 교회는 교회가 아닙니다. 따라서 교회에 보편적으로 적용되는 행동 규범은 사도들이 전하여 준 '전승 혹은 전통'(τὰς παραδόσεις, 고전 11:2)과 그 시대 문화로서 '교회 관례'(συνήθεια), 혹은 관행이나 규례(고전 11:16) 그리고 '하나님의 계명'(ἐντολὴ θεοῦ, 고전 7:19) 등을 지키는 행동 원칙을 가져야 하며, 이렇게 사도적 전통을 따를 때 비로소 교회는 삼위 하나님의 교회가 된다.

시슬턴(Thiselton)은 고린도전서 11장 2절을 주해하면서, 고린도 교회의 생활 양식과 실천을 다른 지역의 교회들이 주목하고 있었으며, 모든 교회들에서 나타나는 전통들(παράδοσις)과 질서들(τάγμα)로 특징화된 생각과 생활 양식의 패턴을 따라야 할 것이 요구되었고, 특별히 '질서'의 중요성은 교회론뿐 아니라 기독론과 종말론 등에서 보여진다고 하였다.[315] 이것은 교회가 언제나 사도들이 가르친 전통의 테두리 안에서 움직여야 한다는 것에 다름 아니다.

단지 이런 사도적 전통에는 '복음 전승'과 같이 절대적으로 변해서는 안 되는 본질적인 것들이 있지만, 그러나 시대나 지역 등에 따라 변경될 수 있는 문화적인 관례나 규례 등과 같은 상황적인 것들도 있다. 유대인으로서 사도들 자신도 구약의 율법을 이방인들에게 적용함에 있어서 '정결법'이나 '할례'와 같은 의식법들은 폐기하였다(행 15:19-21, 23-29). 따라서, 바울 사도가 고린도 교인을 향하여 '머리에 쓰는 문제'에 대하여 사도들의 가르침을 따를 것을 요구하는 것은 그들에게 '유대적 정체성을 요구한 것이 아니라 이 행위가 이교 풍습과 문화와 관련이 있었기 때문'이다. 이것은 사도적 전통 중에 본질적이기보다는 문화적인 것으로 시대와 장소, 상황에 따라 다르게 적용될 수 있는 것들이다.

이런 문화적 전통의 존속이나 적용의 차이를 결정하는 기준은 다른 복음으로부터 '그리스도의 복음'을 지키기 위한 것과 '하나님의 교회를 세우기 위한 개인 성도의 유익'에 있었다. '머리에 쓰는 것'에 대한 바울 사도의 명령은 바로 이 원칙 위에 있는 것으로 교회가 세속적인 것, 곧 로마적인 풍습을 따르는 것에 대한 거부였다.

바울 사도는 하나님의 은혜를 따라 지혜로운 건축가와 같이 터를 닦아 놓았다고 하였다(고전 3:10). 그 터는 '예수 그리스도'시며 다른 터를 놓을 수 없다(고전 3:11)면서 그 터 위에 어떻게 지을지 신중하게 생각하라고 말한다(고전 3:11; 참조, 엡 2:20). 이것은 이 터를 닦은 '사도적 전통과 질서' 위에 교회가 세워져야 함을 뜻한다.

바울 사도는 이런 '전통'을 지키는 고린도 교인들을 칭찬하지만(고전 11:2; 참조, 살후 2:15, 3:6) 이 전통에서 떠나 있는 자들을 저주한다(갈 1:7-8). 이것은 교회가 사도적 전통 안에 있는 것이 얼마나 중요한지를 일깨워 준다. 교회가 이렇게 사도적 전통의 행동 원칙을 지키는 것은 '교회를 세우고'(고전 14:3, 5) 또한 '교회의 품위와 질서를 유지'(고전 14:33, 40)하기 위함이다.

사도적 전통은 교회의 표지이며 교회의 정체성을 결정하는 중요한 본질이다. 이 사도적 전통에서 떠나는 것은 엄밀히 '삼위 하나님의 교회'가 아니다. 그런데 교회 내에서 이 '사도적 전통'의 중요성을 간과

하는 경우가 많다. '역사적 예수' 연구나 양식 사학파의 문제는 사도들의 전통으로부터 원복음이나 역사적 예수를 구분해 내려는 불가능한 목표에 있다. 원복음이나 역사적 예수는 이론상으로는(technically or theoretically) 사도적 전통으로부터 구분이 되지만, 그러나 실제로 이 양자를 구분할 수 있는 가능성은 거의 없다. 왜냐하면 원복음이나 역사적 예수의 연구 자료는 사도들의 전통에 의존할 수밖에 없기 때문이다.

이 '사도적 전통을 따르는 행동 원칙'은 한국 교회 내에 그리고 세계 교회 내에 존재하는 수많은 기독교적 이단들이 왜 '삼위 하나님의 교회가 아닌가'를 결정해 주는 중요한 원칙이다. 이것은 역사적 예수 연구나 양식 사학파의 학문 태도와 마찬가지로 사도적 전통과 그들이 지킨 질서 외에 예수 그리스도와 그분의 사건을 서술하는 자료가 없기 때문이다.

그럼에도 일부 교인들은 사도적 전통 위에 있는 신학과 교리를 성경과 분리시켜 보려고 한다. 물론 전통을 성경 위에 놓고 그것을 지키려는 수구적이고 근본주의적 자세도 문제이지만, 그에 못지않게 성경을 앞세워 전통을 무시하거나 전통에 무지한 것은 더욱 위험하다. 오늘날 한국 교회를 휩쓸고 있는 신학과 교리에 대한 무지나 무시는 성경을 앞세우면서 자신들의 임의적 성경 해석으로 사람들을 미혹하는 이단들의 자양분이 된다.

4. 하나님의 영광을 위하여

'교회가 무엇을 해야 하는가?' 그 행하는 일로 교회의 본질을 규정한다면 교회는 '하나님의 영광을 위하여' 행동해야 하며, 이것은 교회의 '최상위 행동 원칙'이다(고전 10:31). 이 원칙은 역사적 기준이며 교회가 참된 '삼위 하나님의 교회'가 되게 한다.

하나님은 모든 인간에게 자유를 주셨지만 그러나 이런 자유는 하나님의 집을 세우는 것이어야 하고(고전 10:23), 남의 유익을 위하는 것이어야 한다(고전 10:24). 인간의 자유는 각 개인의 양심이나 생각이 그 원칙이 되거나 아니면 무원칙적인 방종을 의미하는 것이 아니라 특정한 원칙에 따라 행사되어야 한다. 이 그리스도인 자유의 원칙을 바울은 '먹든지 혹은 마시든지 혹은 무슨 일을 행하든지, 모든 것들을 하나님의 영광을 위하여 [행하라]'(고전 10:31)고 함으로써 이 자유가 하나님의 영광을 위한 원칙 안에 있는 자유임을 분명히 하였다.

따라서 교회가 이 땅에 존재하고 그 존재감을 드러내는 것은 그 모든 행위나 행사가 '하나님의 영광을 위하여' 행하는 것에 의해서 결정된다. 이것은 교회의 정체성을 결정해 주는 절대적 원칙이다. 그리고 이 원칙은 근본적으로 '한 분 하나님' (유일신론)을 전제로 한다.

그렇다면 '하나님의 영광을 위하여' 행동하는 것은 무엇인가?

영광이라는 단어가 가지고 있는 의미는 한마디로 정의하기 어려운 복합성을 가지고 있다. 구약에서 '영광'(כבד)이라는 단어는 셈어(Semitic languages)에서 일반적으로 '무겁거나, 크거나, 많거나, 두껍거나, 현저한'이라는 기본적 의미를 가진다. 베커(Beker)도 영광이 '무거운'이라는 의미에서 온 것으로 파악하고 이것이 '명예, 위엄, 주권'을 묘사하고, 특별히 구름 속에 나타난 하나님 임재의 빛나는 빛이라고 하여 하나님의 영광과 하나님의 임재이신 '쉐키나'(שכינה)와 동의어로 생각한다.[316] 따라서 이것은 보는 이들을 심리적으로 압도할 만한 것이다.

이 영광이 사람에게 사용될 때 '무거운 사람'이라는 의미로 받아들여질 것이다. 물론 이 의미가 체중이 많이 나가는 사람(삼상 4:18) 혹은 머리숱이 많은 사람(삼하 14:26)에게 사용되기도 하지만, 더 나아가 자연스럽게 사회적으로 '중요한 사람' 혹은 '현저한 사람'에게 사용되거나 혹은 '많은 것을 가진 사람'을 표현할 때 사용되기도 하였다(참조, 창 31:1 등). 또, 이런 무거운 사람의 중요도가 외적으로 표현되어 나타나는 현상, 예를 들면, '명예 혹은 존귀'(대상 29:12)라든지 '휘황찬란함, 영화 혹은 영광'(창 45:13; 욥 19:9, 29:20)을 의미하기도 한다.

이런 용례는 '하나님의 영광'(כבוד־אל 혹은 כבד אלהים)이라는 표현에서도 그게 다르지 않다. '하나님의 영광'은 하나님 자신이 피조물과 국가들 사이에서, 혹은 그의 언약의 백성인 이스라엘에게 나타나시는 가시적이고 능동적인 현현(presence)이다. 개핀(Gaffin, R. B. Jr.)은 '하나님의 영광'이 LXX를 통하여 의미론적인 변화를 겪었다고 주장하였는데, 이렇게 변화된 의미가 요한과 바울에게 사용되어 실제 영광(δόξα)의 의미는 '의견', '평판', '찬양'의 의미를 가지고 있었다고 한다.[317]

하지만 바울에게 '영광'이란 의미는 히브리적이다. '영광'이 하나님의 형상과 하나님의 임재를 표현하는 쉐키나(שכינה)와 동의어로 사용된 것이다. 이것은 고린도전서 15장에서 부활의 현현을 설명할 때 명백하게 드러나는데, 이 부활체의 현현을 '영광'이라는 단어로 표현한다(고전 15:38-44). 이때 사용된 '영광'은 '의견'이나 '평판'이 아니다.

그런데 '영광 상태'로서 '하나님의 현현'은 모든 사람들을 압도할 만한 무게를 지닌다. 따라서 '하나님의 영광을 위하여'(εἰς δόξαν θεοῦ, 고전 10:31)라는 표현에는 이런 하나님의 임재와 그 현현의 상태에 압도된 인간의 반응이 포함된다. 하나님의 영광이 무겁게 느껴질수록, 곧 하나님의 임재의 현현(Theophany), 쉐키나의 휘황찬란함, 하나님의 이름과 영예가 무겁게 느껴질수록 거기에 합당한 태도를 보이는 것이다. 이것이 '하나님의 영광을 위하여' 살아가는 삶의 태도이다. 이것은 그렇기 때문에 '하나님의 임재 앞에(코람 데오) 서 있는 삶의 태도'이다.

더 나아가, 하나님의 영광을 위한 삶은 그분의 임재 앞에서 하나님의 위대하심을 드높이고, 그분의 선한 의지에 순종하며, 그 자신과 사람들로 하여금 이를 칭송하게 하는 삶을 사는 것이다. 이런 '하나님의 영광을 위한 삶의 행동 원칙'은 교회를 '하나님의 교회' 되게 하는 참 정체성이다. 해의 영광을 위해 사는 존재도 있을 것이고, 달의 영광과 별의 영광을 위해 사는 존재도 있을 것이다(고전 15:40-41).

또 세상의 영광을 위해서 사는 존재들도 있다. 해의 육체를 가진 자들은 해의 영광을 위해 살 것이고, 달의 육체를 가진 자들은 달의 영광을 위해 살 것이며, 세상의 육체를 가진 자들은 세상의 영광을 위해 살 것이다. 하지만 하나님의 몸(부활체)을 가진 자들 - 그리스도의 몸 된 자들 - 은 '하나님의 영광을 위하여' 살 것이다. 따라서 하나님의 영광을 위해 산다는 것은 교회가 교회이게 하는 정체성이다.

제4장

고린도전서를 통해 본 교회의 사명

지금까지 필자는 교회를 세우는 토대와 교회를 표현하기 위해 사용된 용어, 그리고 살아 있는 유기체로서 교회가 살아 움직일 때 그 행동의 원칙 등을 통하여 교회의 본질을 구성하는 정체성을 규명하였다. 이제 본 장에서는 교회 본질을 구성하는 또 다른 한 축인 교회의 사명, '교회는 무엇을 하는가'에 대하여 살펴보고자 한다. 교회의 정체성은 '교회가 무엇이냐'라는 한 축과 '교회가 무엇을 하는가'라는 다른 한 축에 따라 결정되는데, 교회의 사역들이 교회가 마땅히 행해야 하는 행동으로부터 벗어나 있다면 그것은 참된 교회가 아니다.

그러므로 교회의 사명, 곧 '교회가 무엇을 하는가' 하는 것은 '교회가 무엇인가'라는 본질에 대한 질문과 불가분리의 관계가 있다. 교회는 그 본질을 수행해야 하는 사명을 가지는 공동체이다. 만약 교회가 교회의 본질과 다른 일을 하거나 다른 사명을 수행한다면 그것은 교회가 아니다. 따라서 교회의 사명은 교회의 정체성의 토대가 되었던 '하나님의 새 언약', '그리스도의 복음', '성령님의 사역', 그리고 사도적 전통에 근거하여 수행하여야 할 사명이 있으며, 또한 '교회의 행동 원칙'을 근거로 하는 사명이 있다.

제1절
교회의 토대에 근거한 교회의 사명

1. 복음을 건네줌(전도)

복음이 교회를 형성시키며, 그 복음은 사도들의 건네줌을 통해서 성경대로 전해져야 한다면, 이 복음을 받아 형성된 교회의 사명이란 받은 복음을 건네주는 일이다(고전 9:23).

그리스도께서 바울을 고린도에 보내신 것은 세례를 주라고 보내신 것이 아니라 '복음을 전하라고 보내셨다'(고전 1:17)고 하였고, 고린도전서 15장 14절에 '복음의 선포'(κήρυγμα)는 1절에서 사용된 '복음을 전함'(εὐηγγελισάμην/εὐαγγελίζω)과 동일한 이미로 사용되었다. 신약에서 '복음 전함'(εὐαγγελίζω, 유앙겔리조)은 '복음 선포'(κήρυγμα, 케뤼그마)보다 훨씬 선호하여 사용된 단어이다. 복음은 복음 전도나 복음 선포의 대상이며 이 둘의 용법들은 기본적인 메시지를 설교하는 행위이다.

1) 설득이 아닌 선포

복음은 말의 지혜로(고전 1:17, 2:4) 전하는 것이 아니라 하나님의 지혜로(고전 1:21, 24, 2:7) 전하며, 그 하나님의 지혜는 '십자가의 말씀'

이기(고전 1:18) 때문에 '십자가에 달리신 분을 전하는 것'(고전 1:23, 2:2)이다. 십자가의 말씀은 이것을 받도록 선택된 사람들만 받고 이해하는 '하나님의 비밀'(μυστήριον, 뮈스테리온, 2:1)이기 때문에 복음을 단순히 선포하는 식의 어리석은 것 같은 방법을 통하여 전해야 한다. 어리석은 방법이란 성령님의 능력으로(고전 1:18, 2:4-5), 계시를 통하여(고전 2:10) 이 비밀을 선포하는 것이며, 하나님은 이것을 통해 사람을 구원하신다(고전 1:21, 2:4).

단순히 선포된 복음의 말씀을 믿게 하심으로(고전 2:4) 구원 얻게 하신다. 설득이란 복음 전함이 인간적 노력의 열매로 오인될 수 있다. 복음 전함을 통해 얻어지는 '생명'은 어떤 인간적 방법으로도 얻어지지 않는다. 오늘날 현대 교회 설교자들이 자칫 복음 선포를 설득으로 오해하여 교만해지며 넘어질 뿐 아니라 하나님께 돌려야 할 영광을 가로채는 경우가 얼마나 많은가!

2) 새 생명 창조의 동역자

복음 전하는 일은 복음 선포자 이상의 의미가 있다. 이는 '그리스도 안에서 아버지가 되는 것'이다. 곧 사람을 출생시키는 일인데 바울은 '그리스도 예수 안에서 복음으로 낳는다'(고전 4:15)라고 표현한다. 그러므로 하나님께서 천지를 창조하신 후에 최초 인간들에게 복을 주시되 '생육하고 번성하라'고 하신 것처럼 교회는 복음으로 생육하고 번성하는 '새 생명 창조의 동역자'가 되어야 할 사명이다.

3) 희생을 통한 '건네줌'

교회는 복음을 전함에 있어 자신의 지식이나 지혜가 아니라 삼위 하나님의 능력에 의하여 전하고, 또 값없이 전하여야 한다. 더 나아가 자신이 교회에서 사용할 수 있는 모든 권리를 포기하고(고전 9:18) 전하여야 한다. 복음으로 각성된 사람을 얻기 위해서 이 복음을 건네는 자가 모든 사람의 종이 되며(9:19), 자기의 몸을 쳐서 굴복시켜야 한다(9:27). 이는 유대 사람을 얻기 위해, 율법 아래 있는 사람을 얻기 위해, 율법 없이 사는 사람, 믿음이 약한 사람, 그 외 각양의 모든 사람들을 얻기 위해 자기의 의지와 권리를 포기하고 모든 모양의 인물이 되는 것이다(9:19-22a).

이런 희생적인 복음의 건네줌은 '집을 세우기 위하여 다른 사람의 유익과 양심을 생각하는 원칙'을 지키는 것(10:33)과 연장 선상에 있다. '집을 세운다'는 것은 그들에게 복음을 전하여(9:23) 그들을 구원하기 위함이며(9:22b, 10:33), 이것은 복음에 참여하려고(9:23) 또한 상을 받기 위해서(9:24) 그렇게 하는 것이다. 복음을 전하는 자가 복음에 참여하는 것은 복음이 주는 복, 구원에 참여하는 것이기도 하지만, 더 나아가 복음이 토대가 된 교회의 일원으로, 곧 그리스도의 몸에 참여하는 것이다.

2. 성례를 통한 연합과 교제를 이루어야 할 사명

교회의 사명은 하나님의 선택과 부르심에 응답하고, 세례와 성만찬을 통해 그리스도와 연합하고 교제함으로써 새 언약의 관계를 유지하고, 이 언약을 피로 세우신 예수의 죽으심과 부활을 기억하고, 기념하고, 전하는 것이다. 성례전은 교회를 다른 이방 종교들과 구분해 주는 경계이며,[318] '그리스도의 몸'으로서 교회를 세워 주며, 교회가 주님 오실 날까지 행하여야 할 중요한 사명이다.

1) 성례의 구속사적 토대

바울의 성례전 개념은 고린도를 비롯한 헬라 세계에 존재했던 신비 종교나 다른 종교들의 제의에서 유래했다기보다[319] 구속사적 관점을 가진 초대 교회의 전승에서 비롯된 것이다. 이것은 바울 사도가 성례전을 '출애굽 전승'(고전 10:1-4)에서 찾는 것에서 잘 보여진다. 바울은 출애굽한 이스라엘 백성들이 모세 안에서 구름과 바다에서 세례를 받았다고 말하고(10:2), 이스라엘 백성이 광야에서 예수 그리스도이신 반석으로부터 신령한 음료를 마셨고 또 신령한 음식을 먹었다고 한다(10:3-4).

바울은 구속사적인 이 두 사건을 동일한 종류의 '성례'라고 해석하고 있는데, 이런 성례전의 구속사적 사고는 유대인들의 사고 저변에 매우 뿌리가 깊다. 유월절 만찬(출 12:3-14)은 출애굽의 날을 '기념해야 할 날'로 주 앞에서 지키는 영원한 규례의 절기로 지켜야 했다(출

12:14). 이외에도 성막이나 성전에 있었던 떡상(출 25:30)과 그 위에 12지파를 의미하는 12덩이의 진설병(출 25:30 혹은 대상 9:32)은 이스라엘 자손을 위한 것이자 '영원한 언약'이었고(레 24:8), 이 진설병을 먹지 않는 사람은 하나님의 예배에 들어갈 수 없었다(대하 4:19, 13:11).

하나님께서 행하신 구속의 사건을 기억해야 하는 것은 예수님께서 제정하신 성만찬에서도 나타난다(고전 11:23-25; 눅 22:14-23, 참조 마 26:26-30; 막 14:22-26). 반면, 요한 사도는 예수님께서 제정하신 성만찬을 언급하는 대신에 예수님께서 5천 명의 무리를 먹이신 후에 사람들이 떡을 먹기 위해 예수님을 찾아다니는 일을 기록한다.

이때 예수님께서 사람들에게 광야의 만나 사건을 언급하시면서 예수님 자신이 하늘에서 내려온 생명의 빵이라고 하신 말씀(요 6:31-33)을 전한다. 이는 그 의미에 있어서 성만찬과 연결될 뿐 아니라 구약 사건과 연결된 구속사적 말씀이다. 이처럼 예수님의 세례와 성만찬은 성경을 토대로 한 구속사적인 예전이다.

2) 세례

교회는 그 소속 성도에게 물세례를 줌으로써 성도를 그리스도 예수와 연합하게 하고 그의 죽으심과 부활에 참예하게 하는, '성화된 공동체 멤버의 표시'로 삼아야 한다.[320]

고린도에서 세례는 매우 중요하게 여겨졌는데, 누구에게 세례를 받았느냐 하는 것이 자부심의 근거가 되었다(고전 1:10-17). 그러나 고린도 교회에서 '물세례'는 교회의 공식적인 예전으로 자리잡지는 않은 것 같은데 그것은 복음을 전하는 자들의 세례의 임의성, 곧 회심한 자에게 즉각적으로 주어진 세례 형식(행 2:41, 16:30-33) 때문이다. 또, 바울의 초기 문헌인 데살로니가전서나 고린도전서에서는 명사형인 '밥티스마'(βάπτισμα)는 사용되지 않고 동사형만 나타난다. 이것은 세례가 고린도 교회의 공식적 예전이기보다는 하나의 암묵적 행위였을 수 있음을 보여준다.

그런데 고린도 사역을 마치고 에베소로 건너갔을 때 거기서는 '명사형'이 나타난다(롬 6:4; 엡 4:5; 참조, 골 2:12; 벧전 3:21; 행 19:3). 특별히, 요한의 세례만 알고 있었던 12명의 제자들에게 다시 예수의 세례, 곧 예수의 이름으로 세례를 주는 것을 보게 된다(행 19:1-7). 이는 예수의 이름으로 받는 세례가 예전으로 정착되어 가면서 하나의 '명칭'이 되었으며, 교회 구성원이 되는 중요한 '관례'로 발전되어 갔음을 보여주는 것이다. 세례는 복음 전파와 더불어 제자들의 중요한 사역이 되었다(참조, 마 28:18-19).

이런 점에 비추어 볼 때 고린도 교회에서는 세례가 복음을 받아들인 자들이 그 표로서 받아야 하는 암묵적으로 동의된 예식이었으며, 복음을 건네주고 건네받은 당사자들 사이에 행하여졌으며, 이를 통하여 스승-제자의 관계(혹은 mentor-mentee)가 형성된 것으로 보인다(고전 1:12-17). 곧, 회심자들은 복음을 건네준 교사(스승)를 중심으로 모여 간단히 복음을 교육 받았고 그 후에 교사는 자신의 학생들에게 세례를 베풀었을 것이다.[321] 이런 이유로 던(Dunn)은 세례가 공적인 입교 의식이었다고 보기도 한다.[322]

구약에서는 '세례'가 제의적으로 사용된 용례가 발견되지 않는다.

단지, 열왕기하 5장 14절에서 나아만 장군이 요단 강에 일곱 번 몸을 담근 것을 70인 헬라어 번역(LXX)에서 '밥테인'(βάπτειν/βάπτω)으로 번역하였다. 하지만, 이 단어는 히브리어나 아람어에서 상응하는 용어가 전혀 없다. 따라서 '세례'는 유대적 헬라어라 할 수 있다.[323] 물론 레위기의 정결법에서 부정하게 된 이들이 몸을 씻는 예가 나오고(레 11:32, 15:11, 13) 또 하나님 앞에 설 때 백성을 성결케 하고 옷을 빨았던 기록은 나온다(출 19:10, 14).

하지만 이런 정결 행위들은 예식이라고 볼 수 없으며, '예수와의 연합'이라는 신약 교회의 '세례'와 일치하는 개념도 아니다. 단지 에스겔의 예언에서(겔 36:25이하) 나타나는 두 개의 예언 - 하나님께서 종말에 그의 백성을 물로써 목욕시켜 정결케 하시는 것과 그들에게 새로운 영(하나님의 영)과 새로운 심장을 주신다는 것 - 은 세례와 성령님을 밀접히 연결시킨다는 점에서 주목할 만하다.

세례 요한의 세례가 회개한 자에게 그 표시로 베풀어진 것이기 때문에 세례를 죄의 씻음이라는 정결례와 관련시키기 쉽다. 하지만 예수님이 세례 요한의 세례를 허락하신 것을 볼 때(마 3:14), 세례 요한의 세례가 회개를 통한 죄의 씻음이라는 제의적 의미보다는(참조, 요 1:29; 비교, 막 10:38; 눅 12:50) '메시아의 오시는 길과 메시아의 백성을 준비시키는 의미'가 더 강하며(마 3:3; 막 1:2-3; 눅 3:4; 요 1:23), 따라서 신약 교회의 세례 역시 죄의 씻음보다는 메시아의 백성을 준비시키기 위하여(equipping) 회심하여 복음을 받은 이들에게 세례를 주었다.

바울 사도에게 세례로 인한 성결과 칭의는 회심자들이 과거에 가지고 있었던 더러움과 불의에 대비되는 것이다. 더러움과 불의는 하나님 나라를 유업으로 받는 것을 방해하지만 그러나 세례를 받음으로써 이것이 가능하게 된다(고전 6장). 그것은 세례 자체에 이런 구속의 능력이 있기 때문이 아니라 세례를 통하여 구원에 합당한 메시아의 백성으로 준비시켰기 때문이다. 곧, 세례를 받는 이들은 복음, 곧 구원의 사건인 예수 그리스도를 믿고 영접하였기 때문이다.

하지만 단순히 세례가 성결과 칭의적 의미만 있는 것이 아니라 구속사적 경험이란 측면을 가지고 있다. 세례는 예수님이 십자가에 못박히심과 대비되어 설명되는 것에서 보여지듯이(고전 1:13) 세례를 통하여 예수님의 죽으심을 경험해야 한다(참조, 막 10:38-39; 눅 12:50). 바울 사도가 모형으로 제시하는 세례는 출애굽 백성들이 구름의 임재와 홍해 바다를 통과한 세례였다(고전 10:1-4).

'구름'은 구름기둥을 통해 하나님께서 그 백성에게 임재하시고 거주하시는 것이며, 바다 가운데 지나는 것은 홍해 바다를 건넘으로써 죽음을 경험하는 것이기는 하지만 그들의 뒤를 쫓아오던 애굽 군대와는 달리 죽지 않고 구원을 경험한 사건을 일컫는다. 따라서 바울 사도에게 세례는 홍해 바다를 모형으로 하는, 예수의 죽음과 생명에 연합하여 가지게 되는 구속사적 경험이다. 따라서 세례는 성찬과 마찬가지로 예수 그리스도의 사건을 체휼시키는 교육적 요소를 지닌 일종의 그림 언어이다.

하지만 세례는 성결, 칭의, 구속을 체휼하는 그림 언어(메타포)적 예식이지만 그 이상의 실제적 의미를 가지는 것은 거기에 역사하시는 성령님 때문이다. 초기 교회에서 '물세례'는 '성령 세례'와 분리하지 않고 함께 언급하며, 이것은 에스겔의 전승(겔 36:25이하)에서도 보여지는 바이다. 예수님의 세례가 물로 주는 세례일 뿐 아니라 성령님과 불로 세례를 주실 분이라는 의미(마 3:11)에 대한 바울의 이해는 성령님 안에서(혹은 성령님에 의해서) 물세례를 받는 것이며, 이는 세례를 받는 이가 죄의 씻음이라는 성결을 넘어 육신의 몸을 죽이고 예수님과 결합하여 그분의 몸이 되며, 그분의 생명을 가지는 '실제적 경험'(reality)을 의미한다.

여기서 기억해야 하고 구분해야 할 것은, 세례는 성도가 그리스도의 한 몸이 되는 과정에서 객관적인 중심 요소이기는 하지만 물세례 자체가 그와 같은 효력을 부여하는 것은 아니라는 점이다. 이런 점에서 세례는 일종의 그림 언어이다. 하지만 이런 차원을 넘어서는 것은 세례는 성령님에 의해서 받는 것이기 때문이다. 세례 시에 성령님을 함께 마셔야(고전 12:13) '그리스도와 한 몸으로 연합하여 그의 죽음과 생명을 경험하는 세례'가 된다.

세례를 효력 있게 하는 것은 세례라는 예식 자체가 아니라 그 가운데 역사하시는 성령님이다. 예수께서 세례를 받으실 때에 성령님께서 임재하심을 보게 되는데, 세례 시에 임하는 성령님의 임재는 새로운 생명의 탄생과 하나님 나라에 들어감과 연결되어 있음을 본다(요 3:1-5).

세례 요한이 언급한 '성령님으로 세례를 줌'은 전승사의 한 맥이다. 바울에게는 세례 요한의 성령님에 의한 세례와 오순절 다락방의 성령님 강림(행 1:5), 그리고 고넬료 가정의 성령님 강림(행 11:16)이 모두 같은 전승의 맥이며, 이를 바울이 고린도전서 12장 13절에서 이어받고 있다.[324] 세례와 성령님의 임재 그리고 구원이라는 상호 관계는 고린도전서에 그대로 녹아 있다.[325] 성령님에 의한 세례는 언제나 물세례와 연결되어 물세례가 성령님의 임재로 확증됨을 보여준다. 이런 경우에는 고린도전서 12장 13절이나 사도행전 1장 5절에서 볼 수 있듯이 '성령님 안에서 혹은 성령님에 의해서'(ἐν πνεύματι 혹은 ἐν ἑνὶ πνεύματι) 받는 물세례이다.

종종 '성령님(의) 세례'라는 말이 물세례와 분리되는 경우가 있는데 물 세례와 관계 없는 '성령님 세례'(행 2:4, ἐπλήσθησαν πνεύματος ἁγίου 혹은 행 19:1, πνεῦμα ἅγιον ἐλάβετε)라는 표현은 성령님의 임재를 의미하는 것으로 세례 시에 역사하시는 성령님과 상호 혼동해서는 안 된다. 단지 세례와 관계없는 성령님의 강림(임재)은 '교회의 탄생'과 밀접히 관계되어 있어서 결국 세례는 교회의 시작, 곧 복음을 믿음으로 받아들인 한 사람이 그리스도와 연합하고 교제함으로 교회가 되게 하는 중요한 과정이며, 또한 세례는 구름기둥을 모형으로 하는 예수의 임재와 거주의 경험으로서 이는 성령님의 임재로 성취된다.

세례를 시행하는 방법은 예수의 가르침에 따라 예수의 이름으로 세례를 주는 것이다(고전 1:13; 참고, 막 10:38-9; 행 2:38). 따라서 세례를 주는 자의 이름이 드러나서는 안 되며(고전 1:1), 예수님께서 드러나셔야 한다. 만약 세례를 주는 자가 드러나게 되면 이것은 그리스도의 십자가를 헛된 데로 돌리는 결과를 가져온다.

세례는 교회의 구성원이 되는 '입교 형식인 예전'(sacramental rite)이다. 세례는 복음을 받아들인 자들이 복음을 공유한 사람들의 무리인 교회에 들어가는 중요한 과정으로 반드시 성령님 안에서 혹은 성령님에 의해서 행해져야 하며, 이럴 때 세례는 교회를 다른 조직의 입교 형식과 구분시키는 정체성 중 하나가 된다.

3) 성만찬

성만찬은 '받음과 건네줌의 형식'으로 전해지는(고전 11:23, παρέλαβον ἀπὸ……ὃ καὶ παρέδωκα……, ὅτι) 교회의 보편적이고 공동적인 관례로서 바울은 이것을 '주께 받았다'(ἀπὸ τοῦ κυρίου)고 하였다. 이것은 바울 사도가 예수로부터 직접 전달받았다는 의미라기보다는 '예수로부터 기원하여 시작된 것'(ἀπὸ)을 전해 받았다는 의미이다. 이것은 그가 복음 전승의 한 고리로서 주님으로부터 직접 전해 받은 사도들이 건네준 것을 받은 것이며, 그렇다 하더라도 이 전승의 고리가 끊어지지 않고 전달되었다면 이것은 주께 받은 것이다.

따라서 교회의 성만찬은 예수와 사도들의 전승을 지키며, 몸이신 예수의 살과 피를 먹고 마심으로 하나님과 새 언약을 세우며, 이를 통해 주를 기억하고, 기념하고, 전할 뿐 아니라 주와 연합하고 교제하여 '한 몸'이 되는 표시(그림 언어)이자 사명이며, 이 사명의 수행을 통하여 교회가 교회이게 하는 정체성이 된다. 바꾸어 말하면, 바른 성만찬을 시행하지 않는 교회는 교회로서 정체성을 상실한 조직이며 이는 교회가 아니다.

예수께서 시작하신 주의 만찬은 예수님이 잡히시던 밤에 시행된(고전 11:23) 유월절 만찬을 배경으로 하지만(막 14:12-16, 22-24; 눅 22:7-13, 19-20) 유월절 만찬과 주의 만찬 사이에는 많은 비유사성(dissimilarity)이 발견된다. 그러므로 예수님이 유월절 만찬으로 주의 만찬을 시행하신 것이 아니라 유월절 어린양의 모티브를 자신의 대속의 죽음과 그런 대속에 대한 교회의 연합과 교제로 확장시키기 위해 주의 만찬을 시행한 것이다.

예수님께서는 잡히시던 밤에 떡을 가지사 축사하시고 '이것은 너희를 위하는 내 몸이니 이것을 행하여 나를 기념하라'(고전 11:24) 하시고 또 식사 후에 잔을 가지시고 '이 잔은 내 피로 세운 새 언약이니 이것을 행하여 마실 때마다 나를 기념하라'(고전 11:25)고 하셨으니, 이것이 '주의 만찬'의 원형이다.

이렇게 주의 만찬을 시작한 예수 그리스도에 대하여 바울 사도는 출애굽 당시 신령한 음료를 내어 그 백성을 먹였던 '반석'이라고 해석한다. 반석을 그리스도로 해석하는 것을 볼 때 바울 사도는 반석 전승의 이해를 가졌을 것이다. '반석에서 나오는 영적인 물'이란 이해는 앞에서 언급한 바와 같이 유대 문헌의 해석(Pesher)에도 나타나며,[326] 이 반석 전승은 자주 '성전'과 연결되었다.

예를 들면, 솔로몬 성전을 짓게 된 돌인 샤미르(Shamir) 전승,[327] 아담이 금식한 돌 위에 아브라함이 숫양을 드렸고 그 위에 성전이 세워진 이야기,[328] 야곱의 돌 베개가 지구 중심에 가라앉았는데 이 중심에 있는 반석을 중심으로 세워진 성전[329] 등에서 보여진다.

그런데 이런 반석(צור or סלע)이나 돌(אבן)이 구약에서는 하나님을 나타내는 명칭(divine epithets)으로 사용되기도 하였다(참고, 창 49:24; 신 32:4, 15, 18, 30, 31; 시 18:3, 32, 46(47), 19:14(15), 28:1, 42:9(10), 62:2(3), 7(8), 78:35, 89:26(27), 92:15(16); 사 44:8; 합 1:12). 그리고 이 '반석' 혹은 '돌'은 '시온'이나 혹은 '거룩한 장소'가 세워지는 토대(기초)였다. 유대 신학에서는 민수기 20장 7-11절과 21장 6절에 근거하여 이스라엘에게 물을 공급하는 바위가 광야 여행 중에 그들을 줄곧 동반했다고 보았다.[330] 마태복음에 따르면 예수 그리스도께서도 '반석 위에 교회를 세우시겠다'(16:18)고 하신다. 그렇다면 이 반석이 무엇을 의미하는지는 너무나 명백하다.

이런 관점에서 볼 때 바울은 반석에 대한 이런 선행 이해를 가졌을 것이 분명하다. 바울이 구약 이스라엘이 출애굽할 때 동반했던 이 바위(반석)를 그리스도로 해석하는 것은 결코 낯설지 않다. 이런 선행 이해를 바탕으로 이스라엘 백성들이 출애굽하여 광야에서 모두 같은 신령한 음식을 먹으며, 모두가 같은 신령한 음료를 마셨는데, 이 신령한 음료가 나온 반석을 그리스도라고 해석하였다(고전 10:1-4).

그래서 바울 사도가 전해 받은 '주의 성례' (세례와 성찬)는 이미 구약의 성도들이 출애굽 시대로부터 나누어 먹고 마신 만찬으로 예수 그리스도를 먹고 마신 만찬이다. 따라서 성만찬은 교회의 설립과 연결되어 있으며 교회를 성립시키고 보존시키는 예식이다.

이런 성만찬 이해에는 몇 가지 고려할 사항이 있다. 우선, 초대 교회가 기념하여 지키는 '주의 만찬'은 유월절 식사처럼 1년에 한 번 지켜진 것이 아니라 짧은 간격을 두고(고전 11:17-34) 베풀어 주의 죽으심을 기념하였으며, 둘째로 고린도 교회의 경우 이 식사 음식은 참석자들이 팟럭(pot luck) 방식으로 자신들이 조금씩 가져온 음식으로 준비되었으며, 이 음식들을 나누어 먹은 애찬의 형식을 가지고 있었다.

셋째로, 성만찬의 예식은 말씀의 가르침, 떡을 떼는 일, 공동의 식사로 진행되었는데, 떡을 떼는 일은 만찬에 참석한 사람들 사이의 화평의 입맞춤, 누군가가 떡덩이를 가지고 하나님께 감사를 드리고 떡을 떼어 회중에게 나누어 주는 것으로 진행되었다.

4) 성례를 통한 연합과 교제

세례와 성만찬을 행할 때 임재하시는 성령님은 성례에 참여하는 이가 예수와 한 몸으로 연합하고 또 부활의 생명과 연합하여 교제함으로(고전 12:13) 예수님 몸의 일부분이 되게 하신다.

구약성경에 나타난 히브리인들의 죽음에 관한 생각은 하나님과의 관계에 달려 있었다. 울프(Hans Walter Wolf)는 구약성경에서 말하는 생명이란 하나님과 관계를 맺고 있는 것을 의미하는 반면에, 죽음이란 하나님과의 관계를 상실한 상태를 의미한다고 하였다.[331] 따라서 세례를 통한 예수와의 연합이 생명과 연결된다는 생각은 히브리인들의 생명과 죽음에 대한 개념에서는 자연스러운 것이다. 그런데 놀랍게도 고린도 교회에서는 '연합'의 문이 되어야 할 세례와 성찬이 교회 분열의 계기가 되었다.

그러므로 바울 사도에게 고린도 교회의 분열, 세례로 인한 분열은 전혀 이해될 수 없는 것이었다(고전 1:10-17). 이에 바울은 '그리스도가 갈라지셨는가'(고전 1:13) 반문함으로써 '고린도 교회'와 '그리스도'를 '하나'로 보면서 예수께서 그들을 위해 십자가에 달리셨고, 예수의 이름으로 세례를 받았다고 진술한다(고전 1:13-15).

고린도 교회의 성만찬 시행 과정에서 드러난 몇 가지 문제점에 대한 바울의 권면은 '주의 만찬'의 중요한 신학적 성격을 보여준다. 우선 성만찬의 효력이 영구적이 아니라는 것이다. 만찬을 먹은 자라도 간음을 포함한 우상숭배, 불평과 같은 악을 행하는 자들(고전 10:6-10, 27-29), 자기의 만찬을 먹고 마시는 자들은(11:33-34, 20-22) '주님의 몸과 피를 범하는 죄를 짓는 것'(11:27)이며, '주님의 몸을 분별함 없이 먹고 마시는 것'(10:29)이며, '영원한 생명을 담보 받지 못한다'(10:29, 32)고 하였다. 이것은 성만찬 자체가 구원을 주는 어떤 영구적인 효력이 있는 것이 아니라 '예수 그리스도와의 교제'이며 그 몸의 일부분이 되는 연합에 대한 상징적 그림 언어이다. 하지만 성령님께서 임재하시는 성만찬을 통해 '연합과 교제'를 직접 체험하는, 그림 언어 이상의 실제적 사건이기도 하였다.

마샬(Marshall)은 이 성만찬 식사가 '고별 식사'였다는 점에 주목하였다. 이 '마지막 만찬'은 예수님과 제자들 사이에 '교제의 식사'였으며 친밀한 관계의 절정이었다고 하였다.[332] 따라서 예수의 죽음이 '교제의 분리'를 가져올 것이기 때문에 '주의 만찬을 기념하여 지키는 것'은 이런 교제를 지속하라는 명령이기도 한 것이다.

따라서 바울 사도가 우상 제물을 금지하는 것은 기본적으로 그리스도인의 교제에 대한 이해 때문이다. 곧 그리스도인은 하나님의 예배에서 서로 연합하고 교제하는 것이며, 우상의 예배에서 이방인들과 혹은 유대인들과 함께 연합하거나 교제해서는 안 된다(10:16-17, 18, 19-21).

세례와 성만찬은 예수님과의 연합을 의미하며, 이 예수님과의 연합을 통해 하나님의 구속의 은총이 성취된다. 예수님은 잔치에 대한 많은 비유를 주셨으며(눅 14:15-24; 마 22:1-10) 죄인들과 식탁 교제를 행하셨다(마 9:9-13; 눅 5:29-30; 막 2:15-16). 이런 예수님의 행위는 바리새인들의 음식법(Dietary law)과 많은 충돌을 일으켰다. 바리새파의 정결법은 부정한 것과의 접촉을 막음으로써 거룩한 자의 거룩을 지키는 것인데, 예수님의 식탁은 부정한 것들과 부정한 사람들과의 접촉을 통해 예수님의 거룩으로 거룩하게 하는 것이기 때문이다.

세례나 혹은 예수와의 식탁 교제는 예수님과 연합하고 교제하게 하는 것이다. 교제는 그리스도의 몸의 한 부분에 참여하며 그 몸의 일부분이 되는 것이다. 그 몸의 일부분이 된다는 것은 몸과의 교통이 없이는 불가능하다. 한 성령으로 몸과 교제할 때 온전한 연합이 이루어지며, 이런 연합과 교제는 교회로 하여금 예수님의 몸에 접붙여지게 하는 것이다. 따라서 접붙여진 가지가 나무인 예수님을 지배하여 부정하게 만드는 것이 아니라, 나무이신 예수님의 생명이 접붙여진 가지의 생명이 되며, 나무이신 예수님의 정결함과 거룩함이 접붙여진 가지(교회)를 성령으로, 예수님의 권세와 생명으로 '정결'하고 '거룩'하게 하는 것이다.

옛 이스라엘은 우상 앞에 놓인 제물을 먹고 마시며 우상 숭배에 빠졌다(10:18-20). 이는 '귀신과의 교제'(10:20)였으며 이것이 사람을 더럽게 하였다. 이와 같은 배교의 죄는 교회도 범할 수 있었다. 바울은 구약 백성들을 '우리의 모든 조상들'(οἱ πατέρες ἡμῶν πάντες, 10:1)이라고 불러 이방인 성도가 상당수인 고린도 교회와 옛 이스라엘이 동일한 '하나님의 백성'이며 동일한 구원의 족속임을 보여준다.

따라서 교회는 그들 조상인 구약 백성들처럼 우상 식탁의 교제에 빠져서는 안 되었다. 오히려 이스라엘 백성이 광야에서 우상 제물을 먹고 마셨던 우상 식탁과 대척점에 있는 '예수 그리스도의 몸과의 교제'(10:16), 곧 성찬(거룩한 식탁)과 세례를 통해 예수 그리스도와의 연합과 교제를 지속하여야 한다.

고린도전서 10장 16절에서 '모두가 한 빵을 공유하다'는 말은 그리스도와의 교제를 의미한다. 세례와 성만찬은 한 사람이 그리스도와 연합하고, 그로 인하여 죽음과 생명을 체험하며, 그리스도의 몸을 먹고 마심으로 그와의 일체(하나 됨)를 '경험하는 것'으로, 이를 통해 성도가 '그리스도의 몸의 일부분으로 참여(교제)하게 되는 '실제적 증거와 그 표식(혹은 상징)을 반복적으로 생각하는 것'이다.[333] 이런 '경험', '증거', '표식'은 예수와 그의 사건을 '전파하는 매우 효과적인 방법'(11:26)이며, '기독교의 정체성을 보여주는 독특한 표지'이고, 이것은 외부인에게 공개되지 않는 식사였다.[334]

바울은 예수와의 이런 연합을 '예수의 몸 된 성전'이나, '예수의 몸 된 교회', 그리고 '각 개인 성도의 죽음과 부활'을 증명해 주는 중요한 근거로 삼는다. 모든 믿는 자들은 한 성령님에 의해서 세례를 받아 '그리스도의 몸'이 되고(12:12-13), 또한 하나님을 향한 예배 중에 예수 그리스도의 몸과 피인 흰 덩이리의 빵과 한 잔을 시로 함께 공유함으로 예수와 한 몸으로 연합된다(10:16-17). 이 연합은 '그리스도 안에서'(ἐν Χριστῷ)라는 표현에서 잘 묘사되는데, 교회는 그리스도 안에 있는 몸의 일부분이며, 이런 '몸과 지체'의 긴밀한 관계를 '교제'(κοινωνία)라고 부른다(참조, 고전 1:9, 10:17-21).

이 교제는 '몸으로서 그리스도와 지체로서 교회'가 그리스도와 결합되어 한 통일체가 되고, 또 한 몸이라는 정체성을 갖게 하는 '관계의 변화를 일으키는 작용'이다. 곧 '그리스도 안에서 각 지체가 상호적으로 관계함으로 화해, 용서, 조화가 가능하게 하는 것'이며, 이 교제를 통해 예수의 생명, 예수의 영, 예수의 능력을 몸 된 교회가 공유하게 되며(1:9), 교회의 이 교제는 성령님께서 만들어 내시는 것이다. 교제란 서로 '공유되는 부분을 가지는 것', 곧 예수 그리스도의 살과 피인(11:24-25) '한 잔'과 '한 빵을 모두가 공유하는 것'(μετέχομεν, 10:17)이다. 이때 이 빵과 잔은 '신령한 음식이며 신령한 음료'(10:3-4)가 된다.

사실상 이 빵과 잔이 실제 그리스도의 몸이며 피인가 혹은 언제 이 빵과 잔이 그리스도의 실제 몸과 피가 되느냐 하는 논쟁은 지극히 사변적이다. 그것을 먹고 마시는 이가 언제 혹은 실제로 그리스도의 몸과 피가 되는지 진정 알 수 있을까? 그것은 오직 그리스도 안에서 성령께서 하시는 일이다. 빵과 잔이 실제 그리스도의 몸이며 피인가 하는 사실이 중요한 것이 아니라, 그런 그림 언어적 행위를 통해 그 예식에 참여한 모든 성도가 그리스도의 한 몸이 되고 그리스도와 연합하여 교제를 이루어 가는 것 그리고 그 사실을 이 예식에 참예하는 이들이 거듭 확인하고 기억하고 전달하는 것이 성만찬의 핵심이다.

빵과 잔이 실제 그리스도의 몸이며 피인가 하는 논쟁보다 더 중요한 것은 그 빵과 잔을 먹고 마신 자들이 실제 그리스도의 몸이 되었는가, 그리스도의 성육신을 자신의 몸에 짊어지고 그것으로 인하여 그를 바라보는 모든 사람들이 그에게서 그리스도를 볼 수 있는가 하는 사실이 더욱 중요하다. 그럼에도 불구하고 언제 빵과 잔이 그리스도의 몸과 피가 되었는가 혹은 실제 그리스도의 몸과 피인가 하는 것으로 교회가 분열된 것은 성만찬의 대적이 된 것과 다름 아니다.

따라서 만찬을 먹고 마시더라도 그리스도와 성도 상호 간의 '교제'를 이루지 못하면 구원에 이를 수 없다. 또 만찬을 시행할 때 '교제를 통한 예수 몸의 공유는 그들이 개인적으로 빵과 잔을 먹는 것이 아니라 모두가 함께 모여서(11:20, 33) 먹고 마심으로 일어나는 것'이라는 사실이 강조된다. 고린도 교회에서는 성만찬이 함께 시행되지 못하고, 신분 차이에 따라 균열되었다. 예수께서 시행하신 주의 만찬은 예수께서 직접 떼어 주신 것이다. 이 점은 유대인들의 유월절 만찬과 비교할 때 '입시시마 팍타'(ipsissima facta)라고 말할 수 있을 정도로 독특한 것이다. 이것은 예수님 자신의 몸을 의미하는 한 떡을 나누어 먹는 것에 매우 큰 의미를 부여한 것으로 보인다.

따라서 고린도 교회가 한 상 위에 있는 음식을 함께 먹지 못한다면 이것은 예수 그리스도께서 주시는 만찬이 아니며 자기의 만찬이 된다. 온 교회가 '그리스도의 몸과 피를 공유'하기 위하여 함께 먹고 마셔야 하는 것은 그리스도와 그 몸과 피를 먹은 자들이 예수 그리스도와 만찬의 교제를 통해, 즉 하나의 빵에 참여하여, 그 하나의 빵으로 모든 사람들이 한 몸으로(εἷς ἄρτος, ἓν σῶμα οἱ πολλοί ἐσμεν, 10:17) 연합하는 것이기 때문이다. 교회는 성만찬의 교제를 통해 한 몸이 되는 하나의 통일체가 되는 것이며, 이것은 '입시시마 팍타'에서 보여지듯이 교회의 독특성과 정체성을 결정하는 중요한 행위이다.

따라서 누군가가 교회의 부패 때문에 혹은 다른 이유 때문에 교회로부터 분리하여 자신의 믿음을 지키며 홀로 예배하며 신앙생활을 해나가는 '무교회주의'를 부르짖는다면 이것은 교회론에 대한 무지에서 비롯된 것이다. 한 몸의 교제에서 벗어난 개인에게 그리스도의 구속이 효력이 있을 것인가 하는 것은 지극히 의심스러운 것이다. 즉 한 개인의 구원은 각 개인이 복음을 받아들이고 그리스도를 믿음으로 그분의 몸에 결합하는 것인데, 이 결합을 유지하고 그것을 성만찬을 통해 표현하는 것은 매우 중요한 핵심 사항이다.

이런 관점에서 현대 교회에서 성도가 직접적으로 만나 교제함이 없이 '온라인 상'에서 연결되고 교제하는 것 역시 경계하여야 할 부분이다. '모이는 교회'가 없이 '흩어져 있기만 한 교회'는 엄밀히 교회가 아니다. 어쩌면 이 '모여 한 몸으로 연합하는 교회'의 개념은 파편화되고 비인간화되어 가는 현대 사회를 구원하는 하나님의 계획이라고 이해해도 괜찮을 것이다.

5) 새 언약

성만찬이 그리스도와의 연합과 교제라고 하였을 때 이는 하나님과 교회의 새로운 계약이다. 계약은 하나님과 이스라엘 사이의 교제를 나타내는 전형적인 히브리적 표현이다. 이는 하나님과 그의 백성 간의 친밀한 교제를 규정하고, 백성의 삶 전체를 규정한다. 따라서 계약 안에 사는 자야말로 의로운 자, 선택된 자, 경건한 자이다.

바울은 주의 만찬을 '새 계약'(ἡ καινὴ διαθήκη, 고전 11:25)이라고 부른다. 하나님과 구약 백성 사이에 체결된 계약이 구 언약이었다면, 성만찬 곧 예수의 몸의 생명과 그 피를 매개로 하여 맺어진 계약은 새 언약으로 '몸이신 예수'와 그 몸의 지체로 상호 연합된 '종말의 새 백성' 사이에 체결된 것이다.

이 새 언약은 예수님께서 죄인들을 구속하신 '단 한 번의 피 흘림'을 보증으로 하여 이를 믿고 받아들인 자들이 예수님의 몸에 연합되어 교제함으로 효력을 갖게 된다. 따라서 이 새 언약의 관계에 들어간 교회, 곧 종말의 새 백성들은 '의로운 자'로 칭함 받는 선택된 자이며, 경건한 자로서 영원한 생명을 얻고 구원에 이르게 된다.

성도가 모일 때마다 성만찬이 행해져야 하는 것은 예수의 몸과 피를 기억(기념)하기 위함이다(11:25). 예수의 몸과 피를 기억한다는 것은 성만찬의 의미 – 예수님의 몸과 피에 참여하여 그와 한 몸이 된다는 사실과 그의 피로 인하여 새 언약 가운데 있다는 사실들을 계속해서 다시 떠올려 잊어버리지 않고 유지 보존하는 것이며, 이런 주의 죽으심을 전하기 위함이다(11:26).[335]

'복음'을 기억하고, 유지 보존하고 전하는 일종의 교육적 장치라는 것이다. 그렇다 하더라도, 거듭 말하지만, 성만찬은 교육적 장치로서 그림 언어(메타포) 이상의 실제적 경험을 의미한다. 이는 전적으로 성령님의 역사에 의한 것인데, 이 성만찬을 통하여 예수 그리스도의 몸과 피를 실제로 먹고 마시며 그리스도의 몸에 연합됨을 체휼히는 영적 효력을 가진다.

6) 성례전의 오용

세례와 성만찬이 그리스도의 몸으로 연합하고 교제하는 의미가 있음에도 불구하고 고린도에서는 '연합'의 문이 되어야 할 세례와 성찬이 교회 분열의 계기가 되었다. 바울 사도에게 세례로 인한 고린도 교회의 분열은 전혀 이해될 수 없는 것이었다(고전 1:10-17). 이에 바울은 '그리스도가 갈라지셨는가'(1:13) 반문한다.

바울의 세례관에서 가장 난해한 것은 '죽은 자들을 위하여(ὑπὲρ τῶν νεκρῶν) 세례를 받은 자들'(15:29)이다. 이는 고린도 교회에는 '죽은 자들을 위한 세례'가 행해지고 있었음을 보여준다. 물론, '죽은 자를 위한 세례'가 기독교인이 된 후에 행해진 것인지 아니면 그리스도인이 되기 전에 이교도로 있을 때 행한 것인지 분간하기 힘들다. 왜냐하면 현재 분사가 반드시 현재 일어난 사건만을 의미하는 것이 아니라 진행 중인 행동을 의미하기 때문에 과거로부터 지금까지 고린도 교인들이 지속적으로 행해왔고, 행하고 있고, 앞으로도 행할 수 있는 관습적 행동이기 때문이다. 그러므로 이런 문법적 해석 아래서 볼 때 세례는 그리스도인이 된 후에 죽은 자들을 위해 세례를 받는 행위뿐 아니라 이교도 시절에 받았던 세례도 포함될 수 있다.[336]

단지 이 본문에서 바울 사도가 말하는 바를 오해하지 말아야 할 부분은, 바울이 '죽은 자들을 위한 세례' 자체를 긍정적으로나 혹은 부정적으로 언급하는 것이 아니라는 점이다. 그러므로 이 표현 자체를 놓고 바울 사도가 죽은 자들을 위해 세례를 받는 행위 자체를 긍정적으로 보았느냐 혹은 부정적으로 보았느냐를 판단하기 어렵기 때문에, 이 구절을 가지고 죽는 자들을 위한 세례를 옹호할 근거로 삼을 수 없다. 오히려 '죽은 자들을 위한 세례'는 바울의 세례와 성찬에 대한 사상에서 볼 때 잘못된 것이 분명하다. 단지 여기서 바울이 말하고자 한 바는 '죽은 자들을 위하여 받는 세례 속에 내재된 부활 신앙'이다.

고린도 교회의 성례전과 관련하여 바울이 제기한 문제는, 세례가 그랬듯이 성만찬도 교회의 연합을 깼다는 점이다. 교회는 그리스도의 몸으로 하나인데도 불구하고 성만찬 시행 과정에서 '부와 사회적 신분의 차이'에서 교회가 균열 조짐을 보인 것이다. 따라서 바울 사도는 '여러분이 모여서 하는 일이 이로움을 주지 못하고 해로움을 주는데, 곧 교회 모임의 분열이다'(11:17-18)라고 하면서 연합의 의미로서 성만찬이 균열의 원인으로 작용하고 있음을 말하고 있다(11:20-22).

타이센(Theissen)에 따르면, 성만찬이 단지 떡과 포도주만을 언급하고 있기 때문에 부자들은 음식을 나누어 먹을 필요성을 깨닫지 못했다고 하였다. 그래서 고린도의 부유한 성도들은 교회의 모임을 위해 자신들의 집을 개방하고 가난한 자들에게 약간의 음식과 음료를 제공함으로써 가난한 자들에게는 자비로운 사람으로 비쳐지고, 자기 자신에게는 사회적 우월성을 드러내면서[337] 만족해한 것이다.

바울은 이런 것을 '주(그리스도)의 만찬'(κυριακὸν δεῖπνον)이 아니라 '자기의 만찬'이라고 부른다(11:20). 그래서 바울은 성만찬이 오용될 때 그리스도와의 연합과 교제가 취소된다는 것을 분명히 하였다. 교회가 모여서 먹었어도 주님의 만찬을 먹는 것이 아니라 자기의 만찬을 먹는 것일 수 있다(11:20). 주의 만찬은 교회가 함께 모였을 때 각자가 혹은 먼저 먹고 혹은 나중에 먹는 것이 아니라 다 같이 함께 먹어야 하며, 또 자기 것을 자기가 받는 것이 아니라 누군가로부터 자기의 몫을 받아 참여하여야 한다(11:21).

따라서 성만찬의 음식으로 내어놓았음에도 불구하고 여전히 자기의 소유권을 주장하여 자기의 것이라고 먼저 먹는 행위는 교회에 파당을 짓는 행위이며, 성만찬의 의미를 깨닫지 못한 채 성만찬에 참여하는 행위이다. 따라서 이것이 성찬의 바른 시행이 아님은 당연한 이치이다(11:20).

교회에서 시행되는 주의 만찬(11:20)은 주께 속한 만찬이다. 그러므로 주께서 시작하시고, 사도들이 받아 전하였던 그 전통(관례)에 서 있지 않으면 그것은 '주께 받은 것'이 아니요, 우상에게 속하고 자기에게 속한 만찬이 된다(10:1-14, 18-21).

교회는 세례와 성만찬을 통하여 늘 몸이신 그리스도께 연합하고 교제하여야 하며, 이것을 위하여 지속적이고 합당한 성만찬의 시행을 해야 하며, 이것을 통해 하나님과 맺은 새 언약을 유효하게 할 뿐 아니라 예수의 살과 피를 기억, 기념, 전해야 하는 사명을 가지고 있다.

하지만 슬픈 것은 현대 교회에서는 아예 성만찬 자체를 거의 시행하지 않는다는 점이다. 예전을 중요시하는 교회를 제외하고는 대부분의 교회에서 편의성을 이유로 성만찬을 1년에 한두 번 형식적으로 시행한다는 것이다. 성만찬이 사라져 가는 교회는 엄밀히 바른 교회라고 부르기 어렵다.

3. 순종을 통해 하나님의 통치를 이루어야 할 사명

교회는 하나님의 종말의 새 백성이다. 따라서 교회는 하나님의 통치에 철저히 순종하여야 하며, 이 순종을 통해 하나님의 나라를 이룩하여야 할 사명이 있다. 하나님의 교회는 하나님의 말씀에 대한 철저한 순종을 통하여 하나님의 통치를 그 몸을 통해 이루기 위한 것이다. 순종은 믿음이며, 하나님의 심판에 순응하는 것이며, 하나님의 은혜의 선물에 대한 적절한 응답이다.

하나님께서는 히브리 사람들을 선택하고 지명하여 부르셔서 언약을 맺으심으로 구약 이스라엘이 하나님의 새 백성이요, 거룩한 백성이 되게 하셨다. 이 언약 개념은 '하나님의 교회', '성도로 부르심을 받은 자들'이라는 교회의 용어 속에 녹아 들어 있다. 이런 하나님의 부르심은 늘 하나님의 종말론적 통치와 결합되어 있는데(고전 4:20, 6:9-10, 15:24, 50), 하나님과의 언약 관계 속에 상정되는 하나님의 통치는 그 백성의 순종을 전제로 한다. 그것은 옛 이스라엘이 하나님과의 언약에 신실치 못하고 하나님께 우상 숭배함으로 불순종했을 때 새 언약으로 갱신된 사실에서(10:1-22) 보여진다.

시내 산 언약을 맺을 때 모세를 통하여 말씀하신 하나님은 그 백성들이 '주께서 말씀하신 모든 것을 실천하겠다'고 응답하였을 때(출 19:8) 율법의 언약을 맺으시며, 그 언약을 통해 이스라엘은 하나님의 것이 되며 선택한 백성이 되며 제사장 나라, 거룩한 민족이 되었다(출 19:5-6). 하지만 옛 이스라엘의 불순종은 새 언약으로의 갱신을 가져오게 되었다. 새 언약의 당사자로서 '하나님의 교회'는 하나님의 통치가 실현되도록 하나님의 말씀에 철저하게 순종함으로 그 통치에 참여하여야 한다.

그런데 고린도 교인들은 '실현된 종말론'의 잘못된 생각을 가지고 있었다. 그들은 예수 그리스도를 믿음으로 왕이 되었으며 세상을 다스린다고 생각하였다. 고린도전서 4장 8절에 '왕처럼 다스린다'는 표현에서 나타나듯이, 구원받은 그들은 자신들의 영혼이 육신을 벗어나 하늘의 축복된 삶을 지금 완전히 획득하여 현재의 삶 속에서 하나님의 통치에 참여하여 왕 같은 삶을 누릴 수 있다고 생각하였다.

하지만 하나님의 통치에 참여한다는 것은 왕같이 누리는 삶이 아니라, 하나님의 말씀에 철저한 순종, 곧 십자가를 지는 삶을 통해서 이루어지는 것이다. 이 순종은 하나님의 백성이 되는 순종이 아니라 하나님의 백성이기 때문에 행하는 순종이며, 또한 예수 그리스도의 소유이기 때문에 그분의 소유권을 인정함으로써 그분의 주권을 인정하고 보호에 복종하는 것이다.

이러한 예수 그리스도의 주권은 고린도 교회가 '예수 그리스도의 이름으로 세례를 받은 것'에서 드러난다. 물론 고린도전서에서 '예수 그리스도의 이름으로 세례를 받았다'는 직접적인 표현은 등장하지 않는다. 하지만 고린도전서 1장 13-16절에 세례로 인한 고린도 교회의 분쟁을 언급하면서 '바울의 이름으로 세례를 받았느냐'라고 반문하는데, 이러한 반문에서 '예수 그리스도의 이름으로 세례를 받았음'이 명백히 암시되며(1:14), 예수의 이름으로 세례를 받았다는 사실은 그분의 소유권과 주권에 대한 복종의 의미가 있다.[338]

특별히 성만찬을 통하여 예수 그리스도의 몸의 지체로 연합하며 교제를 하는 동안 머리이신 그리스도께 순종하는 것은 몸의 지체들에게 절대적으로 요구된다. 머리에 대한 이런 지체들의 절대적 순종은 '몸과 지체'라는 그림 언어에 이미 절대적이며 확고하게 전제된 것이다. 만약 머리에 순종치 않는 지체가 있다면 그 지체는 '마비된 지체'로 자신의 역할을 제대로 하지 못한 병든 지체이기 때문이다.

이런 몸의 지체로서의 순종은 성령님의 도구로서 몸의 지체들의 '다양한 섬김'(12:5, διαιρέσεις διακονιῶν), 곧 은사와 직분 그리고 그 행사(사역)로 표현된다. 특별히 스데바나 가정은 '성도를 섬기는 일'(εἰς διακονίαν τοῖς ἁγίοις, 16:15)에 헌신하였는데, 이런 섬김은 바로 몸의 지체로서 머리와 몸에 순종을 암시한다.

하나님의 교회가 하나님의 통치를 그 몸을 이루는 것은 믿음의 순종을 통해서 이루어지며, 이는 하나님의 말씀에 대한 철저한 순종이기도 하다. 순종은 믿음이며, 하나님의 심판에 순응하는 것이며, 예수 그리스도의 소유권과 주권을 인정하는 일이며, 하나님의 은혜의 선물, 곧 은사와 직분, 사역을 통한 적절한 응답이다.

4. 성령님의 도구가 되어야 할 사명

교회는 성령님에 의해서 창조된다. 각 사람을 불러 복음을 믿게 하고 예수를 주라 부르게 하며 그 복음 전파자의 무리에 들어가 교회를 형성케 하신다. 또 이렇게 창조된 교회를 유지하신다. 따라서 교회가 성령님의 작품이며 그분의 임재와 거주의 자리라면, 교회는 성령님 안에서 그리스도와의 교제(연합)를 통하여 그리스도의 거룩을 유지함과 동시에 그 자신을 거룩하게 하는 성화(sanctification)의 노력을 지속하는 성령님의 도구가 되어야 할 사명이 있다.

또한 한 성령님 안에서 하나 됨을 힘써 지켜야 할 사명을 수행해야 한다. 성령님의 나타내심과 가르침, 계시에 민감히 반응하고, 하나님을 아는 지식을 충만히 가지며, 성령님께서 주시는 선물(은사)을 통해 직분과 사역을 감당하고, 내 안에 성령님의 내주하심과 충만하심을 유지하는 살아 있는 영이 되어 구원의 인침이 되도록 늘 깨어 있어야 할 사명도 가지고 있다.

이렇듯 그리스도의 몸에 연합하고 그리스도와 교제하여 거룩을 유지하며(성화), 성령님의 도구가 되는 것은 교회의 귀중한 사명이며, 이런 사명을 수행하는 것은 교회가 교회이게 하는 정체성이자 본질이다. 달리 말하면, 이런 성령님의 사역에 민감하게 깨어 그 도구가 되지 않는 교회는 교회가 아니다.

1) 거룩을 위한 사명

고린도전서에는 '거룩'이라는 주제가 자주 언급되며(고전 1:2, 30, 6:1, 2, 10-11, 7:14, 34, 12:3, 14:33, 16:1, 15, 20), 교회를 '성령님이 거하시는 전'(3:16, 6:19)이라고 하여 교회의 주요 속성이 '거룩성'임을 보여준다. 따라서 교회가 그리스도와의 교제(연합)를 통하여 그 거룩성을 유지하고 그리스도를 닮아 가는 성화를 이루는 것은 교회의 중요한 사명이다.

- **성령님으로 살아가야 할 사명**

교회는 성령님에 의해 그리스도의 몸에 참여하는 교제를 지속할 때 이미 거룩하다(고전 1:2, 6:11). '예수 그리스도 안에서 거룩하여지고 성도라 부르심을 받은 자'(1:2)라는 표현은 그리스도의 교회가 윤리적 행위와 상관없이 이미 거룩한 무리임을 보여준다. 교회는 복음을 그 마음에 받아들여 예수를 주라 고백한 무리들로서, 이들 가운데 거룩한 영이신 성령님이 거하시기에 거룩하다. 교회는 성령님이 거하시는 성전이기 때문이다(3:16, 6:19). 이것은 '이미' 이루어진 '칭의적 거룩'이다.

그런데 이렇게 이미 거룩한 교회를 향하여 바울은 '성령님 안에서' 혹은 '성령님으로' 걸어가라(살아가라)고 거듭 강조한다(고후 12:18; 갈 5:16, 25 등). 구약이나 신약의 경우 '산다'는 것을 표현하기 위해 '자오'(ζάω)라는 단어보다는 '페리파테오'(περιπατέω, 걷는다)라는 표현을 더 선호한다. 이 단어는 '행한다'로 자주 번역되는데(고전 3:3, 7:17; 롬 6:4, 8:4, 14:15; 고후 4:2, 5:7 등), 이것은 '살아가는 방식'을 표현하는 단어이다. 그러므로 바울 사도가 고린도 교회를 향하여 '성령님 안에서 혹은 성령님으로 살아가라'고 거듭 권면하는 것은 '거룩한 삶 혹은 거룩하게 사는 삶의 방식에 대한 촉구'이다.

물론, 고린도전서의 경우에 '성령님 안에서 혹은 성령님으로 살아가는 삶의 방식'이 직접적으로 거론되지는 않는다. 곧, 성령님으로 혹은 성령님 안에서 '이런 방식으로 살아가라'는 직접적인 표현이 사용되지 않는다. 고린도전서에서 '성령님으로 혹은 성령님 안에서'라는 표현은 주로 복음의 계시와 복음에 대한 증거(2:4, 12:3 등)에 사용된다. 또, '성령님의 나타남'(12:7), '영적인 것'(2:13), '성령님의 일들'(2:14), '한 성령님이 일하심'(12:11)과 같은 표현은 은사와 관련하여 사용한다.

그렇기 때문에 '성령님으로 혹은 성령님 안에서 살아가는 삶의 방식'은 성령님의 나타남과 능력으로 증거되는 '예수 십자가의 죽음과 부활'이라는 복음을 통하여 그것을 믿는 '믿음의 반영'이다. 즉, '예수 그리스도의 십자가의 죽음과 부활'을 믿는 성도들의 삶은 그러한 믿음이 반영된 결과로 '죄를 미워하고' '하나님의 대속의 은혜' 가운데 살아갈 수밖에 없다.

　성령님의 나타남과 능력에 의해서 예수 그리스도의 십자가와 부활을 굳게 믿고 거기에서 흔들리지 않는 성도들과 교회 공동체의 삶에는 윤리적 성품이나 덕목이 나타날 수밖에 없다. 복음을 믿는 자들의 삶에는 하나님의 구원의 능력, 정의, 자비, 사랑이 나타나게 되고, 하나님의 통치가 이 하나님의 은혜와 사랑을 통해 구축된다.[339] 따라서 성령님으로 살아가는 삶은 윤리적 삶에 목표가 있는 것이 아니다. 올바르게 살아가고자 하는 삶이 아니다. 정의롭게, 사랑으로, 평화롭게 살아가는 것이 목표가 아니다. 단지 복음을 믿는 성도들의 삶-성령님 안에서 예수 그리스도의 십자가와 부활을 굳게 믿고 살아가는 삶-에서 자연스럽게 맺혀지고, 나타나는 결과이다.

　거룩은 성도들의 삶의 목표가 아니라 그리스도의 사건을 믿는 믿음과 그 은혜 안에 살아가는 삶의 결과일 뿐이다. 이것은 바리새인들의 거룩과 근본적인 차이를 만들어 낸다. 거룩을 유지하고 보존하기 위해 자신을 구별시키는 것이 아니라 그리스도와 연합하여 붙어 있음으로써 자연스럽게 얻어지는 거룩이다.

　따라서 성도는 거룩하여지기 위해 노력하고 윤리적으로 살려고 노력할 것이 아니라 예수 그리스도께 붙어 있으려고, 그 연합을 유지하기 위해 교제하려고 애써야 한다. 교회의 성화는 '명목적 혹은 칭의적 의'에서 '실제적 혹은 온전한 의'를 이루려는 '거룩의 과정'이다. 그런데 이런 성화(거룩해짐)의 과정은 그들이 거룩하여지기 위해, 윤리적 삶을 살아가려고 힘써 노력하는 것이 아니다(만약 그리스도인이 '기독교적 바리새인'이 되지 않으려면 이 점을 반드시 명심해야 한다).

성령님으로(혹은 안에서) 살아가는 그리스도인(성도)들은 그리스도 예수에 의하여 '이미' 갖게 된 칭의적인 거룩을 바탕으로 하여 그리스도와 교제하여 그분에게 지속적으로 붙어 있으려고 노력해야 한다. 그러면 그 결과로 예수 그리스도의 거룩으로 거룩하여지는 것이다(성화).

성도의 거룩은 거룩한 삶이나 거룩한 사람이 되는 것이 목적이 아니라 '성령님 안에서 혹은 성령으로 살아가는 삶', '예수님의 몸이 되어 교제하는 삶'이라는 목표로 살아갈 때 나타나는 자연스런 결과(열매)이다. 이것이 '바리새인의 거룩'과 '성도의 거룩'의 차이점이다. 그리스도인들, 곧 종말의 새 백성들은 '그리스도의 몸에 견고하게 연합되어 교제함으로 거룩하여지는 것'이다.

• 성령님의 열매를 맺어야 할 사명

교회는 성령님 안에서 혹은 성령님으로 살아갈 때, 곧 성령님의 능력과 나타남으로 그리스도의 십자가와 부활을 믿고, 그리스도와 교제하고 연합할 때 자연스러운 열매를 맺게 된다. 이것은 하나의 가지가 나무에 접붙임을 받게 되어 그 원 나무의 생명을 갖게 되면 그 나무의 열매를 맺게 되는 것과 같다. 이 열매가 그리스도를 완전히 닮은 온전한 거룩을 이루어 가는 과정에서 맺혀지는 성령님의 열매들이다.

이것은 인간의 노력에 의한 것이 아니라 어디까지나 성도 안에서 활동하시는 성령님 안에서, 혹은 성령님에 의해서 살아가는 삶 속에 자연스럽게 맺혀지는 열매이다. 만약 성도가 인내라는 열매를 맺기 위해 인내하고, 평화라는 열매를 맺기 위해 평화하고자 애쓴다면 이것은 '바리새인의 그것들'과 별반 다를 바 없는 종교적 열매일 뿐이다.

고린도전서에서 성령님의 열매는 '의인화'되어 사용된다(고전 15:20, 23, 16:15; 단 9:7에서 사용된 열매는 일의 결과물을 표현한 비유). 그런데 로마서, 갈라디아서, 에베소서, 빌립보서, 골로새서에서는 의인화(롬 8:23, 1:13, 7:4; 골 1:6)뿐 아니라 행위(롬 7:4-5, 15:28; 골 1:10)로도 사용된다. 성령님에 의해 외부적으로 표현되는 '성품, 덕목, 태도나 행위'와 같은 윤리적 덕목을 '성령님의 열매'(갈 5:22-23), 빛의 열매(엡 5:9), 혹은 '의의 열매'(빌 1:11)로 사용한다. 빌립보서 1장 11절에서 사용된 '의의 열매'는 의로부터 비롯되어 맺혀진 열매라는 의미가 아니라 예수 그리스도로 말미암아 맺혀지는 '의=열매'를 뜻한다.

이런 점을 자세히 관찰해 보면, 바울 서신에서 사용된 '열매'라는 개념은 초기 서신에서는 그리스도로 의인화되었지만, 후기 서신으로 갈수록 성도들의 행위로 확대됨을 보게 된다.

고린도전서에 나타난 윤리적 덕목들은 성령님의 열매들로 목록화되지는 않았다. 또 이 열매가 일부 덕목들로 나타나기는 하지만 고린도전서에서 성령의 열매는 성령님으로 살아가는 삶에서 맺혀지는 것, 곧 복음을 믿음으로써 예수님과 연합하여 교제함으로써 예수님의 몸이 되어 가는 '성육화의 결과물'이다.

고린도전서에서 나타난 이런 성육화의 열매, 곧 성령님의 열매 중에 가장 강조된 것이 '아가페'(ἀγάπη), 곧 사랑이다(12:31-14:1). 사랑은 '자기를 내어주시는' 하나님 성품의 본질이다(참조, 요일 4:7-8). 그러기에 사랑은 교회를 세우며(8:1), 성도가 하나님께 알려지게 하는 수단이다(8:3). 하나님을 사랑하고(8:1-3, 16:22), 이웃을 사랑하는 것(13:1-7, 14:1, 16:14)은 공동적 은사에 따른 모든 교회 사역의 기초이며(13:1-3, 8, 13) 성령님의 다른 열매를 맺게 하는 출발점이다.

우선 사랑은 '오래 참음'(12:4, 7)의 열매를 맺게 하는데 사랑은 '오래 참으면서 기다리는 행동'(13:4)을 이끌어 낸다. 이 말은 누군가를 지극히 사랑하게 되면 사랑하는 대상을 참아 줄 수 있게 되며, 더 많이 사랑하면 더 많이 참게 되고, 덜 사랑하면 덜 참게 되는 것과 같다. 성도들이 참아야 할 것들은 '모든 것'(13:7, πάντα στέγει와 πάντα ὑπομένει)이다.

심지어는 '악'에 대하여 참는 것을 포함한다. 악에 대하여 참는 것은 이를 묵인하는 것이 아니라 '사랑 가운데 참는 것'이며 '악을 징벌하는 것도 사랑으로 징벌하는 것'이다. 모든 것들을 믿고(13:7), 모든 것을 소망하면서(13:7) 참고 견디는 것이다. 따라서 성령님은 사랑과 함께 '오래 참음'과 더 나아가 '믿음'과 '소망'과 같은 은사이 열매도 맺게 하신다(12:7, 12-13).

고린도전서 4장 8-13절에서는 '박해자들에게 복수보다는 화해와 평화를 추구하면서 사랑으로 되갚아 주면서' 참는 것이다. 그러므로 오래 참음의 목표는 '화해와 평화'이며 그 수단은 '사랑'이다. 다시 말해, '화평' 혹은 '평화'(εἰρήνη)는 성령의 열매로서 '사랑으로 맺혀지는 열매'이다. '평화'(샬롬)는 그 언어적 의미가 '일치하고 조화를 이루는 상태'이며, '부족함이 없이 번영하는 상태'이며, 서로에게 '다툼이 없는 상태'이다.

이것은 국가와 국가, 개인과 개인의 관계뿐 아니라 하나님과 인간

사이의 관계를 포함한다(참조, 엡 2:13-18). 그런데 에베소서와는 달리 고린도전서에서는 이 평화가 인사말을 제외하면(1:2), '무질서'(14:33, ἀκαταστασία)와 대비되어 한 번 사용되었다.

고린도 교회는 성도 상호 간에 드러난 분열로 긴장 상태였고 평화가 무너진 상태에 있었을 뿐 아니라 무질서로 인하여 평화가 깨진 상태였다. 그것은 본인이 선지자이며 매우 영적인 사람, 곧 신령한 사람이라고 생각한 이들이 예언하고 방언하고, 방언 통역을 하여 교회 내의 질서를 깨뜨린 것이다. 이런 무질서는 무법으로부터 오며, 갈등과 다툼을 만들어 내고 평화를 깨뜨린다. 바울 사도가 '하나님은 무질서의 하나님이 아니라 화평의 하나님'(14:33)이라고 할 때, 이 평화는 교회 내의 규칙(법)을 지킴으로 질서가 유지되는 상태를 의미한다.

하지만 '질서가 유지됨으로 찾아오는 평화'가 '평화의 하나님'으로부터 오는 것이 아니라 '로마의 평화'(Pax Romana)에서 오는 것일 수 있다. 곧, 로마가 강한 폭력으로 모든 족속을 굴종시킴으로 찾아오는 평화일 수도 있다. 이것은 '평화를 위한 승리' 혹은 '승리를 통한 평화'이다.[340]

이 평화는 사망이 왕 노릇함으로 찾아오는 평화이며, 거짓 평화이며, 일치와 조화, 내면적 갈등과 다툼이 드러나지 않는 평화일 뿐이다. 따라서 이 '로마의 평화'는 없어져야 할 평화이며, 이 평화가 사라질 때 하나님의 평화가 찾아온다.

고린도전서 2장 6-8절에 등장하는 '세상에서 없어질 통치자'나 '이 세대의 통치자들'이라는 표현, 또 15장 24-28절에 '모든 통치와 모든 권세와 능력' 그리고 '모든 원수들'이라는 표현의 이면에는 교회의 적대 세력으로 '로마 제국과 황제 혹은 제국 종교'가 자리 잡고 있다. 이 표현들이 직접적으로 로마 황제와 제국을 의미한다고 생각되기도 하지만, 김세윤은 이 표현들이 직접적으로는 '사탄과 그 세력'을 의미하며 그 사탄의 세력 안에 로마 황제와 그의 통치 세력들이 포함된 것으로 보았다.[341]

어쨌거나 세상 혹은 세대의 통치자들이라는 표현은 직접적이든 간접적이든 로마 제국과 황제를 겨냥한 것이다. 이 통치자들은 사탄의 조정을 받는 세력으로, 그들이 만들어 내는 힘과 폭력, 전쟁으로 얼룩진 평화는 사망이 왕 노릇하는 평화이다. 그렇기 때문에 그리스도께서 나라를 하나님께 바칠 때 멸망시킬 통치이고, 권세이고, 능력으로서(15:24) 종말에는 세상에서 없어질 통치자들이다(2:6).

바울에게 있어서 제국주의의 구원, 힘에 의한 평화는 하나님의 구원, 곧 종말의 날에 모든 방언과 족속을 죄와 사탄의 세력으로부터 구원하시는 평화를 모방한 것이다.[342] 따라서 예수 그리스도께서 왕 노릇하실 때, 만물을 그의 발아래 두시고, 만물이 복종하는 그때에는 모방된 가짜 평화가 아닌 참된 평화가 임하게 되는 것이다.

그런데 바울의 평화는 로마의 황제로부터 신의 개념이 제거되며 폭력이 정화된 제국[343]의 평화이다. 즉 이런 질서로부터 오는 평화는 그리스도의 에클레시아뿐 아니라 세상의 모든 에클레시아-곧 인간들의 모임, 인간들의 총회-에서도 실현되어야 할 평화이다. 인간의 통치 조직으로서 고린도인들의 에클레시아는 고린도에 있는 '그리스도의 에클레시아'로 대체되어야 하고, 빌립보인들의 에클레시아는 빌립보에 있는 '그리스도의 에클레시아', 곧 로마가 아닌 그리스도가 소유

한, 그리고 그리스도가 왕 노릇하시는 에클레시아로 대체되어야 한다.[344]

　이것은 어디까지나 종말론적 성격을 가지고 있다. 즉 마지막 날에 그리스도께서 나라를 하나님께 바치실 때-세상의 통치, 권세, 능력을 멸망시키실 때-모든 세상의 에클레시아가 그리스도의 에클레시아로 완전하게 대체되는 것이다. 하지만 오늘날의 교회는 그리스도의 에클레시아가 인간의 에클레시아로 역전되는 비극적 현상을 바라보고 있다. 하나님 말씀에 순종하여 하나님의 통치에 순종하고 이를 통해 평화를 이루어 가는 것이 아니라, 오히려 담임목사를 제사장으로 받들고 당회가 모든 전권을 가지고 통치하는 모습을 보이고 있다.

　하지만 교회는 세상의 통치, 인간의 통치를 종식시키고 세상의 에클레시아를 그리스도의 에클레시아로 바꾸어야 하며, 그리스도께서 왕 노릇하시는 종말론적 기대를 가지고 폭력적 투쟁과 그 승리를 통해서 얻어지는 평화가 아니라 모든 정부 권력에 대하여 복종이란 십자가를 통해, 더 나아가 불의한 박해자들에 대한 복수보다는 사랑으로써(수단) 화해와 평화를 추구(목적 혹은 목표)함으로 평화를 이루어야 한다. 사랑으로 맺혀지는 화해와 평화 역시 어디까지나 성령님의 열매이다.

　이외에도 성령님의 열매 중의 하나가 '크레스튜오마이'(χρηστεύομαι), 곧 '온유'이다(고전 12:4, 13:4). 이 온유는 일종의 삶의 태도와 방식으로 누군가에게 긍휼함과 달달함(compassion and sweetness)을 보이는 것이다. 사랑의 열매에는 '진실함'(5:8)이 있는데, 이는 진리가 반영된 삶의 태도로 생각과 행위가 바른 것을 의미한다. 에베소서 5장 9절에는 '빛의 열매'로서 '의로움'이 나오는데 이 또한 성령의 열매이다. 예수 그리스도가 성도들의 '의로움'이 되셨다면(고전 1:30), 그리스도를 닮아 가는 성도에게 '의로움'의 열매가 맺혀지는 것은 지극히 당연한 일이다.

이외에도 성령님의 열매는 매우 다양하고 많다. 그런데 다시 한 번 반드시 기억해야 할 강조점은, 이 모든 성령님의 열매들은 윤리적인 것이 아니라는 점이다. 다시 말해, '옳고 그름의 일'(matter)로 윤리적 삶의 결과물이 아니다. 기독교의 강조점은 윤리적인 삶이 아니다. 이미 '모든 사람이 죄를 범하였다'(롬 3:23)는 말씀에 드러나듯이 인간이 선을 행할 수 있다는 것에 대하여 부정적이며 비관적이다. 인간은 '전적으로 타락'(total depravity)하여 선을 행할 수 있는 어떤 능력이 있다는 것에 대해 지극히 회의적이다.

그러므로 인간에게서 모든 윤리적 기대를 포기하고 '자기 의'를 추구하는 삶을 포기해야 한다. 대신에 '그리스도이 이', 곧 '철저하게 타락한', '전적으로 부패한', 혹은 '의에 대해서 철저히 무능력한' 인간을 사랑하여 십자가에서 죽으시고, 그렇게 죽기까지 인간을 사랑하신 하나님의 은혜 안에서 살아가는 삶을 유지해야 한다. 자기희생의 십자가 은혜 아래 살아가는 사람이 십자가의 원수로 행하여 죄와 사망의 열매를 맺을 수 없다.

성령님의 열매는—윤리적 열매, 곧 인간이 윤리적 삶을 살기 위해 노력함으로 맺혀지는 것이 아니라—하나님의 은혜 안에서, 그리스도 안에서, 성령님 안에서 그분과 결(연)합하여 교제하면서 살아갈 때 자연스럽게 맺혀지는 열매임을 반드시 기억해야 한다. 거꾸로 만약 그리스도인들이 하나님과 연합하여 교제하지 않으면 어떤 성령님의 열매도 나타나지 않으며, 설혹 인간의 노력으로 그런 열매들과 비슷한 결과가 나타난다고 하더라도 그것은 그리스도인의 삶이 아니며 성령님의 열매가 아니라 '자기 의'의 결과이다.

윤리적 관점이 아닌 은혜의 관점에서 맺혀지는 성령님의 열매는 그리스도와의 연합과 교제 속에서 '그리스도의 몸'이라는 성육화로 자연스럽게 맺혀지는 열매이다. 이것은 다른 종교의 신앙 체계나 구원 체계, 혹은 윤리 체계로부터 교회를 구분시키는 교회만의 독특성이자 정체성이다. 기독교에서 전적으로 타락한 인간에게 윤리적 가능성이 남아 있다면 그것은 선에 대한 의지로 인하여 맺혀지는 행위의 열매가 아니라 하나님과의 관계에서, 성령님 안에서 혹은 성령님으로 철저하게 그리스도와의 연합과 교제 속에서 살아가고 은혜로 살아가는 삶이다.

• 결혼 관계에서의 거룩의 사명

성도들의 거룩과 그 거룩을 유지하는 성화의 삶은 바른 결혼 관계를 통해서도 나타나며, 이것은 교회의 정체성을 보여주는 사명이다. 바울 사도가 데살로니가 교인들에게 주는 권면은 성령님을 주신 하나님을 저버리지 않는 행실은 결혼 생활을 통해 거룩함을 지키는 것이었다(살전 4:1-8). 특별히, 고린도 교인들의 생활에서 발생한 문제들, 예를 들면, 결혼에 대한 언급이나 우상 제물에 대한 언급들은 하나님의 백성의 정체성과 관련된 '예수님의 몸 된 교회라는 개념의 적용'이었다. 왜냐하면 바울에게서 우상 숭배와 이방 혼인은 상호 연결된 개념이었기 때문이다.

고린도전서 10장 7절에서 언급된 우상 숭배와 간음은 출애굽기 32장 6절 이하의 우상 숭배 사건과 연결되어 있고, 고린도전서 10장 8절에 나타난 사건은 민수기 21장의 원망 사건과 25장의 모압 사람들과의 혼인 사건들과 연결되어 있다. 싯딤에서 일어난 간음 사건, 히브리 남성들이 모압의 딸들과 통음한 사건은 모압 신(바알브올)의 제사와 연결되어 있다(민 25:1-3). 이 구약의 사건들은 모두 '이스라엘의 정체성'을 흔드는 사건이었다. '비느하스의 열심'(민 25:7-10)은 이스라엘의 정체성을 지키는 일이며, 또한 이런 우상 숭배와 간음에 대한 형벌(염병)에 대한 구속, 백성들이 원망하는 사건에 대한 형벌의 구속은 막대기에 달린 구리뱀 사건으로 나타난다(민 21:4-9).

이스라엘과 이방 백성과의 혼인이 정체성과 관련이 있는 것처럼 그리스도인들의 불신자와의 결혼도 '교회의 정체성과 거룩'이라는 개념과 관련되어 있다. 단지 그 차이는 구약 이스라엘에게는 거룩을 지키기 위하여 이방 혼인이 금지되어 있으나, 신약의 교회는 결혼을 통해 거룩을 유지해야 한다는 점이다. 곧 구약 이스라엘은 결혼에 있어서 소극적 거룩을 추구하지만 교회의 결혼을 통한 거룩은 적극적인 것이다.

거룩은 하나님의 백성으로서 성도들이 그 순결을 지키는 것이며, 아울러 '하나님의 새 백성으로서 교회의 정체성을 유지하는 것'이기도 하다. 이런 결혼을 통한 교회의 정체성과 거룩의 유지는 '그리스도의 한 몸 됨'을 통해 실현된다. 그것은 성도가 그리스도의 몸에 접붙여지는 '그리스도와의 연합'(sanctification by association)을 통하여 (포도)나무이신 그리스도의 생명을 받게 되고, 그리스도의 거룩으로 거룩하게 된다. 이것은 마치 광야의 옛 이스라엘 백성들이 이방인들과의 (혼합) 혼인을 통해 부정하게 되어 죽음의 형벌을 받았는데, 그 형벌로부터 구속받기 위해 막대기에 달린 구리뱀을 믿음을 가지고 바라본 것과 같다.

결혼으로 인한 거룩은 그리스도인 배우자로 인하여 불신자 배우자가 거룩해지는 것(고전 7:1-5, 14)이다. 이것은 교회가 그리스도와의 연합을 통해서 거룩해지는 것과 연결되어 있다. 이 그리스도와의 연합의 개념이 이해되지 않으면 바울 사도의 결혼을 통한 거룩의 개념도 이해되지 않는다. 바울 사도는 불신자와의 결혼 생활을 권면하면서 성도가 불신 배우자와 이혼하지 않고 결혼 생활을 계속 유지해야 할 이유에 대하여 권면할 때, 성도로 말미암아 불신 배우자가 거룩하여지는 것(7:14)과 이로 인한 구원 가능성(7:16) 때문이라고 말한다.

이것은 부정한 상대방과 연합함으로 부정해지는 구약적 개념과 정면으로 대치된다. 단지 이런 일들은 그리스도인들이 그리스도의 몸으로 온전한 결합을 이룰 때 가능하다. 그리스도인들이 예수 그리스도에게 온전히 접붙여지지 않으면, 또 그들의 배우자와 온전히 결합되지 않으면 결코 일어날 수 없는 거룩이다.

성도는 결혼을 통해서도 하나님의 새 백성으로서 교회의 거룩을 보존하고 유지해야 하는 사명이 있으며, 이것은 교회를 다른 모임과 구별시키는 정체성이다.

• 치리를 통한 거룩의 사명

교회의 거룩을 유지하기 위한 '치리'는 교회가 행하여야 할 중요한 사명이다. 연합을 통해 교회가 거룩을 지켜야 하지만 동시에 '치리'라는 '단절'을 통해 또한 거룩을 유지해야 한다. 오늘의 한국 교회에서 가장 무시되고 있는 사명이 있다면 바로 이것이며, 이 사명을 지키지 않을 때 교회의 세속화는 막을 수 없다. 그리스도의 몸에 연합함으로 이루어지는 거룩의 개념이 적극적이라면, 치리는 이 거룩을 유지하기 위한 소극적 방편이다.

고린도전서 5장 1-5절은 음행한 자들을 교회에서 제거해야(αἴρω, 혹은 뽑아내야) 한다고 가르치는데, 특별히 '사탄에게 넘겨주어……그 영이 구원 얻게 하라'(5절)고까지 말한다. 이 말씀의 해석에 대한 많은 논란들이 존재한다. 성적 범죄를 범한 교인을 공동체에서 쫓아냄으로 그리스도의 영을 유지하라는 의미[345]로 해석하거나 성적 범죄자를 희생물로 하여 사탄에 내어줌으로 교회에 거주하시는 성령님이 마지막에 구원하도록 하는 속죄 염소의 의미[346]로 해석하기도 한다. 하지만 속죄 염소는 흠이 없을 때 희생물이 될 수 있는 것이지, 흠이 많은 범죄자가 속죄를 위한 대속물이 되는 것은 아니다.

그러므로 이 말씀은 교회 치리의 목적을 밝힌 것이다. 그리스도의 몸인 교회로부터 범죄자들을 제거하여 연결을 끊음으로써 누룩이 온 몸에 퍼지는 것을 방지하기 위함이다. 하지만 범죄자 자신을 위한 목적도 있다. 범죄자들이 교회로부터 연결이 끊어진 채 세상으로 추방됨으로써 그들은 육체적으로 불명예를 당할 뿐 아니라(참조 고전 5:12-13) 사탄이 우는 사자와 같이 삼킬 자를 찾으며 두루 돌아다니다가 그들을 공격할 때 그리스도의 몸인 공동체(교회)의 보호를 잃고 죽음을 당할 수도 있다(참조 고전 11:30). 하지만 그런 교회의 형벌이 오히려 범죄자들을 회개시키고 또한 그들 스스로 자숙의 시간을 가짐으로써 궁극적으로는 그들의 영이 구원을 얻게 되는 유익이 있을 수 있다는 점을 밝힌다.

그러므로 교회 공동체로부터 끊어냄은 이것을 통해 범죄자들을 구원하려는 궁극적 의도를 가진다. 사실, 바울에게 육과 영의 구별은 흔한 일이다. 육으로는 선한 것이 깃들어 있지 않지만(롬 7:18, 23) 성령님이 그의 속사람을 강하게 하며 구원하신다(롬 7:22, 8:2; 고후 4:16; 엡 3:16)는 것은 영육 구별의 대표적인 본문이다.

따라서 이 말씀도 이런 맥락과 관점에서 해석되어야 할 것이다. 육과 영의 구별은 기술적이지 실제적인 것이 아니다. 육이 멸망하면 영도 멸망하는 것이며, 영이 멸망하면 육도 함께 멸망한다. 그러므로 육이 죽고 영이 산다면 그 영혼은 '구원을 얻는 것'이다. 육의 멸망이란 세상적인 것과의 단절이다.

고린도전서 5장 6-8절에서 부정한 형제를 공동체 밖으로 추방하라는 권면(5:13)은 구약의 전형적인 주제이다. 부정하거나 사악한 형제를 공동체 밖으로 추방하라는 명령이 신명기에서 '악의 뿌리를 너희 중에서 뽑아야 한다'(מִקִּרְבְּךָ הָרָע וּבִעַרְתָּ, LXX ἐξαρεῖς τὸν πονηρὸν ἐξ ὑμῶν αὐτῶν)라는 형태로 나타난다(신 17:7, 19:19, 21, 22:21, 24, 24:7). 이 관용 어법에서 '너희 중에'라는 표현으로 사용된 '케렙'(קֶרֶב)은 '신체의 내부에 있는 한 부분'을 의미한다. 이는 예수님께서 지체 중에 범죄하는 지체를 제거해야 한다 – 범죄하는 손과 발을 찍어 버리며, 범죄하는 눈을 빼 버리라 - 는 가르침을 연상하게 한다(막 9:45-50; 마 5:29-30).

그러므로 교회는 한 몸임을 강조하는 바울은 그 몸에서 악한 지체를 거룩하게 하려는 노력이 효과가 없다면, 범죄한 지체를 제거하는 소극적 방법으로 주님과 연합함으로 얻어진 교회의 거룩(혹은 칭의)을 지키라고 권면한다.

교회가 이런 '치리를 통한 단절' 곧 '끊어냄'을 통해 거룩을 유지할 때는 연합된 지체의 죄가 누룩처럼 몸에 전염되는 것을 방지하기 위함이다. 곧 교회라는 공동체를 보호하기 위함이다. 특별히 '음란'과 같은 성적 범죄는 전염성을 가지고 몸을 오염시키는 것으로 본다. 따라서 이럴 때는 치리를 통한 단절이 교회의 거룩을 유지하기 위하여 교회가 마땅히 감당하여야 할 사명이다. 이 '끊어냄의 단절'은 궁극적으로 범죄한 지체의 영혼을 구원하기 위함이다. 만약 범죄한 지체를 끊어내지 않고 몸에 그대로 놔 둔다면 몸이 상하는 것은 물론이려니와 범죄한 그 지체 역시 구원받지 못한 채로 멸망하게 되는 것이나.

하지만 오늘날 교회가 이 '치리를 통한 끊어냄의 사명'을 보존하고 지키는 일을 보기는 지극히 어렵다. 그것은 범죄한 지체가 없어서가 아니라 교회가 이것을 시행하지 않는 것이다. 한 교회로부터 책벌을 받은 지체는 그 책벌을 통해 회개의 열매를 맺고 하나님의 몸 된 교회로 다시 연합하려고 하지 않는다. 오히려 '시험 받았다'라는 말로 자기 합리화를 시키고 다른 교회로 옮겨가는데, 그 교회에서는 아무런 확인 없이 시험을 받았거나 책벌을 받은 성도들을 영입한다. 그래서 전염병처럼 다른 지체를 오염시키는 것이다. '치리를 통하여 거룩을 유지하려는 노력'이 없는 교회는 교회의 정체성을 상실한 교회이다. 책벌이 사라진 교회는 그 자체로 이미 거룩성이 사라지고 세속화되어 버린 교회가 될 뿐이다. 오늘날 한국 교회가 이렇게 어지러운 이유는 '치리를 통한 거룩의 유지'라는 이 교회의 사명을 망각하였기 때문이다.

2) 은사와 직임으로 사역해야 하는 사명

성령님이 성도들의 삶에 외적으로 나타나시는 또 다른 측면이 은사이다. 성령님의 도구로서 교회가 해야 할 일은 '집을 세우는 일'인데, 이 집을 세우는 일은 성령님의 나타내심, 곧 은사와 직임을 가지고 사역을 통하여 성취되는 것이다. 따라서 교회는 은사에 따라 수행해야 할 직무를 가지고 사역해야 할 사명을 지닌다. 이것을 통해 교회는 유기체로서 한 몸 됨을 유지 보존하며, 활동하는 것이다.

시슬턴(Thiselton)은 고린도전서 3장 16절이 '하나님의 성전으로서 하나님 백성의 비유'와 '집을 세우는 중심'에 관한 구절이라고 언급했다.[347] 성전은 집을 세우는 일의 중심에 있다. '그리스도의 몸 된 교회'가 '성령이 거하시는 거룩한 전(집)'이라면 가장 우선적인 일은 이 성전, 곧 '집을 세우는 것'이다. 그런데 이 집, 곧 성전을 세우는 일은 성령님의 나타내심-은사와 직임을 통한 사역-을 통하여 성취된다. 따라서 하나님의 전으로서 교회는 하나님이 주신 직임과 은사로 사역할 때 '몸으로 기능'함으로 집이 세워지며 이 때문에 몸 된 교회의 지체인 성도들은 성령님 안에서 집을 세우는 사명을 가진다.

그러므로 한 지체가 그리스도의 몸에 연합되어 있다고 하더라도 한 성령님 안에서 각각의 은사에 따라 주어진 직임(직분)으로 사역을 하지 않고 기능하지 않는다면 그것은 죽은 지체일 뿐 아니라 몸 된 교회도 세워지지 않는다. 따라서 교회의 각 지체들이 성령께서 주신 은사에 따라 맡겨진 직무를 가지고 사역하는 것은 교회가 세워지는 아주 중요한 사명이다.

• 은사, 직무(직임), 사역

성도들에게 주어진 은사는 몸과 지체라는 비유 속에서 그 정의와 개념이 잘 드러난다. 교회는 여러 성도들이 함께 모여 하나의 몸, 곧 하나의 교회를 형성하는 '연합 공동체'(a corporate community)이다. 이 공동체는 단순히 모여 있는 덩어리로서 회합(모임)이 아니라 어떤 특별한 목적을 가지고 목표를 향하여 나아가는 '하나의 역동적이고 유기체적 존재'로서 성령님에 의해 기능한다(고전 12:13). 따라서 바울은 이 하나의 연합 공동체를 '그리스도의 몸인 교회'로 또 '몸과 지체'로 이해하고 설명하며, 이런 유기체로서 몸과 지체가 연합하고 활동하는 것을 은사, 직임, 사역으로 표현한다.

성령님의 나타남을 통하여 은사, 직임, 사역을 주신 것은 예수님의 몸에 '봉사'하도록 주시는 것이며(12:5-6), 이는 전적으로 '하나님의 은혜'에서 온다(1:4이하; 참조, 2:12). 이는 은사(χάρισμα)라는 단어에 이미 잘 나타나는데, '은혜로 주는 행위'(χαρίζεσθαί, 은혜로 준)의 결과로 나타나는 것이 은사이다.[348] 그러므로 은사는 하나님 은혜의 실행으로, 이 은혜는 '그리스도인들의 공동체의 몸'을 '그리스도의 몸'으로 만드는데, 이러한 은사(은혜의 실행)의 원형은 십자가 위에 달리신 그리스도의 은혜로운 행위로부터 출발한다.[349]

• **특정한 은사, 직무, 사역**

고린도전서 12-14장에는 몸과 지체에서 보여지는 3가지 상호 작용, 곧 직임(직무), 은사, 사역이 어떤 것들이 있으며, 그것이 어떻게 조화롭게 또 질서 있게 몸을 섬겨야 하는가를 설명한다. '그리스도의 몸'을 유지하고 봉사하며 활동하도록(혹은 봉사하도록) 교회의 지체들에게 나누어 준 3가지의 상호 작용, 곧 직임(직분), 은사, 사역은 동일한 것을 반복적으로 설명한 것이 아니다.[350] 따라서 이것들은 서로 혼동될 수 없고, 혼동해서도 안 된다.

바울 사도는 성령님께서 주시는 다양한 은사에 대해 언급하는데 지혜의 말씀(12:8), 지식의 말씀(12:8), 믿음(12:9), 병 고치는 은사(12:9), 능력을 행하기(12:10), 예언(12:10), 영 분별(12:10), 방언 말하기(12:10), 방언 통역하기(12:10) 등이다.

하나님께서 교회에 주신 직임(직분, 12:28)은 '그리스도의 몸'의 각 지체로서(10:27) 그 은사를 행하는 사람들 속에서 보여진다. 이 직임(섬기는 일, διακονία)은 '직분'(office)을 의미하는데[351] 이것을 은사와 혼동하는 사람들이 많은 것은 안타까운 일이다. 될 수 없는 것들이며 혼동해서도 안 된다. 칼빈(Calvin)은 이러한 교회의 직분을 목사, 교사, 장로, 집사라고 하였는데, 고린도전서 12장 28절 이하와 에베소서 4장을 기초로 하여 목사는 복음을 전파하는 일과 성찬의 시행을 감당함으로 사도의 일을 하는 것이며, 장로들은 병을 고치며, 통역하며, 다스리며, 가난한 자를 돌보는 은사를 가진 이들의 일이라 하였고, 교사는 예언자의 일을 감당한다고 하였다.[352] 이는 칼빈이 고린도전서 12장 28절 이하의 직임을 교회의 직분으로 보았음을 보여준다.

고린도전서 12장 28-29절에 나타난 직분들은 '사도', '선지(예언)자', '교사', '능력 행하는 자', '병 고치는 자', '돕는 자', '관리자', '여러 방언을 말하는 자' 등이 있다. 또 14장 26절에 따르면 '찬송하는 자'와 '계시를 말하는 자'도 있는데, '계시를 말하는 사람'은 14장 29-30절로 미루어 보아 예언하는 사람들이었을 것이다.[353] 이 직임(직분)에는 방언와 예언과 연결되어 '방언을 통역하는 자'(14:16)와 '예언을 분별하는 자'(14:29)들이 포함된다. 이러한 직임들은 한 사람만 가지는 것이 아니라 때로는 여러 사람이 가질 수 있었다.

직임 혹은 직분을 은사와 혼동하는 것은 이러한 직분들이 은사와 관련되어 있기 때문이다. 이는 교회에서 특정한 사람에게 직분을 수여할 때는 반드시 은사에 근거해야 함을 보여준다. 예를 들어, 만약 누군가가 목사직을 수행해야 할 필요를 느꼈다면 그는 반드시 자신에게 목사직을 수행할 은사가 있는가를 살펴야 하며, 이러한 은사가 없음에도 불구하고 자신에게 소명에의 부르심(calling)을 느끼고 있다면 과연 그 부르심이 진정으로 성령 안에서의 부르심인지를 확인해야 한다.

주의해야 할 점은, 이런 은사와 직임을 수행할 때는 어떤 특정한 은사나 직분이 온몸을 주도해서는 안 되며(12:17-20), 또한 어떤 은사나 그 은사를 실행하는 직임과 그 직임을 맡은 사람들(직분자)이 다른 은사와 직임 그리고 직분자에 비하여 덜 가치 있거나 하찮은 것이 없으며(12:15-16) 모두가 동등한 가치를 가지는 것이다.

여기서 언급된 '교회의 직임'은 제도적 교회의 교직 제도(official system)에서 언급된 '직분'(office)과는 그 사역과 권위에 있어서 어느 정도 차이가 있다고 보여진다. 고린도 교회의 직임은 교회법에 의해서 임명되고 주어진 것이 아니라 순수하게 은사에 따라 사역함으로써 입증된 권위(proven authority)를 가졌다. 은사가 없으면 직임도 없으며, 은사에 따라 사역했던 직임이자 직분이었다.

그러므로 은사가 없는 자들에게 직분을 맡기고 특정한 직임을 행사하게 하는 것은 교회가 해야 할 일이 아니다. 은사를 가진 자들이 그 은사에 따라 사역함으로 그 권위가 입증될 때 직임을 부여받는 것이다. 그러나 제도적 교회의 교직제도에서 임명되는 교회의 직분들은 현실을 고려하여 임명하는 경우가 많다. 다분히 정치적일 때도 있고, 열심이 있는 사람들을 임명하는 경우도 있으며, 제도에 따라 일정 기간 교육을 받은 자에게 당연히 수여되는 경우도 있다. 이것은 교회의 필요나 조직의 생리에 따라 어쩔 수 없는 경우도 다분하다.

예를 들면, 개척 교회의 경우 일할 사람이 없을 때 조금은 부족한 사람들에게 직분을 수여하고 일을 맡기는 경우이다. 이런 경우에는 직분자 교육도 쉽지 않다. 자원해서가 아니라 목회자가 떠맡기는 경우가 대부분이기 때문에 직분을 수행하기 위한 교육 훈련을 강요하기가 쉽지 않기 때문이다. 하지만 이러한 경우에라도 목회자는 직분 수여의 기본 원칙을 지키는 것이 장기적으로는 교회를 건강하게 한다는 것을 명심해야 한다. 언제나 교회가 흔들리고 견고하지 못하게 되는 것은 교회를 모래 위에 세울 때이다. 곧, 직분 임명의 경우에도 말씀에 기초하여 은사에 따라 직분을 임명하지 않고 현실을 고려하게 되면 교회가 마치 모래 위에 세워지는 것과 같다.

그러면 몸의 통일성을 유지하면서 은사를 가진 직분자가 어떻게 사역을 할 것인가? 바울 사도의 사역 원칙은 우선, '사랑을 추구하면서 신령한 것들(은사)을 열심히 행하는 것'(14:1)이다. 이런 사랑의 추구는 13장에서 언급되었다. 한 사람이 은사로 행할 때에 '하나님을 사랑함으로', '이웃을 사랑하기에' 은사를 행하여야 한다. 만약 하나님을 사랑하지 않는 사람이 그리스도의 몸 된 교회를 위하여 사역하는 것은 지극히 인간적인 발로, 곧 자기를 사랑하거나 아니면 맘몬(재물)을 사랑하기 때문이다. 자기를 사랑하는 것은 곧 자기를 우상으로 만드는 것이며, 자기를 하나님으로 섬기는 것이다.

또한 그리스도의 몸 된 교회에 사역을 하면서 '돈을 추구하는 경우'가 너무나 많다. 그리스도의 몸 된 교회를 사랑하거나 혹은 하나님을 사랑하는 것이 돈이나 혹은 세상 명예, 출세, 성공을 위하는 경우도 있다. 이것이 '기복 신앙'이다. 한 사람이 열심히 교회를 섬겼거나, 아니면 하나님을 지극히 사랑하기 때문에 범사가 당연히 잘되어야 한다는 것이 기복 신앙이요 잘못된 신앙이다. 바른 신앙은 하나님을 사랑하는 일에는 어떤 조건이나 결과에 대한 기대를 갖지 않는 것이다.

둘째로, 주어진 은사를 행하기 위한 열심을 가져야 한다(14:1, 2b). '신령한 것들(은사)을 열심히 행하는 것'이다. 만약 내게 은사가 주어졌음에도 불구하고 이 은사를 열심으로 행하지 않거나 아니면 은사에 따라 사역하려는 열심을 갖지 않으면 이 은사는 유명무실한 것이 되고 말 것이다. 이것은 그리스도의 몸에 영향을 미친다. 만약 지체 중에 어떤 것보다 보는 것을 잘할 수 있는 '눈'이 자신이 해야 할 사역을 하지 않고 눈을 감아 버린다면 그것으로 끝나는 것이 아니다. 몸은 '보는 것'이 반드시 필요하기 때문에 결국 다른 지체가 보는 것을 대신하게 될 것이다. 손이 지팡이를 잡고 보는 일을 대신하거나, 귀가 소리를 듣고 보는 일을 대신하거나, 육체의 다른 감각들이 극도로 민감해지면서 보는 일을 대신해야 할 것이다. 이런 대체 직분자들이 눈보다 보는 사역을 잘할 수 없다는 것은 당연하다.

따라서 방언과 같은 은사를 훈련하여 받을 수 있다고 생각하는 것이 얼마나 어리석은 일인지 알아야 하며, '은사에 따라 행하고 그 은사에 열심을 내는 것', 곧 은사에 따라 열심히 사역하는 것이 얼마나 중요하며 몸을 위한 최선의 섬김인지를 깨달아야 한다.

셋째로, 특별히 은사를 행함에 있어서 '질서를 지킴으로 평화(샬롬)를 유지'하여야 한다. 예를 들면, 방언의 본질은 하나님께 말씀드리는 것(14:2)이기 때문에 자기에게 덕을 세우고(14:4), 교회를 세우려면(14:12) 통역할 수 있어야 하며(14:13), 공중에서 방언을 할 때는 두세 사람이 통역할 수 있어야 하고, 또 이를 분별할 수 있는 사람이 있어야 한다(14:27-28). 예언은 교회를 세우고 위로하고 격려하고(14:3, 31) 질책하는(14:24) 말인데, 그 예언의 말씀 안에는 계시, 예언, 그리고 교훈이 있으며(14:6, 31), 이를 통해 마음속에 숨은 일을 드러나게 하며(14:25), 자신의 행위를 조사 검증하게 하는 것(14:24)이다.

그러므로 이것은 너무 많은 사람이 하는 것보다 두세 명 정도가 하는데 이 예언을 '분별하는 사람'(14:29)이 있어야 하고, 한 사람이 예언하고 있는 중에 다른 사람에게 예언이 임하면 먼저 하던 사람은 그쳐야 한다. 이런 것들은 모두가 '몸의 평화'를 유지하도록 질서를 가지고 행하는 것이다(14:30-33). 엄밀히 성경의 말씀이 계시이자 예언이자 교훈이라고 볼 때 이런 예언의 사역이 성경의 말씀을 벗어났는지를 분별해야 한다. 오늘날 은사에 따른 사역에서 질서가 제대로 지켜지지 않는 경우가 있으며, 이것은 그리스도의 몸 된 교회에 큰 해를 끼친다.

은사에 따른 직임(직분) 그리고 그 은사와 직분의 실행(사역)은 사랑과 열심을 가지고 질서에서 오는 평화를 유지하면서 실행되어야 한다. 이것은 몸으로서 교회를 세우기 위한 것들임을 잊지 않으면서, 교회의 모든 지체들은 몸 된 교회가 기능하게 하기 위하여 '한 성령님 안에서 은사와 직분에 따라 사역해야 할 사명'을 가지고 있음을 반드시 기억해야 한다.

• **공동의 은사: 믿음, 소망, 사랑**

하나님의 은혜가 각 사람에게 적절하게 표현되는 은사는 특정 개인에게 주어지는 특정한 은사이지만 모든 교회의 지체가 보편적이며 공동적으로 가져야 하는 성령님의 나타내심, 곧 공동의 은사도 있다. 이러한 특정 은사와 공동 은사의 구별이 없이 교회가 바로 세워지기 어렵다.

바울 사도는 언제까지나 있어야 할 보편적이며 공동적인 은사로 '믿음, 소망, 사랑'(고전 13:13)을 언급한다. '언제까지 있어야 할' 이것은 단지 '시간'만을 의미하는 것은 아니며 보편성을 포함한다. 곧 '믿음, 소망, 사랑'이라는 은사는 어떤 시간, 어떤 장소에도 온 교회에 보편적으로 또 모든 성도에게 공동적으로 있어야 하는 것을 의미한다. 그러므로 이 공동의 은사를 가지지 않고, 행하지 않는 교회는 교회가 아니다. 모든 하나님의 교회는 믿음, 소망, 사랑이라는 은사로 행하여야 할 사명이 있으며, 이 사명은 교회를 구별하는 정체성이다.

믿음, 소망, 사랑이 은사인가 하는 점에는 이견이 존재한다. 고든 피(G. Fee)는 '사랑'이 교회를 세우는 길이며 공동의 선을 추구하는 길이라고 하면서도 또 사랑과 은사가 서로 대조되는 것이 아니라고 하면서도 사랑을 은사로 보지 않는다.[354] 하지만 고린도전서 12장 31절의 '큰 은사' 혹은 '주요 은사'라는 표현, '타 카리스마타 타 메이조나'(τὰ χαρίσματα τὰ μείζονα)라는 표현과 '좋은 길' 혹은 '우수한 길'이라는 표현, '카트 휘페르볼레 호돈'(καθ' ὑπερβολὴν ὁδὸν)이라는 표현 역시도 '사랑'이 은사임을 명백히 보여준다.

갈라디아서 5장 22절에서 사랑은 성령님의 열매로 나타나며, 이 역시도 사랑을 은사로 파악했음을 보여주는 것이다. '믿음' 역시도 하나님의 선물이며 은사이다(12:9). 성령님의 조명 없이 어떤 누구도 삼위 하나님과 그분의 사역에 대한 믿음을 가질 수 없다. 소망이 은사라는 바울의 직접적 증거는 문맥에서 보여질 뿐이다.

예를 들어, 고린도전서 13장이 은사로서 사랑을 설명한 것이라면 13장 13절의 믿음, 소망, 사랑이라는 표현 역시 은사에 대한 언급이라고 보는 것이 합리적이다. 베드로전서 1장 13절, "그러므로 너희 마음의 허리를 동이고 근신하여 예수 그리스도께서 나타나실 때에 너희에게 가져다 주실 은혜를 온전히 바랄지어다"라는 구절을 보면 소망이 하나님의 은혜 위에 기초됨을 보여준다. 곧, '텔레이오스 엘피사테 에피……카린'(τελείως ἐλπίσατε ἐπὶ……χάριν)은 개역개정처럼 '은혜를 소망하는 것'이 아니라 '은혜로 너희에게 가져다 주실 예수 그리스도의 나타나심(계시)을 소망하는 것'이다. 따라서 예수 그리스도의 재림에 대한 소망은 은혜 위에 기초된 것임을 보여주며, 따라서 소망이 하나님의 은혜의 선물(은사)임을 증거한다.

무엇보다 그리스도인들이 보편적이며 공동적으로 가져야 할 은사로서 믿음, 소망, 사랑은 신뢰나 희망 그리고 세속적인 사랑을 의미하는 것이 아니다. 그리스도인들에게 이것들은 매우 독특한 의미를 지닌다. 우선 그리스도인들의 믿음, 소망, 사랑은 모두 하나님의 은혜로부터 오는 것이며, 따라서 이것들이 은사인 가장 큰 이유이다. 은혜로서 믿음, 소망, 사랑은 개별 성도의 노력으로 얻어지는 것과 반드시 구별해야 한다. 인간의 노력으로 얻어지는 믿음, 소망, 사랑은 은사가 아니라 단지 신뢰나 희망, 인간의 사랑일 뿐이다. 왜냐하면 이것은 아무 대가 없이 거저 주시는 하나님의 은혜의 선물이 아니기 때문이다.

은사로서 믿음, 소망, 사랑을 보자. 아무리 개별 성도가 그리스도를 하나님으로 또 구원주로 믿으려고 노력하여도 믿어지지 않는 것은 하나님의 은혜가 임하지 않았기 때문이다. 이것은 종말의 구원에 대한 소망이나 이러한 구원을 가능하게 하는 불멸의 사랑, 언제까지나 없어지지 아니하는 사랑도 마찬가지이다. 믿음, 소망, 사랑이라는 은사는 그리스도의 몸 된 교회의 지체가 그 은사와 직분을 사역함에 있어서 반드시 함께 가져야 할 것들이다. 또 한 사람도 빠짐없이 가져야 할 은사들이다.

우선, 진실된 믿음은 구원에 이르게 하는 수단이다. 하나님께서는 십자가 말씀의 선포를 믿는 사람들을 구원하시며(고전 1:21), 선포된 말씀을 굳게 붙잡고 헛된 것을 믿지 않으면 구원을 얻게 하셨다(15:2, 11). 그러면 무엇을 믿는 것인가? 교회의 믿음은 그리스도가 십자가에서 죽으셨으며 다시 살아나셨음을 믿는 것이다(15:1-14). 하나님의 일꾼들은 각자 주님이 맡겨 주신 대로 교회로 하여금 믿게 하는 종들이며(3:5), 그것을 통해 하나님의 집, 곧 교회를 짓는 사람들이다(3:9, 10, 12, 16). 또한 이 믿음을 가진 이들은 그와 접촉하는 이들을 거룩하게 한다(7:14).

이런 믿음은 성령님께서 주시는 선물이다(12:9). 이 믿음은 하나님의 능력에서 비롯되지만(2:5), 그러나 이 믿음은 모든 산을 옮기는 교회의 능력이기도 하다(13:2). 이 믿음 안에 굳게 서는 것이 성도의 미덕이다(16:13). 이런 점에서 '믿음'이란 은사는 모든 성도들에게, 모든 시간에 항구적으로 있어야 할 공동적이며 보편적인 은사이다.

성도의 소망도 마찬가지이다. 이 소망은 죽은 사람의 부활이다(15:12). 예수 그리스도의 부활은 죽은 사람의 부활에 대한 첫 열매이자(15:20) 좋은 증거이며(15:13), 믿음과 선교의 기초이자 증거이다(15:14). 또한 이 소망은 모든 은사에 부족함이 없이 예수 그리스도의 나타나심을 기다리는 것(1:7, 16:22)이다. 예수 재림에 대한 소망은 예수님의 부활과 깊은 연관을 가지고 진술되며(15: 20-23), 예수님의 재림은 세상의 마지막 날과 그 심판과 연계되어(15:24) 인자이신 그리스도께서 아버지께 그 나라를 바치시는 때이다.

따라서 이 소망은 종말론적 기대이며, 이 종말론적인 기대는 교회에 대한 바울의 생각을 표현해 준다. 성령님이 교회 공동체 안에서 행하시는 현재적인 사역들은 미래에 대한 한 전조(foretoken)이다.[355] 성령님이 주시는 은사는 종말의 실현이 아니라 미래에 어떤 일이 있을 것인지를 보여주는 전조이다. 이 전조를 보면서 종말을 기대하며 소망하는 것이다. 이러한 소망 역시 하나님의 은혜의 선물이다.

사랑은 하나님을 사랑하는 것이며(16:22), 그 사랑으로 또한 이웃을 사랑하는 것이다(13장). 사랑이 은사인 것은 그리스도인의 하나님 사랑과 이웃 사랑이 자기 자신의 인간적 힘에서 비롯된 것이 아니라 하나님에게서 비롯되기 때문이다. 먼저 자기의 아들 예수 그리스도를 죽이시기까지 인간을 사랑하신 하나님의 사랑이 '인간들의 사랑의 동기이자 힘'이기 때문이다(참조, 요일 4:7-11).

이것은 몸과 지체가 단지 기능적이고 사회적인 상호 관계에서 교제하는 것만이 아니라 각 지체 상호간에 '한 몸이라는 애정(intimacy)'에 기능함을 의미한다. 이것은 공감이며 격려이다. 한 사람에 의하여 다른 모든 사람들이 경험하는 것이다.

아무리 교회 구성원들이 자기 자신만의 특별한 원칙과 신학적 지식 혹은 자기만의 철학적 신학이 있다 하더라도 사랑이 없다면 교회를 세우지 못한다(8:1). 바울은 아무리 훌륭한 은사로 위대한 사역을 한다고 하여도 사랑이 없다면 그 모든 것들이 아무것도 아니라고 한다(13:1-3).

만약 한 몸이 고통을 받으면 모든 사람들이 함께 고통을 받는데(12:26), 한 지체의 아픔을 다른 지체가 느끼지 못하는 것은 사랑이 없기 때문이며, 사랑이 없다는 것은 그 지체가 다른 지체로부터 분리되어 있음을 보여주기 때문에 이것은 이미 한 몸이 아니다. 사랑은 지체의 통일성을 보여주는 좋은 증거이다.

하나님은 자기가 사랑하는 사람들에게는 성령님을 통하여 예수 그리스도, 곧 십자가에 못 박힌 그리스도를 통한 구원을 알려주신다(2:9, 10). 동시에 하나님을 사랑하는 사람은 하나님이 그를 알게 된다

(8:3). 사랑은 하나님의 집인 교회를 세우는(οἰκοδομεῖ) 힘이며(8:1), 모든 은사를 실행하는, 곧 몸으로서 각 지체가 직분과 은사에 따라 자신의 사역을 감당하는 행위의 동기이다(13장, 16:14). 그래서 늘 그와 같은 은사를 행할 때(사역) 사랑을 추구하라고 명하신다(14:10). 곧, 사랑이 없다면 교회가 세워지지 않는다. 또, 사랑이 없으면 은사에 따른 교회의 모든 사역들이 아무것도 아니다(13:1-3). 사랑은 구원을 위한 믿음과 부활에 대한 소망의 동기이다(13:7).

사랑이 있을 때 "모든 것을 믿으며, 모든 것을 바라며" 또한 모든 것을 견디는 것이다. 따라서 사랑은 그리스도의 몸 된 특정한 지체의 전유물이 될 수 없다. 사랑은 특정한 사람에게 한정된 특정한 은사가 되어서는 안 되며, 모든 지체들이 공동적으로, 보편적으로 가져야 할 은사이다.

'믿음, 소망, 사랑, 이 세 가지는 교회 안에 항상 있는 것'(13:13)이다. 이것들은 특정인이 특정한 사역을 감당케 하기 위해 특정한 사람들에게만 수여되는 독특한 은사가 아니다. 구원에 이르게 하는 믿음, 종말(부활)에 대한 소망 그리고 모든 행위의 동기인 하나님 사랑과 이웃 사랑은 교회의 본질적 속성이며, 하나님의 은혜의 선물인 보편적이며 공동적인 은사이다. 그리스도의 몸 된 교회는 이 공동의 은사를 가지고 자기의 직임에 따라 사역해야 할 사명을 가지고 있으며, 이것은 교회가 교회이게 하는 정체성이다.

5. 모범(τύπος)이 되어야 할 사명

먼저 세워진 교회는 나중 세워진 교회의 본보기(모범)이며, 나중 세워진 교회는 먼저 세워진 교회의 '토대와 본질'을 따라가고 본받는 모방자이자 형제이다. 따라서 교회는 온전한 그리스도의 몸인 교회를 보여주어야 하는 모범으로서의 사명을 가진다. 만약, 교회가 '교회는 이런 것이다'라는 '모범', 참 교회를 모범으로 보여주지 못하면 교회의 정체성은 사라질 것이다. 오늘 현대 교회의 위기는 '참 교회의 모범', 곧 예수 그리스도께서 '나의 교회'라고 부르시면서 이 지상에 세우고자 하셨던 '그 교회'의 모습을 보여주지 못한 데 있다.

데살로니가에 있는 교회에 편지를 보낼 때 바울 사도는 데살로니가 교회가 복음 전파자들인 '우리와 그리스도의 모방자'(μιμηταί, 미메타이)가 되고, 다시 '모든 믿는 자의 모범(혹은 본보기, τύπον, 투폰)이 되는' 교회라고 하였다(살전 1:6-7). 이것은 단순히 개인적인 차원을 넘어서는 것으로 데살로니가에 있는 교회는 그리스도 예수 안에서 유대 지방에 있는 하나님의 교회를 본받는 자(μιμηταί)라고 하였다(살전 2:14). 이 용어는 바울의 초기 교회론-초기 교회 개념-을 보여주는 용어이며, 또한 이런 개념은 쿰란에서 발견된 계시 문서에서도 나타나는 관점이다.[356]

여기에서 확인되는 것은 각 지역의 교회들을 형제요, 에클레시아(ἐκκλησία, 교회)라고 부른 점, 후에 세워진 데살로니가 교회는 먼저 세워진 유대 지역에 있던 교회와 복음 전파자들의 모방자이며, 또한 데살로니가 교인들이 복음의 전파자가 되었을 때 복음을 받는 이들의 본보기(모범 혹은 모델)가 된 점들이다. 이것은 두 교회가 모교회와 자교회의 관계가 되었음을 의미한다. '모교회'는 예루살렘에 있는 첫 원공동체(the first primitive community)이며 자교회는 그 모교회로부터 전도를 받아 닮아 간 지역 공동체들이다.[357] 이것은 비단 데살로니가 교회에 보낸 편지에서뿐 아니라 고린도나 에베소 교회들(고전 4:16, 11:1; 엡 5:1)에게도 마찬가지였다.

이런 데살로니가전서에 나타난 '본보기(모범)-본받는 자(모방자)', 모교회-자교회의 관계와 달리 고린도전서에서 '모범-모방자'의 용례는 지극히 개인적인 것처럼 보인다. 황진기는 고린도전서의 특별한 관심은 바울이 그 자신을 본받으라는 분명한 요청뿐 아니라(고전 4:16, 11:1; 참조, 빌 3:17; 갈 4:12) 그 자신을 따라야 할 살아 있는 모범(예를 들어, 고전 4:9-13, 5:3, 6:12, 8:13, 9:24-27, 10:23, 11:2, 15:30-32. 또 본받으라는 개념의 다른 구절들, 4:6, 7:7, 8, 12:31)이라 하였다.[358] 고린도전서에 나타난 바울 사도의 이런 요청은 바울 자신의 사도적 권위를 재설립하고, 또 자신의 논증을 위한 수사학적 장치라는 지극히 개인적인 이유였다.[359]

하지만 이런 것들이 단지 개인적인 이유라고 제한하거나 국한할 것만은 아니다. 이는 데살로니가전서의 예처럼 교회적인 것으로 보아야 한다. 고린도전서 11장 1절에서 바울 사도가 그리스도를 본받는 것처럼 나를 본받으라는 말은 '모델-모방자'의 관계가 바울 자신의 좋은 점들을 본받으라는 개인적 입장이 아니라 바울이 본받은 그리스도, 곧 그리스도가 바울에게 보여지는 그것을 본받으라고 하여 그리스도의 '전달자-전수자'의 모델로 확대된다.

그러므로 교회의 '본보기-모방자'의 행위는 개인적 차원을 넘어 궁극적으로 그리스도를 본받는 것이다. 모범(본보기)의 원본, 곧 교회의 DNA는 '예수 그리스도'이시며, 이것은 본보기와 본받는 자의 관계를 통하여 전 우주적 교회가 보편적으로 공유되는 본질이며, 이것이 동질의 교회를 세우는 것이다.

그러면 이러한 본보기-본받는 자, 전달자-전수자의 관계에서 본받아야 할 그리스도는 구체적으로 어떤 것인가?

이런 관계를 통해 전달되어야 할 것ㅡ바울의 마음속에 있었던 '본보기'는 '예수 그리스도'와 다른 이들의 구원을 위한 '겸손', '자기부정', '자기를 내어줌', '자기 희생'이라고 하였다.[360] 그러나 본보기를 통해 전달되어야 할 것들은 이런 구체적이고, 특정된 어떤 미덕을 넘어서 그리스도의 총체적인 삶, 곧 '그리스도 안에 있는 길', 그리스도의 삶의 방식이다.

교회가 예수 그리스도를 닮아 간다는 것은 '예수 안에 있는 길'이라는 행동 원칙이나 '그리스도의 몸', '성전', '예수의 이름을 부르는 자들'과 같은 주제에서 이미 암시된 것이기 때문에 '본보기-본받는 자'는 예수 그리스도를 보존하며, 전하는 일이면서 또한 '예수 안에 있는 길'을 보존하여 전하는 일이다.

따라서 교회의 핵심적 본질들이 이런 '모방자'와 '모범'(혹은 본받는 자와 본보기), 곧 '닮아 감'을 통해 전달되기 때문에 그리스도의 몸 된 개별 지체들은 또 다른 지체나 세상에게 '본보기가 되어야 할' 사명을 가진다. 이 사명은 교회가 교회가 되는 핵심적인 정체성이다. 이 사명의 실제적 실천도 먼저 믿은 성도가 예수의 모습, 또 예수 안에 있는 길을 삶에서 보여주는 본보기, 그리스도의 체휼을 통해서이다.

잘못된 모델은 하나님 백성으로서 이스라엘을 파괴하지만(10:6, 11) 바른 본보기는 교회를 세우기 때문에 교회는 언제나 원본으로서의 예수 그리스도와 또 사도들의 본을 받아야 하고, 또한 나중에 예수를 믿어 그의 이름을 부르는 자들에게 예수를 보여주는 '모범'이 되어야 한다. 단지 지식으로나 말로 전하여지는 것은 교회의 참모습이 아니다. 교회를 교회이게 하는 것은 그리스도를 닮은 모범을 본받는 것을 통해 '닮아 가는 것'이며, 이를 통해 '그리스도'와 '그리스도 안에 있는 길'을 보이는 것이다.

이런 의미에서 복음을 건네주고-받음으로 교회가 된 성도들에게 단지 '말로서의 복음'(the word of God)만 전해지는 것이 아니라 복음을 전달하고 건네준 자들이 '모범' 혹은 '본보기'가 되어 '성육신하신 말씀, 곧 그리스도를 보여줌으로 그리스도를 체험케 해야 하는 것'(the substance of God)이 교회의 중요한 사명이자 임무이며, 이것이 교회의 정체성이다. 어쩌면 이것은 현대 교회에서 가장 취약한 모습이다. 자칫 성도가 위선자가 될 수 있는 위험성이 상존하는데 이는 겉과 속이 다른 모습이다.

모범–모방자의 전승 고리가 사라졌을 때 교회는 '그리스도의 성육신을 체험할 수 있는 길'이 막히고 만다. 교회가 본받아야 할 모범을 갖지 못한다는 것은 '그 모범의 원형이신 그리스도'가 제대로 보여지지 않고 단순히 말로만 묘사된다는 것이다. 오늘날 초기 성도들이나 아직 복음을 갖지 못한 사람들에게 필요한 것은 '말씀의 성육신', 곧 '그리스도의 말씀' 혹은 '그리스도'께서 성도들의 삶 속에서 재현됨으로 인하여 성육신하신 그리스도의 모습을 보는 것이다. 곧, 복음을 건네주는 성도들 삶 속에서 재현되는 성육신하신 그리스도의 모습을 보는 것은 얼마나 큰 기쁨일 것인가!

그러나 오늘날 교회에서 '체험'이란 단어는 늘 영적 은사와 동일시되고 있다. '하나님을 경험하는 삶'을 늘 영적 은사를 체험하는 것과 혼동하는 것이다. 하지만 참된 교회는 복음을 건네주는 성도가 복음을 건네받는 성도에게 그 복음을 삶에서 재현함으로써 복음을 건네받는 성도에게 '성육신하신 그리스도의 모습'을 보여줌으로 그리스도를 체험케 하는 것이며, 그래서 복음을 건네받는 성도가 그런 모범을 본받아 또다시 '그리스도의 모습을 보여줌'으로 그리스도가 전달되어야 한다.

바로 이 점이 빠져 있기 때문에 오늘날 교회는 그리스도의 몸이라 하면서도 그리스도는 보이지 않고 온통 인간들만 보이며, 참된 교회의 모습을 보여주지 못하고, 교회가 교회로서의 정체성을 싱실해 가는 것이다.

제2절
교회 행동 원칙에 기초한 교회의 사명

1. '예수 안에서의 삶의 길'로 살아가야 할 사명

교회가 예수 그리스도 안에서 살아가는 삶의 방식은 십자가에 못 박힌 예수의 길이다. 그러므로 교회는 '십자가에 못 박힌 예수의 길'을 따라 '십자가를 지는 삶의 방식으로 살아가야 할 사명'이 있으며, 이것이 '예수 안에서 사는 것'이다.

황진기는 고린도전서에 나타난 예수 안에서의 삶의 길[361]에 대하여 '인간적인 것 때문이 아니라 주 안에서 자랑하는 삶'(고전 1:26-31), '성령님의 전으로 적절하게 지어지는 통일성과 거룩성을 지키는 삶'(3:10-17), '음행자에 대한 교회 권징(church discipline)에 대한 바울의 가르침대로 사는 삶'(5:1-13), '하나님의 은사와 부르심에 대한 적절한 태도로 사는 삶'(7:17-24)으로 세분화하였다.

하지만 예수 그리스도 안에서 사는 삶은 고린도라는 지역 교회를 염두에 둔 구체적인 삶의 태도를 넘어서 하나님으로부터 성도로 부름을 받아(고전 1:2), 복음으로 태어나서(4:15), 예수의 몸에 연합한 지체로 사는(6:17, 19, 12:12-13, 27) 지혜 있는 삶이며(4:10), 이것은 '십자가를 지는 길, 십자가를 지는 삶의 방식으로 사는 것'이다.

이런 '예수 안에서의 삶'은 무엇보다 복음의 말씀을 넘어서지 않는 삶이다(4:6). 말씀을 넘어서지 않는 삶의 모습이란 어떤 것일까? 이 구절은 그 해석이 매우 난해하여, 콘젤만(Conzelmann) 같은 경우에는 해석하기를 포기한다.[362]

행지스(Hanges)에 따르면, 말씀에 넘어서지 않는 삶이 의미하는 '말씀'에 대하여 어떤 이들은 앞서 인용된 성경 말씀들을 의미한다고도 하고, 1-4장에 바울이 쓴 것(혹은 복음)을 넘어가지 말라는 것이라고도 하고, 어떤 이는 4장 6절 직전에 쓴 것을 여기에 더 확장하여 바울이 가르친 것들이라고 말하기도 하고, '교회의 일치를 지키는 것'이라고도 한다면서 행지스 자신은 이것을 '고린도 교회의 설립의 기초가 되는 공적인 문서로서 규칙'[363]이라고 생각했다.

고린도전서 4장 6절의 '말씀'은 '기록된 말씀'(ἃ γέγραπται)이다. '구약성경' 등과 같이 기록되어 전해져 오는 '하나님의 말씀'으로 그 영적 권위와 영감(inspiration)이 인정된 말씀이다. 그런데 이 말씀을 넘어서지 말라는 것은 '하나님의 비밀'(μυστηρίων θεοῦ, 4:1)인 복음에 대하여 증거하는 '기록된 말씀'이다. 따라서 '하나님의 비밀(복음)'을 '맡은 자들'(οἰκονόμους, 4:1)은 그 비밀을 드러내어 증거하려고 제시한 '기록된 말씀들'의 해석적 경계를 넘어서지 말라는 명령이다.

하지만 여기서 '기록한 말씀 밖으로 넘어가지 말라'는 것은 단지 복음에 대한 기록된 말씀들의 해석적 경계만을 의미하지 않는다. 4장 2절에서 맡은 자들에게 '충성'을 요구하는 것을 보면 이것은 단지 말씀을 가르치는 것에 국한되지 않고, 그 '말씀을 삶으로 증명하는 것'을 포함한다. 말씀을 넘어서는 행동을 하지 말라는 것이다.

그러므로 '말씀을 넘어서지 않는 않는 삶'이란 '하나님의 비밀(복음)'

을 해석하고 가르침에 있어서 '기록된 말씀'의 경계를 넘어서서 해석하지 않는 것을 의미한다. 자신의 철학이나 세상의 철학, 혹은 다른 세계관으로 '하나님의 비밀(복음)'을 해석하지 않는 것이다. 더 나아가 그 '하나님의 비밀(복음)'을 맡은 자들은 그 말씀이 가르치는 바에 '충실'하고 '충성'해야 함을 의미한다. 삶으로 그 말씀을 증명해야 한다는 말이다.

고린도전서 3장 5-6절에서 보여준 바대로 하나님의 종으로서 하나님의 은혜에 따라(3:10) 맡겨 주신 직분에 의거하여 일(사역)하며(3:5), 거기서 넘어서지 않는 것이다. 하지만 이것 때문에 세상 법정이나(4:3), 자신이나(4:3), 자신의 양심(4:4)에 의해 정죄되고 재판을 받기도 한다. 바로 이 때문에 이 길은 '십자가를 지는 길'이며 '십자가를 지는 삶의 방식'이다.

또 한 가지, 예수 안에 있는 삶의 방법은 '하나님의 영을 가지고, 있는 그대로(부르심 받은 그대로) 하나님 곁에 거하는 것'이다. 고린도 교인들은 그들이 신앙생활을 하면서 부딪치는 문제들, 곧 자신들이 결정하기 어려운 문제에 대한 바울의 지도를 받기 위해 질문을 써서 보냈는데 그 질문과 바울의 권면이 고린도전서 7장 1절 이하에 나타난다. 그것은 '결혼과 부부 관계의 문제'(7:2-16)와 '인종과 신분 문제'(7:17-24), '독신과 혼인의 문제(7:25-40)' 등에 대한 바울의 답변이다. 그것은 우선 어떤 처지, 어떤 형편, 어떤 신분에서든지 '부르심을 받은 그대로 하나님 곁에 거하는 것'(7:24)이며, '하나님의 영을 가지고 있는 그대로 거하는 것'(7:40)이다. 그런데 사실상 이 역시 본질적으로는 '십자가를 지는 삶의 방식'이다.

예수 안에 있는 삶의 길의 중요한 속성은 공동의 은사로서 '믿음, 소망, 사랑'이다.[364] 그러므로 교회의 사명으로서 '십자가를 지는 삶'은 언제나 믿음, 소망, 사랑 안에서 행해져야 한다.

2. '하나님의 교회를 세우는 행동 원칙'으로 살아야 할 사명

바울 사도에게 교회의 주요 본질은 '그리스도의 몸'과 '성령님의 전'이라는 그림 언어로 묘사된 것이다. 따라서 교회의 사명은 이 '그리스도의 몸인 교회', '성령님의 전인 교회', '하나님의 집인 교회'를 세우는 사명을 가진다.

'교회를 세운다'는 것은 교회가 없는 곳에 지역 교회를 새롭게 설립하는 일을 넘어서 이미 세워진 교회, 곧 비록 그 모인 숫자가 소수라 할지라도 그리스도의 이름으로 모인 무리들을 그리스도의 몸에 더욱 강하게 연합시켜 상호 교제케 함으로써 하나님의 집으로 더욱 견고하게 서도록 하는 것을 의미한다. 약한 자를 강하게 하여 서게 하는 것이며(고전 8:1, 10), 자신에게 주어진 권리와 자유를 포기하며(10:23), 직분이나 은사로 사역하며(3:10-11, 14:4-5), 감사의 생활을 하는(14:17) 이 모든 것들은 하나님의 교회를 세우기 위한 성도의 행위들이다. 이런 행위들은 모두 어디까지나 '하나님의 교회를 세우기 위함'이다. 그러므로 '교회를 세우는 행동 원칙' 아래서 살아가는 것은 교회의 사명이며, 이는 교회가 교회 되는 본질이다.

'그리스도의 몸으로서 교회를 세우는 일'은 '직임과 은사에 따른 사역'을 통하여 이루어진다. 이것은 교회의 목적이며, 직임과 은사에 따른 교회의 여러 사역들의 목표이기 때문이다(14:12, 26). 바울 사도는 그리스도의 몸인 교회를 세우는 일에 대하여 '몸과 지체의 관계'를 가지고 설명하는데, 몸을 이루는 각각의 지체들이 '그 지체가 가지는 고유한 직책 혹은 이름'(직분)을 가지고, '각각의 은사를 따라', '각각의 사역을 함'으로 교회가 세워진다.

14장에서는 이런 은사와 직임이 어떻게 교회 내에서 행해져야 하는지 그 '사역의 규칙'을 보여준다. 고린도 교회에서는 다양한 은사의 실행 곧 사역이 매우 무질서했기 때문에(12:25, 14:33, 40) 바울 사도는 고린도 성도들에게, 교회에는 한 가지의 은사만 나타나는 것이 아니라 다양한 은사가 나타나며, 그 가치의 무게가 각각 다른 이유를 설명했다. 직임과 은사에 따른 다양한 사역의 목적은 유기체인 '그리스도의 몸을 세우는 것', 곧 교회를 세우는 것이며(14:3, 4, 5, 12, 17, 26), 공동적 은사인 '사랑', '믿음', '소망'을 가지고(13:1-3) 교회를 세워 가야 할 사명이 교회에 있다.

바울 사도는 세례로 인하여 고린도 교회가 분열되고 있는 현상에 대하여 강력하게 저지하면서 세례를 준 사람들은 단지 '맡겨진 일을 하는 종'(3:5)이며, '동역자 혹은 동료 일꾼들'(3:6-9)이고, 그 종들은 '하나님의 집'(3:9)인 고린도 교회와 그 성도들을 위하여 일을 하는 사람들이라고 규정한다. 하나님의 종들인 그들은 '하나님의 주신 은혜를 따라'(3:10) 일을 했으며, 그들이 한 일은 지혜로운 건축자처럼 집을 짓는 일 중에서 '예수 그리스도라는 터를 닦는 일'을 했으며(3:11), 다른 사람은 이 터 위에 다른 건축의 일을 했다(3:10)는 것이다. 이처럼 하나님의 집인 교회를 세우는 일은 교회의 주요한 사명이다.

또한 바울은 교회가 '하나님의 성전이며 여러분 중에 성령님이 거주하신다'(3:16)고 말한다. 이런 바울의 진술 속에는 교회가 그리스도와의 연합과 교제를 통해서 이루어진 칭의적 거룩을 바탕으로 성령님으로 혹은 성령님 안에서 살아감으로써 온전한 거룩을 향하여 나아가는 공동체, 곧 계속적으로 세워지는 과정에 있는 공동체임을 보여준다. 이처럼 그리스도의 몸으로서 교회, 성령님의 전으로서 교회, 하나님의 집으로서 교회는 온전하게 세워지는 과정에 있으며, 이를 세우는 행동의 원칙을 가지고 살아가는 것이 교회의 사명이다.

3. 사도적 전통을 지켜야 할 교회의 사명

하나님의 직접 계시와 사도들의 전승 위에 서 있는 자신의 복음의 전통 외에 다른 복음을 받은 사람들에 대하여 바울 사도가 강력하게 경고하는 것은 교회가 성경에 따른 하나님의 계시와 사도적 전통을 사수해야 할 사명이 있음을 보여준다.

그렇다면 이 시대에 '사도적 전통을 지켜야 할 교회의 사명'은 어떻게 수행되어야 하는가? 교회가 지속적으로 준수해야 할 사도들의 전통은 무엇이며, 폐지하여야 할 사도들의 전통은 무엇인가? 현대 교회는 그것을 어떻게 결정해야 하는가?

사도적 전통 중에는 본질적인 것들이 있고, 문화적인 것들이 있다.

본질적인 전통들은 결코 변할 수 없는 것들이지만, 문화적인 관례(혹은 관행, 규례)들은 시대와 상황의 변화에 따라 변경될 수 있는 것이며, 하나님의 계명은 그리스도의 계명에 따라 어떤 것들은 유지되고, 어떤 것들은 폐지된다.

예를 들어, 바울 사도는 자신이 사역했던 교회들(이방인 교회), 고린도 교회에 있는 여성 성도들에게 '교회의 예배'에 대하여 권면할 때 교회의 관례(혹은 관행, 규례)를 따라야 할 것을 권면한다(11:16). 이는 각처의 교회들이 - 유대 지방이나 마케도니아 지방의 교회 할 것 없이 - 동일한 관례(혹은 관행, 규례)를 가질 것을 요구하는 것이다. 하지만 이 관례(혹은 관행, 규례)는 시대와 문화 지역에 따라 그 적용이 달라질 수도 있다.

이 관례(혹은 관행, 규례)를 지속할 것인가 폐지할 것인가에 대한 판례는 사도행전 15장에 나타나 있다. 초기 그리스도인들에게는 '유대인이 아닌 이방인들에게 모세의 관례(혹은 관행, 규례)를 요구할 수 있는가 하는 문제가 발생하였다(행 15:7). 그리고 이 문제는 할례를 포함한 의식법(혹은 정결법)을 모세의 항구적 율법으로 볼 것인가, 아니면 관례(혹은 관행, 규례)로 볼 것인가를 결정해야 했다.

이런 결정들은 모두 예수 그리스도의 권위와 그분의 복음 - 예수 그리스도의 십자가 죽음과 부활 - 을 기준으로 하는 것이다. 마태복음 5장 1절-7장 29절에, 특별히 5장 17절에 보면 예수 그리스도는 '율법을 완성'시키는 권위를 가지고 있다. '율법'에 대한 예수의 권위는 '진실로 내가 말한다'(ἀμὴν λέγω) 혹은 '그러나 내가 너희에게 말한다'(ἐγὼ δὲ λέγω ὑμῖν)라는 예수님 말씀(ipssisima verba)의 형식구(예를 들어, 마

5:18, 20, 22, 26, 28, 32, 34, 39, 44)를 주목해 보면 너무나 명백하다. 예수님께서는 율법을 완성시키시는 권위가 있으셨고, 그 권위는 모세의 권위를 넘어서는 것이다. 따라서 이런 예수님의 권위에 의거하여 사도들은 회의를 통해 새로 발생한 교회의 관례를 결정할 수 있었다.

예루살렘 공회의 결정은 의식법이나 정결법을 유대인들을 위한 관례로 본 것이며, 따라서 이방인 그리스도인들에게 강요치 않기로 한 것이다(참조, 행 15:20, 28-29). 그리고 사도행전 16장 21절에 '관례를 전한다'(καταγγέλλουσιν ἔθη)는 표현에서 초기 교회가 이런 예루살렘 공회의 판례를 순종하고 여기에 따라 복음을 전했다는 것을 알 수 있다. 그러므로 이 사도들의 판례를 따르는 것은 교회의 정체성이며, 교회는 이런 판례를 따라 살아가야 할 사명을 가진다.

현대 교회는 이런 '사도들의 전통'을 따라야 한다. '교회 관례(혹은 관행, 규례)에 대한 문제'는 사도들의 전례를 따라 '교회의 공회' (당회, 노회, 총회)가 결정하고, 교회는 그 결정을 지키고 준수해 나가야 할 사명이 있다. 그리고 이런 전통을 지키지 않는 이들을 멀리해야 한다(참조, 살후 2:15). 이런 사도적 전통을 따르는 교회들이 '정통 교회'이며, 이를 따르지 않는 모든 교회는 '이단'이다. 더 나아가 사도들이 '하나님의 비밀'을 맡은 자로서 '기록된 말씀'에 의거하여 복음을 해석하는 전통에 충실하였고, 이런 해석 전통을 따르는 것이 정통 교회이며, 이를 따르지 않고 자의적인 해석을 따르는 것은 모두 이단이다.

이것은 오늘날 극단적 개교회주의에 대하여 깊은 경종을 울린다. 대형 교회(mega church)들이 저마다 독립 교회를 세우고 노회와 총회의 지도와 권위로부터 이탈하는 행위는 사도적 전통에서의 이탈이라고 볼 수 있을 것이며, 이런 현상은 지극히 '이단적'이며 교회의 정체성으로부터 이탈한 것이다. 그러므로 노회와 총회로부터 이탈한 대형 교회들은 속히 제자리로 돌아와야 한다.

그러나 교권주의 문제로부터 자유로울 수 없는 것이 현대 교회이다. 오늘날 많은 지교회들이 개교회주의로 빠지는 것은 교단 총회나 노회의 교권주의와 정치 세력화, 혹은 인간 놀음이 한 원인으로 작용한다. 또 자기의 생각이나 신학과 다른 이들을 너무나 쉽게 이단으로 정죄하는 풍토도 있다.

그러므로 교회의 공회들(당회, 노회, 총회)이 사도적 전통을 따르고, 교회의 관례를 세울 때에는 예수 그리스도의 복음을 통해 영혼을 구원해야 한다는 원칙에 근거하여야 한다. 사도들이 율법의 일부를 이방인들에게 부과하지 않은 것은 그 이방인들의 생명을 예수 그리스도의 복음으로 구원하려는 데 그 목적이 있었으며, 인간들의 편의성을 위한 것이 아니었음을 기억해야 한다.

4. 하나님을 영화롭게 하는 행동 원칙을 지키는 사명

교회가 하나님의 영광을 위해 행동하는 원칙은 '몸으로 하나님을 영화롭게 하는 것'(고전 6:20)이다. 몸으로 하나님을 영화롭게 하는 것은 먹든지 마시든지 무슨 일을 하든지, 모든 것을 하나님의 영광을 위하여(10:31) – 하나님이라는 존재의 현현 앞에서 드러나는 무게감에 합당한 행동과 태도를 보이는 것 – 행동하는 것이다. 이것은 모든 삶에서 하나님의 임재와 그 현현을 인식(recognition)하고 자각하는(awareness) 삶이다.

따라서 '몸으로 하나님을 영화롭게 하는 것'은 '살아 있는 제물이 되는 것'이며, 이것을 바울 사도는 '영적 예배'(참조, 롬 12:1)라고 하였다. 특별히 던(Dunn)은 로마서 12장에서 보여지는 좀 더 정교한 몸의 이미지는 성례전보다는 일반적으로 '예배 공동체의 상호 관계'가 가지고 있는 것처럼 보인다고 하였다.

그러므로 바울에게 교회의 예배란 교회로 모이는 모임에서 몸과 지체, 지체와 지체 간의 상호 관계 속에서 '섬김을 통해 드려지는 것'일 뿐 아니라, '그리스도의 몸으로서 하나님을 영화롭게 하는 일상 생활의 모든 행위'를 포괄하는 개념이다. 이런 관점에서 볼 때 교회의 사명은 '몸으로 하나님을 영화롭게 하는 삶', 곧 하나님의 영광을 위한 예배의 삶에 있다.

물론 바울은 고린도전서에서 오늘날 교회에서 시행되고 있는 '주일 예배'와 같은 예배에 대하여 구체적으로 말한 적이 없다. 그렇기 때문에 과연 교회의 정체성에 기여하는 교회의 사명이나 임무 속에 오늘날과 같은 예배 형식을 가진 '하나님에 대한 예배'를 포함시킬 수 있는가를 설명하기란 매우 어렵다. 하지만 몸으로 하나님을 영화롭게 하는 예배의 삶이 어떤 일정한 형식의 예배가 없는 교회를 의미한 것이 아니다. 바울에게 모든 삶이 영적 예배가 되어야 한다는 것은 그 원형인 '교회의 예배'를 전제하는 것이다. 교회로 모일 때 거기에는 일정한 예배 형식을 가지고 있었다. 그것은 바울의 성만찬 권면이나 은사의 실행(사역)을 위한 권면, 또 고린도 교회에 있는 여성 성도들에게 교회로 모일 때에 '머리에 쓰는 것'과 관련된 교회 관습에 대한 권면 (11:16)에서도 잘 보여진다.

그리스도의 몸으로 상징된 '빵'을 서로 나누는 예식은 일종의 예배 양식으로, 이를 통해 기독교인들은 자신들을 교회로 자각하게 된다. 우상 숭배를 멀리하고(10:14-21) 오히려 세례를 받고, 또 성만찬에 참여하는 일은 교회의 모임에서 규칙적으로 시행되었으며, 이는 그리스도가 값을 치르고 살과 피를 내어주신 것을 기억하는 것이며(ἀνάμνησιν, 11:24), 이런 성만찬의 시행을 통해서 예수께서 피로 세운 새 언약을 늘 기억하는 것이며(11:25), 주의 죽으심을 주의 재림의 날까지 선포하는 것(καταγγέλλετε, 11:26)이다. 이것은 교회 모임을 구성하는 내용으로 결국 교회 모임 자체가 예배 형식을 취하고 있음을 보여준다.

고린도전서 14장 23절에서 온 교회가 한자리에 모여서 방언을 말하고, 예언을 말하는 것들을 언급하고 이어서 26절에서 찬송, 복음의 가르침, 두 사람 많아야 세 사람이 하나님의 계시(예언)를 말하고 회중들은 그 계시가 참인지를 분별하며(14:3, 5), 또 많아야 세 사람의 방언과 통역함(14:26), 미리 준비한 헌금을 수집함(16:2) 등이 언급된다. 이것이 교회로 모이는 모임의 내용이다. 또 이것들은 질서 있게 또 적절하게 행해져야 하며(14:40) 이를 통해 하나님의 집을 세우도록 해야 하는 것이다(14:26).

이런 권면들은 교회의 모임이 일정한 규율과 형식을 가져야 할 것을 가르친다. 사실 교회가 방언이나 혹은 예언만을 목적으로 모일 수 있다는 것은 불가능하며, 큰 틀의 교회 모임의 한 부분으로 시행되었다고 이해해야 하고, 이런 점에서 '교회로 모이는 모임'은 그 자체가 이미 예배이다.

그러므로 현대 교회에서 예배와 성도의 교제를 구분하는 것이 얼마나 말씀에서 떠나 있는지를 알아야 한다. 현대 한국 교회에서는 언제나 '주기도문'을 하거나 '축도'를 함으로써 '예배'를 끝내려고 한다. 주기도문과 축도가 없으면 역시 예배가 끝나지 않은 것 같은 기분을 가지고 있으며, 예배와 삶을 구분하려고 한다.

하지만 초대 교회는 삶 자체가 예배이고, 교회의 모임 그 자체가 이미 예배의 시작이며 예배이다. 예배를 구성하는 일정한 요소들이 있었고, 그것들은 특별한 형식을 가졌지만 예배를 삶과 확연하게 구분짓지 않았다. 성도의 교제도 예배이며 그런 성도의 교제는 교회의 모임을 파한 후에도 연장 선상에 있었기 때문에 여전히 예배가 지속되는 것이다. 그것을 '영적 예배'로 표현한다.

교회가 이렇듯 일상 생활의 영적 예배나 '교회로 모임'이라는 예배를 통해 하나님의 영광을 위해 살아야 하는 근본 이유는 하나님께서 값을 치르시고 교회를 사셨기 때문이며(6:20), 이런 예배의 삶을 통해 교회는 서로에게 배우고 권면을 받아야 한다(14:31). '하나님의 영광을 위하여 살아야 할 행동 원칙'으로 살아가야 할 사명이 교회에 있다. 이것은 예배의 형태-그것이 교회의 모임이거나 삶에서 드려지는 영적 예배이거나-로 나타나고, 이런 사명은 교회를 교회이게 하는 정체성이다.

5. 사랑의 이중 계명을 지키는 사명

예수 그리스도께서는 '하나님을 사랑하는 것'과 '이웃을 사랑하는 것'을 동일시하신다. '지극히 작은 사람에게 행한 일이 그리스도에게 행한 일'이라 하시기도 하고(마 25:34-40, 10:40-42), 땅의 일과 하늘의 일을 동일시하신다(마 18:18). 그러므로 사랑의 이중 계명, 곧 '하나님을 사랑하는 것'과 '이웃을 사랑하는 것'이 두 개의 명령같이 보이지만 실상은 하나로 묶여질 수 있는 명령이기도 하다.

'하나님을 사랑하라'는 첫 번째 계명이 몸으로 하나님을 영화롭게 하는 예배의 섬김으로 나타나기도 하지만 '이웃 사랑'으로 나타나기도 한다. 또 '이웃을 사랑하라'는 두 번째 계명은 남의 유익과 양심을 생각함으로 자신의 자유와 권리를 포기하여 하나님의 집을 세워 가는 일인데(고전 10:23), 이는 또한 '하나님을 사랑하는 것'이기도 하다. 남의 유익과 양심을 먼저 배려하는 이웃 사랑은 자신이 가지고 있는 지식에 대한 포기를 통해서 '자기 의'를 죽이는 것을 포함한다(고전 8:1-3, 7-8).

교회의 지체들은 '누구에게도 얽매이지 않는 자유로운 몸이지만, 많은 사람을 얻으려고 스스로 모든 사람의 종이 되어야 한다'(고전 9:19). 때로 다른 인종의 사람들처럼, 율법 없이 사는 사람처럼, 율법 아래 있는 사람처럼, 또 믿음이 약한 사람처럼 모든 모양의 사람이 되어야 한다(9:20-22). 이렇듯 지식과 자유와 권리, 자신의 인종, 능력을 포기하는 것은 그 영혼을 구원하기 위한 이웃 사랑의 발로이며(9:22), '복음이 주는 복에 동참시킴으로'(9:23) '집을 세우기 위한 것'(10:23)이다. 이와 같이 교회는 이웃 사랑을 통해 자기 스스로를 세워야 할 사명이 있다.

또한, 사랑은 분열된 교회를 일치시키는 치유책이다. 하나님의 사랑으로 교회의 지체들이 서로 사랑할 때 자기의 교만한 지식으로 인하여 분열된 교회가 분파를 극복하고 '단일성'을 회복한다. 사랑은 부한 자와 가난한 자의 차별로 인한 교회의 분열을 극복할 힘을 주는데(참조, 고전 11:17-22) 사랑이 집을 세우기 때문이다(8:1-3).

함께 먹는 성만찬이 가난한 자를 배려하는 사회적 이슈에 대한 권면이 아니다. 그런 권면으로 잘못 사용해서도 안 된다. '함께' 성만찬 예식에 참예하여 '신분에 상관없이 하나의 몸인 교회로 세워지는 것'이 더 큰 관심사이다. 만약 이것이 사회적 이슈를 고려한 것이라면 '먹고 마실 집이 없느냐?'(11:22)라는 질문과 어긋난다.[365]

현대 개신교는 종교개혁 이후에 갖가지 이유로 분열되어 있고, 또 지역 교회 역시 갖기지 이유로 분열되고 있다. 이런 분열을 치유하는 해결책은 사랑의 이중 계명을 실천하는 일이다. 사랑의 이중 계명은 두 개의 구별된 계명처럼 보이지만 실제로는 이웃 사랑이 하나님을 사랑하는 것이며, 하나님을 사랑하는 것이 이웃을 사랑하는 것이다.

제5장

요약과 결론

제1절
요약

지금까지 필자는 '교회의 정체성'을 그 본질과 사명으로 나누어서 설명하였다. 교회의 정체성이란 교회가 무엇이냐의 문제로서 교회의 기초가 되는 토대가 '그리스도의 복음', '하나님의 언약', '성령님의 사역' 그리고 '사도적 전통'이라는 것을 배웠다. 이런 토대 위에 교회에 대한 다양한 용어가 사용되는데 '하나님의 새 언약'에서 하나님의 교회, 성도로 부름 받은 무리들, 하나님의 집(권속), 집에 있는 교회라는 용어가 사용되었으며, '그리스도의 복음'이라는 토대 위에서 예수의 이름을 부르는 자들, 그리스도의 몸, 무교병이라는 용어가, '성령님의 사역'의 토대 위에서 성령님의 전이라는 용어가, '사도적 전통'의 토대 위에서 '하나님의 경작지'라는 용어가 각각 사용되었다.

교회를 지칭하는 다양한 용어들에는 각각 교회가 무엇인지 그 정체성을 보여주는 개념들이 들어 있다. '하나님의 교회'라는 용어 속에는 하나님이 선택하고 지명하여 부르신 회중이며, 예수를 통하여 새 언약을 맺은 종말의 하나님의 새 백성, 새 이스라엘, 메시아 공동체라는 교회의 정체성이, '성도로 부름 받은 무리들'이라는 용어 속에는 '하나님의 선택에 따라 부르심을 받아 예수를 소유하고, 예수 안에 있게 된 거룩한 무리요, 종말의 새 백성으로 새 언약의 공동체인 몸 정치체'라는 개념이, '하나님의 집'(권속)이라는 용어 속에는 '성도들이 형제로서 가족이며, 이 가족으로서 교회는 복음, 교제, 언약, 사도성과 같은 본질적 요소를 다 함께 공유하는 같은 계열이며, 하나의 가족 연합체'라는 개념이, '집에 있는 교회'라는 용어 속에는 교회는 건물이 아니라 모인 무리이며, 이렇게 모인 무리가 있을 때 비로소 보편적 교회가 존재하게 된다는 의미가, '예수 이름을 부르는 자들'이라는 용어 속에는 교회가 하나님의 부르심에 응답하여 예수를 주로 믿고 고백하는 자, 주께 굴복하고 복종하는 종이자 예배자이자 헌신자라는 개념이, 또 '그리스도의 몸'이라는 용어 속에는 교회가 분리될 수 없는 하나의 살아 있는 유기체라는 의미가 담겨 있다.

'무교병'이라는 용어 속에는 교회가 율법이 아니라 유월절의 피로 씻음 받아 구속함을 입었으므로 구원에 합당한 삶을 재현하고 자신을 성화시켜 거룩을 유지하는 무리라는 개념이, '성령님의 전'이라는 용어 속에는 교회가 성령님의 임재의 자리이며 거룩한 자리이며 성령님의 나타내심에 따라 은사와 지임을 가지고 각각 몸에 사역(행사)함으로써 교회가 유지 보존된다는 개념이, '하나님의 경작지'라는 용어 속에는 교회는 사도들이 복음의 씨를 뿌리고 물을 줌으로 형성된 무리이며, 복음의 전승과 그 해석의 정통성은 모두 사도들의 전통 위에 서 있을 때 비로소 인정받게 되는 존재임을 나타낸다.

교회가 무엇이며, 무엇을 해야 하는가 하는 교회의 정체성, 곧 본질과 사명을 연결시키고 함께 아우르는 '교회의 행동 원칙'이 있다. 이 교회의 행동 원칙은 그 원칙이 지향하는 바가 분명한데, 이 원칙 속에서도 교회의 본질과 사명을 발견해 낼 수 있다. 이런 행동 원칙은 우선 '예수 안에 있는 길'로 이는 교회의 삶의 지침이며, 삶의 방법이고, 십자가에 못 박히는 패턴의 삶의 행동 방식이다. 교회는 '몸이신 하나님의 집을 세우기' 위하여 모든 행동이 이루어져야 하며, 이는 '남의 유익을 위하여', '남의 양심을 위하여'라는 하위 원칙을 가지고 있는데, 이런 원칙들은 모두 '사랑의 이중 계명'이 그 행동의 방법으로 나타난다. 또한 교회 내적으로 은사와 직분을 따라 사역을 할 때에도 사랑의 이중 계명은 그 행동의 방법이 된다. 따라서 '사랑의 이중 계명'도 교회의 중요한 행동 원칙이다. 교회는 언제나 '사도적 전통', 곧 사도들이 전해 준 복음의 전승과 관례(혹은 관행, 규례) 그리고 계명을 지켜야 하며 그 안에 있어야 한다. 이 모든 행동 원칙의 최상위의 원칙은 '하나님의 영광을 위하여' 행동하는 것이다. 교회는 언제나 하나님의 존재, 그분의 임재나 현현 앞에서 그 앞에 선 자로서 합당하게 행동해야 하는데, 이것이 '하나님의 영광을 위하여' 행동하는 것이다(고전 3장).

교회의 본질과 함께 교회의 정체성을 구성하는 또 다른 축이 '교회의 사명'이다. 교회의 정체성이란 '교회가 무엇이냐'로만 정의되지 않고, '교회가 무엇을 하느냐'라고 하는 '사명'에 의해서도 정의된다. 그런데 교회가 무엇을 하느냐는 것은 언제나 교회가 무엇이냐라는 본질로부터 흘러나오는 것이어야 한다. 교회의 본질과 어긋나는 교회의 사명이란 존재할 수 없다. 따라서 교회의 사명은 교회의 토대와 교회의 행동 원칙으로부터 확장된다.

교회는 '그리스도의 복음을 건네줌'(전도)의 사명을 가지고 있다. 또한 교회는 그리스도의 몸에 연합하며, 그 몸과 지속적으로 교제해야 하는데 이것은 세례와 성찬을 통해서 이루어진다. 세례와 성찬을 통해 예수의 죽음과 생명을 체험하고, 예수의 죽으심과 부활에 참예하여 성화된 공동체의 멤버로 삼는다. 특별히 '성찬'은 하나님의 새 언약을 위한 사명의 자리이기도 한데, 이 성만찬을 통해 하나님의 선택과 부르심에 답하고, 새 언약 관계를 유지하며, 예수의 살과 피로 맺어진 새 언약을 기억, 기념, 전해야 할 사명이 교회에 있다. 또한 교회는 성령님의 도구로 사용되어야 한다. 그리스도의 몸의 지체가 되어야 하며, 성령님의 전으로서 그 거룩성을 지키되 치리를 통해 공동체의 거룩성을 지켜 나가야 한다.

또한 은사와 직임에 따라 믿음, 소망, 사랑 안에서 그리스도의 몸을 섬기는 사역을 감당하여 교회로 하여금 살아 있는 유기체가 되게 해야 한다. 교회는 사도들의 경작지로 사도들의 터 위에 세워졌기 때문에 결단코 다른 터 위에 세워져서는 안 된다. 특별히 먼저 세워진 교회는 나중 세워진 교회의 본이 되는 모델-모방자(본보기-본받는 자)의 사명을 감당해야 한다.

교회는 '교회의 행동 원칙'을 철저히 지켜 나가야 할 사명이 있다. 교회는 세상과 함께 존재하기 때문에 교회가 지켜야 할 행동 원칙을 지키기 어렵지만, 그 원칙을 지키지 않으면 교회가 세속화되며 교회의 모습이 사라지게 된다. 따라서 교회는 예수 안에 있는 길, 십자가를 지는 삶을 살아야 하며, 삶이 예배가 되어 하나님을 영화롭게 하는 삶을 살아야 하며, 몸인 하나님의 집을 더욱 견고하게 세워 나가야 한다. 무엇보다 사랑의 이중 계명을 삶에서 실천함으로 교회에 하나님의 성육신이 이루어지도록 해야 한다.

필자가 지금까지 설명한 '바울이 원했던 교회'를 한눈에 볼 수 있도록 다음의 표로 정리하였다.

〈교회의 정체성〉

교회의 토대	본 질			
	토대에 나타난 본질	토대에 기초한 교회 지칭 용어	용어에 드러난 본질	교회의 행동 원칙들에 드러난 본질
하나님의 새언약	하나님의 새 언약으로 그리스도와 그 복음 (십자가와 부활)을 통해 하나님의 새 백성으로 선택, 지명, 부르심 받고, 그리스도와 지속적인 교제와 연합을 이룸.	하나님의 교회	하나님이 선택하고, 지명하여 부르신 회중 예수를 통해 새 언약을 맺은 하나님의 종말의 새 백성, 새 이스라엘, 메시아 공동체	하나님의 영광을 위하여 - 교회의 최상위의 행동 원칙 - 행동의 자유가 영광을 위한 자유 - 한 분 하나님을 전제하고, 교회는 하나님의 현현과 임재 앞에서 합당한 행동을 해야 하는 존재
		성도로 부름 받은 무리들	하나님의 선택에 따라 부르심을 받아 예수를 가지고, 예수 안에 있게 된(예수의 몸과 피에 참예한) 거룩한 무리, 곧 종말의 하나님의 새 백성으로 새 언약의 공동체인 몸 정치체	
		하나님의 집 (권속)	성도들은 형제로서 가족. 가족으로서 교회는 복음, 교제, 언약, 사도성과 같은 본질적인 정체성의 요소를 함께 가지고 있는 같은 계열. 교회는 그리스도와 하나님의 관계에 기초됨. 곧 다양한 신분, 직분, 은사, 사역을 가졌지만 하나의 가족 연합체	
		집에 있는 교회	교회는 건물이 아니라 모인 무리. 따라서 모이지 않는 교회는 교회가 아니며, 불가시적 교회만 존재하는 교회는 교회가 아니다. Patron-client 시스템에서 보여지는 것처럼 목양자(돌보는 자)와 성도(돌봄을 받는 자)의 관계가 형성됨.	

	본 질			
그리스도의 복음	사도들에 의해 전달되고, 하나님의 계시 (성경)대로 나타난 복음	예수 이름을 부르는 자들	하나님의 부르심에 응답하여 예수를 주로 믿고 고백하는 자 주께 굴복하고 복종하는 종, 예배자, 헌신자	예수 안에 있는 길 - 교회의 삶의 지침이며 삶의 방법 - 십자가에 못 박히는 패턴의 삶의 행동 방식 몸이신 하나님의 집을 세우기 - 사랑의 이중 계명을 지키는 것으로, 집으로서 교회를 세우는 것 사랑의 이중 계명 - 하나님 사랑: 하나님에 대한 지식을 가지고 하나님을 사랑함으로 몸을 세우는 것 - 이웃 사랑: 집을 세우기 위하여 남의 유익과 양심을 배려하고, 자신의 자유와 권리를 포기하는 사랑 - 은사, 직분에 따라 사역할 때도 이중 계명의 원칙에 따라야 한다.
		그리스도의 몸	교회의 분리될 수 없는 하나됨 혹은 하나의 살아 있는 유기체 성령의 전으로서 한 몸 지체는 몸이신 그리스도와 다른 지체를 섬기고 봉사함으로 상호 교제하는 통일체 (통일성과 다양성을 가짐) 이런 통일성과 다양성은 은사, 직임, 사역으로 나타나고 이것을 통해 유기체가 유지, 보존된다. 머리이신 그리스도는 몸인 교회와 한 영을 가지며, 따라서 그리스도의 생각과 뜻대로 행동하는 유기체이다.	
		무교병	율법이 아니라 유월절의 피로 씻음 받았으므로 구원에 합당한 삶을 재현하고, 자신을 성화시켜 거룩을 유지하는 무리	

		본 질			
성령의 사역	교회는 성령의 피조물임. 하나님이 성도에게 부어 주고, 성령으로 세례 받고, 성령의 잔을 마심으로 그리스도의 한 몸인 교회가 됨. 몸 된 교회에 계속 임재, 거주하며 일하심. 임마누엘 하나님의 완벽한 성취. 교회가 그리스도의 몸에 지속적으로 연합하고 교제케 함.	성령의 전	교회는 성령에 의한 하나님 임재의 자리 (내재적으로 초월적으로 존재) 은사(특별 은사와 공동 은사), 직분, 사역에 따라 교회가 유지, 보존됨. 교회가 하나님의 비밀(교회)을 알게 함. 살아 있는 영이 됨. 그리스도와 연합 교제함. 교회는 성령을 통해 하나님의 집인 성전이 됨. 성전으로서 교회는 하나님의 임재로서 성령이 거하시는 거룩의 자리이며, 한 영을 소유한다. 교회는 성령으로 씻어 거룩하며 의롭게 되었다.	하나님을 영화롭게 함
사도들의 전통	사도들의 사역에 의해 형성된 무리	하나님의 경작지	교회는 사도들이 복음의 씨를 뿌리고, 물을 줌으로 형성된 무리이다.	사도적 전통과 계명 따르기 – 사도들이 전하여 준 복음의 전승과 관례(혹은 관행, 규례), 계명을 지키는 행동 원칙
	복음 전승의 고리		복음의 전승과 그 해석의 정통성 교회는 사도들이 전한 그리스도의 전통, 관례(혹은 관행, 규례), 계명에 서 있는 존재	

사 명		
교회의 토대	토대에 나타난 사명	교회의 행동 원칙에 기반한 교회의 사명
하나님의 새 언약	**새 언약을 기억, 기념, 전해야 한다.** – 하나님의 선택과 부르심에 응답하고 새 언약 관계를 유지하고 언약을 피로 세우신 예수를 기억, 기념, 전해야 한다. **순종을 통해 하나님의 통치를 이루어야 한다.** – 이는 성령의 도구로 다양한 지체의 섬김으로 나타난다.	**하나님의 영광을 위하여 예배를 통해 섬겨야 한다.** – 교회는 몸으로 하나님을 영화롭게 해야 하며, 살아 있는 제물이 되는 영적 예배를 드리는, 하나님의 영광을 위한 예배를 드려야 할 사명이 있다. – 교회의 모임, 삶은 이미 예배이다.
그리스도의 복음	**복음을 건네줌(전도)** – 교회는 받은 복음을 건네주는 사명을 지닌다. – 하나님의 지혜로 전하며 그리스도 안에서 아버지가 되는 일이다. – 자신의 모든 권리를 포기하며 모든 사람의 종이 되어 복음을 전해 구원코자 함이다. **세례와 성찬을 통하여 예수의 몸과 연합과 교제를 지속하여야 한다.** 세례와 성찬을 통하여 예수의 죽음과 생명을 체험한다. 세례를 주어 예수와 연합하여 죽으심과 부활에 참예, 성화된 공동체 멤버의 표시로 삼는다. 성만찬을 통하여 새 언약을 세우고, 주를 기억, 기념, 전하며, 주와 연합하여 교제함으로 한 몸, 한 교회가 된다.	**예수 안에 있는 길** – 예수 안에 있는 삶의 방식으로 십자가를 져야 하는 삶을 사는 사명 **몸이신 하나님의 집을 세우는 사명** – 하나 됨과 거룩함과 구원받은 공동체로 하나님의 영광을 돌리는 일을 위해 거룩한 무리가 함께 모이는 일을 해야 한다 – 몸인 교회를 더욱 강하게 연합시키고 상호 교제케 하여 집은 더욱 견고하게 서도록 한다. – 은사와 직분에 따라 사역을 통해 세워지는데, 이는 성전으로서 몸을 세우는 일이다. **사랑의 이중 계명을 지켜야 할 사명** – 하나님 사랑은 몸으로 하나님을 영화롭게 하는 예배의 섬김으로 나타난다. – 이웃 사랑은 남의 유익, 양심을 생각함으로 자기의 자유와 권리를 포기하고 하나님의 집을 세우는 것이다.

사 명		
성령의 사역	**그리스도의 몸이 되게 한다** 성례(세례와 성만찬)를 통해 예수와 한 몸으로 연합하며, 교제함으로 몸의 일부분이 되게 한다. **성령의 도구로 쓰여야 한다.** - 거룩성을 지키며 - 직분, 은사에 따른 사역을 통해 교회가 존재하고 기능하며 집을 세우는 사명을 감당해야 하는데 이는 믿음, 소망, 사랑 안에서 이루어진다.	
사도들의 전통	**모범** 먼저 세워진 교회는 나중 세워진 교회의 본보기이며, 나중 세워진 교회는 모방자이며, 형제이다. 따라서 교회는 모범으로서의 사명을 가진다. 이 모범의 원본은 예수이시기에 모든 교회는 예수를 본받아야 한다.	**교회는 사도들의 경작지** 따라서, 교회는 성경에 따른 하나님의 계시를 보존하는 사도적 전통을 사수해야 할 사명이 있다. 또 당회와 총회가 정한 관례로서 관례 (혹은 관행, 규례)를 지켜야 한다.

제2절
결론: 현대 교회에의 적용

본서를 통해 기술된 교회의 정체성을 지역 교회를 위한 12주 정도의 훈련 과정으로 성도들을 철저히 훈련시킨다면, 현대 교회는 고린도 교회가 직면했던 것처럼 다양한 문제를 극복해 나가고 예수가 세우고자 했던 '예수의 교회', 음부의 권세가 이기지 못하는 천국 열쇠를 가진 교회의 모습을 조금씩 회복해 나갈 것이다.

필자의 경험에 비추어 보면, 지금까지 개교회 성도들이나 아니면 목회자들에게 '교회가 무엇이며, 무엇을 해야 하는가'라고 하는 질문을 던졌을 때 지극히 피상적인 답변에 그쳤던 것이 대부분이다. '교회의 정체성이 무엇이며, 교회의 사명은 무엇인가? 교회는 어떤 토대 위에 세워졌으며, 교회의 다양한 개념과 그 의미는 무엇인가? 교회는 어떤 원칙을 가지고 행동하여야 하며, 그런 원칙이 토대가 되어 교회가 수행하여야 할 것은 무엇인가'를 분명하게 알고 있지 않았다.

이것은 각 개교회의 사명 선언과 그런 사명을 수행하는 교회의 표어나 목표에서도 너무나 쉽게 드러났다. 또한 대부분의 교회론들은 조직신학적 혹은 교리적 혹은 교회사적 접근으로 규명되었던 것이 대부분이며, 성경신학적 관점에서 접근한 교회론도 많지 않았다.

그러므로 성경신학적 관점에서 접근한 교회론, 곧 '교회의 정체성: 그 본질과 사명'을 교회 된 성도들이 분명히 아는 것은 매우 의미 있는 일이다. 무지는 인간을 죽음에 이르게 한다. 교회에 대한 무지는 교회의 쇠락을 가져올 것이 분명하다. 오늘날 한국 교회나 복음의 부흥을 이루었던 교회들의 쇠퇴는 교회론에 대한 무지, 곧 교회가 무엇이며, 무엇을 해야 하는가에 대한 지식의 부재와 훈련의 부재라 할 수 있다. 성도들이 교회의 정체성에 대하여 분명하게 인식하고 자각하면 성도 개인의 신앙생활에서 부딪쳐 오는 여러 가지 시험과 유혹, 또 섬기는 교회를 유혹해 오는 끊임없는 세속화의 도전 속에서 교회의 순수성을 지키면서 흔들리지 않을 것이다.

개교회마다 소위 '상처 입은 성도', '시험에 든 성도'가 많다. 이들은 자신들에게서 연약한 부분들이나 부족한 부분들을 발견하고 이를 극복하여 온전한 성도의 길을 가기보다는 자신을 '상처받은 양'으로 생각하고 자기에게 상처를 주지 않는 다른 교회를 찾아다니고 있다. 자기에게 상처를 주지 않는 교회를 온전한 교회로 보는 것이다. 하지만 이것은 자기에게 내재된 문제를 발견하여 치유하고 해결한 것이 아니라 여전히 그 문제를 가지고 있는 것에 다름 아니다.

또한 교회에서 치리가 사라지고 있다. 치리를 받았다고 하더라도 다른 교회로 쉽게 전입할 수 있는 현실은 교회의 거룩성에 상처를 입히고, 이로 인해 사회적 신뢰를 잃어 가고 있다. 목회자들의 경우에는 다양한 이유 때문에 교회 성장에 대한 강한 열망을 가지게 되고, 이로 인하여 교회의 정체성을 희생시키는 유혹에 직면해 있다. 교회 성장 제일주의는 한국 교회에 다양한 문제들을 양산하고 있다. 이 때문에 성장보다는 교회의 본질과 사명이 우선이며, 교회의 정체성이 무엇인지 - 교회가 무엇이며 무엇을 해야 하는지 - 를 성도들이 분명히 알고 있다면 이런 유혹 속에 있는 목회자들을 보호해 줄 수 있을 것이다.

아무쪼록 '바울이 원했던 교회', 곧 교회의 정체성으로서 그 본질과 사명을 서술한 이 저서를 통하여 한국 교회에 바른 교회관이 정착되었으면 하는 마음이 간절하다.

참고 문헌

1. 국내서적

- 강영안, 구교형, 권연경, 김근주, 김세윤, 김응교, 김호경, 김회권, 박득훈, 박영돈, 신경규, 신광은, 이진오, 정재영, 조성돈, 주도홍, 지강유철, 차정식, 최병성, 환완상, 황병구. 《한국 교회, 개혁의 길을 묻다: 새로운 한국 교회를 위한 20가지 핵심 과제》. 서울: 새물결플러스, 2013.
- 김세윤. 《그 사람의 아들-하나님의 아들》. 홍성희, 정태엽 역. 서울: 엠마오, 1992.
  _____. 《바울 복음의 기원》. 홍성희 역. 서울: 도서출판 엠마오, 1994.
  _____. 《하나님이 만드신 여성》. 서울: 두란노 아카데미, 2004.
  _____. 《고린도전서 강해》. 서울: 두란노 아카데미, 2008.
  _____. 《신약 성경을 어떻게 읽을 것인가》. 서울: 성서유니온선교회, 2009.
- 김영동. "반(反)기독교 운동의 도전과 선교." 〈장신 논단〉, no. 38 (2010): 357-379.
- 박영돈. 《일그러진 한국 교회의 얼굴: 한국 교회 무엇이 문제인가?》. 서울: IVP, 2013.
- 이만식. "바른 예배, 바른 설교: 한국교회 문제에 관한 실태 조사 연구." 바른 신학 균형 목회 세미나, 장흥길 편. 경기도 여주군 마임 빌리지: 한들출판사, 2007.
- "남가주 한인 65%가 개신교인." 〈크리스천투데이〉, 10-18 2006, 12.

2. 번역 서적

- Banks, Robert, and Julia Banks. 《교회 또 하나의 가족》. 장동수 역. 서울: 서울기독학생회출판부, 1999.
- Jimjon, Wolfgan. 《가정 교회: 침투적 교회 개척론》. 황진기 역. 서울: 국제제자훈련원, 2004.
- McGavran, Donald A. 《교회 성장 이해(Understanding Church Growth)》. 전재옥, 이요한, 김종일 역. 서울: 한국장로교출판사, 2003.
- Webber, Max. 《야훼의 사람들(Das Antike Judentum)》. 진영석 역. 서울: 백산출판사, 1989.
- 와그너, 피터. 《교회 성장 원리》. 권달천 역. 서울: 생명의말씀사, 1980.

3. 국외 서적

- Angus, Samuel. *The Mystery-Religions: A Study in the Religious Back ground of Early Christianity*. New York: Dover Publications, 1975.
- Arndt, William, Frederick W. Danker, and Walter Bauer. *A Greek-English Lexicon of the New Testament and Other Early Christian Literature*. 3rd ed. Chicago: University of Chicago Press, 2000.
- Bailey, Kenneth E. "The Structure of 1 Corinthians and Pauls Theological Method with Special Reference to 4:17." *Novum Testamentum 25, no.2(1983)*.
- Baird., William. *History of New Testament Research: From Deismto Tübingen*. Vol. 1. Minneapolis: Fortress Press, 1992.
- Banks, Robert J. *Paul's Idea of Community: The Early House Churches in Their*

Cultural Setting. rev. ed. Peabody, Mass: Hendrickson Publishers, 1994.
- Barrett, C. K. *Essays on Paul*. London: Spck, 1982.
- Bauckham, Richard. *Jesus and the Eyewitnesses: The Gospels as Eyewitness Testimony*. Grand Rapids, Mich.: William B. Eerdmans Pub. Co., 2006.
- Beker, Johan Christian. *Paul the Apostle :The Triumph of God in Life and Thought*. Philadelphia: Fortress Press, 1980.
- Blomberg, Craig. *1Corinthians: The Niv Application Commentary from Biblical Text- to Contemporary Life*. NIV Application Commentary. Grand Rapids, Mich.: Zondervan, 1994.
- Blue, Bradley. "Acts and the House Church." In *The Book of Acts in Its First Century Setting*. edited by David W. J. Gill and Conrad H. Gempf. Grand Rapids, Mich.: Eerdmans, 1994.
- Broneer, Oscar. "Corinth: Center of St. Paul's Missionary Work in Greece." *The Biblical Archaeologist 14*. no. December(1951).

　　_____. "The Apostle Paul and the Isthmian Games." *The Biblical Archaeologist 25*. no. February(1962).
- Brown, A. R. "The City of Corinth and Urbanism in Late Antique Greece." Ph. D. Diss. University of California, Berkeley. 2008.
- Brown, Francis, S. R. Driver, Charles A. Briggs, James Strong, Wilhelm Gesenius, and Edward Robinson. *The Brown-Driver-Briggs Hebrew and English Lexicon: With an Appendix Containing the Biblical Aramaic :Coded with the Numbering System from Strong's Exhaustive Concordance of the Bible*. new ed. Peabody, Mass.: Hendrickson Publishers, 1996.
- Bruce, F. F. *Paul: Apostle of the Free Spirit*. rev. ed. Exeter: Paternoster Press, 1977.

　　_____. *The Epistle to the Galatians: A Commentary on the Greek Text The New International Greek Testament Commentary*. Grand Rapids, Mich.: W.B.

Eerdmans Pub. Co., 1982.

_____. *Apostle of the Heart Set Free*. 1st American ed. Grand Rapids: Eerdmans, 2000.

- Bultmann, Rudolf Karl. *Primitive Christianityin Its Contemporary Setting*. Translated by Reginald H. Fuller. 1st Fortress Press ed. Philadelphia: Fortress Press, 1980.
- Calvin, Jean. *Institutes of the Christian Religion*. vol. 2, ed. John T. McNeill. Philadelphia, PA: The Westminster Press, 1960.
- Campbell, William S. *Paul and the Creation of Christian Identity Library of New Testament Studies*. London: T & T Clark, 2006.
- Carson, Donald A. *Showingthe Spirit:A Theol. Exposition of 1 Corinthians 12-14*. 3rd. print ed. Grand Rapids, Mich.: Baker Book House, 1989.
- Cerfaux, L. *The Church in the Theology of St. Paul*. Translated by Geofrey Webb and Adrian Walker. New York: Herder & Herder, 1959.
- Chang, Jae Woong. "Overcoming Conflicts in the Korean Immigrant Churches in the United States: In Pursuit of Reconciliation and Renewal." *Thesis, Claremont School of Theology*. 1998.
- Ciampa, R., and B. Rosner. "The Structure and Argument of 1 Corinthians: A Biblical/ Jewish Approach." *New Testament Studies 52*. no. 2(2006): 205.
- Choi, Chang-Wook. "Managing Conflict in the Church." In *Korean American Ministry*. edited by Sang Hyun Lee and John V. Moore, 88-100. Louisville: Presbyterian Church(U.S.A.), 1993.
- Chou, H. "The Impact of Congregational Characteristics on Conflict-Related Exit*." *Sociology of Religion 69*. no. 1(2008): 93.
- Clarke, Andrew D. *Secular and Christian Leadership in Corinth: A Socio-Historical and Exegetical Study of 1Corinthians 1-6*. Vol. 18. New York: E. J. Brill, 1993.

- Clowney, Edmund P. "The Final Temple," *Westminster Theological Journal 35*, no. 2 (Winter, 1973): 156-89.
- Collins, John Joseph. *Between Athens and Jerusalem: Jewish Identity in the Hellenistic Diaspora*. 2nd ed. The Biblical Resource Series. Grand Rapids (Mich.): W. B. Eerdmans, 2000.
- Collins, R. F. "Reflections on 1Corinthians as a Hellenistic Letter." In *The Corinthian Correspondence(Bibliotheca Ephemeridum Theologicarum Lovaniensium)*, edited by Reimund Bieringer, 125, XXVII, 791, 6 S. Leuven: Univ. Press u.a., 1996.
- Conzelmann, Hans. *1 Corinthians: A Commentary on the First Epistle to the Corinthians Hermeneia□a Critical and Historical Commentary on the Bible*. Philadelphia: Fortress Press, 1975.
- Crossan, J. D. "Paul and Rome: The Challenge of a Just World Order." *Union Seminary Quarterly Review 59*, no. 3(2005): 6-20.
- Cullmann, Oscar. *The Christology of the New Testament*. Philadelphia: Westminster John Knox Press, 1980.
- Davies, W. D. *Paul and Rabbinic Judaism: Some Rabbinic Elements in Pauline Theology*. 4th ed. ed. Philadelphia, Pa.: Fortress Press, 1980.
- Deissmann, Adolf, and Lionel Richard Mortimer Strachan. *Light from the Ancient East; the New Testament Illustrated by Recently Discovered Texts of the Graeco-Roman World*. New and completely rev. with eighty-five illustrations from the latest German ed. New York London: Harper & Bros., 1927.
- Dibelius, Martin, and Heinrich Greeven. *James: A Commentary on the Epistle of James Hermeneia—a Critical and Historical Commentary on the Bible*. Philadelphia: Fortress Press, 1975.
- Dixon, Suzanne. *The Roman Family Ancient Society and History*. Baltimore: Johns Hopkins University Press, 1992.

- Donfried, Karl P. *Paul, Thessalonica, and Early Christianity*. Grand Rapids, Mich.: William B. Eerdmans Pub. Co., 2002.
- Dunn, James D. G. *The Theology of Paul the Apostle*. Grand Rapids, Mich.: W.B. Eerdmans Pub., 1998.

  _____. *Unity and Diversity in the New Testament: an inquiry into the character of earliest Christianity*. London : SCM press, 1990.

  _____. *1 Corinthians*. New York: T & T Clark International Publishing Group, 2003.
- Dunning, William Archibald. *A History of Political Theories, Ancient and Mediaeval*. New York: The Macmillan Company, 1902.
- Engles, Donald W. *Roman Corinth: An Alternative Model for the Classical City*. Chicago: University of Chicago Press, 1990.
- Fant, Clyde E., and Mitchell G. Reddish. *Lost Treasures of the Bible: Understanding the Bible through Archaeological Artifactsin World Museums*. Grand Rapids Eerdmans, 2008.
- Fee, Gordon D. *God's Empowering Presence: The Holy Spirit in the Letters of Paul*. Peabody Mass: Hendrickson, 1994.

  _____. *The First Epistle to the Corinthians The New International Commentary on the New Testament*. Grand Rapids, MI: W.B. Eerdmans Pub. Co., 1996.

  _____. *Paul, the Spirit, and the People of God*. Peadbody, Mass.: Hendrickson Publishers, 1996.
- Fellows, Richard G. "Renaming in Paul's Churches: The Case of Crispus-Sosthenes Revisited." *Tyndale Bulletin 56*, no. 2(2005): 111-130.
- Filson, Floyd V. "The Significance of the Early House Churches." *JBL 58* (1939): 105-112.
- Fontenrose, Joseph Eddy. *The Delphic Oracle, Its Responses and Operations, with a Catalogue of Responses*. Berkeley: University of California Press, 1978.

- Fotopoulos, John. "Arguments Concerning Food Offered to Idols: Corinthian Quotations and Pauline Refutations in a Rhetorical Partitio (1Corinthians 8:1-9)." *The Catholic Biblical Quarterly 67*, no. 4(2005): 611.
- Frankel, Ellen. *The Classic Tales: 4,000 Years of Jewish Lore.* Northvale, NJ: J. Aronson, 1989.
- Frazer, James George, and Robert Fraser. *The Golden Bough: A Study in Magic and Religion World's Classics.* Oxford; New York: Oxford University Press, 1994.
- Freedman, David Noel. *The Anchor Yale Bible Dictionary.* New Haven, Conn; London: Yale University Press, 2008.
- Freyne, Seán. *The World of the New Testament New Testament Message.* Wilmington, Del.: M. Glazier, 1980.
- Furnish, Victor Paul. *Theology and Ethics in Paul.* Louisville, Ky : Westminster John Knox Press, 2009.

    _____. *The Theology of the First Letter to the Corinthians.* Reprint. ed. New Testament Theology. Cambridge u.a.: Cambridge Univ. Press, 2003.

    _____. "War and Peace in the New Testament." *Interpretation 38*, no. 4(1984): 363-379.
- Garland, David E. *1Corinthians Baker Exegetical Commentary on the New Testament.* Grand Rapids, MI: Baker Academic, 2003.
- George, Timothy. *Galatians The New American Commentary.* Nashville, Tenn.: B&H, 1994.
- Giles, Kevin. *What on Earth Is the Church?: An Exploration in New Testament Theology.* Downers Grove, IL: IVP, 1995.
- Gill, D. W. "The Importance of Roman Portraiture for Head-Coverings in 1 Corinthians 11:2-16." *Tyndale Bulletin 41*, no. 2(1990).

    _____. "In Search of the Social Elite in the Corinthian Church." *Tyndale*

Bulletin 44, no. 2(1993): 14.
- Glasswell, "New Wine in Old Wineskins, 8: Circumcision," *Expository Times 85* (1974): 329
- Goodspeed, Edgar J. "Gaius Titius Justus." *JBL 69* (1950).
- Gorman, Michael J. *Cruciformity: Paul's Narrative Spirituality of the Cross*. Grand Rapids, Mich.: W.B. Eerdmans Pub., 2001.
- Hamilton, Edith. *The Greek Way*. New York: W.W. Norton & Co., 1930.
- Hanges, James C. "1Corinthians 4:6 and the Possibility of Written Bylaws in the Corinthian Church." *JBL 117*, no. 2 (1998): 275.
- Harding, Mark. "Church and Gentile Cults at Corinth." *Grace Theological Journal 10,* no. 2 (Fall, 1989): 20.
- Hartman, Lars. *'Into the Name of the Lord Jesus': Baptism in the Early Church*. Edinburgh: T&T Clark Ltd, 1997.
- Hawthorne, Gerald F., Ralph P. Martin, and Daniel G. Reid. *Dictionary of Paul and His Letters: A Compendium of Contemporary Biblical Scholarship*. Downers Grove, Ill.: InterVarsity Press, 1993.
- Henderson, S. "'If Anyone Hungers……': An Integrated Reading of 1 Cor 11.17-34." *New Testament Studies 48*, no. 2 (2002): 195.
- Hengel, M. *Acts and the History of Earliest Christianity*. Translated by John Bowden. Eugene, Oregon: Wipf and Stock, 1979.
- Hickling, C. J. A. "Paul's Use of Exodus in the Corinthian Correspondence." In *The Corinthian Correspondence (Bibliotheca Ephemeridum Theologicarum Lovaniensium)*, edited by Reimund Bieringer, 125, XXVII, 791, 6 S. Leuven: Univ. Press u.a., 1996.
- Hollander, H. "The Idea of Fellowship in 1 Corinthians 10.14-22." *New Testament Studies 55*, no. 4 (2009): 456.
- Horrell, David. "Theological Principle or Christological Praxis: Pauline Ethics

in 1 Corinthians 8:1-11:1." *JSNT 67* (1997).
- House, H. Wayne. "Tongues and the Mystery Relgions of Corinth." *Bibliotheca Sacra1 40*, no. 558 (April 1983): 14.
- Hurd, John Coolidge. *The Origin of I Corinthians*. New York: Seabury Press, 1965.
- Hurh, Won Moo, and Kwang Chung Kim. *Korean Immigrantsin America Structural Analysis of Ethnic Confinement and Adhesive Adaptation*. Rutherford N. J.: Fairleigh Dickinson University, 1984.
- Hybels, Bill, Stuart Briscoe and Haddon Robinson. *Mastering Contemporary Preaching*. Portland, Oregon: Multnomah, 1989.
- Hwang, Jin Ki. *Mimesis and Apostolic Parousiain 1 Corinthians 4 and 5: An Apologetic-Mimetic Interpretation*. Lewiston, N.Y.: Edwin Mellen Press, 2010.
- Jeremias, Joachim. *Jerusalem in the Time of Jesus: An Investigation in to Economic and Social Conditions During the New Testament Period*. 1st paperback ed. Philadelphia: Fortress Press, 1975.
- Johnson, Luke Timothy. "Paul's Ecclesiology." In *Cambridge Companions to Religion*. edited by James D. G. Dunn, xx, 301. New York: Cambridge University Press, 2003.
- Gaffin, R. B. Jr. "Glory, Glorification." In *Dictionary of Pauland His Letters*. edited by Gerald F. Hawthorne, Ralph P. Martin and Daniel G. Reid, XXIII, 1038 S. Downers Grove Ill u. a.: InterVarsity Press, 1993.
- Kang, Byung Moon. "The Relationship between Differentiation of Self and Values in Korean Immigrant Church Members in Los Angeles." *Ph. D. Diss., Fuller Theological Seminary*, 2000.
- Kim, GiChul. "A Pastoral Theological Approach to the Image of God: Toward a Framework for Pastoral Care of Broken Relationships among Korean American Christians and Their Community." *Ph.D. Diss., University of Denver,*

2008.
- Kim, Jason Hyungkyun. "The Effects of Assimilation within the Korean Immigrant Church: Intergenerational Conflicts between the First and the Second Generation Korean Christians in Two Chicago Suburban Churches. *Ph. D. Diss., Trinity International University*, 1999.
- Kim, Kwang Chung, and Shin Kim. "The Ethnic Roles of Korean Immigrant Churches in the United States." In *Korean Americans and Their Religions: Pilgrims and Missionaries from a Different Shore*. edited by Ho-Youn Kwon, Kwang Chung Kim and R. Stephen Warner, 307. University Park, Pa: Pennsylvania State University Press, 2001.
- Kim, Seyoon. *Christand Caesar: The Gospel and the Roman Empire in the Writings of Paul and Luke*. Grand Rapids Mich: William B. Eerdmans Pub., 2008.
- Kittel, Gerhard, Gerhard Friedrich, and Geoffrey William Bromiley. *TDNT*. Grand Rapids, Mich.:W.B. Eerdmans, 1985.
- Kovacs, Judith L. *1Corinthians: Interpreted by Early Christian Commentators The Church's Bible*. Grand Rapids, Mich.: W.B. Eerdmans Pub. Co., 2005.
- Krautheimer, Richard. *Early Christian and Byzantine Architecture Pelican History of Art*. New Haven: Yale Univ. Press, 1992.
- Küng, Hans. *The Church. Garden City*. N.Y.: Image Books, 1976.
- Lèudemann, Gerd. *Paul, Apostle to the Gentiles: Studies in Chronology*. Philadelphia: Fortress Press, 1984.
- Lim, Kar Yong. "Paul's Use of Temple Imagery in the Corinthian Correspondence: The Creation of Christian Identity." In *Reading Paulin Context: Explorations in Identity Formation: Essays in Honour of William S. Campbell*. edited by Kathy Ehrensperger and J. Brian Tucker, xiii, 270 p. London ; New York: T&T Clark, 2010.

- Litfin, A. Duane. *St. Paul's Theology of Proclamation: 1Corinthians 1-4 and Greco-Roman Rhetoric*. Cambridge; New York: Cambridge University Press, 1994.
- Longenecker, Richard N. *Galatians*. Dallas, Tex.: Word Books, 1990.
- Maier, Harry O. *The Social Setting of the Ministry as Reflected in the Writings of Hermas, Clement, and Ignatius Dissertations Sr, v. 1*. Waterloo, Ont., Canada: Published for the Canadian Corp. for Studies in Religion/Corporation Canadienne des Sciences Religieuses by Wilfrid Laurier University Press, 1991.
- Manson, Thomas Walter. *On Paul and John: Some Selected Theological Themes Studies in Biblical Theology No.38*. London: SCM Press, 1963.
- Martin, R. P. *The Family and the Fellowship: New Testament Images of the Church*. Exeter : Paternoster, 1979.
- Massey, P. "The Meaning of Κατακαλύπτῳ and Κατὰκεφαλῆς Ἔχων in 1Corinthians 11.2-16." *New Testament Studies 53*, no. 4 (2007): 502.
- McRay, J. R, *Dictionary of New Testament background: a compendium of contemporary biblical scholarship*. Downers Grove Ill : InterVarsity Press, 2000.
- Meeks, Wayne A. *The First Urban Christians: The Social World o fthe Apostle Paul*. 2nd ed. New Haven: Yale University Press, 2003.
- Milgrom, Jacob. *Studies in Cultic Theology and Terminology, v. 36*. Studies in Judaism in Late Antiquity. Leiden: E.J. Brill, 1983.
- Miller, Colin Finnie. "The Imperial Cult in the Pauline Cities of Asia Minor and Greece." *Catholic Biblical Quarterly 72*, no. 2 (2010): 314-332.
- Min, Pyong Gap. *Preserving Ethnicity through Religion in America: Korean Protestants and Indian Hindus across Generations*. New York: New York University Press, 2010.

- Min, Pyong Gap, and Dae Young Kim. "Intergenerational Transmission of Religion and Culture: Korean Protestants in the U.S." *Sociology of Religion* 66, no. 3 (2005): 19.
- Minear, Paul Sevier. *Images of the Church in the New Testament*, The New Testament Library. Louisville, Ky: Westminster John Knox Press, 2004.
- Mitchell, Margaret Mary. *Paul and the Rhetoric of Reconciliation: An Exegetical Investigation of the Language and Composition of 1Corinthians* Hermeneutische Untersuchungen Zur Theologie. Tübingen: J.C.B. Mohr (Paul Siebeck), 1991.
- Moffett, Marian, Michael W. Fazio, and Lawrence Wodehouse. *A World History of Architecture*. London: Laurence King, 2003.
- Moltmann, Jèurgen. *The Church in the Power of the Spirit: A Contribution of Messianic Ecclesiology*. New York: Harper & Row, 1977.
- Moo, Douglas J. *The Epistle to the Romans New International Commentary on the New Testament*. Grand Rapids, Mich.: W.B. Eerdmans Pub. Co., 1996.
- Murphy-O'Connor, J. *St. Paul's Corinth: Text and Archaeology*. 3rd rev. and expanded ed. Collegeville, Minn.: Liturgical Press, 2002.
- Murray, Michele Dawn. "Playing a Jewish Game: Gentile Christian Judaizing in the First and Second Centuries C.E." Ph.D. Dissertation, *University of Toronto* (Canada), 2000.
- Myrou, Augustine. "Sosthenes: The Former Crispus (?).: *Greek Orthodox Theological Review 44*, no. 1-4 (1999): 207-212.
- Neusner, Jacob. *Early Rabbinic Judaism: Historical Studies in Religion, Literature and Art. Vol. 13* Studies in Judaism in Late Antiquity. Leiden: Brill, 1975.
- Nock, Arthur D. *St. Paul The Home University Library of Modern Knowledge*. London: Butterworth, 1938.
- Oswalt, John N. *Theological wordbook of the Old Testament*. Chicago:Moody

Press, 1981.
- Pascuzzi, M. "Baptism-Based Allegiance and the Divisions in Corinth: A Reexamination of 1 Corinthians 1:13-17." *The Catholic Biblical Quarterly 71*, no. 4 (2009): 813.
- Patterson, Wayne. *The Korean Frontierin America: Immigration to Hawaii, 1896-1910*. Honolulu, HI: University of Hawaii Press, 1988.
- Philo. *Philo: Volume X*. Translated by F. H. Colson. [Versch. Aufl.] ed. The Loeb Classical Library. Cambridge, MS: Havard College Press, 1962.
- Plutarch. "Life of Ceasar." In *Parallel lives, vol. 11*. Cambridge: Harvard University Press, 1919.
- Price, Simon R. F. *Rituals and Power: The Roman Imperial Cult in Asia Minor*. Cambridge u a: Cambridge U. P., 1985.
- Rad, Gerhard von. *Old Testament Theology vol. 1*. New York: Harper & Row, 1962.
- Radmacher, Earl D. *What the Church Is All About: A Biblical and Historical Study*. Chicago: Moody press, 1978.
- Reitzenstein, Richard. *Hellenistic Mystery-Religions: Their Basic Ideas and Significance*. Translated by John E. Steely. Pittsburgh Theological Monograph Series. Pittsburgh: Pickwick Press, 1978.
- Robertson, Archibald, and Alfred Plummer. *A Critical and Exegetical Commentary on the First Epistle of St. Paul to the Corinthians* The International Critical Commentary on the Holy Scriptures of the Old and New Testaments. Edinburgh: T. & T. Clark, 1999.
- Roloff, J, *Exegetical dictionary of the New Testament*. Grand Rapids Mich.: William B. Eerdmans., 1990.
- Rosner, Brian S. "Temple and Holiness in 1 Corinthians 5." *Tyndale Bulletin 42*, no. 1 (1991): 9.

- Sanders, E. P. *Jesus and Judaism*. 1st Fortress Press ed. Philadelphia: Fortress Press, 1985.
- Schmidt, Karl Ludwig. *Theological dictionary of the New Testament*. Grand Rapids, Mich.: W.B. Eerdmans, 1985.
- Scholem, Gershom Gerhard. *Major Trends in Jewish Mysticism*. [3rd] ed. New York: Schocken Books, Inc., 1954.
- Schowalter, Daniel N. and Steven J. Friesen. *Urban Religion in Roman Corinth: Interdisciplinary Approaches Harvard Theological Studies*. Cambridge, Mass.: Harvard Theological Studies, Harvard Divinity School, 2005.
- Schütz, John Howard. *Paul and the Anatomy of Apostolic Authority*. New York: Cambridge University Press, 1975.
- Schwartz, Howard. *Reimagining the Bible: The Story telling of the Rabbis*. New York: Oxford Univ. Press, 1998.
- Shillington, V. George. "Atonnement Texture in 1 Corinthinas 5.5." *JSNT 71* (1998): 29-50.
- Smith, D. M. "Judaism and the Gospel of John."In *Jewsand Christians Exploring the Past, Present, and Future,* edited by James H. Charlesworth, Frank X. Blisard and Jeffrey S. Siker, 1, 258 , [9] of plates. New York: Crossroad, 1990.
- Smith, Dennis E. "The Egyptian Cults at Corinth." *Harvard Theological Review 70*, no. 3-4 (1977): 201-231.
- Swete, Henry Barclay, H. St J. Thackeray, and Richard Rusden Ottley. *An Introduction to the Old Testament in Greek*. Ann Arbor: University press, 1914.
- Theissen, Gerd. "Social Stratification in the Corinthian Community: A Contribution to the Sociology of Early Hellenistic Christianity." In *Christianity at Corinth: The Quest for the Pauline Church*, edited by Edward Adams and David G. Horrell, xx, 332. Louisville, Ky: Westminster John Knox Press,

2004.

- Theissen, Gerd and Annette Merz. *The historical Jesus: acomprehensive guide*. Minneapolis. MN: Fortress Press, 1998.
- Thiselton, Anthony C. "Realized Eschatology at Corinth." *NTS 24*, no. 4 (1978).

    _____. *The First Epistle to the Corinthians: A Commentary on the Greek Text*. Grand Rapids, Mich.: W.B. Eerdmans, 2000.
- Thompson, Cynthia L. "Hairstyles, Head-Coverings, and St. Paul: Portraits from Roman Corinth." *Biblical Archaeologist 51*, no. 2 (1998): 17.
- Trench, Richard Chenevix. *Synonyms of the New Testament*. Grand Rapids: Eerdmans, 1976.
- Tucker, J. Brian. "The Role of Civic Identity on the Pauline Mission in Corinth." *Didaskalia(Otterburne, Man.)19*, no. 1 (2008): 71-91.
- Vincent, Marvin Richardson. *Word Studies in the New Testament, vol. 1*. McLean, VA: MacDonald, 2003.
- Waaler, Erik. *The Shema and the First Commandment in First Corinthians: An Intertextual Approach to Paul's Re-Reading of Deuteronomy*. Vol. 253 Wissenschaftliche Untersuchungen Zum Neuen Testament. 2. Reihe. Tèubingen: Mohr Siebeck, 2008.
- Wanamaker, Charles A. *The Epistles to the Thessalonians: A Commentary on the Greek Text The New International Greek Testament Commentary*. Grand Rapids, Mich.: W.B. Eerdmans, 1990.
- Wardle, T. "Continuity and Discontinuity: The Temple and Early Christian Identity." *Ph. D. Dissertation, Duke University*, 2008.
- Warner, R. Stephen. "The Korean Immigrant Church as Case and Model." In *Korean Americans and Their Religions: Pilgrims and Missionaries from a Different Shore, 307*. University Park, PA: Pennsylvania State University Press,

2001.

- Watkins, Charles Frederick. *The Basilica, or, Palatial Hall of Justice and Sacred Temple, Its Nature, Origin, and Purport; and a Description and History of the Basilican Church of Brixworth.* London: Rivingtons, 1867.
- Welch, Claude. *The Reality of the Church by Claude Welch.* New York: Charles Scribner's sons, 1958.
- White, L. Michael. "Architecture: The First Five Centuries." In *The Early Christian World vol. 2*, edited by Philip Francis Esler, 2. New York: Routledge, 2000.
- Williams, David John. *Paul's Metaphors: Their Context and Character.* Peabody (Mass): Hendrickson, 1999.
- Winter, Bruce. *After Paul Left Corinth: The Influence of Secular Ethics and Social Change.* Grand Rapids, Mich.: W.B. Eerdmans, 2001.
- Witherington, Ben. *Conflict and Community in Corinth: A Socio-Rhetorical Commentary on 1 and 2 Corinthians.* Grand Rapids, Mich.; Carlisle: W.B. Eerdmans ; Paternoster Press, 1995.
- Wolf, Hans Walter. *Anthoropology of the Old Testament.* Trans. By Margaret Kohl, Philadelphia: Fortress press, 1974.
- Zuck, Roy B., Darrell L. Bock, and Dallas Theological Seminary. *A Biblical Theology of the New Testament.* Chicago: Moody Press, 1994.

미주

[1] Gordon D. Fee, *The First Epistle to the* Corinthians, The New International Commentary on the New Testament (Grand Rapids, MI: W.B. Eerdmans Pub. Co., 1996), 18.

[2] James D. G. Dunn, *1 Corinthians*, New Testament Guides (Sheffield, England: Sheffield Academic Press, 1995), 9.

[3] Luke Timothy Johnson, "Paul's Ecclesiology," in *Cambridge Companions to Religion*, ed. James D. G. Dunn [New York: Cambridge University Press, 2003], 200.

[4] Hans Conzelmann, *1 Corinthians : A Commentary on the First Epistle to the Corinthians*, Hermeneia—a Critical and Historical Commentary on the Bible (Philadelphia: Fortress Press, 1975), 9. 참조, Judith L. Kovacs, *1 Corinthians : Interpreted by Early Christian Commentators*, The Church's Bible (Grand Rapids, Mich.: W.B. Eerdmans Pub. Co., 2005), 14.

[5] Ben Witherington, *Conflict and Community in Corinth : A Socio-Rhetorical Commentary on 1 and 2 Corinthians* (Grand Rapids, Mich.; Carlisle: W.B. Eerdmans ; Paternoster Press, 1995), 5.

[6] Bruce Winter, *After Paul Left Corinth : The Influence of Secular Ethics and Social Change* (Grand Rapids, Mich.: W.B. Eerdmans, 2001), 7-8.

[7] Cicero, *Tusculan Disputations* 3.22.

[8] Strabo, *Geography* 8.6.23.

[9] Ibid.

[10] J. Brian Tucker, "The Role of Civic Identity on the Pauline Mission in Corinth," *Didaskalia (Otterburne, Man.)* 19, no. 1 (2008): 73.

[11] Witherington, 7. J. Murphy-O'Connor, St. *Paul's Corinth : Text and Archaeology*, 3rd rev. and expanded ed. (Collegeville, Minn.: Liturgical Press,

2002), 3. Winter, 11.

[12] *The Anchor Yale Bible Dictionary*, s.v. "The Anchor Yale Bible Dictionary."cf. Witherington, 7.

[13] Murphy-O'Connor, 8.

[14] Freedman, 1:1138 cf. Witherington, 7.

[15] Murphy-O'Connor, 8.

[16] Ibid., 3, 8. Freedman, *Ibid.*, 1:1135.

[17] Donald W. Engles, *Roman Corinth: An Alternative Model for the Classical City* (Chicago: University of Chicago Press, 1990), 28.

[18] Freedman, *Ibid.*, 1:1135.

[19] Freedman, 1:1136; Murphy-O'Connor, 5.

[20] online http://corinth.sas.upenn.edu/vesp.html (accessed on Nov. 26, 2010).

[21] Freedman, 1:1136; Murphy-O'Connor, 5.

[22] Ibid., 56.

[23] Strabo, *Geographica*, in Persus Collection Greek and Roman Materials. 8.6.20. Murphy-O'Connor는 Strabo의 진술은 B.C. 146년 이전의 고린도였고, 실제로 고린도 폐허에서 그처럼 큰 규모의 신전은 발견되지 않았다고 한다 (Murphy-O'Connor, *St. Paul's Corinth*, 56).

[24] Murphy-O'Connor, 56.

[25] Plutarch, "Life of Ceasar," in *Parallel lives*, Loeb classical library [Cambridge: Harvard University Press, 1919], 57; Online http://penelope.uchicago.edu/Thayer/E/Roman/Texts/Plutarch/Lives/E/Roman/Texts/Plutarch/Lives/Caesar*.html [accessed on Nov. 20, 2010].)

[26] Fee, 2.

[27] Kar Yong Lim, "Paul's Use of Temple Imagery in the Corinthian Correspondence: The Creation of Christian Identity," in *Reading Paul in Context : Explorations in Identity Formation : Essays in Honour of William S.*

Campbell, ed. Kathy Ehrensperger and J. Brian Tucker (London ; New York: T&T Clark, 2010), 189.

[28] Simon R. F. Price, *Rituals and Power : The Roman Imperial Cult in Asia Minor* [Cambridge u. a.: Cambridge U. P., 1985], 9-11, 248)

[29] Colin Finnie Miller, "The Imperial Cult in the Pauline Cities of Asia Minor and Greece," *Catholic Biblical Quarterly* 72, no. 2 [2010]: 314-5

[30] Miller, Ibid., 319-25

[31] 참조, Simon R. F. Price, *Rituals and Power*, xxii-xxiii; Miller, 319

[32] Miller, Ibid., 323-5

[33] Daniel N. Schowalter and Steven J. Friesen, *Urban Religion in Roman Corinth : Interdisciplinary Approaches,* Harvard Theological Studies [Cambridge, Mass.: Harvard Theological Studies, Harvard Divinity School, 2005], 157, 391

[34] Oscar Broneer, "Corinth: Center of St. Paul's Missionary Work in Greece," *The Biblical Archaeologist* 14, no. December [1951]: 81- 4.

[35] Winter, *After Paul Left Corinth,* 8-9.

[36] 참조, Joseph Eddy Fontenrose, *The Delphic Oracle, Its Responses and Operations, with a Catalogue of Responses* [Berkeley: University of California Press, 1978], 12

[37] Miller, Ibid., 331.

[38] Murphy-O'Connor, *St. Paul's Corinth*, 186, 189.

[39] A. R. Brown, "The City of Corinth and Urbanism in Late Antique Greece"(*Ph. D. Dissertation*, University of California, Berkeley, 2008), 210.

[40] Ibid., 296-7.

[41] Oscar Broneer, "The Apostle Paul and the Isthmian Games," *The Biblical Archaeologist* 25, no. February [1962]: 2.

[42] Freedman, *The Anchor Yale Bible Dictionary*, 1:1138; Brown, 212.

[43] Ibid., 269.

44 Dennis E. Smith, "The Egyptian Cults at Corinth," *Harvard Theological Review* 70, no. 3-4 (1977): 272.

45 Ibid., 201-2, 210.

46 Ibid., 219-23.

47 cf. Rudolf Karl Bultmann, 185-92; Seán Freyne, *The World of the New Testament*, New Testament Message [Wilmington, Del.: M. Glazier, 1980], 35-41.

48 Mark Harding, "Church and Gentile Cults at Corinth," *Grace Theological Journal* 10, no. 2 [Fall, 1989]: 216-7.

49 Edith Hamilton, *The Greek Way* [New York: W.W. Norton & Co., 1930], 275.

50 H. Wayne House, "Tongues and the Mystery Religions of Corinth", *Bibliotheca Sacra* 140, no. 558 [April 1983]: 139.

51 Rudolf Karl Bultmann, *Primitive Christianity in Its Contemporary Setting*, trans. by Reginald H. Fuller [Philadelphia: Fortress Press, 1980], 188; Richard Reitzenstein, *Hellenistic Mystery-Religions : Their Basic Ideas and Significance, trans.,* John E. Steely., Pittsburgh Theological Monograph Series [Pittsburgh: Pickwick Press, 1978], 11; Samuel Angus, *The Mystery-Religions : A Study in the Religious Background of Early Christianity* [New York: Dover Publications, 1975], 135-8.

52 James George Frazer and Robert Fraser, *The Golden Bough : A Study in Magic and Religion,* World's Classics [Oxford ; New York: Oxford University Press, 1994], 450.

53 House, "Tongues and the Mystery Religions of Corinth.", 135-7.

54 Harding, "Church and Gentile Cults at Corinth," 212.

55 Murphy-O'Connor, St. *Paul's Corinth,* 15.

56 Broneer, "The Apostle Paul and the Isthmian Games," 11.

57 Philo, *Philo : Volume X,* trans. by F. H. Colson, [Versch. Aufl.] ed., The Loeb Classical Library [Cambridge, MS: Havard College Press, 1962], 281.

⁵⁸ Freedman, *The Anchor Yale Bible Dictionary*, 1:1138.

⁵⁹ Anthony C. Thiselton, *The First Epistle to the Corinthians : A Commentary on the Greek Text* (Grand Rapids, Mich.: W.B. Eerdmans, 2000), 10; Fee, *The first Epistle to the Corinthians*, 4. 바울이 고린도에 사역했던 연대 측정의 기점이 되는 것은 갈리오 총독의 재직 시기로 그는 바울이 사역을 할 때 그곳의 총독이었다는 기록이다(행 18:12). 갈리오 총독 재임에 대한 기록이 남아 있는 것은 델피에서 발견된 소위 '갈리오 비문'(Gallio Inscription 혹은 Delphi Inscription)인데 1905년 Emile Bourguet가 연구 발표한 'Delphi Inscription'(글라우디오 황제가 델피 시민에게 보낸 서신)에 바울이 고린도에서 전도할 때 아가야 총독이었던 Galio(행 18:12-17)의 이름이 발견되어 바울이 고린도에 도착했던 연대를 확실히 알게 되었다(Clyde E. Fant and Mitchell G. Reddish, *Lost Treasures of the Bible: Understanding the Bible through Archaeological Artifacts in World Museums*[Grand Rapids : Eerdmans, 2008], 336-42). 이 비문은 로마 황제 클라우디우스 카이사르(Claudius Caesar)가 갈리오(Gallio) 총독에게 보낸 편지를 비문에 기록한 것으로, 여기에 연대 측정이 가능한 2가지의 숫자가 나온다. 하나는 클라우디우스 카이사르가 황제로 추대된 지 12년이라는 숫자이고, 두 번째 숫자는 'acclaimed emperor for the 26th'이다(참고, Murphy-O'Connor, *St. Paul's Corinth*, 161). "Acclaim"이란 황제의 군사적 승리나 역량을 표시하기 위하여 황제가 대중들에게 나타나 환호와 박수갈채를 받는 의식인데, 그렇게 대중에게 나타난 것이 26번째라는 것이다 (Murphy-O'Connor, 162; Conzelmann, *1 Corinthians*, 13). 글라우디우스의 황제가 추대된 것은 41년 1월 25일이고 비문이 새겨진 날은 그로부터 12년째 되던 해로 52.1.2-53.1.24가 된다. 그러므로 갈리오 총독 재임은 53.1.24 이전이다. Conzelman은 '*Corpus Inscriptionum Latinarum 6*'에 따르면 27번째 acclamation이 황제가 된지 12년째 해 있었다고 하고 이것은 최소 52. 8.1. 이전이고, 따라서 26번째 acclamation은 52.1.25-52.8.1. 사이에 있었다는 것이며(Conzelmann,

13; Murphy-O'Connor, 162). 이 때가 Gallio 총독 재임시기라 하였다. 그런데 Gallio는 이미 총독으로 재임하여 황제 사이에 편지가 오고 갔다면 그 기간을 어림잡아 볼 때 Gallio가 총독으로 취임한 것은 51년 봄이었을 것이라고 추정한다'(Conzelmann, 13.). Murphy-O'Connor는 51.7.1.-52.6.30로 본다(Murphy-O'Connor, 165). 바울 사도는 고린도에 약 1년 6개월을 체류했으며(행 18:11), 갈리오가 총독 재임 시에 고린도를 떠났다(행 181:18). 그렇다면 바울이 고린도에 들어온 것은 아무리 늦어도 50년 하반기, 가장 빠른 시기는 49년 하반기가 될 것이다. 그런데 바울이 고린도에 도착했을 때 브리스길라와 아굴라 부부가 그곳에 있었기 때문에, 바울 사도가 고린도에 도착할 수 있었던 가장 빠른 시기는 49년 하반기를 넘지 못할 것이다. 그러므로 바울의 고린도 입성은 49년 하반기에서 50년 상반기에 일어났다는 것이 가장 근접한 연대가 될 것이다.

[60] Suetonius, *Claudius,* 25; Orosius, *History*, 7.6.15-16.

[61] 참조. Thiselton, *The First Epistle to the Corinthians*, 23; F. F. Bruce, Paul : Apostle of the Free Spirit, Rev. ed. [Exeter : Paternoster Press, 1977], 250-1, 381.

[62] Augustine Myrou, "Sosthenes: The Former Crispus (?)," *Greek Orthodox Theological Review* 44, no. 1-4 [1999]: 208-9.

[63] Augustine Myrou, "Sosthenes: The Former Crispus (?)," *Greek Orthodox Theological Review* 44, no. 1-4 [1999]: 208-9.

[64] Richard G. Fellows, "Renaming in Paul's Churches: The Case of Crispus-Sosthenes Revisited," *Tyndale Bulletin* 56, no. 2 [2005]: 115-25.

[65] Gerd Theissen, "Social Stratification in the Corinthian Community: A Contribution to the Sociology of Early Hellenistic Christianity," in *Christianity at Corinth : The Quest for the Pauline Church*, ed. Edward Adams and David G. Horrell [Louisville, Ky: Westminster John Knox Press, 2004], 102-3, 105.

[66] Gerd Theissen, "Social Stratification in the Corinthian Community: A Contribution to the Sociology of Early Hellenistic Christianity," *in Christianity*

at Corinth : The Quest for the Pauline Church, ed. Edward Adams and David G. Horrell [Louisville, Ky: Westminster John Knox Press, 2004], 102-3, 105.

[67] Theissen, "Social Stratification in the Corinthian Community," 104.

[68] R. F. Collins, "Reflections on 1 Corinthians as a Hellenistic Letter," in *The Corinthian Correspondence [Bibliotheca Ephemeridum Theologicarum Lovaniensium]*, ed. Reimund Bieringer [Leuven: Leuven Univ. Press, 1996], 42.

[69] Adolf Deissmann, *Light from the Ancient East; the New Testament Illustrated by Recently Discovered Texts of the Graeco-Roman World*, trans., Lionel R. M. Strachan, New and completely rev. ed. (New York: Harper & Bros., 1927), 437.

[70] Edgar J. Goodspeed, "Gaius Titius Justus," *JBL* 69, no. [1950]: 382.

[71] Richard G. Fellows, "Renaming in Paul's Churches: The Case of Crispus-Sosthenes Revisited," *Tyndale Bulletin* 56, no. 2 (2005): 128-9.

[72] Deissmann, 437.

[73] Ibid., 435-6.

[74] Τιμόθεος ὁσυνεργός μου, καὶ Λούκιος καὶ Ἰάσων καὶ Σωσίπατρος οἱσυγγενεῖς μου.

[75] Fellows, "Renaming in Paul's Churches: The Case of Crispus-Sosthenes Revisited," 130.

[76] Murphy-O'Connor, St. *Paul's Corinth*, 34.

[77] J. R. McRay, *Dictionary of New Testament background : a compendium of contemporary biblical scholarship*, s.v. "Corinth."

[78] Tucker, "The Role of Civic Identity on the Pauline Mission in Corinth," 76-7.

[79] 참조, Theissen, "Social Stratification in the Corinthian Community," 98-9.

[80] Deissmann, 8.

[81] 바울의 고린도 출발과 고린도전서의 연도에 대한 다양한 학자들의 견해가 존재하고 있는데, 콜린스(Collins)는 바울은 51년 가을에서 52년 초여름 사이에 고린도에 있었을 것이라 추정하며(Herner Collins, "Observations on

Pauline Chronology," in Pauline Studies: Essays Presented to Professor F.F. Bruce on His 70th Birthday, ed. DA Hagner and MJ Harris [Grand Rapids, MI: Paternoster Press, 1980], 8.), Thiselton은 52년 초여름 바울은 고린도를 떠나 에베소를 거쳐, 안디옥 소아시아 지방을 둘러보았으며, 이 시기에 아볼로는 에베소에서 고린도로 갔으며, 52년 9월 에베소로 돌아와 54년 여름까지 그곳에 머물렀다고 하였다 (The First Epistle to the Corinthians, 30-1).

[82] Murphy-O'Connor, St. Paul's Corinth, 173

[83] 고린도전서 5:9. 이 편지는 이전 편지로 알려져 있다. 참조, Murphy-O'Connor, St. Paul's Corinth, 173.; Thiselton, The First Epistle to the Corinthians, 31.

[84] 김세윤,《고린도전서 강해》(서울: 두란노아카데미, 2008), 25.

[85] '페리 데'(περὶ δὲ), 곧 '~에 관하여'라는 말로 시작되는 여섯 가지 주제(7:1, 25, 8:1, 14:1, 16:1, 16:12)에 대한 고린도 교회의 질문을 담은 편지.

[86] Murphy-O'Connor, 173.

[87] Thiselton, 32. 혹은 54년 5월, Murphy-O'Connor, 173-4, 55년 초; 김세윤,《고린도전서 강해》, 27, 55년 봄; Conzelmann, 4.

[88] 고린도전서는 Greco-Roman의 서신에 사용된 모든 구조적인 요소들이 사용되었는데(참조, Collins, "Reflections on 1 Corinthians as a Hellenistic Letter,"39-61; Witherington, 76.) 편지의 본론 부분에 해당되는 것이 1:10-16:12로서 1:10이 thesis statement(propositio)이며, 1:11-17이 그 설명(narratio)으로 여기에는 '복음으로 한 몸이 되라'는 바울의 저술 의도가 명백하게 담겨 있다. 이 thesis statement를 받쳐주는 증명(proof)으로서 본문을 5개로 구분하는데 십자가, 리더십, 통일체(1:4-4:16), 성관계(4:17-7:40), 우상들(8:1-11:1), 예배, 은사, 사랑(11:3-14:40), 부활(15장)로 나누었다(Kenneth E. Bailey, "The Structure of 1 Corinthians and Paul's Theological Method with Special Reference to 4:17," *Novum Testamentum 25*, no. 2 [1983]: 152-81). Margaret Mitchell은 1:18-15:57이 1:10 (Thesis Statement)에 대한

증명으로, 1:11-17은 '사실들에 대한 진술'이며, 이 증명해 주는 부분은 4개의 논증으로 나누었다(Margaret Mary Mitchell, *Paul and the Rhetoric of Reconciliation : An Exegetical Investigation of the Language and Composition of 1 Corinthians*, Hermeneutische Untersuchungen Zur Theologie [Tübingen: J.C.B. Mohr, 1991], 184-5), Witherington 역시도 1:10을 basic thesis statement (proposition)로, 1:11-17을 진술(narratio)로, 그리고 9개의 각각 구별된 부분에 포함된 probatio를 가지며, 9-13장에는 관련된 여담(pertinent digression or egressio)과 나타난다고 하였다(Ben Witherington, *Conflict and Community in Corinth : A Socio-Rhetorical Commentary on 1 and 2 Corinthians* (Grand Rapids, Mich.; Carlisle: W.B. Eerdmans ; Paternoster Press, 1995), 76.).

[89] William Arndt, Frederick W. Danker, and Walter Bauer, *A Greek-English Lexicon of the New Testament and Other Early Christian Literature*, 3rd ed. [Chicago: University of Chicago Press, 2000], 526.

[90] Fee, 8, 47-8.

[91] 'ἐγὼ μέν εἰμι Παύλου, ἐγὼ δὲ Ἀπολλῶ, ἐγὼ δὲ Κηφᾶ, ἐγὼ δὲ Χριστοῦ'

[92] Winter, 32-8, 41.

[93] M. Pascuzzi, "Baptism-Based Allegiance and the Divisions in Corinth: A Reexamination of 1 Corinthians 1:13-17," *The Catholic Biblical Quarterly 71*, no. 4 (2009): 816

[94] Fee, 8, 47-8.

[95] 참조. M. Hengel, *Acts and the History of Earliest Christianity*, trans. by John Bowden [Eugene, Oregon: Wipf and Stock, 1979], 98.

[96] Conzelmann은 '~ 이름으로 세례를 받았다'는 것이 일반적으로 그리스도의 소유권에 결합(committal to)되거나, 그의 주 되심과 보호에 복종하는 것으로 이해한다'고 설명한다(*Ibid.* 35).

[97] Fee, 8, 47-8.

[98] Donald A. McGavran, 《교회 성장 이해》(*Understanding Church Growth*), trans.,

전재옥, 이요한, 김종일 (서울: 한국장로교출판사, 2003), 486.

[99] Ibid., 108.

[100] Ibid., 155.

[101] Ibid.

[102] Bill Hybels, Stuart Briscoe, and Haddon Robinson, *Mastering Contemporary Preaching* (Portland, Oregon: Multnomah, 1989), 29.

[103] Winter, *After Paul left Corinth*, 70.

[104] J. Murphy-O'Connor, *St. Paul's Corinth : Text and Archaeology,* 3rd rev. and expanded ed. (Collegeville, Minn.: Liturgical Press, 2002), 56.

[105] Murphy-O'Connor, 56.

[106] Winter, *After Paul left Corinth,* 88.

[107] Homer, Odyssey 3:429–64, Aelius Aristides, *Orations* 45:27

[108] Witherington, 15.; Murphy-O'Connor, 189.

[109] Murphy-O'Connor, 189.

[110] Murphy-O'Connor, 189.

[111] Tucker, "The Role of Civic Identity on the Paul", 74-5.

[112] Gordon D. Fee, *God's Empowering Presence : The Holy Spirit in the Letters of Paul* [Peabody Mass: Hendrickson, 1994], 58, 152.

[113] David E. Garland, *1 Corinthians, Baker Exegetical Commentary on the New Testament* [Grand Rapids MI: Baker Academic, 2003], 565.

[114] Donald A. Carson, *Showing the Spirit : A Theol. Exposition of 1 Corinthians 12-14,* 3rd. print. ed. [Grand Rapids, Mich: Baker Book House, 1989], 23.

[115] Oscar Cullmann, *The Christology of the New Testament* [Philadelphia: Westminster John Knox Press, 1980], 218-9.

[116] Thiselton, *The First Epistle to the Corinthians,* 916-8.

[117] A. Duane Litfin, *St. Paul's Theology of Proclamation : 1 Corinthians 1-4 and Greco-Roman Rhetoric* [New York: Cambridge University Press, 1994], 189.

[118] John Howard Schütz, *Paul and the Anatomy of Apostolic Authority* (New York: Cambridge University Press), 226-32. 황진기는 '본받으라'는 단어 군에 대한 학자들의 견해는 크게 두 개의 부류로 나누어진다고 하였다. 하나는 문학적, 수사학적 장치로 보는 견해와, 다른 하나는 그의 권위에 대한 주장이라는 견해이다. 그는 이 두 견해들은 상호 관계에 따라 다시 4개의 그룹으로 나누었는데, 특별히 바울의 권위에 대한 주장이라는 견해 중에는 '사도적 권위에 대한 고압적인 주장이라고 보는 학자들'(E.A. Castelli; E. Schussler Fiorenze, C.A. Wanamaker, D.A. Ackerman)과 바울의 사도적 권위를 재설정하기 위한 변증적 장치로 보는 학자들(N.A. Dahl, D.M. Williams, G.D. Fee, A Reinhartz, K.A. Plank)이 있다고 하였다(Hwang, 3-19).

[119] Jin Ki Hwang, *Mimesis and Apostolic Parousia in 1 Corinthians 4 and 5 : An Apologetic-Mimetic Interpretation* (Lewiston, N.Y.: Edwin Mellen Press, 2010), 3-19.

[120] Hwang, 129-30

[121] Hwang, 97-101.

[122] Hwang, 112-22.

[123] 김영농, "반(反)기독교 운동의 도전과 선교,"〈장신 논단〉, no. 38 (2010): 365-6.

[124] *Ibid.*

[125] Online http://www.kbs.co.kr/end_program/1tv/sisa/aboutkorea/vod/1330931_1173.html (accessed Jan. 7, 2014)

[126] 이만식, "바른 예배 바른 설교: 한국 교회 문제에 관한 실태 조사 연구," in〈바른 신학 균형 목회 세미나〉ed. 장흥길 (경기도 여주군 마임 빌리지: 한들출판사, 2007), 87-88, 111.

[127] *Ibid.*, 89-90, 112.

[128] *Ibid.*, 114-118.

[129] Online, http://www.holylot.com/zboard/view.php?id=yk_bible_holy&page

=11&sn1=&divpage=2&sn=on&ss=off&sc=off&keyword = %B9%DA%B1%A4%C0%E7%B8%F1%BB%E7&select_arrange=headnum&desc=asc&no=5824 (accessed Jan. 7, 2014).

[130] 강영안 et al.,《한국 교회, 개혁의 길을 묻다 : 새로운 한국 교회를 위한 20가지 핵심 과제》(서울: 새물결플러스, 2013), 22.

[131] Ibid., 22-24.

[132] Ibid., 24.

[133] Ibid., 25-32.

[134] Ibid., 41-44.

[135] Ibid., 107-112.

[136] Ibid., 129-131.

[137] Ibid., 153-160.

[138] Ibid., 228-235.

[139] Online http://www.infoplease.com/ipa/A0778584.html#axzz0zhawtc1H (accessed Sep. 16, 2010).

[140] Pyong Gap Min, *Preserving Ethnicity through Religion in America : Korean Protestants and Indian Hindus across Generations* (New York: New York University Press, 2010), 50.

[141] R. Stephen Warner, "The Korean Immigrant Church as Case and Model," in *Korean Americans and Their Religions : Pilgrims and Missionaries from a Different Shore* [University Park Pa: Pennsylvania State University Press, 2001], 30.

[142] "남가주 한인 65%가 개신교인,"〈크리스챤투데이〉, 10-18, 2006. Accessed Oct. 11, 2010.

[143] H. Chou, "The Impact of Congregational Characteristics on Conflict-Related Exit," *Sociology of Religion 69*, no. 1 (2008): 93-108.

[144] GiChul Kim, "A Pastoral Theological Approach to the Image of God: Toward a Framework for Pastoral Care of Broken Relationships among Korean

American Christians and Their Community"(Ph. D., University of Denver, 2008), 31-2.

[145] Ibid., 24-5.

[146] Byung Moon Kang, "The Relationship between Differentiation of Self and Values in Korean Immigrant Church Members in Los Angeles"(Ph. D., Fuller Theological Seminary, 2000), 64.

[147] Jason Hyungkyun Kim, "The Effects of Assimilation within the Korean Immigrant Church : Intergenerational Conflicts between the First and the Second Generation Korean Christians in Two Chicago Suburban Churches"(Ph. D., Trinity International University, 1999), 186-231.

[148] *Ibid.*, 132-3.

[149] *Ibid.*, 138-9.

[150] *Ibid.*, 164-9.

[151] *Ibid.*, 174-181.

[152] Jae Woong Chang, "Overcoming Conflicts in the Korean Immigrant Churches in the United States : In Pursuit of Reconciliation and Renewal"(Thesis, Claremont School of Theology, 1998), 3-5.

[153] Chang-Wook Choi, "Managing Conflict in the Church," in *Korean American Ministry,* ed. Sang Hyun Lee and John V. Moore(Louisville: Presbyterian Church (U.S.A.), 1993), 88-100.

[154] Online http://www.usaamen.net/news/board.php?board=write14&page=3&command=body&no=36 (accessed on Jan. 29, 2014).

[155] Kim, 33-4.

[156] Online http://www.koreatimes.com/article/78332 (accessed on Sep. 14, 2010).

[157] Online http://blog.daum.net/_blog/BlogTypeView.do?blogid=0CQZ5&articleno=16891029 (accessed on Jan. 29, 2014).

[158] 박영돈,《일그러진 한국교회의 얼굴: 한국교회 무엇이 문제인가》(서울: IVP, 2013), 18.

[159] Ibid., 41-57.

[160] Ibid., 74-5.

[161] 참조, Karl P. Donfried, *Paul, Thessalonica, and Early Christianity* (Grand Rapids, Mich.: William B. Eerdmans Pub. Co., 2002), 146-8.

[162] Richard Bauckham, *Jesus and the Eyewitnesses : The Gospels as Eyewitness Testimony* (Grand Rapids, Mich.: William B. Eerdmans Pub. Co., 2006), 264-5.

[163] Beker, *Paul the Apostle*, 122-5.

[164] F. F. Bruce, *Paul, Apostle of the Heart Set Free*, 1st American ed. (Grand Rapids: Eerdmans, 2000), 264.

[165] Archibald Robertson and Alfred Plummer, *A Critical and Exegetical Commentary on the First Epistle of St. Paul to the Corinthians, The International Critical Commentary on the Holy Scriptures of the Old and New Testaments* [Edinburgh: T. & T. Clark, 1999], 189; ibid., 75.

[166] 김세윤,《바울 복음의 기원》, 홍성희 역 [서울: 도서출판 엠마오, 1994], 110.

[167] 김세윤, ibid., 111-7

[168] J.D.G. Dunn, *Unity and Diversity in the New Testament: an inquiry into the character of earliest Christianity* [London : SCM press, 1990], 291.

[169] Thomas Walter Manson, *On Paul and John : Some Selected Theological Themes, Studies in Biblical Theology No. 38.* [London: SCM Press, 1963], 12.

[170] James D. G. Dunn, *The Theology of Paul the Apostle* [Grand Rapids, Mich.: W.B. Eerdmans Pub., 1998], 170.

[171] cf. Conzelmann, 253-6;L. Cerfaux, *The Church in the Theology of St. Paul*, trans., Geofrey Webb and Adrian Walker (New York: Herder & Herder, 1959), 95-9.

[172] David John Williams, *Paul's Metaphors : Their Context and Character*

[Peabody, Mass: Hendrickson, 1999], 40.

[173] John Joseph Collins, *Between Athens and Jerusalem : Jewish Identity in the Hellenistic Diaspora*, 2nd ed., The Biblical Resource Series [Grand Rapids, Mich: W. B. Eerdmans, 2000], 273.

[174] Dunn, Ibid. 348

[175] ibid.

[176] Dunn, *The Theology of Paul the Apostle*, 348.

[177] 이런 그리스도 중심의 해석은 아담 기독론에서도 나타난다(고전 15:21-22). 바울의 해석학적 원칙은 그리스도로서 예수라는 말로 요약할 수 있다. Dunn, *The Theology of Paul*, 173.

[178] Donfried, 145.

[179] William Baird., *History of New Testament Research: From Deism to Tübingen*, vol. 1 [Minneapolis: Fortress Press, 1992], 264-265.

[180] Fee, *Paul, the Spirit, and the People of God*, 33.

[181] Gerhard von Rad, *Old Testament Theology vol. 1* [New York: Harper & Row, 1962], 236-7.

[182] Becker, *Paul the Apostle*, 281-2.

[183] Howard Schwartz, *Reimagining the Bible: The Storytelling of the Rabbis* [New York: Oxford Univ. Press, 1998], 91-6.

[184] QMMT; T. Wardle, "Continuity and Discontinuity: The Temple and Early Christian Identity"[*Ph. D. dissertation*, Duke University, 2008], 207, 214, 231-41.

[185] Lim, "Paul's Use of Temple Imagery in the Corinthian Correspondence," 195.

[186] Fee, *Paul, the Spirit, and the People of God*, 37.

[187] Cerfaux는 믿음, 세례 그리고 성령님 – 신실한 자들(믿는 자들)이 복음을 받아들이면, 공식적으로 공동체에 의해서 그를 세례를 통해 교회 구성원이 되게 하고 성령님을 부어 주심으로 하나님의 승인을 받는다고 하였는데, 이 믿음, 세례, 성령님의 세 과정은 한 사람이 믿는 자들과 공동체와

하나님에 의해 취해진 성공적인 과정이며, 다른 사람들과 일치시키며, 한 사람이 그리스도인 몸에 들어오는 통로(gateway)라고 하였다(Cerfaux, The church. 163.).

[188] Edmund P. Clowney, "The Final Temple," *Westminster Theological Journal* 35, no. 2 (Winter, 1973): 185.

[189] Dunn, *The Theology of Paul,* 417.

[190] Dunn, ibid., 415-6.

[191] Fee., *Paul, the Spirit,* 28

[192] 김세윤,《신약성경을 어떻게 읽을 것인가》, 78-9.

[193] Conzelmann, *1 Corinthians,* 21.

[194] Gordon D. Fee, *God's Empowering Presence : The Holy Spirit in the Letters of Paul* (Peabody, Mass.: Hendrickson Publishers, 1994), 882.

[195] Gerald F. Hawthorne, Ralph P. Martin, and Daniel G. Reid, *Dictionary of Paul and His Letters : A Compendium of Contemporary Biblical Scholarship* (Downers Grove, Ill.: InterVarsity Press, 1993), 909.

[196] Gordon D. Fee, *God's Empowering Presence : The Holy Spirit in the Letters of Paul* (Peabody, Mass.: Hendrickson Publishers, 1994), 878.

[197] ibid.

[198] Fee, *God's Empowering Presence : The Holy Spirit in the Letters of Paul,* 882.

[199] *Ibid.,* 882.

[200] Conzelmann, *1 Corinthians,* 182.

[201] D. W. Gill, "The Importance of Roman Portraiture for Head-Coverings in 1 Corinthians 11:2-16," *Tyndale Bulletin 41,* no. 2 [1990]: 245-60, 331-2.

[202] Winter, *After Paul left Corinth,* 123.

[203] Ibid., 129.

[204] 참조, Cynthia L. Thompson, "Hairstyles, Head-Coverings, and St. Paul: Portraits from Roman Corinth," *Biblical Archaeologist 51*, no. 2 [1998]: 99-116.

[205] Conzelmann, *1 Corinthians*, 193; Thiselton, *NIGTC: The First Epistle to the Corinthians*, 856.

[206] Archibald Robertson and Alfred Plummer, *A Critical and Exegetical Commentary on the First Epistle of St. Paul to the Corinthians*, 238.

[207] William Archibald Dunning, *A History of Political Theories, Ancient and Mediaeval* [New York: The Macmillan Company, 1902], 12-3.

[208] C. Trench, *Synonyms of the New Testament*, 9th ed.(Grand Rapids: Eerdmans, 1953), 1-2.

[209] Earl D. Radmacher, *What the Church Is All About : A Biblical and Historical Study* [Chicago: Moody press, 1978], 119.

[210] Tov, *Emmanuel. Textual Criticism of the Hebrew Bible* (Minneapolis: Fortress Press, 1989), 136-137. Tov에 따르면, 토라는 B.C. 3세기경에 (그중에 어떤 단편들은 B.C. 2세기 말경에 번역된 것도 있고), 선지서나, 성문서들은 2세기 말에, 역대기는 B.C. 2세기 중엽에 인용된 흔적이 있고, 욥기는 B.C. 1세기경에 인용되었으며, 이사야서는 B.C. 170-150년의 역사적 정황이나 사건을 포함한 듯한 암시가 나타난다. 이렇게 다른 시대에 다른 번역자에 의해서 번역된 LXX에서 한 단어의 일관적인 번역 원칙의 통일성을 찾는다는 것은 가능하지 않다.

[211] 참조. Schmidt, *TDNT*, 3:527-8.

[212] Richard Chenevix Trench, *Synonyms of the New Testament.*, 9th ed., improved (Bellingham, WA: Logos Research Systems, Inc., 2003), 4.

[213] Cf. H.B. Swete & H. J. Thackery, *Introduction to the Old Testament in Greek* (Jersey, NJ: Ktav Publishing House Inc., 1914), 317. Schmidt, 3:528.

[214] Cf. Beker, *Paul the Apostle.*, 315-6; Marvin Richardson Vincent, *Word Studies in the New Testament*, vol. 1 (McLean, VA : MacDonald, 2003), 1:93. ; Beker, *Paul the Apostle*, 315-6; 또한, Martin Dibelius and Heinrich Greeven은 의심할 바 없이 기독교 초기에는 그들의 모임을 다양한 경로로

συναγωγή가 사용되었다고 한다 (*James : A Commentary on the Epistle of James*, Trans. from Der Brief Des Jakobus, 11th Rev. Ed. Prepared by H. Greeven., *Hermeneia—a critical and historical commentary on the Bible* (Philadelphia: Fortress Press, 1976), 133.).

[215] Jeremias는 이것을 '거룩한 무리'로 이스라엘의 강한 자들이며(참조. 1Mace. 7.13; 2 Mace. 14.6), 이들은 율법에 자발적으로 헌신한 무리라고 하였다(Joachim Jeremias. *Jerusalem in the time of Jesus: an investigation into economic and social conditions during the New Testament period*. Trans. by C. H. Cave, F. H. Cave. (Philadelphia: Fortress,1975), 247. 참조. Max Webber, *Ancient Judaims*. 15장. P. 386.

[216] 에세네파와 쿰란 공동체가 공동 인물들이었느냐는 확실하지 않다. 그들은 B.C. 2세기에 시작된 것처럼 보이는데, 그들은 정결을 위한 엄격한 규칙을 지키고, 세속과 철저히 분리된 공동체 삶을 살았다(참조. Jeremias, Ibid. 247).

[217] Jeremias, Ibid. 247.

[218] Smith, D. M. "Judaism and the Gospel of John." In *Jews and Christians: Exploring the Past, Present, and Future*. Ed. By James H. Charlesworth. New York: Crossroad. 1990: 76-99.

[219] Adolf Deissmann and Lionel Richard Mortimer Strachan, *Light from the Ancient East the New Testament Illustrated by Recently Discovered Texts of the Graeco-Roman World*(London: Hodder & Stoughton, 1910), 113.

[220] Dunn, *The Theology of Paul*, 538.

[221] 참조, Johan Christian Beker, *Paul the Apostle : The Triumph of God in Life and Thought* (Philadelphia: Fortress Press, 1980), 315-6.; *Exegetical dictionary of the New Testament*, s.v. "Ἐκκλησία." Wolfgang Schrage, "'Ekklesia'und 'Synagoge': Zum Ursprung des urchristlichen Kirchenbegriffs," ZThK 60 (1963): 178-202. 재인용 Conzelmann, 21.

[222] L. Cerfaux, *The Church in the Theology of St. Paul*. Trans. By Geofrey Webb & Adrian Walker. New York: Herder & Herder, 1959. 7.

[223] L. Cerfaux, *The Church in the Theology of St. Paul*. Trans. By Geofrey Webb & Adrian Walker. New York: Herder & Herder, 1959. 7.

[224] *Ibid.*, 7, 187.

[225] William S. Campbell, *Paul and the Creation of Christian Identity*, Library of New Testament Studies [London: T & T Clark, 2006], 54-57.

[226] Frunish, *The Theology of the First Letter to the Corinthians*, 50.

[227] Donfried, 143.

[228] *Ibid.*

[229] *Ibid.*

[230] *Ibid.*

[231] Furnish, *The Theology of the First Letter to the Corinthians*, 35.

[232] Cerfaux, 122.

[233] Furnish, 32

[234] 김세윤, 《그 사람의 아들》, 115.

[235] Furnish, 32.

[236] Ellen Frankel, *The Classic Tales : 4,000 Years of Jewish Lore* [Northvale, NJ: J. Aronson, 1989], 25-6.

[237] Ellen Frankel, *The Classic Tales : 4,000 Years of Jewish Lore* (Northvale, NJ: J. Aronson, 1989), 33-4.

[238] *Ibid.*, 82.

[239] 김세윤, 《고린도전서 강해》, 241.

[240] Dunn, *The Theology of Paul the Apostle*, 551.

[241] Conzelmann, 21; Thieselton, 74.

[242] Thieselton, 990.

[243] 참조. Hans Küng, *The Church* [Garden City, N.Y.: Image Books, 1976], 293.

[244] 참조. Beker, 307.; W. D. Davies, *Paul and Rabbinic Judaism : Some Rabbinic Elements in Pauline Theology*, 4th ed. ed. [Philadelphia, PA.: Fortress Press, 1980], 57; Dunn, The Theology of Paul, 550-1.

[245] 참조, Williams, *Paul's Metaphors*, 89.

[246] 참조, Thieselton, *1 Corinthians*, 991.

[247] 김세윤, 《바울 복음의 기원》, 415-6.; 참조, Bruce, *Paul, apostle of the heart set free*, 420.

[248] Gershom Gerhard Scholem, *Major Trends in Jewish Mysticism*, [3rd] ed. (New York: Schocken Books, Inc., 1954), 44.

[249] ibid. 유대인의 קַבָּלָה를 크게 두 가지 점에서 다른 신비주의와 구별하는데, 하나는 극도의 경험을 언급할 때 이 체험자들은 매우 두드러지게 구속 상태가 된다는 것이고, 다른 하나는 하나님 자신의 도구(매개체)로서 [일상적이지 않은 창조적] 언어를 향해 형이상학적으로 긍정적 태도를 보인다는 점이라 하였다(Sholem, *Major Trends in Jewish Mysticism*, 15.).

[250] 김세윤, 《바울 복음의 기원》, 417.

[251] 김세윤, 《바울 복음의 기원》, 417-9.

[252] Thieslton, 465.

[253] Dunn, *The Theology of Paul*, 405

[254] BDAG, 1081.

[255] James D. G. Dunn, *The Theology of Paul the Apostle* (Grand Rapids, Mich.: W.B. Eerdmans Pub., 1998), 553.

[256] BDAG, 230.

[257] *Ibid.*

[258] Claude Welch, *The Reality of the Church by Claude Welch* [New York: Charles Scribner's sons, 1958], 149.

[259] Banks, *Paul's idea of Community*, 90-1.

[260] Fee, *Paul, the Spirit*, 222-3.

261 Wardle, *Continuity and discontinuity*, 43.

262 Wardle, 43, 47.

263 T. Wardle, "Continuity and Discontinuity: The Temple and Early Christian Identity"(3336734, Duke University, 2008)., 207, 231-41.

264 ibid., 214.

265 E. P. Sanders, *Jesus and Judaism*, 1st Fortress Press ed. [Philadelphia: Fortress Press, 1985], 70.

266 참조, Dunn, *The Theology of Paul the Apostle*, 542.

267 Edmund P. Clowney, "The Final Temple", *Westminster Theological Journal 35*, no. 2 (Winter, 1973): 161-2.

268 Brian S. Rosner, "Temple and Holiness in 1 Corinthians 5," *Tyndale Bulletin 42*, no. 1 (1991): 137-145.; R. Ciampa and B. Rosner, "The Structure and Argument of 1 Corinthians: A Biblical/Jewish Approach," *New Testament Studies 52*, no. 2 (2006): 209.

269 갈라디아서에는 '하나님의 자녀'라는 가족 개념이 등장한다. 이것은 갈라디아서가 후기 서신에 속하는 것이라는 증거일 수 있다.

270 Winter, *After Paul Left Corinth*, 70.

271 Minear, *Images of the Church in the New Testament*, 166-167.

272 Banks, *Paul's Idea*, 49.

273 Michael White, "Architecture: The First Five Centuries," in *The Early Christian World Vol.* 2, ed. Philip Francis Esler(New York: Routledge, 2000), 693, 709.

274 ibid., 710.

275 Marian Moffett, Michael W. Fazio, and Lawrence Wodehouse, *A World History of Architecture* [London: Laurence King, 2003], 141-3.

276 Marian Moffett, Michael W. Fazio, and Lawrence Wodehouse, *A World History of Architecture* [London: Laure nce King, 2003], 141-3.

[277] ibid., 710-11.

[278] ibid., 712, 715-6.

[279] Richard Krautheimer, *Early Christian and Byzantine Architecture, Pelican History of Art* [New Haven: Yale Univ. Press, 1992], 23-38; Bradley Blue, "Acts and the House Church," in *The Book of Acts in Its First Century Setting*, ed. David W. J. Gill and Conrad H. Gempf [Grand Rapids, Mich: Eerdmans, 1994], 124-5.

[280] Charles Frederick Watkins, *The Basilica, or, Palatial Hall of Justice and Sacred Temple, Its Nature, Origin, and Purport ; and a Description and History of the Basilican Church of Brixworth* [London: Rivingtons, 1867], 9-11.

[281] Bradley Blue, "Acts and the House Church," in *The Book of Acts in Its First Century Setting*, ed. David W. J. Gill and Conrad H. Gempf (Grand Rapids, Mich: Eerdmans, 1994), 123; Moffett, Fazio, and Wodehouse, 141-3.

[282] Johannes Schneider, "συνέρχομαι", *TDNT*. 2:684.

[283] Friedrich Hauck and Seigfried Schulz, "πορεύομαι", *TDNT*. 6:566.

[284] Suzanne Dixon, *The Roman Family, Ancient Society and History* [Baltimore: Johns Hopkins University Press, 1992], 1-5; Harry O. Maier, *The Social Setting of the Ministry as Reflected in the Writings of Hermas, Clement, and Ignatius, Dissertations Sr*, V. 1 [Waterloo, Ont., Canada: Wilfrid Laurier University Press, 1991], 16).

[285] Harry O. Maier, *The Social Setting of the Ministry as Reflected in the Writings of Hermas, Clement, and Ignatius, Dissertations Sr*, V. 1 (Waterloo, Ont., Canada: Published for the Canadian Corp. for Studies in Religion/ Corporation Canadienne des Sciences Religieuses by Wilfrid Laurier University Press, 1991), 16.

[286] Winter, *After Paul Left Corinth*, 188.

[287] Winter, 187.

[288] Maier, 37.

[289] Douglas J. Moo, *The Epistle to the Romans, New International Commentary on the New Testament* [Grand Rapids, Mich.: W.B. Eerdmans Pub. Co., 1996], 914.

[290] Winter, 184.

[291] Floyd V. Filson, "The Significance of the Early House Churches," *JBL* 58, no. [1939]: 111.

[292] 재인용, Maier, 36-7.

[293] 참조, Wayne A. Meeks, *The First Urban Christians : The Social World of the Apostle Paul,* 2nd ed. (New Haven: Yale University Press, 2003), 78-9.

[294] Gill, "In Search of the Social Elite in the Corinthian Church," 332-6.

[295] Meeks, *ibid.*, 75.

[296] Wayne A. Meeks, *The First Urban Christians : The Social World of the Apostle Paul,* 2nd ed. (New Haven: Yale University Press, 2003), 74.

[297] Robert J. Banks, *Paul's Idea of Community : The Early House Churches in Their Cultural Setting,* Rev. ed. (Peabody Mass: Hendrickson Publishers, 1994), 30.

[298] Murphy-O'Connor, 183.; Banks, 31-2, 37-9.

[299] Robert Banks and Julia Banks, 《교회 또 하나의 가족》, 장동수 역 (서울: 한국기독학생회출판부, 1999), 49.

[300] Beker, *Paul the Apostle,* 272.

[301] Gerald F. Hawthorne, Ralph P. Martin, and Daniel G. Reid, eds., *Dictionary of Paul and His Letters* (Downers Grove, IL: InterVarsity Press, 1993), 433.

[302] Furnish, *The Theology of the First Letter to the Corinthians,* 29.

[303] Beker, *Paul the Apostle,* 272.

[304] Dunn, *The Theology of Paul the Apostle,* 397-400.

[305] Thiselton, *The First Epistle to the Corinthians,* 33-4.

[306] Michael J. Gorman, *Cruciformity : Paul's Narrative Spirituality of the Cross* [Grand Rapids, Mich.: W.B. Eerdmans Pub., 2001], 7, 93.

307 Banks, *Paul's idea of community*, 90.

308 Conzelmann, 141.

309 *Ibid.*, 179.

310 Erik Waaler, *The Shema and the First Commandment in First Corinthians : An Intertextual Approach to Paul's Re-Reading of Deuteronomy*, Wissenschaftliche Untersuchungen Zum Neuen Testament. 2. Reihe, vol. 253 [Tèubingen: Mohr Siebeck, 2008], 263.

311 ibid., 310.

312 Ibid., 312.

313 ibid., 312.

314 여기에 대한 다양한 견해에 대해서 참조, John Fotopoulos, "Arguments Concerning Food Offered to Idols: Corinthian Quotations and Pauline Refutations in a Rhetorical Partitio (1 Corinthians 8:1-9)," *The Catholic Biblical Quarterly 67*, no. 4 (2005): 613-4, 623-4.

315 Thiselton, *The First Epistle to the Corinthians*, 74.

316 Beker, *Paul the Apostle*, 281-282.

317 참조, R. B. Gaffin Jr., "Glory, Glorification," in *Dictionary of Paul and His Letters* eds. Gerald F. Hawthorne, Ralph P. Martin, and Daniel G. Reid [Downers Grove, Il: InterVarsity Press, 1993], 348.

318 Lim, 174-5.

319 Dunn, *The Theology of Paul the Apostle*, 605.

320 Furnish, *The Theology of the first letter to the Corinthians*, 33.

321 Lars Hartman, *'Into the Name of the Lord Jesus': Baptism in the Early Church* [Edinburgh: T&T Clark Ltd, 1997], 141-2.

322 Dunn, *The Theology of Paul the Apostle*, 457.

323 Albrecht Oepke, "βάπτω, βαπτίζω", TDNT., 1:535.

324 Dunn, *Theology of Paul*, 450-451.

[325] Hartman, 'Into the Name of the Lord Jesus', 156.

[326] C. J. A. Hickling, "Paul's Use of Exodus in the Corinthian Correspondence," in *The Corinthian Correspondence* [Bibliotheca Ephemeridum Theologicarum Lovaniensium], ed. Reimund Bieringer [Leuven : Leuven University Press, 1996], 369-72.

[327] Ellen Frankel, *The Classic Tales*, 25-6.

[328] ibid., 33-4.

[329] ibid., 82.

[330] 김세윤,《고린도전서 강해》, 241.

[331] Hans Walter Wolf, *Anthoropology of the Old Testament. Trans. By Margaret Kohl* [Philadelphia: Fortress press, 1974], 107.

[332] I. Howard Marshall,《마지막 만찬과 주의 만찬》(*Last Supper and Lord's Supper*), (서울: 솔로몬출판사, 1993), 130.

[333] 참조. Jürgen Moltmann, *The Church in the Power of the Spirit: A Contribution of Messianic Ecclesiology* [New York: Harper & Row, 1977], 252.

[334] Dunn, *The Theology of Paul the Apostle*, 612.

[335] 참조, I. Howard Marshall, 236.

[336] Conzelmann, *1 Corinthians*. 275.

[337] Thesissen, "Social Stratification," 98-119, 145-74.

[338] Hans Conzelmann, *1 Corinthians: a Commentary on the First Epistle to the Corinthians*, Hermeneia — a Critical and Historical Commentary on the Bible (Philadelphia: Fortress Press, 1975), 35.

[339] 참조, Victor Paul Furnish, "War and Peace in the New Testament," *Interpretation 38*, no. 4 (1984): 372.

[340] Crossan, "Paul and Rome", 8.

[341] Kim, *Christ and Caesar : The Gospel and the Roman Empire in the Writings of Paul and Luke*, 22-24.

[342] 김세윤, Christ and Caesar, 19; J. D. Crossan, "Paul and Rome : The Challenge of a Just World Order," *Union Seminary Quarterly Review 59*, no. 3 (2005). Crossan, "Paul and Rome", 8.

[343] Crossan, "Paul and Rome", 8.

[344] 김세윤, Ibid., 19, 25.

[345] V. George Shillington, "Atonnement Texture in 1 Corinthinas 5.5," *JSNT* 71, (1998): 35.

[346] ibid., 37-8.

[347] Thiselton, *The First Epistle to the Corinthians*, 316-7.

[348] Dunn, *The Theology of Paul the Apostle*, 553.

[349] *Ibid.*, 559.

[350] 참조, Dunn, *The Theology of Paul the Apostle*, 554.

[351] *BDAG*, 230.

[352] Jean Calvin, *Institutes of the Christian Religion*. vol. 2, ed. John T. McNeill [Philadelphia, PA: The Westminster Press, 1960], 1057-63.

[353] *Ibid.*

[354] Fee, *The First epistle of Corinth*, 625.

[355] Contzelmann, *1 Corinthians*, 28.

[356] Donfried, 145.

[357] Cerfaux, 188.

[358] Jin Ki Hwang, 1-2.

[359] *ibid*, 36.

[360] Thiselton, 795.

[361] Jin Ki Hwang, 143-8.

[362] Conzelmann, 86.

[363] James C. Hanges, "1 Corinthians 4:6 and the Possibility of Written Bylaws in the Corinthian Church," *Journal of Biblical Literature 117*, no. 2 [1998]: 275-

98).

364 Michael J. Gorman, Cruciformity : *Paul's Narrative Spirituality of the Cross* (Grand Rapids, Mich.: W.B. Eerdmans Pub., 2001), 93.

365 비교, S. Henderson, "'If Anyone Hungers……': An Integrated Reading of 1 Cor 11.17-34," *New Testament Studies 48*, no. 2 (2002): 195-208.

| 판 권 |
| 소 유 |

바울이 원했던 교회 -고린도전서를 중심으로-

2014년 8월 25일 인쇄
2014년 8월 30일 발행

지은이 | 양종래
발행인 | 이형규
발행처 | 쿰란출판사

주소 | 서울시 종로구 이화장길6
TEL | 745-1007, 745-1301~2, 747-1212, 743-1300
영업부 | 747-1004, FAX/745-8490
본사평생전화번호 | 0502-756-1004
홈페이지 | http://www.qumran.co.kr
E-mail | qrbooks@gmail.com
　　　　　qrbooks@daum.net
한글인터넷주소 | 쿰란, 쿰란출판사

등록 | 제1-670호(1988.2.27)

책임교열 | 오완·김향숙

값 14,000원

ISBN 978-89-6562-657-2 93230

＊ 이 출판물은 저작권법에 의해 보호를 받는 저작물이므로 무단 복제할 수 없습니다.
＊ 잘못된 책은 교환해 드립니다.